二十一世纪普通高等教育人才培养系列规划教材
ERSHIYI SHIJI PUTONG GAODENG JIAOYU RENCAI PEIYANG XILIE GUIHUA JIAOCAI

国际市场营销

GUOJI SHICHANG YINGXIAO

主　编○鲁　汇　李新忠
副主编○陈子清　龚　峰　刘梦玮

西南财经大学出版社
Southwestern University of Finance & Economics Press

图书在版编目(CIP)数据

国际市场营销／鲁汇主编．—成都:西南财经大学出版社,2015.4
ISBN 978－7－5504－1848－6

Ⅰ.①国…　Ⅱ.①鲁…　Ⅲ.①国际营销　Ⅳ.①F740.2

中国版本图书馆 CIP 数据核字(2015)第 061629 号

国际市场营销

主　编:鲁　汇　李新忠

副主编:陈子清　龚　峰　刘梦玮

责任编辑:李特军

助理编辑:李晓嵩

封面设计:何东琳设计工作室

责任印制:封俊川

出版发行	西南财经大学出版社(四川省成都市光华村街 55 号)
网　　址	http://www.bookcj.com
电子邮件	bookcj@foxmail.com
邮政编码	610074
电　　话	028－87353785　87352368
照　　排	四川胜翔数码印务设计有限公司
印　　刷	四川森林印务有限责任公司
成品尺寸	185mm×260mm
印　　张	16.5
字　　数	375 千字
版　　次	2015 年 4 月第 1 版
印　　次	2015 年 4 月第 1 次印刷
印　　数	1— 3000 册
书　　号	ISBN 978－7－5504－1848－6
定　　价	35.00 元

前 言

国际市场营销学是建立在经济科学、行为科学、现代管理理论基础之上的应用科学，是与经济学、行为科学、心理学、社会学、管理学、公共关系学等学科紧密结合的一门综合性、边缘性、实践性的经济管理学科。国际市场营销学是市场营销专业的专业课程，也是国际贸易专业的专业课程。国际市场营销学主要介绍企业在国际市场中开展跨国营销的基本理论、基本知识和基本技巧。国际市场营销学的任务是帮助学生了解和掌握国际市场营销的基本原理与应用方法，为今后更好地解决国际市场营销相关问题打下理论基础和技能基础。

本书共分九章，主要内容包括国际市场营销导论、国际市场营销环境、国际市场营销调研、国际市场进入战略、国际市场营销战略以及国际市场营销的产品策略、价格策略、渠道策略和促销策略。在编写方式上，为方便教师授课和学生学习，每章开头设置了“引例”来导入新内容；每节内容中辅以“营销透视”进行相关知识点的拓展，以引导启发学生进行思考；在每章末尾附有复习题，以对本章知识点进行梳理和总结；思考与实践题的编写突出引导学生将理论应用于实际问题的分析，培养学生的创造性；在每章最后选取了一到两个针对性较强的国际市场营销案例分析，以对本章内容的理论与企业的营销实践进行融合和升华，并通过案例讨论，帮助学生形成国际市场营销逻辑体系和分析解决问题的思路。

本教材在内容和资料的选取上坚持相关性和时效性的原则，体现了以下几个特征：

1. 突出经济全球化与网络经济的视野；

2. 突出中国市场特色和中国消费者的特点；

3. 立足于中国企业的国际化和国际企业的中国营销的创新视角；

4. 注重全球化思维与本土化策略相结合。

本书可作为高等院校市场营销专业、国际经济与贸易等专业本科教材，也适合企业经营管理人员自学或在职培训使用。

本书是多位一线教师根据多年从事国际市场营销教学工作的经验和体会编写而成。无论是对新的教学方法的探索，还是对新的教学模式的尝试；无论是对国内外最新理论的追踪，还是对中国企业国际营销实践的描述和分析，都是在集前人丰硕成果的基础上完成的，是集体智慧的结晶。

参加本书编写的人员有：鲁汇、李新忠、陈子清、龚峰、刘梦玮。本书由鲁汇、李新忠担任主编，负责统编与定稿，由陈子清、龚峰、刘梦玮担任副主编。在本书的编写过程中，我们参阅了大量的文献资料，借鉴了国内外营销学者的丰富研究成果，在此向专家、学者、教师与作者致谢！

编者

2015 年 3 月

目 录

第一章 国际市场营销导论

引例

福特汽车公司的昨天与今天

一、福特汽车公司的昨天

亨利·福特制造出了100%的美国自产汽车。福特在密歇根州迪尔本的工厂建于1919年，生产美国第一代T型汽车。该厂在同一个厂区拥有自己的钢铁厂、玻璃厂和另外32家制造厂。T型汽车的唯一外国材料是来自马来西亚的橡胶。亨利·福特还曾经试图种植橡胶树，可谓英雄之举，但告徒然。直到20世纪40年代出现了合成橡胶，福特汽车才成为100%的美国货，轿车全部在罗杰工厂生产。该厂是当时世界上最大的工业联合企业。

20世纪60年代初期，形势开始发生变化。一份福特汽车公司的备忘录记载着这样一段话："为了进一步扩大我们在世界范围内的业务，在采购活动中应考虑在世界各地选择货源。"福特汽车公司的备忘录预示了美国公司的未来。

二、福特汽车公司的今天

在全世界开发、制造和组装世界汽车，在全世界销售汽车，已经成为现实。福特汽车公司的水星汽车（Mercury Tracer）由福特汽车公司设计，在墨西哥的赫默斯洛（Hermosillo）的马自达（Mazda）生产平台上制造，采用在墨西哥制造的福特汽车引擎和来自中国台湾地区的零部件。随着新兴国家进入汽车市场，福特汽车公司又开发了两种低成本的"价值车辆"，一种是小型客车，另一种是小型多用途车，陆续进入印度、中国、巴西和俄罗斯等国市场。福特汽车公司的汽车正在以不同的方式出现在世界各地。

如今，福特汽车公司已经成为全球最大的卡车制造商，全球第二大轿车制造商。在全球销售80多种不同的汽车，包括福特、林肯、水星、捷豹、阿斯顿·马丁及马自达等品牌。

福特汽车从"昨天"追求100%的美国货，到"今天"实现汽车在全球范围内的研发、制造和销售，反映了其经营理念发生了怎样的变化？又是什么原因驱使这种变化的产生呢？

资料来源：菲利普·R.凯特奥拉，约翰·L.格雷厄姆. 国际市场营销［M］. 10版. 周组成，等，译. 北京：机械工业出版社，2007：4.

国际市场营销是企业跨国界的市场营销活动，其发展的发达形式是全球市场营销。国际市场营销不同于国内市场营销，其在营销环境分析、目标市场选择、市场进入、市场营销战略以及营销策略等方面，都具有鲜明的国际特点。我国加入世界贸易组织后，广大企业直接面对经济全球化的汹涌浪潮以及国内市场国际化、国际竞争国内化的严峻现实。如何更好地把握国际市场营销的特征，积极开展国际市场营销活动，对于企业开拓国际市场、扩大规模经济、赢得核心竞争优势，具有极为重要的意义。

本章作为全书概述性的一章，首先回顾了市场营销学的基本概念和理论，接下来阐述了国际市场营销的基本含义、研究范畴和研究背景，在此基础上，进一步分析了国际市场营销活动的动因、阶段和观念，最后阐述了国际市场营销与国际贸易等课程之间的联系与区别。

第一节　市场营销学的回顾

一、市场营销和市场营销学

市场营销学于20世纪初期产生于美国。几十年来，随着社会经济及市场经济的发展，市场营销学发生了根本性的变化，从传统市场营销学演变为现代市场营销学，其应用从营利组织扩展到非营利组织，从国内扩展到国外。当今，市场营销学已成为同企业管理相结合，并同经济学、行为科学、人类学、数学等学科相结合的应用边缘管理学科。西方市场营销学的产生与发展同商品经济的发展、企业经营哲学的演变是密切相关的。

市场营销的英文是Marketing，伴随着营销理论和实践的不断发展创新，市场营销的概念在不同时期有着不同的表述。

美国市场营销协会（AMA）在1960年对市场营销的定义是：市场营销是引导货物或劳务从生产者流向消费者或用户所进行的一切企业活动。这一定义将市场营销界定为商品流通过程中的企业活动。在此定义下，“营销”等同于“销售”，只是企业在产品生产出来以后，为产品的销售而做出的各种努力。

1985年，美国市场营销协会重新界定了市场营销的定义，即市场营销是计划和执行关于产品、服务和创意的构想、定价、促销和分销的过程，目的是完成交换并实现个人及组织的目标。根据这一定义，市场营销活动已经超越了流通过程，是一个包含了分析、计划、执行与控制等活动的营销管理过程。

2004年8月，美国市场营销协会在营销研讨会上公布了市场营销的新定义，即市场营销既是一种组织职能，也是为了组织自身及利益相关者的利益而创造、传播、维系顾客价值，管理客户关系的一系列过程。

现代著名营销学家、美国西北大学教授菲利普·科特勒对市场营销的定义是：市场营销是通过创造和交换产品及价值，从而使个人或群体满足欲望和需要的社会过程和管理过程。

根据这一定义，可以将市场营销概念具体归纳为下列要点：

第一，市场营销的最终目标是“使个人或群体满足欲望和需要”。企业必须通过满足顾客的需求来实现企业的经营目标。

第二，“交换”是市场营销的核心。交换过程是一个主动、积极寻找机会，满足双方需要和欲望的过程。

第三，营销是一种创造性的实践活动。一方面要探求寻找已存在的需要并满足它，另一方面要激发和解决顾客并未提出的潜在的需求。

第四，营销是一个系统化的管理过程，包括收集信息、市场调研、分析市场机会、选择目标市场、设计开发新产品、定价、渠道选择、广告、促销等系列活动。

第五，营销是企业参与社会的纽带。企业在开展经营和营销活动的同时要兼顾和权衡企业利益、顾客需要和社会利益。

科特勒认为市场营销这个定义基于这样的一些核心概念和因素，即需要、欲望和需求；产品（商品、服务和创意）；价值、成本和满意；交换和交易；关系和网络；市场；营销人员和顾客。图 1.1 比较直观地显示了市场营销及其基本过程。

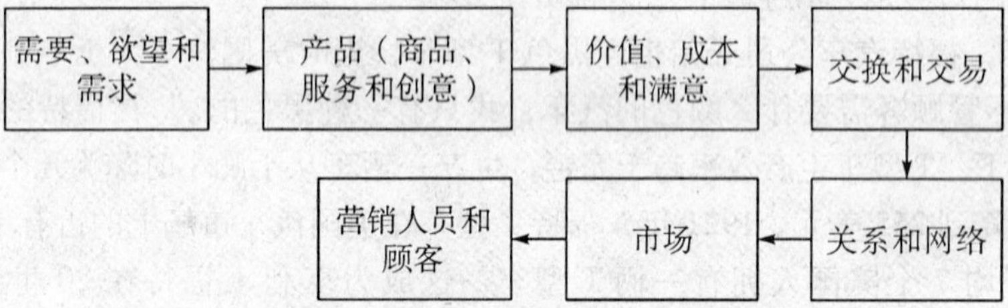

图 1.1　市场营销的核心概念和过程

二、市场营销学的研究对象和内容

市场营销学是一门实践科学，它是通过对参与市场经营活动的成功企业家的经营思想和经营理念的概括和总结，在吸收管理科学、行为学、经济学、数学等理论基础上，形成的一门对企业的经营实践具有指导作用的、自成体系的应用性学科。

市场营销学研究市场营销活动及其发展变化规律。市场营销学以了解消费者需求为起点，以满足消费者需求为终点，研究企业如何在特定的营销环境中，设计营销战略，制定并实施以产品、定价、渠道、促销为核心内容的市场营销策略，以使企业在满足消费者需求的过程中实现利润目标，在激烈竞争的市场上求得生存和发展。

市场营销学为什么要以消费者的研究为中心内容呢？这是因为企业生产和经营的目的是为了获取利润，但利润是否实现，不取决于企业的主观愿望，而取决于消费者是否购买企业的产品。因此，美国的企业家指出消费者是市场的主人，日本的企业家则宣称“顾客第一”和“顾客是上帝”的理念。一个企业要能够在市场上生存和发展，就必须使自己的生产和经营适应消费者的需要。

市场营销学以消费者研究为基础，通过环境分析和营销调研，制定营销战略，即通过市场细分（Segmentation），选择目标市场（Targeting），进行市场定位

（Positioning），据此来制定和执行营销策略，即产品（Product）、价格（Price）、渠道（Place）和促销（Promotion），简称市场营销4P组合。

三、市场营销观念

市场营销观念是指企业进行经营决策、组织和开展市场营销活动的基本指导思想，是一种思维方式，是一种态度，属于工商企业的经营哲学（Business Philosophy）的范畴。任何企业的市场经营活动，都是在特定的思想或观念指导下进行的。树立正确的市场营销观念，对企业的经营成败具有决定性意义。

市场营销观念是在市场营销实践的基础上产生的，是随着生产力的发展和市场形势的变化而不断发展演变的。概括地说，市场营销观念大体上经历了以下演变阶段：

（一）生产观念（Production Concept）

生产观念是一种最古老的营销观念。生产观念认为，消费者总是喜欢那些可以随处买得到，而且价格低廉的产品。因此，企业应致力于提高生产效率和扩大分销范围，以便增加产量，降低成本。以生产观念指导营销管理活动的企业，称为生产导向型企业，其典型的口号是"我生产什么，就卖什么"。

1914年，福特汽车公司开始生产黑色T型车，当时美国汽车大王亨利·福特傲慢地宣称："不管顾客需要什么颜色的汽车，我只有一种黑色的。"在福特的生产导向经营观念指导下，T型车生产效率趋于完善，生产一辆车从十几小时降为几个小时，价格从850美元降到265美元。1921年，福特T型车在美国汽车市场上的占有率达到56%。1924年，平均7个美国人拥有一辆T型车，这成为亨利·福特在20世纪前创造的奇迹。

生产观念盛行于19世纪末20世纪初。当时，资本主义国家处于工业化初期，市场需求旺盛，整个社会产品供应能力相应不足。企业只要提高产量，降低成本，便可获得丰厚的利润。因此，企业的中心问题是扩大生产价廉物美的产品，而不必过多关注市场需求差异。

生产观念是一种重生产、轻市场的思想，企业经营哲学不是从消费者需求出发，而是从企业生产出发。在物资紧缺的年代或许能创造辉煌，但随着生产的发展与供求形势的变化，这种观念必然使企业陷入困境。

（二）产品观念（Product Concept）

产品观念是与生产观念并存的一种市场观念。产品观念认为，消费者最喜欢高质量、多功能和具有特色的产品。因此，企业应集中一切力量致力于生产优质产品，开发产品功能，并不断加以改进，精益求精。"酒香不怕巷子深"就是这种观念的形象说明。

美国爱琴钟表公司（Elgin National Watch Company）自1869年创立到20世纪50年代，一直被认为是美国最好的钟表制造商之一，其产品以优质而享有盛誉。1958年之前，爱琴钟表公司销售额始终呈上升趋势，但此后其销售额和市场占有率开始下降。造成这种状况的主要原因是市场形势发生了变化：消费者对手表的需求已由注重准确转变为方便、经济和式样新颖。这时，其他制造商迎合消费者需要，开始生产低档手表，并通过廉价商店、超级市场等大众分销渠道积极推销，从而夺得了大部分的市场份额。爱琴钟表公司没有注意到市场形势的变化，依然迷恋于生产精美的传统样式手表，仍旧借助传统渠道销售，认为自己的产品质量好，顾客必然会找上门，结果致使企业经营遭受重大挫折。

持产品观念的企业常常迷恋于自己的产品，而不太关注市场是否欢迎，它们在设计产品时只依赖工程技术人员而极少让消费者介入。因此，企业容易导致“营销近视症”，即过分注重产品而忽视消费者需求，孤芳自赏、闭门造车，看不到市场需求的变化，看不到顾客需求的变化，缺乏远见而最终坐失良机，甚至使企业经营陷入困境。

（三）推销观念（Selling Concept）

推销观念认为，消费者通常表现出一种购买惰性或抗衡心理，如果顺其自然的话，消费者一般不会主动积极购买某一企业的产品。因此，企业必须积极推销和大力促销，以刺激消费者大量购买本企业产品。推销观念的口号是“我卖什么，顾客就买什么”。

推销观念盛行于20世纪30、40年代，产生于资本主义国家由“卖方市场”向“买方市场”过渡的阶段。1920—1945年，由于科学技术的进步，科学管理和大规模生产的推广，产品产量迅速增加，出现了供过于求、竞争激烈的市场形势。尤其是在1929—1933年的经济危机期间，大量产品销售不出去，迫使企业重视采用广告术与推销术来推销产品。例如，在1930年前后，美国皮尔斯堡面粉公司发现有些中间商开始从其他厂家进货，公司的口号由“本公司旨在制造面粉”改为“本公司旨在推销面粉”，并第一次在公司内部成立了市场调研部门，派出大量推销人员从事推销业务。同一时期，美国汽车开始供过于求，每当顾客走进汽车陈列室，推销人员会笑脸相迎，主动介绍产品，有时甚至使用带有强迫性的推销手段促成交易。此时，许多企业家感到：即使有物美价廉的产品，也未必能卖得出去；企业要在日益激烈的市场竞争中求得生存和发展，就必须重视推销。

在推销观念指导下，企业的产品是“卖出去的”，而不是“被买去的”。企业致力于产品的推广和广告活动，以求说服甚至强制消费者购买。与前两种观念一样，其实质仍然是以生产为中心的，关注的是卖方的需要，而不是消费者的需要。

推销观念在现代市场经济条件下大量用于推销那些非渴求物品，即购买者一般不会主动积极地想到要去购买的产品或服务。许多企业在产品过剩时，也常常奉行推销观念。

（四）市场营销观念（Marketing Concept）

以消费者为中心的观念称为市场营销观念。这种观念认为，企业的一切计划与策略应以消费者为中心，正确确定目标市场的需要与欲望，比竞争者更有效地满足顾客需求，即“顾客需要什么，我们就生产什么”。

市场营销观念形成于20世纪50年代。第二次世界大战后，随着第三次科学技术革命的兴起，西方各国企业更加重视研究和开发。大量军工企业转向民用生产，新产品竞相上市，社会产品供应量迅速增加，西方各国相继推行高福利、高工资、高消费政策，消费者有了较多的可支配收入和闲暇时间，消费需要变得多样化，购买选择更加精明，要求也更加苛刻。这种形式迫使企业改变了以卖方为中心的思维方式，将重心转向认真研究消费需求，正确选择为之服务的目标市场，以满足目标顾客的需要，即从以企业为中心转变到以消费者为中心。

美国皮尔斯堡面粉公司根据第二次世界大战后美国生活方式的变化，如家庭主妇采购食品更多喜欢半成品或成品，而代替购买面粉回家自做的习惯，皮尔斯堡面粉公司转而开发各种半成品、成品来满足消费者的需要。福特汽车公司也改变了单一颜色和单一款式的汽车，生产出各种牌子、型号和不同颜色的汽车，以迎合顾客需求的变化。

市场营销观念的出现，使企业经营观念发生了根本性变化，也使市场营销学发生了一次革命。营销专家西奥多·莱维特曾对推销观念和市场营销观念进行过深刻的比较，他指出：推销观念注重卖方需要，市场营销观念则注重买方需要；推销观念以卖方需要为出发点，考虑如何把产品变成现金，市场营销观念则考虑如何通过制造、传送产品以及与最终消费产品有关的所有事物来满足顾客的需要。

市场营销观念不仅改变了传统的生产观念、产品观念和推销观念的逻辑思维方法，而且在经营策略和方法上也有很大突破，突出表现在以下几个方面：

第一，传统的市场观念以生产为中心，以产品为出发点，而市场营销观念则以消费者为中心，以顾客需要为出发点。

第二，传统的市场观念的手段是注重广告和推销，而市场营销观念则着眼于市场营销手段的综合运用，如产品的设计、生产、定价、分销和促销等方法策略的协调运用。

第三，传统的市场观念以增加生产或扩大销售来获取利润，而市场营销观念则从满足顾客需要中获得利润。思维逻辑由“由内向外”转向“由外向内”，即要求企业贯彻顾客至上的原则，将营销管理重心放在首先发现和了解“外部”目标顾客的需要，然后再协调企业活动并千方百计去满足顾客，使顾客满意。

许多优秀的企业都是奉行市场营销观念的。例如，日本本田汽车公司要在美国推出一种雅阁牌新车。在设计新车前，他们派出工程技术人员专程到洛杉矶地区考察高速公路的情况，实地丈量路长、路宽，采集高速公路的柏油，拍摄进出口道路的设计。回到日本后，他们专门修了一条14.5千米长的高速公路，就连路标和告示牌都与美国公路上的一模一样。在设计行李箱时，设计人员意见有分歧，他们就到停车场看了一个下午，看人们如何放取行李。这样一来，意见马上统一起来。结果本田公司的雅阁牌汽车一到美国就备受欢迎，被称为是全世界都能接受的好车。

从本质上说，市场营销观念是一种以顾客需要和欲望为导向的哲学，是消费者主权论在企业市场营销管理中的体现。执行市场营销观念的企业称为市场导向型企业。市场营销观念将过去“一切从企业出发”的经营思想转变为“一切从顾客出发”的经营思想，即企业的一切活动都围绕消费者需要来进行。

直至今天，有些人仍然简单地认为市场营销就是推销，但是从以上的对比可以看出推销只是营销活动“冰山的一角”。市场营销包括产前和售后在内的一系列活动，通过充分的市场调研，了解消费者需求，研制开发出符合消费者需求的产品，并能够综合合理地运用各种营销策略，那么消费者就会乐于接受这种产品，因此产品的推销也就变得不那么重要了。美国管理学家彼得·德鲁克甚至认为，市场营销的目标是让销售变成多余。

营销透视

让销售变得多余

什么叫市场营销？是能说会道挨家挨户上门推销吗？还是设计玉米片的包装？或是用免费玩具吸引你买欢乐套餐？或是购物时给你积分卡？

科特勒说："市场营销最简短的解释是：发现还没有被满足的需求并满足它。"

"人们经常把市场营销和销售混为一谈。不过彼得·德鲁克的《经营权威》里面一段著名的话说得好：'市场营销的目标是让销售变成多余。'——这就是说，如果你真能找到没有被满足的需求，并做好满足需求的工作，就不用在销售上下太多功夫。"

换句话说，市场营销的目的不是像在50年前或100年前那样为了把已经生产的产品销出去。相反，制造产品是为了支持市场营销。一家公司总可以在外面采购其所需的产品，但使其繁荣的却是市场营销的理念和做法。公司的其他职能，如制造、研发、采购和财务，都是为了支持公司在市场的运作而存在的。

理论上是如此，但为什么时刻想着"消费者"的公司那么少？为什么那么多企业承认提供良好消费者服务的重要性却屡屡做不到呢？

"这就好像用电话录音代替接电话的人"科特勒教授说。问题是，用电话录音节约的钱比较容易计算出来，而沮丧的客户可能会转向竞争对手的代价却不容易计算。当你失去一个客户的时候，"你失去的不仅是一次交易，而是那位客户的终生客户价值"。不过，如果没有好的产品，再好的服务都等于零。

在这个后工业化、后物质化社会中，至少主要的消费者产品市场中大多数人的需求已经被满足了。这怎么办呢？科特勒教授说，已被推动的市场和推动中的市场是不一样的。特别在技术领域中的公司，都遵循索尼老总盛田昭夫的格言："我们不是为市场服务，我们是创造市场。"的确，在录像机、摄像机、传真机和个人数码用品面世前，谁想得到自己会有这种需求呢？

资料来源：让销售变得多余——营销大师科特勒谈营销理念［N］. 金融时报，2006-05-29.

（五）社会营销观念（Societal Markting Concept）

企业是一种营利性的组织，处于经济循环系统之中。然而企业又不可避免地属于社会的一员，处于整个社会系统之中。因此，企业的经营活动不仅要受到经济规律的制约，也会受到社会规律的制约。社会营销观念认为，企业提供的产品和服务不仅要满足消费者的需求和欲望，而且还要符合消费者和整个社会的长远利益。

20世纪70年代，为了抵制工商企业在市场中以次充好、虚假宣传、欺骗顾客、危害消费者利益的现象，西方许多国家消费者保护运动兴起。例如，在美国，人们对有关行业和产品进行了如下评论：麦当劳公司根据消费者的需求和愿望决定汉堡包的生产和服务方式，在迎合美国人希望有一种快速、价廉、美味食物的欲望上是成功的，但由于快餐食品热量过多，吃多了会使人发胖；汽车行业满足了人们对交通方便的需求，但同时产生燃料的高消耗、严重的环境污染、更多的交通伤亡事故以及更高的汽车购买和维修费用；软饮料满足了人们对方便的需求，但大量包装瓶的使用实际上是社会财富的浪费；清洁剂工业满足了人们洗涤衣服的需要，但同时严重地污染了江河，大量杀伤鱼类，危及生态平衡。

随着全球环境破坏、资源短缺、人口爆炸、通货膨胀和失业增加等问题日益严重，要求企业顾及消费者整体利益与长远利益的呼声越来越高。西方营销学界提出了一系列新的观念，如人类观念、理智消费观念和生态准则观念，其共同点是认为企业生产经营不仅要考虑消费者的需要，还要考虑消费者和整个社会的长远利益。这类观念可统称为社会营销观念。

社会营销观念是对市场营销观念的补充和修正。社会营销观念认为，企业和组织的任务是确定目标市场的需要、欲望和利益，然后向顾客提供超值的服务和产品，以维护与增进顾客和社会的福利。随着企业经营活动的发展，企业行为对于社会的影响会变得越来越大。如果企业在其经营活动中不顾社会利益，造成社会利益的损害，就必然会受到社会公众和舆论的压力而影响企业的进一步发展。近年来社会对于环境保护和健康消费的重视，也使得政府的政策对于有损社会利益的生产行为和消费行为的约束越来越严厉，从而迫使企业不得不通过树立良好的社会形象和主动协调各方面的关系来改善自己的经营环境。社会营销观念也是随着企业经营实践的发展而逐步为企业所接受的，企业在其经营活动中必须承担起相应的社会责任，以保持企业利益、消费者利益同社会利益的一致。

四、市场营销学的基本研究理论

20世纪60年代，美国营销学者麦卡锡创立了4P营销理论，奠定了现代营销理论的基础。20世纪80年代，美国的劳特朋教授在4P营销理论的基础上，提出了4C营销理论。20世纪90年代，美国营销学者唐·舒尔茨在4C营销理论的基础上又提出4R营销理论。期间，不论是阿尔·里斯关于市场定位的思想，还是巴巴·本德·杰克逊的关系营销，都将市场营销理论的研究推向繁荣发展。

（一）以满足市场需求为目标的4P理论

美国营销学学者麦卡锡教授在20世纪的60年代提出了著名的4P营销组合策略，即产品（Product）、价格（Price）、渠道（Place）和促销（Promotion）。麦卡锡认为，一次成功和完整的市场营销活动，意味着以适当的产品、适当的价格、适当的渠道和适当的促销手段，将适当的产品和服务投放到特定市场的行为。

20世纪的60年代，当时的市场正处于卖方市场向买方市场转变的过程中，市场竞争远没有现在激烈。那时候产生的4P理论主要是从供方出发来研究市场的需求与变化以及如何在竞争中取胜。4P理论重视产品导向而非消费者导向，以满足市场需求为目标。4P理论是营销学的基本理论，最早将复杂的市场营销活动加以简单化、抽象化和体系化，构建了营销学的基本框架，促进了市场营销理论的发展与普及。4P理论在营销实践中得到了广泛的应用，至今仍然是人们思考营销问题的基本模式。

营销透视

大市场营销理论——市场营销 6P 组合

1984 年，菲利普·科特勒根据国际市场及国内市场贸易保护主义抬头，出现封闭市场的状况，提出了大市场营销理论。科特勒在原来的4P 组合加上了两个“P”，即政治权力（Political Power）与公共关系（Public Relations），形成了市场营销 6P 组合。

科特勒认为，一个公司可能有精湛的优质产品、完美的营销方案，但要进入某个特定的地理区域时，可能面临各种政治壁垒和公众舆论方面的障碍。当代的营销者要想有效地开展营销工作，需要借助政治力量和公共关系力量。大市场的营销理论提出了企业不应只被动地适应外部环境，而且也应该主动积极地影响企业的外部环境的战略思想。

（二）以追求顾客满意为目标的 4C 理论

4C 理论是由美国营销专家劳特朋教授在 1990 年提出的，该理论以消费者需求为导向，重新设定了以下四个市场营销组合的基本要素：

消费者（Consumer）。强调企业首先应该把追求顾客满意放在第一位。从产品到消费者的转变，指导企业“不要卖你所能制造的产品，而是卖那些顾客想购买的产品，真正重视消费者”。

成本（Cost）。强调企业应努力降低顾客的购买成本。从价格到成本的转变，指导企业“暂不考虑定价策略，而去了解消费者为满足其需要与欲求而付出的成本”。

便利（Convenience）。强调企业应充分注意到顾客购买过程中的便利性。从渠道到便利的转变，指导企业“暂不考虑渠道策略，应当思考如何给消费者方便以购得商品”。

沟通（Communication）。强调企业应以消费者为中心实施有效的营销沟通。从促销到沟通的转变，指导企业“暂不考虑怎样促销，而应当考虑怎样与消费者沟通”。

与产品导向的 4P 理论相比，4C 理论重视顾客导向，以追求顾客满意为目标，这实际上是当今消费者在营销中越来越居主动地位的市场对企业的必然要求。在 4C 理论的指导下，越来越多的企业更加关注市场和消费者，与顾客建立一种更为密切的和动态的关系。1999 年 5 月，微软公司在其首席执行官巴尔默的主持下，也开始了一次全面的战略调整，使微软公司不再只跟着公司技术专家的指挥棒转，而是更加关注市场和客户的需求。我国的联想集团等企业通过营销变革，实施以 4C 策略为理论基础的整合营销方式，成为了 4C 理论实践的先行者和受益者。

（三）以建立顾客忠诚为目标的 4R 理论

20 世纪 80 年代以来，全球范围内服务业兴起，服务业在国民经济中扮演了重要角色，出现了工业服务化和服务工业化的趋势。随着人们对服务业的顾客满意度调查研究，发现了以下几个事实：吸引一个新顾客的成本是保持一个满意的老顾客的 5 倍；对盈利率来说，吸引一个新顾客与丧失一个老顾客相差 15 倍；企业 80%的业务来自 20%的顾客；一个公司如果将其顾客流失率降低 5%，其利润就能增加 25%~85%；一个满意的顾客会告诉 3~5 个朋友他的感受，但是一个不满意的顾客会告诉 10~20 个人他的糟糕的感觉。

学界和业界正是注意到上述事实，提出了企业的营销活动的目标应该是建立并维护长期顾客关系，而这种关系是建立在顾客忠诚的基础之上。忠诚的顾客不仅重复购买产品或服务，也降低了对价格的敏感性，而且能够为企业带来良好的口碑。在这样的情况下，4R 理论应运而生。该理论由美国学者舒尔兹提出，4R 具体指市场反应（Reaction）、顾客关联（Relativity）、关系营销（Relationship）、利益回报（Retribution）。

企业是一个相对独立的开放系统，它与周围环境发生着互动关系，4R 理论最突出的特点是强调用系统观点来开展营销活动。首先，该理论通过交叉销售为顾客提供一揽子的、集成化的整套解决方案，以解决顾客多样化的需要，改变过去那种交易营销模式，着眼于建立起关系营销模式。其次，该理论一改过去仅仅从企业或顾客的角度，而是从利益相关者的角度考察。顾客、供应商、分销商都在企业价值链中扮演了重要的角色，只有通过整合企业价值链才能建立竞争优势。政府机构是企业的管制机构，是市场法规的颁布者，对企业的营销活动产生重大影响。社会组织往往充当了意见领袖的角色，对消费者的购买决策产生不可估量的影响。最后，4R 理论强调了 4 个满意，即顾客满意、社会满意、员工满意、企业满意，体现出了较强的社会营销观念。

这些市场营销组合的理论各有所长，而且随着社会的发展将不断得到丰富。这些丰富多样的市场营销组合理念为我们提供了广阔的思考空间。在未来的市场营销发展过程中也将不断出现更新的理念，只有将它们与企业自身的情况相结合，才能更好地发挥其理论作用。

第二节　国际市场营销概述

一、国际市场营销的基本范畴

国际市场营销（International Marketing）是指商品和劳务流入一个以上国家的消费者或用户手中的过程。换而言之，国际市场营销是一种跨国界的社会和管理过程，是企业通过计划、定价、促销和引导，创造产品和价值并在国际市场上进行交换，以满足多国消费者的需要和获取利润的活动。

国际市场营销属于管理学的范畴，是市场营销主体内容的延伸。几十年来，国际市场营销一直受到全世界的广泛关注，因为它能够创造财富，并使国家和个人受益。无论企业大小，经营何种商品，市场营销人员有责任通过他们的专业知识帮助企业了解全球的消费对象，在不同的市场内竞争，从而提高企业的销售额。

发展到今天的国际市场营销学包含两个范畴：一是对国际市场领域的研究，如市场调研、消费者行为研究等；另一个是对国际市场竞争的研究，如各种市场营销组合策略等。国际市场营销研究的主要内容包括市场分析、产品营销、物流管理、定价、促销、广告等。学习国际市场营销知识可以提高企业在国际市场中的竞争意识和竞争能力。国际市场营销学的研究对象主要是跨国公司的市场营销活动的规律，研究企业的产品或服务如何转移到消费者手中的过程，探讨企业在生产领域、流通领域和消费领域内，如何运用有效的原理、方法和策略不断拓展市场。

二、国际市场营销产生的背景

随着经济全球化趋势不断上升，国际间交往日益密切，国际市场营销也变得越来越重要。在讨论国际市场营销活动之前，需要了解国际市场营销活动产生的重要时代背景，即跨国公司、全球化和新兴市场。

（一）跨国公司（Multi-national Enterprise）

跨国公司（Multi-national Enterprise，MNE）或称跨国企业（Transnational Corporation，TNC）。20世纪70年代初，联合国经济及社会理事会组成了由知名人士参加的小组，较为全面地考察了跨国公司的各种准则和定义后，于1974年做出决议，决定联合国统一采用“跨国公司”这一名称。

跨国公司是指由两个或两个以上国家的经济实体所组成，并从事生产、销售和其他经营活动的国际性大型企业。跨国公司主要是指发达资本主义国家的垄断企业，以本国为基地，通过对外直接投资，在世界各地设立分支机构或子公司，从事国际化生产和经营活动的垄断企业。联合国跨国公司委员会认为跨国公司应具备以下三要素：

（1）跨国公司是指一个工商企业，组成这个企业的实体在两个或两个以上的国家内经营业务，而不论其采取何种法律形式经营，也不论其在哪一经济部门经营。

（2）这种企业有一个中央决策体系，因而具有共同的政策，此类政策可能反映企业的全球战略目标。

（3）这种企业的各个实体分享资源、信息以及分担责任。

跨国公司的主要特征如下：

（1）一般都有一个实力雄厚的大型公司为主体，通过对外直接投资或收购当地企业的方式，在许多国家建立有子公司或分公司。

（2）一般都有一个完整的决策体系和最高的决策中心，各子公司或分公司虽各自都有自己的决策机构，都可以根据自己经营的领域和不同特点进行决策活动，但其决策必须服从于最高决策中心。

（3）一般都从全球战略出发安排自己的经营活动，在世界范围内寻求市场和合理的生产布局，定点专业生产，定点销售产品，以获取最大的利润。

（4）一般都因有强大的经济和技术实力，有快速的信息传递以及资金快速跨国转移等方面的优势，因此在国际上都有较强的竞争力。

（5）许多大的跨国公司由于经济、技术实力或在某些产品生产上的优势，或对某些产品、或在某些地区，都带有不同程度的垄断性。

第二次世界大战后，跨国公司得到迅速发展。美国跨国公司的数目、规模、国外生产和销售额均居世界之首。1987年，600家世界最大跨国公司的销售总额高达4万亿美元，其中美国占42%，西欧占32%，日本占18%，发展中国家和地区仅占2%。1993年，全球跨国公司已达37 000家，其海外附属公司总计达17万家。1992年，全球跨国公司海外销售额总计达5.5万亿美元，比商品出口额高出1.5万亿美元。由此可见，跨国公司的海外投资在世界经济中发挥着比国际贸易更大的作用。事实上，跨国公司已成为当代国际经济、科学技术和国际贸易中最活跃、最有影响力的力量，而这种力量随着跨国公司投资总体的上升趋势还会得到增强。

跨国公司不仅能为发达国家带来好处，也能为发展中国家带来好处。以中国为例，20世纪90年代以前，中国吸收国际转移的产业以劳动密集型的纺织、服装、食品、低端消费类电子行业为主。20世纪90年代以后，外商投资开始大规模进入中国的制造业，带动了中国制造业生产和出口规模的持续扩大，使中国制造业在国际分工中的地位不断上升。中国加入世界贸易组织后，跨国公司对华产业转移进入了新的阶段。世界500强纷纷加强了对中国制造环节的投资。同时，面对世界潜力最大的中国市场，跨国公司在华的研发活动也日趋活跃，其研发、采购和管理的本土化趋势显著增强。随着开放程度的加大和加大服务贸易呼声的提高，中国服务业对外开放程度也明显提高，跨国公司对中国的服务业转移开始提速。据联合国贸发会议统计，中国吸引外资已连续10多年居发展中国家首位，2006年居全球第四位。目前全球500强企业中已有480多家在中国投资设立了企业，跨国公司在中国设立的研发中心近1000家，地区总部近40家。在短短20多年的时间内，中国已成为亚太地区FDI存量规模最大的国家。

营销透视

跨国公司触角伸及全球

跨国公司以世界市场为大舞台，在多数国家进行投资，利用全球资源，在世界大多数国家开展市场营销活动。

例如，可口可乐公司，其产品畅销全球155个国家和地区，在全世界建有1200多家瓶装厂，每天售出2亿多瓶，其海外销售额占70%，利润则80%来自海外。麦当劳公司已经在全球121个国家拥有28 000家快餐店，每天为4300万人提供服务。肯德基公司在世界73个国家和地区拥有9000多家分店，来自海外的销售额占52%。

据统计，全球最大的100家企业中，海外销售额占总销售额50%以上的企业多达一半以上，而其中雀巢公司和飞利浦公司这一比例高达90%以上。沃尔玛百货公司在2001财政年度的收入可达2220多亿美元，将取代石油巨头埃克森公司成为《财富》一年一度全世界最大公司排名榜上名列榜首的公司。现在沃尔玛百货公司在美国拥有108万名雇员，在海外有30.3万名雇员，它在全球有4150多个店铺，并专门开发了世界上最先进的电脑管理系统、卫星定位系统和电视调度系统等先进技术，还同休斯公司合作，发射了专用卫星，用于全球店铺的信息传送与运输车辆的定位及联络。

资料来源：陈庆修. 跨国公司对全世界的挑战［J/OL］. http://www.globalview.cn/ReadNews.asp?NewsID=446.

2. 全球化（Globalization）

全球化是20世纪80年代以来在世界范围日益凸现的新现象，是当今时代的基本特征之一。

全球化还没有统一的定义，一般来讲，从物质形态看，全球化是指货物与资本的越境流动，经历了跨国化、局部的国际化以及全球化这几个发展阶段。货物与资本的跨国流动是全球化的最初形态。在此过程中，出现了相应的地区性、国际性的经济管理组织与经济实体以及文化、生活方式、价值观念、意识形态等精神力量的跨国交流、碰撞、冲突与融合。

总的来看，全球化是一个以经济全球化为核心，包含各国、各民族、各地区在政治、文化、科技、军事、安全、意识形态、生活方式、价值观念等多层次、多领域的相互联系、影响、制约的多元概念。全球化可概括为科技、经济、政治、法治、管理、组织、文化、思想观念、人际交往、国际关系十个方面的全球化。

国际货币基金组织指出，全球化是指跨国商品与服务贸易及资本流动规模和形式的增加以及技术的广泛迅速传播使世界各国经济的相互依赖性增强。经济合作与发展组织（OECD）认为，经济全球化可以被看作是一个过程，在这个过程中，经济、市场、技术与通信形式都越来越具有全球特征，民族性和地方性在减少。

全球化的主要体现是市场经济体系在全世界的扩张。经济全球化特指国际经济活动的延伸和扩张，其中既包括国际贸易的繁荣、国际投资的增加，也包括国际并购的频繁发生，同时伴随着科技的不断创新。在经济领域里，全球化强调的是贸易，特别是自由贸易的影响。但是，全球化不仅仅体现在经济领域里，还包括物质产品的交流，精神产品的交流以及人员的流动。

20世纪90年代以来，全球化现象已经引起了人们的广泛关注，尤其随着跨国公司在世界经济中的地位不断得到提升，全球化也越来越不可忽视。目前，发展中国家经济增长速度加快，也缩短了与发达国家在经济上的差距。联合国发布的《2008年世界经济形势与展望》报告指出，2008年世界经济增长率降至3.4%，发展中国家经济增速可能适度放缓，但仍将继续保持较高增速。2007年，发展中国家的经济增长率仍然保持了6.9%的强劲势头，其中非洲国家2007年经济增长接近6%。

该报告指出，目前其他主要发达国家仍无法代替美国作为“全球经济增长引擎”的地位。尽管近几年来许多发展中国家经济发展迅速，但发展中国家作为一个整体对主要发达国家的市场需求依赖程度仍然很高。

中国作为世界经济发展的重要推动力之一，在全球化的过程中扮演着重要角色。法国《世界报》发表题为《如果没有中国，我们该怎么办》的文章，赞扬中国对世界经济的贡献。同时，全球化也为中国带来了很多贸易机会，成为中国经济增长的重要外在动力。

在未来，全球化的趋势会越来越显著，以中国为代表的发展中国家将面临更多的机遇和挑战。由此引发的问题也已经成为当今社会讨论的焦点。全球化加速发展促进了许多国家和地区的发展繁荣、技术进步、信息沟通和人员流动，增加了政府透明度，促进了各国之间的经济合作，降低了战争的危险，提高了政治冲突的门槛。但是，全球化的负面影响近年来表现得越来越明显，伴随经济增长和物质财富的增加出现的是能源和其他自然资源的高消耗、对地球生态环境的破坏、财富的高度集中与贫富悬殊的扩大以及资本与人力资源加速流通所带来的更为复杂的社会矛盾。金融动荡、粮食短缺、能源紧张、环境污染、气候变化、非法移民、跨境犯罪、恐怖活动、传染疾病、产品安全等诸多非传统安全问题，已经成为世界政治的中心议题。

营销透视

近 2/3 的欧盟公民赞成经济全球化

2003 年 10 月，7515 人接受了访问。结果显示，除希腊外，其他欧盟成员国的公民支持全球化的人数都超过反对全球化的人数。支持率最高的国家是荷兰，达到 78%。其次为爱尔兰和德国，均为 71%。支持率较低的国家有希腊（47%）、西班牙（51%）和奥地利（52%）。

在回答“如果未来全球化进一步加深，你认为这会给你和你的家庭带来更多好处，还是相反”的问题时，52%的受访者的回答是肯定的。爱尔兰人最为乐观，有 66%的人对全球化前景充满信心。其次是葡萄牙人和英国人，对全球化前景充满信心的比例，分别为 63%和 61%。最为悲观的是希腊人，只有 33%的人认为全球化的利大于弊，奥地利人的这一比例为 34%。在比利时和法国民众中也均只有 43%的人认为全球化会给个人带来更多利益。

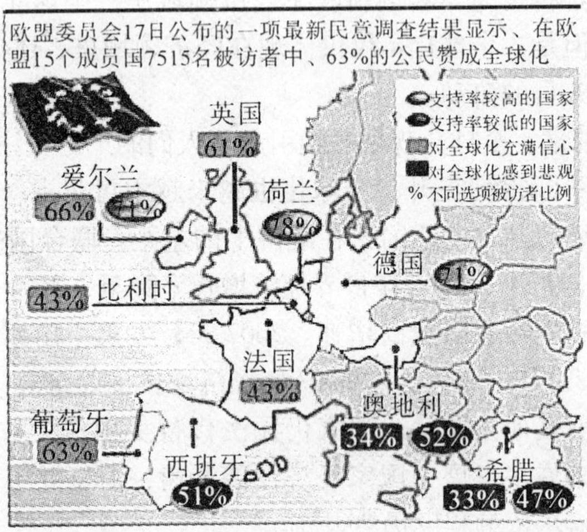

资料来源：近三分之二的欧盟公民赞成经济全球化［N］. 人民日报，2003-11-19（7）.

（三）新兴市场（Emerging Markets）

新兴市场是与成熟市场（Emerged Markets）相对，泛指一些正在发展中的国家和地区，如中国、印度、巴西、南非、俄罗斯及土耳其等，借助发达国家和地区在当地的投资获得先进的生产技术，推动经济发展；或者借助发达国家为其提供的低关税优惠措施，提高经济发展；或者依靠国际金融组织（国际货币基金组织或世界银行）的扶持加速经济发展。当今所说的新兴市场国家是在 20 世纪 90 年代后兴起的。这些新兴市场国家的兴起与过去历次兴起相比大不相同。这些新兴市场国家广泛分布在亚洲、非洲、拉丁美洲以及东欧、中亚、中东等地区，且都是各地区的主要国家和各自地区经济组织的核心成员，如被称为“金砖四国”的中国、印度、俄罗斯、巴西以及南非、越南、土耳其等国家。

相对而言，成熟市场则是指高收入国家或地区，即以美国、日本为代表的发达国家或地区以及欧盟成员国。

新兴市场主要有以下几个特点：

第一，劳动力成本低，天然资源丰富。发达国家会将生产线设在新兴市场国家和地区，利用当地廉价的劳动成本以增强其竞争力。

第二，新兴市场经济总量不足，但发展迅速。例如，1988—1997 年和 1998—2007 年这两个十年间，世界实际生产总值年增长率分别为 3.4%和 4.1%，而包括新兴市场国家在内的发展中国家国内生产总值增长率分别为 4.1%和 5.9%，均明显高于世界平均水平。

第三，新兴市场之间联系紧密。例如，俄罗斯是产油大国，巴西自然资源丰富，因此中国和印度对原材料和能源的需求，给作为石油大国的俄罗斯和拥有自然资源的巴西提供了利润增长的机会。

在当今全球经济中，新兴市场发挥着如下重要作用：

第一，新兴市场是全球经济增长的重要动力。20 世纪 80 年代，人们认为世界经济的火车头是美国和日本，20 世纪 90 年代主要是美国。进入 21 世纪以来，美国对全球经济的推动力也已明显减弱，而新兴市场的国家，特别是中国这一最大和增长最快的新兴市场国家所起的支撑和推动作用显著加强。

第二，新兴市场是巨大的商品供应国和销售市场。新兴市场国家在世界贸易中所占的份额正迅速提高，在过去十年中，已从约 27%增长到 33%以上。新兴市场国家向发达国家提供发达国家所需的原材料、能源和价廉物美的各种制成品，又从发达国家大量进口自身所需的生产资料和消费品，从这种商品贸易中，双方都获益匪浅。特别是对最大的消费国美国来说，廉价商品的进口不仅满足了其消费需求，且对其通货膨胀起到一定抑制作用。至于经济长期低迷的日本，近年来经济的复苏，也与它同中国和东亚其他新兴经济体发展进出口贸易是分不开的。新兴市场国家生产的快速增长，对能源及各种金属和非金属原材料的需求日益增加，这必然对世界能源和原材料市场的供求关系带来新的变化，特别是中国、印度等新兴市场大国，正在一方面采取措施，开发国内资源；另一方面与石油和原材料生产国，主要是其他新兴市场国家和其他发展中的国家中的石油和原材料生产国加强合作，这种合作对促进经济的发展是十分必要的。

第三，新兴市场国家和地区是全球资本的重要流入对象。据耶鲁大学教授的分析，自 1997 年以来的十年间，流入新兴市场国家和地区市场的资本性质在发生变化。与 20 世纪 90 年代不同，这一次不是股票债券投机，而是国外直接投资。据国际货币基金组织表示，近年来，这些国家和地区净外来投资增加了 92%，股票债券的净投资额略有下降。目前以世界 500 强为代表的大跨国公司纷纷计划今后大幅增加在中国、印度、巴西等新兴市场国家的直接投资。西方大企业将业务外包给新兴市场国家已成为一种常规现象。

新兴市场国家的高增长率所带来的贸易和投资的获利机会，已经促进很多工业大国审慎衡量它们在新兴市场国家的利益，积极调整自己在世界市场中的布局、策略以巩固其自身的地位。

1993年9月，美国总统克林顿推出“国家出口战略”时曾提到美国将以经济增长最快、市场潜力最大的10个新兴市场国家为主要贸易对象，它们是墨西哥、阿根廷、巴西、南非、波兰、土耳其、中国、印度、印度尼西亚、韩国。进入21世纪以来，西方媒体和经济学家论及新兴市场国家时，所提到的国家就更多了。例如，英国《经济学家》周刊（2006年）载文提到近几年快速增长的新兴市场国家有32个；美国《纽约时报》（2007年）载文称，新兴市场国家有26个；美国《国际先驱论坛报》（2007年6月）发表世界银行前行长詹姆斯·沃尔芬森的文章称，新兴经济体“包括大约30个中等收入或贫困国家”；等等。值得注意的是，这些估计不是像克林顿当年从美国与之发展对外贸易关系的角度，而是从世界力量对比、世界格局的变化和全球治理的角度提出的。

不论新兴经济体数目有多少，特别受到重视的仅是其中几个大国，即中国、印度、巴西、俄罗斯、墨西哥及南非等。早在2001年，美国高盛公司的经济学家们就把四个最大的新兴市场国家，即巴西、俄罗斯、印度和中国专门提出，并冠以BRICs（即“金砖四国”）的称号。这些国家皆具有人口众多、经济规模和市场潜力巨大的特征。这些国家的快速增长，对世界经济影响之巨不言而喻。

如前所述，新兴市场的快速发展和充满活力是由它们进行改革开放推进和激发的。但是改革开放不可能一蹴而就。随着经济的发展，不断会有新问题和新困难出现。必须进一步深入进行改革，采取应对措施，加以解决。新兴市场国家普遍存在着社会分配不公，不同阶层、不同社会群体之间收入差距扩大，社会保障体系不完善，贫困人口大量存在，城乡差别和地区差别扩大，教育和医疗落后等问题，而且官僚主义和贪腐现象、环境恶化、资源浪费等问题相当普遍，如任其发展，势必会导致各方面矛盾激化，阻碍经济稳定、快速、健康和持续的发展。这些问题在新兴市场国家和地区已引起重视，随着经济社会的发展和改革的深入，有可能逐步得到减轻和解决。

三、国际市场营销的阶段和观念

（一）国际市场营销的阶段

一个企业进入国际市场，由于营销目标、经济实力以及营销经验不同，国际营销开展的程度也不同，为此可以把国际市场营销分为以下四个阶段：

1. 出口营销阶段

出口营销（Export Marketing）是国际市场营销的初级阶段。出口营销最初产生于国外客户或国内出口机构的订单，出口营销企业的起初目标市场仍然在国内，一般也不设立对外出口的机构，而是通过出口代理机构或间接出口的方式开展产品的出口业务。在积累了相当的国际市场营销经验以后，企业认识到开拓国际市场的价值和意义，采取了更为积极的态度，成立专门的出口机构开展国际市场营销。当然，企业在这一阶段认为国际市场仅仅是国内市场地理边界上的延伸，企业营销活动的重点在国内市场，供应国际市场的产品一般来自国内的制造点，与国内销售的产品没有什么差异。

2. 跨国营销阶段

跨国营销（International Marketing）是国际市场营销的成长阶段。进行跨国营销的企业，其目标市场确定为国际市场，把本国出口导向的国际市场营销转向国际市场导向阶段，即把国内市场和国际市场作为一个整体看待，侧重于发现国际市场机会，往往采取在东道国投资、生产和销售的形式。进行跨国营销的企业一般在本国设立公司总部，制定国际市场营销战略，在国外成立分销机构，甚至发展参股比例不等的子公司，专门开发国外消费者所需的产品，针对国际市场营销环境，制定国际市场营销组合策略，参与国际竞争，渴望在国际市场上建立持久的市场地位，把国际市场的开拓作为企业持续的目标取向。

3. 多国营销阶段

多国营销（Multinational Marketing）是国际市场营销的高级阶段。多国营销的早期称为多母国营销，即在多个国家建立较为独立的子公司，各子公司独立运作，在不同的国别市场上形成不同的产品线及营销策略。这一阶段，企业选择若干不同国别、不同地区、不同细分市场的国外市场作为其国际营销的目标市场，并分别制定不同的营销组合，通常在不同市场地域分别生产适应当地市场需求的产品。

4. 全球营销阶段

全球营销（Global Marketing）是国际市场营销的最高级阶段。这一时期由于科技的迅速发展，各国市场的同质化趋势加强，全球对外直接投资急剧增加。在这种情况下，国际市场营销进入全球营销阶段，进入全球营销的企业把全球市场作为一个统一的市场，综合利用全球各个市场的资源优势，进一步摒弃多国营销中的高成本、低成效和重复劳动，实行全球范围内的资源整合，以求全球范围内的收益最大化。全球营销是以全球文化的共同性和差异性为前提，主要侧重于文化的共同性和一般性，实行统一营销战略的同时也注意各国需求的差异性，而实行本土化营销战略导向。

营销透视

中国企业国际市场营销发展阶段特征对比

阶段	主要进入方式	主要的公司战略	主导的营销策略
1979—1990 年 出口营销阶段	出口贸易	·代工生产（Original Equipment Manufacturer，OEM） ·通过外贸公司或利用海外营销渠道	·订单生产 ·推的策略
1991—2001 年 跨国营销阶段	出口、合资、 海外直接投资	·OEM+自有品牌 ·自建渠道 ·海外设厂	·价格和规模竞争 ·当地化营销 ·推与拉的策略并行
2002 年至今 全球营销阶段	出口、合资、 海外直接投资、 国际战略联盟	·OEM+反向 OEM+自由品牌 ·跨国并购 ·海外上市	·品牌收购 ·品牌识别国际化 ·差异化营销 ·拉的策略地位上升

资料来源：何佳讯. 中国企业国际市场营销进展：阶段特征与战略转变［J］. 国际商务研究，2005（2）.

（二）国际市场营销的观念

随着企业国际化经营程度的加深，企业的营销观念也随之发生了变化，可以概括为国内市场延伸观念、国别市场营销观念和全球市场营销观念，并据此引导着企业的营销策略。

1. 国内市场延伸观念

国内市场延伸观念是企业力图将在国内销售的产品销售到国外市场上去。秉承这一观念开展国际市场营销活动的企业把开拓国际市场看作第二位的业务，视其为国内市场业务的延伸，主要目的是解决生产能力过剩而出现的国内市场销售问题。在确立企业市场营销战略和营销方案时，国内市场业务得到优先考虑，国外市场业务被视为国内市场业务有利可图的延伸。企业一般很少开展针对国际市场的调查和分析工作，也很少单独做出针对国际市场的详细的市场营销组合方案。企业的市场营销导向就是以国内市场同样的销售方式将产品销售给国外客户。在确定国际目标市场时，以寻找与国内市场需求相似的国外市场，使产品更容易被市场接受，并以最小的成本获得最大的目标利润。

2. 国别市场营销观念

在国际市场业务不断扩大，企业意识到海外市场的重要性、差异性及海外业务的重要性时，跨国企业的国际市场业务导向可能会转变为国别市场策略。以这一观念作为国际市场营销导向的企业，高度地意识到不同国家的市场大不相同，需要对每一个国家制订几乎独立的市场营销计划，针对每一个国家分别采取不同的营销策略，才能取得销售成功。企业在确立国际市场营销计划和目标时，国内市场和海外每个国家的市场都有单独的营销组合方案，彼此之间几乎没有影响。在每个市场上调整产品、制定价格、确定销售渠道、开展促销活动（即市场营销活动当地化）时，不考虑与其他国家市场的协调问题，强调当地市场的特殊性和营销计划、方案的个性化。针对不同国家市场上的子公司或分公司下放营销控制权，以创造公司在每个国家市场上营销活动的灵活性，争取企业在国际市场上最大的成功机会。

3. 全球市场营销观念

全球营销与传统的多国营销不同，企业在全球性的营销活动中通过标准化产品创造和引导消费需求，进一步取得竞争优势。随着科技的进步，交通和通信的发展，各国之间的交往日益频繁，世界经济社会一体化趋势进一步加强，全球在众多方面具有越来越多的共同性，各国市场之间的需求也越来越具有相似性。就某些产品而言，各国市场之间的差异性甚至将完全消失。企业要想在激烈的优胜劣汰竞争中赢得生存和发展，就必须以世界市场为导向，采取全球营销战略。

以全球营销观念为指导的跨国企业通常称为全球公司，其营销活动是全球性的，市场范围是整个世界市场。实施全球营销策略的企业追求规模效益，开发具有可靠质量的标准化产品，以适中的价格销往全球市场，即采用相同的市场营销组合，以近乎相同的方式满足市场需求和欲望。可口可乐公司、福特汽车公司、通用汽车公司等可以称为全球公司。

全球营销观念把整个世界市场视为一个整体，把具有相似需求的潜在购买者群体归入一个全球细分市场，只要成本低、文化上可行，就可将产品标准化，制订标准化的市场营销计划，通过统一布局与协调，从而获得全球性竞争优势。但是这并不意味着在全球任何一个国家市场上的营销策略没有一点区别，企业的全球营销计划应包括标准化的产品和因地而异的广告；可以采用标准化的广告主题，但根据不同国家和地区的不同文化背景做一些形式上的调整；可以采用标准化的品牌和形象，调整产品以满足特定国家顾客的需求等。也就是说，从企业全球营销的角度制订国际市场营销计划和营销组合方案，只要营销组合可行，就寻求标准化的效益，只要有文化上的独特性要求，就调整产品和产品形象。总之，只要可行，企业就将其产品、工艺、包装、标识、大部分广告、店面装潢和布局等标准化。为了迎合不同国家和地区消费者的口味和习俗，我们会看到在泰国有猪肉汉堡、在新德里有蔬菜汉堡、在马尼拉有菲律宾风格的香辣汉堡等。

全球化是一种观念，是一种寻求市场共性的实行跨地区或跨国标准化的方式。全球营销战略集中表现在以下几种产品市场：

一是有全球相似的消费需求的产品。许多工业品、消费品在所有市场存在相似的需求，如汽车、软饮料、农产品、化妆品等。

二是某国生产具有优势的奢侈品。某些奢侈品的声誉是建立在某国生产的优势基础上的。如果不在原产国制造，如法国香槟、苏格兰花呢、瑞典家具，其魅力就会大减。

三是技术标准化，如电视机、收音机、录像机、音响等价格竞争激烈的产品，采用相同的技术标准就会大大降低生产和销售成本。

四是研究开发成本高的技术密集型产品。这类产品必须实行全球标准化以补偿初期的巨额投入，如飞机、超级计算机、药品的研究开发成本一直在不断上涨。20 世纪 70 年代开发一种新药品大约需要 0.16 亿美元，现在则增加到 2.5 亿~5 亿美元。

尽管世界并没有成为一个大同市场，然而确实有证据表明存在跨越国界、价值观、需求和行为方式相似的消费者群体。同时，当今各国市场之间仍然存在相当大的差异，这些差异也应在企业制定国际营销战略时给予充分重视，但是采取统一的营销组合计划确实具有巨大的盈利潜力。如果产品具有世界性的吸引力，就应该尽量在各国市场上采取标准化营销组合。世界市场全球化的进程正在不断加快，采取全球营销战略是企业在国际市场中获取更多竞争优势并取得成功的一种战略性选择。

四、国际市场营销的特点及其基本程序

（一）国际市场营销与国际贸易的比较

国际市场营销是一门微观科学，是管理学的一个分支，着重研究企业所进行的跨

国界营销活动。国际贸易是一门宏观学科，是经济学的一个分支，其研究对象是国与国之间的商品交换，即进出口活动。

国际营销与国际贸易存在以下差别：

1. 行为主体的差异性

国际贸易的活动主体是国家；国际营销的主体是企业。

2. 产品转移的差异性

在国际贸易活动中，产品必须实现跨越国界的转移；在国际营销活动中，产品不一定跨越国界转移。

3. 活动内容的差异性

国际贸易活动除了进行产品买卖、实体运输及定价活动以外，一般不进行市场调研、产品开发、分销管理、促销宣传等活动，而这些活动正是国际营销的重要内容。

（二）国际市场营销与国内营销的比较

国际市场营销与国内营销相比，具有以下特点：

1. 营销环境的差异性

各国在经济、政治、文化等方面都存在一定的差异，因此市场需求千差万别，要求营销决策应因地制宜。

2. 营销系统的复杂性

构成国际营销系统的参与者既有来自本国的，又有来自东道国的，还有来自第三国的，它们比国内营销更为复杂。

3. 营销过程的不确定性

由于环境的差异，国际营销人员无法确切地把握国外市场的情况，难以开展有效的营销活动。

4. 营销管理的困难性

国际营销活动中需要对各国的营销业务进行统一的规划、控制与协调，使母公司与分散在全球各国的子公司的营销活动成为一个整体，实现总体利益最大化。

国际市场营销比国内营销的复杂程度提高，不确定性更高，在经营实践中，应遵循市场营销学的基本思想，以消费者和市场为出发点，通过环境分析和营销调研，制定营销战略，通过市场细分，选择目标市场，进行市场定位，据此来制定和执行营销策略组合，即产品、价格、渠道和促销。

（三）国际市场营销的基本程序

国际市场营销有五个基本程序，如图 1.2 所示：

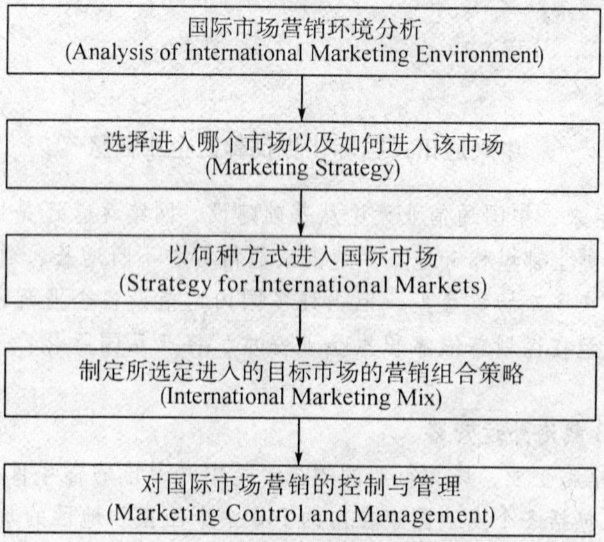

图 1.2　国际市场营销的基本程序

企业进入国际市场的第一步是对国际市场营销环境进行分析，包括企业对当前形势的把握和理解以及决定是否进入国际市场。在企业决定进入国际市场后，第二步是选择进入哪个市场以及如何进入该市场。从国际市场营销战略的角度来看，包括国际市场细分、选择目标市场和市场定位。接下来企业进入第三步程序，也就是研究进入国际市场的战略，即企业以何种方式进入国际市场。第四步是制定所选定进入的目标市场的营销组合策略，本书将以传统的 4P 营销组合理论为基础进行深入展开。第五步是企业对国际市场营销的控制与管理。

复习题

1. 什么是市场营销？市场营销有哪些核心概念？
2. 市场营销观念的演进过程如何？举例说明什么是市场营销观念和社会营销观念？
3. 市场营销的 4P 理论和 4C 理论分别是什么？
4. 你如何看待全球化？
5. 何谓新兴市场？举例说明新兴市场的特点。
6. 国际市场营销的概念、特征、程度和指导观念分别如何？
7. 国际市场营销活动与国内市场营销、国际贸易的联系与区别在哪里？

思考与实践题

1. 为什么有些企业要选择在国际市场上销售它们的产品或者服务？哪些因素会影响企业在国际市场上的竞争？在国际市场上企业应如何制定它们的市场营销策略？

2. 中国作为重要的新兴市场国家对世界经济的发展起到了哪些作用？

案例分析一

中兴通讯：国际化步伐彰显企业智慧

改革开放30年来，中国通信业无论从基础建设、网络运营还是设备制造领域取得的成就在世界通信史上都堪称奇迹。伴随国家通信需求不断增长、通信能力日益增强，国内的通信企业迎来了市场黄金期，但当许多国内通信设备企业沉浸于丰厚的市场利润时，中兴通讯已经在谋划着依靠积累企业资本，将产品国际化，“抢滩”国外通信市场。

四阶段回顾13载海外运营路

“创建世界级卓越企业，成为行业的领先者是中兴通讯的奋斗目标。中兴通讯的全系列产品已经进入包括多个发达国家在内的140余个国家和地区的市场。”中兴通讯董事长侯为贵表示。

以亚非拉地区作为挺进国家市场的突破口，凭借技术前瞻性、产品多元化将战线不断延伸至印度、巴西，并通过与跨国运营商的紧密合作，最终撬动了西欧、北美等发达地区的通信市场。在实施海外发展战略的13年来，中兴通讯经历四个时期完成了其独有的国际化布局。

第一阶段（1995—1997年）为海外探索期。作为中国企业最早“走出去”的代表之一，中兴通讯在1995年首次参加日内瓦ITU世界电信展，并将目光聚焦海外市场。

对于如何切入国际市场，中兴通讯当时选取了国际通信设备厂商垄断程度相对弱的第三世界国家作为突破口，南亚和非洲等国家也便成为中兴通讯发端的“福地”。随后，中兴通讯陆续小规模将产品出口至印尼、马来西亚等国家。同时，中兴通讯也在一些国家设立了“据点”来摸索国际市场中的运行规则。这一时期，中兴通讯确立了进军国际市场的战略，部分产品在海外市场实现突破。

第二阶段（1998—2001年）为规模突破期。通过进行大规模海外电信工程承包，多元化的通信产品输出，中兴通讯陆续挺进南亚、非洲等多个第三世界国家，对海外市场完成了由“点”到“面”的突破。

1998年，中兴通讯先后中标孟加拉国、巴基斯坦交换总承包项目，其中巴基斯坦交换总承包项目金额达9700万美元，是当时中国通信制造企业在海外获得的最大一个通信“交钥匙”工程项目。而在2001年，中兴通讯则获得联通110万线码分多址（CDMA）合同，打破国外垄断，将成功经验推向海外市场。时至今日，中兴通讯CDMA出货量和合同数仍然保持了全球领先水平。

第三阶段（2002—2004年）为全面推进期。中兴通讯国际化战略开始在市场、人才、资本三个方面全方位实现推进。伴随国际化战略的发展和完善，中兴通讯不仅在亚洲、非洲等地区打下了坚实的市场基础，同时还拥有了较高品牌影响力，跻身主流的国际设备厂商行列。

国际化的又一突破口是中兴通讯进入了印度、俄罗斯、巴西等市场潜力巨大且人口众多的国家市场，至此海外市场逐步进入稳定发展阶段，为进军欧美高端市场奠定了基础。2004年12月，中兴通讯公司在香港联交所成功挂牌上市。在此背景下，如何将国际市场向更高层次迈进，使公司在未来市场发展中保持可持续发展，成为了摆在中兴通讯面前的首要任务。

第四阶段（从2005年至今）为高端突破期。中兴通讯借助有效的“本地化”及跨国运营商（MTO）战略，通过与全球跨国运营商开展全面、深入的合作，实现对西欧、北美等发达市场的全面突破。

2006年年初，中兴通讯提出MTO战略，在销售体系内部设立多达500人的“MTO部”，一方面开始向欧美成熟市场挺进，另一方面在新兴市场与跨国运营商合作，中兴通讯在这一年基本完成了全球营销布局，强调宽泛的布点战略。2007年，中兴通讯的海外部署重点除了继续对潜力国家增加覆盖以外，还把注意力集中在跨国运营商、特别是全球排名前10的运营商的开拓上。

在不断加强市场战略布局外，中兴通讯还对营销组织结构进行了重组，将国内众多营销骨干抽调至海外市场用于新兴市场的开拓，并大力推行海外本地化队伍建设。目前，中兴通讯在全球的公司本地化率已超过65%，在印度和法国还提拔当地人进入管理层。近年来，中兴通讯已逐渐实现从新兴市场、地方运营商市场向发达国家、跨国运营商市场的跨越。

厚积薄发凝聚“走出去”战略智慧

面对海外的通信巨头，中兴通讯意识到，只有同竞争对手一样在全球范围内配置资源，才能取得竞争的优势，国际化成为中兴通讯保持其持续发展动力的必由之路。因此，在1996年，中兴通讯国际部成立，开始着手在海外新兴市场寻找商机。

从2005年的36%、2006年的44%到2007年的57%，中兴通讯的国际收入在主营业务收入中的比例逐年攀升。目前，中兴通讯的产品已进入全世界140个国家和地区，为500多家运营商提供优质、高性价比的产品和服务，海外市场的销售收入已经占公司总销售收入的60%左右。

事实证明，“走出去”战略为中兴通讯赢得了持续发展的动力，缩小了与跨国企业的差距，在国际化竞争中获得主动权。由于之前国内通信业发展速度过快，导致近几年增长速度有所放缓，中兴通讯也利用国际化战略将市场重心转移，保持了企业持续高速发展，这都要归功于当年提出“走出去”的策略。厚积才能薄发，中兴通讯在海外拓展中始终坚持量力而行、循序渐进的原则，极大体现了企业的战略智慧。

国际市场是一个高投入、高风险的市场，企业在国际化进程只有权衡好财务风险和市场风险之间的关系，才不会卷进资金的漩涡。中兴通讯做出稳健发展策略，在企业实力及国际化管理经验等方面完成了足够的积累后，才渐渐将触角伸向海外市场，为公司长远发展奠定了基础。而“三个国际化”也一直是中兴通讯所遵循的发展原则，市场国际化、人才国际化、资本国际化的发展思路，使得中兴通讯经历了从本土企业向国际化企业发展的蜕变。

资料来源：根据新华社关于中兴通讯的报道和《经济观察报》相关报道整理。

讨论题

1. 结合本章所学内容，试分析中兴通讯进行国际化经营的动因。

2. 结合案例，分析中兴通讯国际市场营销的发展阶段和历程。

案例分析二

上汽海外并购陷入“双龙陷阱” 42 亿投入已损失大半

TCL 集团海外折戟的重要原因之一或许是忽视了对海外市场的了解和把握。这样的事情一再发生，在上海汽车集团（以下简称上汽）身上则又演变成了一出“败局”。

2004 年 10 月 28 日，上汽以 5 亿美元的价格高调收购了韩国双龙汽车公司（以下简称双龙）48.92%的股权。上汽借此巩固了其世界 500 强地位。这是国内汽车企业第一次以控股方身份兼并国外龙头汽车公司。这一汽车业最大的海外并购事件，被看作是中国汽车业跨国经营的标志性事件。根据双方协议，上汽将保留和改善双龙现有的设备，引进技术，并在未来对双龙进行必要的投资。上汽将帮助双龙拓展其在韩国的业务，还将帮助双龙汽车拓展中国和其他海外市场。当时看来，上汽与双龙达到了一种双赢的跨国经营的局面。

上汽并购双龙的时候，双龙刚刚扭亏为盈，以生产运动型多用途汽车（SUV）型汽车为主，还算是有一定知名度的品牌。2007 年之后，随着国际油价的走高，SUV 由于耗油量大，被称为“油老虎”，开始不被消费者看好，双龙在韩国的销售业绩一直在走下坡路。上汽帮助双龙将多款汽车进口到了中国，并帮助建立了中国的销售渠道，然而中国消费者并不认可双龙品牌，没有打开销路。

随后爆发的华尔街金融危机更是雪上加霜，到 2008 年年底韩国汽车行业也遭受重创，包括双龙在内的现代、起亚、通用大宇和雷诺三星等韩国主要汽车企业在这次金融危机席卷之下均面临危机，纷纷减产、裁员。此时，双龙现金流几近枯竭，已经到了发不出员工薪酬的境地。为了维持企业的正常运转，上汽与双龙管理层一起提出了减员增效、收缩战线的方案，却遭到了双龙工会的反对。由于工会成员担心取消新车推出计划将直接影响到职工收入，2008 年 12 月 17 日，双龙工会成员在平泽工厂，以外泄核心技术为由，扣留了中方的管理人员。最终双龙汽车公司不得不放弃整改方案，同时宣布，已无力支付原定于当月 24 日发放的韩国工厂全体员工的月薪，并且停止招聘，暂停员工福利，以度过经济危机。

虽然在 2009 年 1 月 5 日上汽紧急调拨 4500 万美元注入双龙，用于支付员工工资，上汽提出援助条件是双龙公司要从生产一线裁员 2000 人，但工会坚持不裁员使得上汽无法接受，其 2 亿美元的救济性资金援助也暂时搁浅。救不救双龙，一时间让上汽陷入两难境地。2009 年 1 月 9 日，上海汽车向韩国首尔法庭申请双龙破产保护，以应对销量下滑和债务攀升的局面。2009 年 2 月 6 日，韩国法院宣布双龙汽车进入破产重组程序。这意味着双龙的大股东上汽集团永远失去了对双龙的控制权。

在并购双龙的 5 年时间里，上汽累计砸进 42 亿元人民币之多，目前已损失大半。

2004 年是中国企业海外大跃进的一年，TCL 集团和上汽都掉进了同样的陷阱。而此前有美国克莱斯勒和德国戴姆勒整合失败的先例。如果上汽早一点体会出“车型和技术上的融合其实非常容易，但文化上的巨大隔阂是阻止双方走得更近的关键”背后的深意，或者留意到早在收购之初，双龙工会强烈抗议韩国政府将公司卖给中国企业的信号，也许一心想做大做强的上汽，会对收购有一个更审慎的判断。

然而，世上没有后悔药。中国企业迫切地在国际同行里做出成就的心理，导致了这个收购行动由开始的考虑不足，逐步演化为一个惨烈的经营败局。

上汽收购双龙，本以为可以借此迅速提升技术，利用双龙的品牌和研发实力，加快实现自主品牌汽车生产的步伐。实际上，双龙并非是值得上汽如此期待的强势品牌，上汽过高估计了收购后的收益。例如，双龙汽车只是韩国第四大汽车厂商，虽然拥有自己的研发队伍，在技术和研发上比中国企业要好，但缺少市场。同时，上汽低估了收购后整合的难度。例如，韩国人的民族自豪感和韩国工会的强势力量等。

其实上汽早在 2002 年就收购了双龙的一条生产线，但两年之后仍没有看清楚双龙的真实价值，这就很难用准备不足作为失败的理由了。

中国企业并购的对象多为经营陷入困境的国外企业，需要更强的管理和整合能力。并购首先要解决企业文化差距和相互认同的障碍，双龙尽管是韩国企业，与中国企业同属于亚洲文化圈，但双龙和上汽之间的认同感仍然不高。并购后的双方确实存在何方企业文化为主的选择。

一般而言，较强势企业的文化往往也是最后合并后的企业文化主体。这种现象就使得处于相对劣势的中国企业在并购比自己更强势的企业之后，实际上无法将自己的文化导入，获得主导话语权。这种文化差异是客观存在的，并购最后的胜者并不一定就是财大气粗的一方。上汽一直被诟病为双龙的“提款机”，而在管理上并没有很强的主导力量，前期双方关系更像是貌合神离，而一旦陷入危机，上汽无法真正控制双龙，终于导致反目成仇。

中国企业缺少并购整合的经历或成功经验，对于并购企业的文化、国外商业环境和法律制度不了解，并购对象的规模和复杂度超过控制能力是常见问题。这导致了并购后的无所作为或手忙脚乱，最后以被并购企业无法脱离困境而黯然收场，甚至并购者自己的业绩也被大幅拖累。

从更高层面分析，中国企业收购发达国家企业，面临的问题在于如何以不发达的商业文化和管理水平的低位势，去适应、容纳乃至统领处于较高位势的被收购对象。中国企业应该通过国际化市场竞争了解先进的商业文化和环境，在竞争中学习，提升自身的素质，逐步介入跨国并购活动。

资料来源：郑磊. 上汽海外并购陷入双龙陷阱 42 亿投入已损失大半［N］. 第一财经日报，2009-08-24.

讨论题

1. 结合案例资料，分析上汽海外并购失败的原因。

2. 查找相关资料，分析中国企业的国际并购的动机有哪些？并购前、并购中和并购后的风险分别有哪些？如何防范和解决？

第二章　国际市场营销环境

引例

日本跨国公司的全球化经营战略

日本由于资源短缺、市场相对狭小，因而其经济对国际市场的依赖胜较强。在世界市场趋于一体化、经济全球化的进程中，日本跨国公司近年来积极推进全球化经营战略，主要举措是：将日本的总公司变为世界范围的总公司；在世界范围内设置生产据点和销售点；架构国际信息网络；在全球范围内实行国际分工；建立全球研究开发体系等。其具体内容有以下几个方面：

以美国和亚洲为战略目标

日本跨国公司从全球角度出发，并根据自己的具体情况，确定了两大战略目标：一是发达国家，重点是美国。其主要目的是获得技术和市场，减少贸易摩擦。目前日本在美国直接投资建厂的数量和规模都已达到相当程度，其中著名的企业有家电业的索尼、松下、三洋等公司，汽车业的丰田、日产、本田等公司，钢铁业的日本钢管、川崎制铁等公司。二是发展中国家，重点是亚洲。其主要目的是为了获取廉价劳动力和原材料。日本在亚洲的投资重点是制造业，日本跨国公司已将大部分普及型、附加价值低的制造业，如彩电、空调、汽车音响、轴承等转移到了这一地区。

研究开发国际化

为了在世界各地设立工厂，进行设计与生产，制造真正意义上的“国际产品”，跨国公司就必须在技术研究与产品开发方面实现国际化。日本跨国公司近年来纷纷在国外设立研究与开发基地，聘用国外科技人才，与国外的科研机构、高等院校和大公司合作。例如，日立、松下、东芝等公司平均每年向美国亚利桑纳大学等提供高达6亿美元的巨额科研经费。东芝公司还与美国国际商业机器公司（IBM）等公司合作，开展计算机芯片研究。

经营资源国际化

经营资源一般指特定的无形资产，主要包括经营者及其经营管理知识和经验、技术专利和诀窍、营销方法、融资渠道、商标、信誉、信息网络、管理组织等。经营资源的国际性合理转移是跨国公司跨国经营成功的重要条件。日本跨国公司主要是通过教育研修制度（特别是派往日本母公司进行研修的制度）来实现的。据有关资料统计，日本设在欧美的子公司，有70%的公司曾派遣经理赴日研修，让当地管理人员亲临日本体验、领悟日本独特的社会文化背景，加强当地管理人员运用日本独特的经营资源的能力。

海外公司当地化

这是通过海外公司对所在国的社会经济发展有所贡献，以赢得所在国政府和公众的好感与支持，提高企业的形象和竞争地位。当地化战略一般包括：销售当地化，即在所在国销售产品；生产当地化，即在生产中提高使用当地原材料、各部件的比重；资本当地化，即在当地筹资，利润投资于当地；管理当地化，即录用当地人担任企业管理工作，进而把他们培养成为企业的高层管理人员；研究开发当地化，即在所在国设立研究开发机构，设计当地市场所需的产品。

目前日本跨国公司海外子公司的当地化已大大加强了。例如，日产公司设在西班牙的伊比利亚汽车公司，生产、销售和财务等部门的主管人员都是当地职工，该公司在当地采购零部件的比例高达80%，日产公司还将自己所拥有的股份主动由90%降至67%。

设立区域统管公司

随着跨国经营向纵深推进，目前日立、东芝、松下、本田、佳能等著名跨国公司推行了“全球四总社制”的组织体制，即除日本国内保留总公司外，还在北美、西欧、亚洲建立独资的区域统管公司，下设若干生产、销售、金融子公司，技术开发研究所，零部件采购中心等，以达到弱化事业部职能、强化地区决策、协调全球行动之目的。各区域统管公司实行一元化领导和自主经营，统一指挥各区域统管公司的技术开发、采购、生产、销售等；在资金筹措和运用上亦可自主决定；国内总公司与各区域统管公司之间以信息网络相连，以便相互采购产品、零部件和交换技术情报等。日本跨国公司推行“全球四总社制”的实践表明，这种组织体制有利于公司对各区域统管公司在生产经营方面实施战略性指导，实现产销最佳配置，并使科研成果尽快转化为生产力。

资料来源：车驾明. 日本跨国公司的全球化经营战略 [J]. 外向经济，1997 (6).

当前的国际政治、经济形势复杂多变，对企业提出了更高的要求。作为营销者，要想在复杂多变的市场竞争中立于不败之地，应当保持对市场的敏感，能在他人之前发现某种变化和前兆，从而在他人之前对市场做出反应。敏感性的建立源于对市场环境的熟悉及深层次的把握。“优胜劣汰，适者生存”是自然界的生存法则，表明了环境具有不可控性。在市场经济活动中，企业的环境同样是企业无法控制的，企业的营销活动只能主动地适应并利用客观环境。市场营销环境一直在不断地产生危机和创造新机会。保持对环境的监视，通过对环境的分析，实现趋利避害，对企业的生存具有重要的意义。

第一节 国际市场营销与环境

国际市场营销面临着与国内市场营销差异很大的环境因素，各国的进口限制政策、关税等经济政策均有所不同，对企业而言，几乎都是不可控制的因素。企业的生存和发展，取决于适应环境变化的能力。在进行国际市场营销活动时，企业必须以环境为依据，主动地去适应不断变化的环境，同时通过营销努力去影响外部环境，使环境相对有利于企业营销目标的实现。为此，重视研究环境、认识环境、适应环境，是企业参与国际竞争的永恒话题。

一、国际市场营销环境的含义和构成

国际市场营销环境（International Marketing Environment）是各种直接或间接影响和制约国际市场营销的外部因素的集合。企业的国际市场营销环境，是环绕在企业周围对其国际市场营销活动具有潜在影响力的所有因素，即国际市场营销的外部条件。

菲利普·科特勒认为：营销环境由营销以外的那些能够影响与目标顾客建立和维持成功关系的营销管理能力的参与者和各种力量所组成。营销环境同时提供机会和威胁。

国际市场营销环境包括国际市场营销宏观环境和微观环境，如图 2.1 所示。宏观环境是指企业在从事国际营销活动中难以控制也较难影响的营销大环境，也称为间接营销环境，主要包括政治法律、社会文化、人口、经济和自然、科学等因素；微观环境也称直接营销环境，是与企业在不同国家和地区的目标市场进行营销活动有着直接紧密联系的外部组织和个人，主要包括企业本身、资源供应者、营销中介、竞争者、顾客和社会公众。

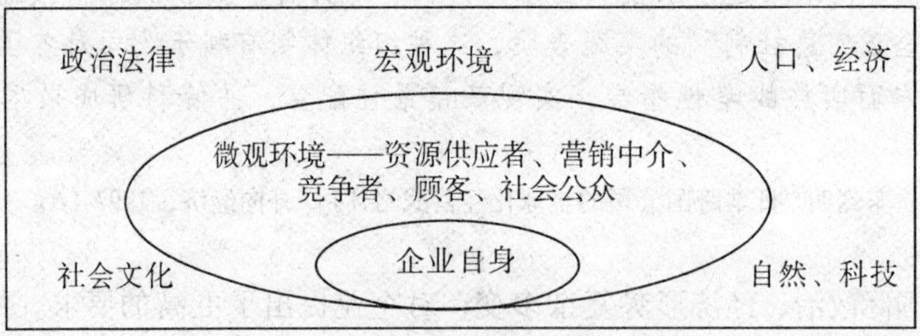

图 2.1 国际市场营销环境的构成

二、国际市场营销环境的特征

国际市场营销环境一般具有以下特征：

（一）客观性

市场营销环境作为一种客观存在，是不以企业的意志为转移的，有着自己的运行规律和发展趋势，对企业营销活动的影响具有强制性和不可控制的特点。对营销环境变化的主观臆断必然会导致营销决策的盲目与失误。营销管理者的任务在于适当安排营销组合，使之与客观存在的外部环境相适应。

（二）关联性

构成营销环境的各种因素和力量是相互联系、相互依赖的。例如，经济因素不能脱离政治因素而单独存在；同样，政治因素也要通过经济因素来体现。

(三) 层次性

从空间上看，营销环境因素是个多层次的集合。第一层次是企业所在的地区环境，如当地的市场条件和地理位置。第二层次是整个国家的政策法规、社会经济因素，包括国情特点、全国市场条件等。第三层次是国际环境因素。这几个层次的外界环境因素与企业发生联系的紧密程度是不相同的。

(四) 差异性

营销环境的差异主要因为企业所处的地理环境、生产经营的性质、政府管理制度等方面存在差异，不仅表现在不同企业受不同环境的影响，而且同样一种环境对不同企业的影响也不尽相同。

(五) 动态性

外界环境随着时间的推移经常处于变化之中。例如，外界环境利益主体的行为变化和人均收入的提高均会引起购买行为的变化，影响企业营销活动的内容；外部环境各种因素结合方式的不同也会影响和制约企业营销活动的内容和形式。

(六) 不可控性

影响市场营销环境的因素是多方面的，也是复杂的，并表现出企业不可控性。例如，一个国家的政治法律制度、人口增长及一些社会文化习俗等，企业不可能随意改变。

菲利普·科特勒的“大市场营销”理论认为，企业为成功地进入特定的市场，在策略上应协调地使用经济的、心理的、政治的和公共关系的手段，以获得外国的或地方的各有关方面的合作与支持，消除壁垒很高的封闭型或保护型的市场存在的障碍，为企业从事营销活动创造一个宽松的外部环境。

就微观环境而言，直接影响企业营销能力的各种参与者，事实上都是企业的利益共同体。即使是竞争者，也存在互相学习、互相促进的因素，在竞争中，有时也会采取联合行动，甚至成为合作者。按市场营销的“双赢”原则，企业营销活动的成功，应为顾客、供应商和营销中间商带来利益，并造福社会公众。

三、国际市场营销环境的分析与评估

国际市场营销环境是企业营销活动的制约因素，营销活动依赖于这些环境才得以正常进行。重视研究环境、认识环境，是为了更好地适应环境。分析和评估国际市场营销环境的本质是分析市场机会和判断环境威胁，据此帮助企业制定正确的营销战略，以把握和利用机会，规避和减少威胁，对于提高国际市场营销管理的水平，发挥竞争优势，开拓更广泛的市场有着重要的战略意义。

(一) SWOT 分析法

市场营销环境分析常用的方法为 SWOT 分析法，SWOT 分析法应该算是一个众所周知的工具。SWOT 分析法于 20 世纪 80 年代初由美国旧金山大学的管理学教授韦里克提出，经常被用于企业战略制定、竞争对手分析等。SWOT 分析法分析企业自身的优势（Strengths）和劣势（Weaknesses），分析环境中的机会（Opportunities）和威胁（Threats）。

1. 机会与威胁分析

随着经济、科技等诸多方面的迅速发展，特别是世界经济全球化、一体化过程的加快，全球信息网络的建立和消费需求的多样化，企业所处的环境更为开放和动荡。这种变化几乎对所有企业都产生了深刻的影响。正因为如此，环境分析成为一种日益重要的企业职能。

环境发展趋势分为两大类：一类表示环境威胁，另一类表示环境机会。环境威胁指的是环境中一种不利的发展趋势所形成的挑战，如果不采取果断的战略行为，这种不利趋势将导致公司的竞争地位受到削弱。环境机会就是对公司行为富有吸引力的领域，在这一领域中，该公司将拥有竞争优势。

对环境的分析也可以有不同的角度。例如，一种简明扼要的方法就是 PEST 分析（宏观环境分析），另外一种比较常见的方法就是波特的五力模型分析。

2. 优势与劣势分析

识别环境中有吸引力的机会是一回事，拥有在机会中成功所必需的竞争能力是另一回事。两个企业处在同一市场或者说它们都有能力向同一顾客群体提供产品和服务时，如果其中一个企业有更高的盈利率或盈利潜力，那么，我们就认为这个企业比另外一个企业更具有竞争优势。换句话说，所谓竞争优势是指一个企业超越其竞争对手的能力，这种能力有助于实现企业的主要目标——盈利。

竞争优势可以指消费者眼中一个企业或它的产品有别于其竞争对手的任何优越的东西。竞争优势可以是产品线的宽度，产品的大小、质量、可靠性、适用性、风格和形象以及服务的及时，态度的热情等。虽然竞争优势实际上指的是一个企业比其竞争对手有较强的综合优势，但是明确企业究竟在哪一个方面具有优势更有意义，因为只有这样，才可以扬长避短，或者以实击虚。

由于企业是一个整体，而且竞争性优势来源十分广泛，所以在做优劣势分析时必须从整个价值链的每个环节上，将企业与竞争对手做详细的对比。如产品是否新颖，制造工艺是否复杂，销售渠道是否畅通，以及价格是否具有竞争性等。如果一个企业在某一个方面或几个方面的优势正是该行业企业应具备的关键成功要素，那么该企业的综合竞争优势也许就强一些。需要指出的是，衡量一个企业及其产品是否具有竞争优势，只能站在现有潜在用户角度上，而不是站在企业的角度上。

（二）企业应对营销环境的策略

一般说来，营销部门无法摆脱和控制国际市场营销环境，特别是宏观环境，企业难以按自身的要求和意愿随意改变它。但是，强调企业对所处环境的反应和适应，并不意味着企业对于环境是无能为力或束手无策的，也不能只是消极地、被动地改变自己以适应环境。营销管理者应采取积极、主动的态度能动地去适应营销环境，制定并不断调整市场营销策略。在国际环境评估的基础上，针对企业所处的环境类型（见图 2.2），可以分别采取不同的对策。

机会水平＼威胁水平	低	高
高	理想业务	风险业务
低	成熟业务	困难业务

图 2.2 环境分析综合评价图

第一，对理想业务，应看到机会难得，甚至转瞬即逝，必须抓住机遇，迅速行动；否则，丧失战机，将后悔莫及。

第二，对风险业务，面对高利润与高风险，即不宜盲目冒进，也不宜迟疑不决、坐失良机，应全面分析自身的优势与劣势，扬长避短，创造条件，争取突破性的发展。

第三，对成熟业务，机会与威胁均处于较低水平，可作为企业的常规业务，用以维持企业的正常运转，并为开展理想业务和冒险业务准备必要的条件。

第四，对困难业务，要么是努力改变环境，走出困境或减轻威胁，要么是立即转移，摆脱无法扭转的困境。

企业的生存和发展始终离不开外界环境的影响和制约。通过市场调查研究，充分了解环境的变化，掌握环境变化的趋势，及时发现现实的和潜在的对企业发展不利的一些特征和变化；通过企业预警系统，合理安排规避和降低风险的手段和措施，制订出切实可行的、科学的决策方案，及时调整企业的经营战略与营销策略。

第二节 国际市场营销的政治和法律环境

政治与法律环境是影响企业营销的重要的宏观环境因素，包括社会的政治制度、法制建设情况。政治因素像是一只无形之手、调节着企业营销活动的方向，法律则为企业规定营销活动的行为准则。政治与法律相互联系，共同对企业的营销活动发挥影响和作用。

一、国际市场营销的政治环境

国际市场营销的政治环境指各种直接或间接影响和制约国际营销的政治因素的集合，包括全球的国际政治环境和东道国的政治环境，它们对企业的国际营销活动产生重大的影响和制约作用。

（一）国际市场营销的政治环境因素

国家是国际法的最重要的主体，也是国际交往中最基本的单位。国家作为国际关系的基本主体影响着国际政治局势的同时，也受到国际政治局势的影响。进入 21 世纪以来，国际政治局势与 20 世纪相比平静了许多，和平与发展人仍然是当今时代的主题，世界多极化和经济全球化的趋势继续在曲折中前进，科技进步日新月异。这些情况为各国发展带来了新的机遇，但也带来了很多问题，这些问题包括影响和平与发展的不稳定、不确定因素，如地区冲突、恐怖主义、南北差距、环境恶化、贸易壁垒等。

影响国际市场营销的国际政治环境因素主要是国际政治局势、国际关系和民族主义。

1. 国际政治局势

国际政治局势的变化和国家之间关系的变化会对世界经济产生直接的影响。和平的国际政治局势有利于世界经济的发展，国际政治局势的动荡会直接影响经济领域的稳定。在诸多影响和平发展的因素中，地区冲突问题是非常突出的且长期悬而未决的问题。例如，伊朗核计划一直是西方国家关注的重点，伊朗与西方，尤其是美国之间的关系也因此紧张。伊朗是世界第四大石油出口国，市场担心伊朗与西方的这种紧张关系一旦导致冲突，必将危及伊朗的石油出口，从而使市场的石油供给保障受到损害。2011 年年底伊朗在霍尔木兹海峡进行军演，目的在于展现自己的实力。欧盟外交官于 2012 年 1 月 4 日透露，欧盟各国就禁运伊朗石油初步达成共识，但何时正式通过禁令并实施还未决定。此消息一经披露，国际市场迅速做出反应，国际油价、金价闻声上涨。

国际政治局势中，目前影响最大的当属国际恐怖主义问题。恐怖主义问题是进入 21 世纪之后人类面临的新的突出问题。恐怖主义（Terrorism）并没有一个准确的全球性的定义，美国国家反恐怖报告将恐怖主义定义为有预谋的、出于政治目的把暴力袭击的目标锁定在非战斗人员的政党和秘密组织的活动。

从 2001 年 9 月的纽约，到 2005 年 7 月的伦敦，再到 2011 年的巴基斯坦。近年来，全球范围的各种恐怖主义活动不仅没有随着打击力度的加强而消失，反而不断增加，而且有逐渐扩大的趋势。近年来，针对外国公司和外国人的恐怖袭击越来越多，有些中东地区的恐怖组织除了绑架外国人质以外，还直接以外国的经济实体为打击目标。对于投资者来说，恐怖袭击会增加企业的运营资本。美国的公司尤其如此，他们的公司经常是恐怖袭击的首选对象。近些年来，中国工程师等工作人员在巴基斯坦、肯尼亚及阿富汗等地都曾遭遇当地武装力量的袭击，应该引起我国企业的足够重视。

2. 国际关系

国际关系是指国家之间的政治、经济、文化、军事关系。发展国际经济合作和贸易关系是人类社会发展的必然趋势，企业在其生产经营过程中，都可能会或多或少地与其他国家发生往来，开拓国际市场营销的企业更是如此。因此，国家间的关系也就必然会影响企业的营销活动。

国际关系，特别是企业母国与东道国之间的国家关系，对营销活动的业绩和前途会产生直接而强烈的影响。两国友好，经济往来频繁，就能给营销活动创造较为宽松的国际关系环境；相反，两国敌对，相互封锁，管制、禁运、壁垒森严，就会给营销活动设置障碍，增加风险。例如，在尼克松访华前后、在中日邦交正常化前后，中国与美国、中国与日本的双边贸易都发生了巨大的变化。在 1960 年以前，古巴是美国公司国际市场营销的一个主要目标，古巴领导人卡斯特罗一上台，这些商务活动马上就中止了。

营销者还必须关注东道国与其他国家的关系。如果该国是某一区域性组织（如欧洲联盟、东南亚国家联盟等）的成员方，企业应认真分析这个事实及可能产生的影响，然后对是否进行贸易或投资做出决策。如果某国有特别友好的或特别敌视的国家，企业应认真研究该国进出口贸易的方向，从而调整相应的营销策略。例如，大多数阿拉伯国家不与以色列进行贸易，而且联合抵制在以色列投资设厂的任何一个国家的企业，因为他们认为跨国公司在以色列的投资有利于以色列的经济发展，福特汽车公司、可口可乐公司、施乐公司等均被列入过被抵制的黑名单中。

3. 民族主义

民族主义（Nationalism）是一种意识形态，这种信念是建立在国家、种族的划分和民族统一性基础上的。民族主义也指某些民族为实现特定的理想而采取的极端民族主义运动。种族的划分建立在特定的标准上，包括共同的语言、共同的文化、共同的价值观以及民族认同感。经济领域的民族主义表现在很多方面，如进口限制、限制性关税及其他贸易壁垒。

20 世纪 80 年代以来，在国际经济活动中，以贸易保护主义为代表的一股新的经济民族主义浪潮席卷全球，成为国际企业经营活动的一大障碍。即使在号称最开放、最自由的美国，20 世纪 90 年代以来贸易保护主义也十分盛行。美国政府先后采取多种不符合国际惯例的手段，限制中国纺织品的进入；先后多次施加压力，要求日本企业减少对美国的出口，而放松对美国公司产品进入日本的管制。虽然很多人认为经济民族主义思想不利于世界经济一体化，但国际企业必须清醒地认识到，这种思想将长时期地存在下去。

营销透视

外媒称中国网民掀起了“经济民族主义”

可口可乐公司计划以 24 亿美元收购汇源果汁一事不断升级，先是有调查显示中国近 8 成网友反对这起收购，后又有消息称多家中国企业拟联名上书抵制。一时间，一场“反可口可乐收购汇源”风潮掀起轩然大波。有欧洲商业组织还表示，外企现在也在紧盯这一事态的发展，因为他们担心“经济民族主义”正在中国抬头。

据法新社 9 日报道，中国欧盟商会（European Union Chamber of Commerce in China）主席伍德克（Joerg Wuttke）在 2008 年欧盟商会意见书中提到：“‘经济民族主义’在中国已经日益成为需要关注的现象。当然，‘企业合并’和‘企业收购’是非常艰难的。因此，我们对可口可乐收购汇源一事非常关注。”

法新社称，国外企业在中国经常会被排除在与中国民族企业的竞争中，即使它们能够提供更先进的技术和更低廉的成本。中国欧盟商会主席伍德克认为：“‘经济民族主义’最初是由相关利益团体挑起的，他们试图将外国人排除在外，以免受到竞争的烦恼。”

对于可口可乐公司收购汇源而引发的反对风潮，英国路透社也表示非常惊讶。路透社称，在某网站所进行的调查中，有逾 8 成网民都对此次收购表示反对。中国网友认为可口可乐公司收购汇源“涉嫌对民族品牌的消灭”和“影响民族品牌的发展”。报道称，易凯资本首席执行官王冉认为，“在民众情绪和政治因素的介入下”，不排除该并购案无法通过反垄断审查的可能性。

资料来源：外媒非常惊讶：称中国网民掀起了“经济民族主义”！[N]. 环球时报，2008-09-10.

（二）目标市场国的国内政治环境因素

国际法上的国家必须包含四个要素，即必须有定居的居民、确定的领土、对居民和领土进行管理的政府和国家主权。主权是国家的基本属性，是国家独立自主地处理对内对外事务的权力。国家有权通过制定政策、法律对国家进行管理。政治活动会影响一国内部的政治环境。对目标市场国的政治环境有基本的了解和掌握，才能更好地制定战略策略、调整策略并取得预期的效果。

1. 政治的稳定性

一个国家的政局稳定与否会给企业的营销活动带来重大的影响。如果政局稳定，生产发展，人们安居乐业，就会为企业造就良好的营销环境。相反，政局不稳，社会矛盾尖锐，秩序混乱，这不仅会影响经济发展和人们的购买力，而且对企业的营销心理也有重大的影响。战争、暴乱、罢工、政权更替等政治事件都可能对企业的营销活动产生不利影响。因此，社会是否安定对企业的营销活动影响极大，特别是在对外营销活动中，一定要考虑东道国政局变动和社会稳定情况对市场营销活动可能造成的影响。

营销透视

中国企业在利比亚受损200亿美元

尽管国内出口企业“走出去”前景被看好，但海外危机四伏令投资风险如影相随。北非和西亚局势持续动荡，出口贸易以及投资项目无不令人担忧。这一局势直接影响中国对当地的投资热情，2011年前两月在非洲地区承包工程业务同比减半，其中在利比亚新签合同额同比减少45.3%。利比亚遭空袭以来，中国在当地新建项目和在建项目被战争梦魇所笼罩。

据悉，国内75家企业，包括13家央企在利比亚有投资项目。国资委此前披露消息显示，央企在利比亚的项目全部暂停，这些投资主要集中在基建、电信领域。战争肆虐之下，无法重建的工程损失将陆续浮出水面。

“利比亚政局的动荡确实对中资企业造成了相当大的影响。”3月下旬，在商务部例行新闻发布会上，发言人姚坚透露，目前中国在利比亚承包的大型项目一共有50个，涉及合同金额188亿美元（约1200亿元人民币）。在大部分中资企业人员撤出利比亚之后，商务部已经会同相关部门着手评估中资企业在利比亚的损失，妥善处理相关的后续事项。相关专家估计，中资企业在利比亚的损失主要有固定资产、原材料等的损失，难以追回的工程垫付款，撤离人员安置费用，预计200亿美元资金在利比亚“打水漂”。

专家：“走出去”关注政治风险

商务部表示，在中国企业“走出去”后的诸多风险中，最突出的还是政治风险、法律风险和财务风险。其中，政治风险与东道国的政府政策变化等行为有关，包括征收、国有化、战争以及恐怖活动等政治暴力事件，还表现为政府征收、政府违约和延迟支付等。

对外经济贸易大学国际经济与贸易学院博士赛格还认为，长期以来，政治风险导致在国外投资的中国企业遭受了巨大经济损失，成为中国企业“走出去”的瓶颈。

政治风险防不胜防，但如何防范政治风险逐渐成为出口企业亟待解决的难题。中国社科院西亚非洲研究所研究员李智彪提出，这就需要中国企业在进入当地前要充分做好准备工作，了解当地习俗，对员工进行专业培训、系统管理等，并且通过政府引导，提供及时准确的信息，同时加强领事馆同当地政府的沟通，密切关注局势变化，以便做好应对措施。“企业一定要提高风险意识，充分利用信用保险产品来规避海外风险。”

据悉，2011 年年初，中国出口信用保险公司发布《国家风险分析报告》，将国家风险分为 1—9 级，数字越高意味着风险越大，利比亚在非洲地区风险水平居中，在利比亚出险之后，位于第 9 级国家阿富汗、布隆迪、乍得、科摩罗等目前的保险费率已经由平均水平的 2%上升至 4%左右，安哥拉等一些国家已经不予承保。

资料来源：中国企业在利比亚工程受损 200 亿美元［N］. 北京商报，2011-04-25.

2. 政府、政策及其政策的连续性

政府行为的目标取决于政府自身的利益或者国家利益。一国政府通常持有以下国家目标：主权和自我保护目标以强调国家主权的完整，避免丧失对国家主权的控制；安全目标以保护本国基础设施、国防工业和重要领域的安全；繁荣目标以改善国民生活水平；声誉目标以着力提高本国知名度。

政府在经济中的作用表现在：通过制定各种经济政策干预或者调节本国的经济运行；政府通常是经济事务的参与者；政府会垄断某些重要的国计民生相关行业的发展；政府也是一些产品和服务的最大买主。例如，在日本和瑞士，政府支出占国内生产总值的比重约为 19%，美国的这一比例为 25%，比利时和荷兰的这一比例高达 58%。

政府制定经济政策和法规，影响市场的需求，改变资源的供给，扶持和促进某些行业的发展，同时又限制另一些行业和产品的发展。例如，制定国家的货币政策和财政政策；规定外来企业的经营方式、经营范围；限制企业的营销组合策略的运用；一国持有的对外开放态度和制定的外商投资相关政策。

这些政策的连续性直接影响到外国企业投资的信心和投资方式。国家保持政策在相当长的时间内的稳定性，对于吸引海外的投资有积极的促进作用。中国自改革开放以来，一直将鼓励外国投资作为基本的经济政策。经过了 30 多年，中国政府保持了外商投资政策的连续性和稳定性，使得外国投资者对中国的投资政策树立了信心，在中国投资的数额逐年增加。

3. 行政干预

政府对经济的干预程度是另外一个重要的问题。政府和企业之间既相互依赖，又相互牵制。例如，2011 年，面对楼市价格过高，中国政府出台了一系列的行政措施干预房价上涨。国家用行政手段对经济的适当干预有助于稳定市场秩序、维护良好的经营环境、保护经营者的利益。但是国家对经济干预过多，会妨碍市场对经济的调节，影响和限制企业在市场的活动。改革开放之前，中国企业受到的行政干预过多，企业遇到问题只能“找市长”，企业的活力受到严重的制约。

4. 行政效率

政府的行政高效率会促进外国投资者的进入，政府行政效率低下会加大企业的运营成本，影响企业的收益。我国在改革开放之初，为吸引外资采取了一系列提高政府绩效的措施，简化外资进入的程序，加快外资进入的步伐。

（三）政治风险的构成

企业在进行全球经营的过程中，会遭遇来自各个国家的政治风险。政治风险包括了各种冲突和能够使外国公司收益和正常运作产生困难的政府政策的变化，分为进入风险、经营风险和转移风险。

1. 进入风险（Entry Risks）

全球经济联系日益紧密的今天，很多国家的某些市场仍然是不开放的。对企业来说，要进入该目标市场国非常困难。例如，由于政治的原因，朝鲜长期严格限制外国资本的进入，市场开放极其有限。即使对于允许外资进入的国家，某些领域也是禁止外资进入的。例如，很多国家都禁止外资进入广播电视市场。有的国家的开放是逐渐的，企业即使能够进入，也要面临目标市场国苛刻的准入条件。例如，政府常常要求进入目标市场国投资者与当地企业合作、使用当地原材料、进行出口销售等。国际市场营销活动必须遵循目标市场国的规定，在制定投资策略时必须考虑进入目标市场国的风险。

2. 经营风险（Operation Risks）

企业在国际市场营销中，可能遭遇的东道国政治干预带来的经营风险如下：

（1）没收、征用和国有化。

①没收（Confiscation），即对没收的外国企业不给予任何的补偿。

②征用（Expropriation），即对征用的外国资产给予一定的补偿，可能将外国企业交由本国私人企业接管。

③国有化（Nationalization），属于政府接管。政府实行国有化，主要考虑国防、国家主权、国民福利和经济增长等目标对企业所有权采取的集中措施，最容易被没收的领域有公共事业、某些自然资源的开采业，如煤炭、石油等。

历史上曾经发生过的著名的没收、征用和国有化事件有：1937 年，墨西哥政府接管了外国人经营的铁路；1953 年，危地马拉政府接管外国人在该国的香蕉种植园；1960 年，古巴政府实行国有化；1962 年，巴西政府接管美国在巴西拥有的发电厂；1969 年，秘鲁政府没收了美国在该国的标准石油公司；1983 年，法国政府将在该国的所有银行收归国有。近年来，国际社会没收、征用和国有化事件越来越少。

（2）本国化（Indigenization）。本国化是指东道国政府通过各种手段对外国企业在经营活动中进行控制，以达到本国政府和产业利益，如进口限制、地方含量要求和劳动力问题上的限制等。

①进口限制：有选择地对外国企业所使用的原材料、机器及零配件等产品的进口进行限制。

②地方含量法律：各国常常要求外国企业的产品满足一定的当地含量要求。

③劳动力使用限制：在外国雇员人数上的限制直接导致外资企业必须聘用相当部

分的当地员工。

(3) 税收管制 (Tax Control)。对政府限制的行业征收特别税收。政府在税收方面的措施会对企业的营销活动产生影响。例如，对某些产品征收特别税或高额税，则会对经营这些产品的企业在效益方面带来一定影响。

(4) 价格管制 (Price Control)。一国政府通常对土地、石油、电力、邮电、通信有明确的价格管理，价格管制直接干预了企业的定价决策。同时，当一个国家发生了经济问题时，如经济危机、通货膨胀等，政府会对某种重要物资，以至所有产品采取价格管制措施。如一国政府为了减少通货膨胀压力，规定产品的价格上限和下限，对生活必需品进行价格管理。

(5) 进口限制 (Import Restriction)。进口限制是指政府所采取的限制进口的各种措施，如许可制度、外汇管制、关税、配额等。进口限制包括两类：一类是限制进口数量的各种措施；另一类是限制外国产品在本国市场上销售的措施。政府进行进口限制的主要目的在于保护本国工业，确保本国企业在市场上的竞争优势。

3. 转移风险 (Transition Risks)

外汇管制 (Foreign Control) 是政府对进出本国资金的一种规制。一国政府通过法律、法令、条例等形式授权有关金融机构，对境内外汇资金的收付、买卖、借贷和转移以及本国货币对外汇率所实行的干预和控制措施。东道国实行外汇管制的主要原因是外汇短缺，为防止国际收支的严重失衡，维护本国货币对外汇率的稳定，政府不得不进行严格的控制。外汇管制至少在两个方面影响国际企业：一是企业的利润和资本不能自由地汇出东道国；二是企业生产所需的原材料、机器设备、零部件以及其他物品不能自由进口，因为东道国政府限制企业自由买进外汇。

(四) 政治风险的防范

对企业来说，规避和减少政治风险是非常重要的。企业在进入一国市场之前必须对目标市场国可能存在的政治风险进行评估，以确定是否进入该市场、以何种方式进入该市场、进入该市场之后的运营中应如何规避和减少政治风险。

企业与目标市场国之间建立积极的互惠关系，通过向目标市场国转让资本、技术会增加目标市场国的经济与科技实力；通过在目标市场国开办企业，会为目标市场国提供更多的市场机会；纳税会增加目标市场国的收入。这些互惠行为有助于企业在目标市场国树立良好的口碑。

企业还可以通过积极的行为影响国际经营中的政治环境，如美国的化妆品公司——雅芳公司，早在1955年就设立了“雅芳全球基金会”。雅芳·中国在该基金会成立50周年的纪念活动中与中国癌症研究基金会合作，沿着万里长城举办了大型的义诊活动。通过一系列公关活动，雅芳公司在中国市场中树立了良好的企业形象。

二、国际市场营销的法律环境

法律环境与政治环境紧密相连。国际企业的法律环境是指本国和东道国颁布的各种法规，主要是经济法规，如投资法、商标法、广告法等。国际法律环境由国际法律环境、东道国法律环境和本国法律环境三个部分组成。

（一）国际法

国际法是调整交往中国家间相互关系并规定其权利和义务的原则和制度。国际法的主体即权利和义务的承担者是国家，依据是国际条约、国际惯例、国际组织的决议、有关国际问题的判例。

对国际市场营销活动影响较大的国际经济法有保护消费者利益的立法（国际产品责任法），确定生产者和销售者对其生产或出售的产品所应承担的责任，保护消费者的合法权益；保护生产制造者和销售者的立法（工业产权法），包括专利法和商标法；保护公平竞争的立法，如国际反托拉斯法、限制性商业惯例、保护竞争法；调整国际间经济贸易行为的立法，包括各种国际公约、条约、惯例、协定、议定书、规则等。

营销透视

中国轮胎业频遭贸易保护主义大棒

“国外贸易保护主义情绪蔓延，中国轮胎出口将面临更严峻的考验。”中国橡胶工业协会常务副会长、秘书长邓雅俐在11月8日的一次行业会议上如此表示。

事实上，中国轮胎行业在过去7年里已经承受了来自8个国家的16场反倾销、反补贴和特保案调查。

2009年4月20日，美国钢铁工人联合会向美国国际贸易委员会（ITC）提出针对中国输美商用轮胎采取“特保”措施的申请，要求美国政府对中国出口的用于客车、轻型卡车、迷你面包车和运动型汽车的2100万个轮胎实施进口配额限制。

所谓“特保”，是指《中国加入世界贸易组织议定书》第16条“特定产品过渡性保障机制”第1款和第4款规定：中国产品在出口有关世界贸易组织成员方时，如果数量增加幅度过大，以致对这些成员方相关产品造成威胁或市场扰乱，则这些成员方可针对中国产品采取限制进口的特殊保障措施。这是自2001年中国加入世界贸易组织以来，美国第一次运用“特保条款”对中国产品征收惩罚性关税。

2009年4月，中国商务部、行业协会、轮胎企业快速反应，做了大量举证工作，聘请律师和游说团，从多层面和美方反复磋商，甚至给美国总统奥巴马写公开信。但这些动作仍未能阻止美国国际贸易委员会的申请。2009年6月29日，美国国际贸易委员会建议对中国输美轮胎连续3年加征关税，中方代表团赴美交涉无果。2009年9月11日，奥巴马签字征收中国输美乘用轮胎三年高关税，最高税额达35%。

在奥巴马签字特保案3天后，中国政府启动了世界贸易组织争端解决程序，第一次以独立的原告方身份，提请成立专家组调查。2011年5月24日，中国政府通知世界贸易组织仲裁机构，决定对中美轮胎特保措施世界贸易组织争端案专家组的裁决提出上诉。2011年9月5日，世界贸易组织上诉机构在日内瓦发布关于中美轮胎贸易纠纷案的裁决结果，判定美国对中国输美轮胎征收惩罚性关税符合世贸规则，中方第二次失意。

中国乘用车轮胎生产商在2012年9月重新恢复出口。但事实上，中国轮胎行业受到的损伤是严重的。据中国橡胶工业协会介绍，特保案造成国内30家左右的轮胎企业减产或停产，影响中国轮胎产业22亿美元的产值，并有10万左右的轮胎工人就业受到影响。

更坏的效应是，在美国发起特保案后，其他国家亦效仿跟进，印度、阿根廷、巴西等国都立案或有意发动对华产品的特保案、反倾销案。

资料来源：王洁. 7年16场战役：中国轮胎业反贸易摩擦之路［N］. 21世纪经济报道，2011-11-19.

（二）东道国法律

虽然国际上有对国家之间或其他实体之间交往的国际规则，但国际市场营销活动归根到底要深入到具体的某一国家或地区。由于历史、地理和文化等原因，各国的法律并不相同。英美法系与大陆法系是当今世界的两大主要法系，涵盖了世界上一些主要的国家。

1. 普通法系

普通法系（Common Law System），又称英美法系，主要常见于英国、美国、加拿大、澳大利亚等国家。英美法系的法律渊源既包括各种制定法，也包括判例，而且判例所构成的判例法在整个法律体系中占有非常重要的地位。近几十年来，英美法系国家也制定了大量成文法以作为对习惯法的补充。

2. 成文法系

成文法系（Civil Law System），又称大陆法系，是承袭古罗马法的传统发展而来的。欧洲大陆上的法、德、意、荷兰、西班牙、葡萄牙等国和拉丁美洲、亚洲的许多国家的法律都属于大陆法系。大陆法系的最重要的特点就是以法典为第一法律渊源，法典是各部门法典的系统的、综合的、首尾一贯的成文法汇编。世界上大约有70个国家法律属成文法系，主要分布在欧洲大陆及受其影响的其他一些国家。

营销透视

联想集团换标适应国际化

联想集团的一次重大战略调整——更换“Legend”标识行动启动，此举成为联想集团国际化进程之前站。

来自联想集团内部有关人士的消息证实：联想集团已确定要更换“Legend”英文标识，更换的原因是该标识在国际上一些国家已有注册，由此联想集团的国际品牌推广线路受阻。联想集团新标识里面没有中文“联想”字样，原来的外方内圆的标识也将被换掉，而原英文标识“Legend”（传奇）将被新的英文标识“Lenovo”（创新）所取代。

在使用“Legend”这个标识的过去岁月中，恰如这个单词的英文原意“传奇”一样，联想集团也演绎了一个传奇般的故事，现在的疑问是，联想集团换标，传奇能否再续？

“联想更换标识是其未来若干重大战略调整的第一步，是为国际化战略铺路。”一位熟悉联想集团业务现状的人士说。

资料来源：联想换标适应国际化 厦新换标淡化地域性［N］. 北京青年报，2003-04-11.

东道国法律是影响国际市场营销活动最经常、最直接的因素，东道国法律对国际营销的影响主要体现在产品标准、定价限制、分销方式和渠道的法律规定和促销法规限制。

例如，在设计产品的物理性能和化学性能时，必须注意到各国在安全性能、纯度、功能等各个方面所规定的要求。比方说，美国规定了严格的防污染法，向美国出口的汽车，必须要装有防污染装置，而且在废气排放量上要符合其标准。

又如，广告在促销活动当中是最容易引起法律争议的环节，许多国家都订立了与广告有关的法律法规，而且在每一个国家的广告从业者之间，也会依据法律自订共同遵守的条款。许多国家是不允许做比较广告的，不允许在广告中使用“最好”一类的字眼，当然更不允许做虚假广告；许多国家对某些产品的广告要实行限制，烟酒广告在很多国家都是禁止的；芬兰不允许政治团体、宗教团体、酒类、减肥药品和不道德的文学作品在电视和报纸上做广告；在德国，一个电视频道每天播放广告的时间被限制为40分钟，通常在一天中集中播放几次，每次约10分钟；意大利在20世纪90年代通过一项法律，禁止本国电视台在播放电影中间插播广告。

对企业来说，法律是评判企业营销活动的准则，只有依法进行的各种营销活动，才能受到国家法律的有效保护。企业开展市场营销活动，必须了解并遵守国家颁布的有关经营、贸易、投资等方面的法律法规。如果从事国际市场营销活动，企业既要遵守本国的法律制度，还要了解和遵守目标市场国家的法律制度和有关的国际法规、国际惯例和准则。在当前我国，《中华人民共和国公司法》《中华人民共和国广告法》《中华人民共和国商标法》《中华人民共和国经济合同法》《中华人民共和国反不正当竞争法》《中华人民共和国消费者权益保护法》《中华人民共和国产品质量法》《中华人民共和国外商投资企业法》等法律法规对规范跨国企业的营销活动起到了重要的作用。

第三节　国际市场营销的经济环境

国际市场营销的经济环境是各种直接或间接影响和制约国际市场营销的经济因素的集合，是国际市场营销环境的重要组成部分，具有国际市场营销环境的各种特征。国际企业所处的环境既受单个国家的经济环境影响，又受世界经济环境的影响。第二次世界大战以来，世界经济格局发生了巨大变化，而其中最根本的变化就是全球市场的出现和世界经济一体化的迅猛发展。20世纪初，经济一体化仅占世界经济的10%，而今天经济一体化已占世界经济的50%以上。

一、国际市场营销的全球经济环境

（一）世界经济局势

随着世界经济发展的加速，经济的全球化已经成为一种必然趋势，国际化已经渐渐成为一种方式。任何国家、企业进行经济活动时都与世界经济局势有千丝万缕的联系，其经济活动不能独立存在。为了自身利益，无论是国家还是企业，都必须充分考虑国际环境对自身的影响，对于从事国际市场营销的企业来说，了解世界经济趋势是迈出全球化的第一步。

21 世纪世界经济呈现出以下三个主要特点：

1. 世界经济稳中趋降

受美国房地产市场降温和次贷危机的影响，2008 年世界经济增长率略低于 2007 年，经济增长势头放缓。美国经济放缓和美元贬值，导致世界部分国家和地区出口增长速度下降，也会导致部分产业的产能过剩矛盾加剧。

2. 国际初级产品价格有所提升

国际市场上石油、金属等产品价格高位运行，国际粮食价格大幅度上涨。2008 年，按美元计价的国际初级产品市场稳中趋升，这也导致以美元为主要贸易货币的国家和地区内的食品价格上涨较快，能源、原材料购进价格居高不下。

3. 国际货币政策上中性偏松

为了解决次贷危机带来的流动性匮乏的问题，稳定金融市场，美联储、欧洲中央银行和日本银行等向市场注入了大量的流动性资金，美国还降低了联邦基准利率。美国的货币政策是全球货币政策的风向标，美国降息并不意味着其他国家也会马上跟随降息，但全球的加息周期行将结束，全球货币政策从适度偏紧调整为中性或中性偏松。

（二）全球经济体系

全球范围内的经济体系中，资源配置的主导方式分别为市场化配置、支配性配置以及混合型配置。

1. 市场化配置（Market Allocation）

市场化配置体系是一种依赖消费者来配置资源的分配体系。市场靠消费者决定由谁来生产和生产什么。市场体系可以说是一种经济上的民主，人们有权根据自己的“钱包”来选择购买什么商品，而政府在市场经济中的角色只是促进竞争和保护消费者。美国、大多数西欧国家和日本是市场经济的典型代表。这三者的产品约占全世界产品总量的 1/3。市场化配置体系在传递人们所需的商品和服务上具有明显优势。

2. 支配性配置（Command Allocation）

支配性配置又称中央计划调拨，在该体系里，政府在为公众利益服务方面有广泛的权利。这些权利包括生产什么以及生产多少。消费者有权决策购买什么，但是无法决定生产什么。在政府操作的资源配置过程中，产品差异、广告和促销几乎不起作用。中国和印度都是曾经采用过支配性配置体系几十年的人口大国。现在两国都在致力于经济改革，朝着市场化配置方向大踏步前进。经济改革无疑为全球化公司的大规模投资创造了机会，1974 年被印度政府挤出当地市场的可口可乐公司在 20 年后再次重返印度就是一个很好的例证。

3. 混合型配置（Mixed System）

事实上，在世界所有的经济体中没有纯粹的市场化配置体系或者纯粹的支配性配置体系。严格意义上讲，所有的配置体系都是混合型的，只是不同配置体系中市场化配置部分和计划配置部分的比例不同而已。在中国，2005 年民营经济在国内生产总值中的比重已经由 2000 年的 55%增长到 65%左右。

（三）经济发展阶段

经济学家罗斯托（Walt W. Rostow）将世界各国经济的发展过程分为以下六个阶段：

1. 第一阶段：传统社会阶段

处于传统社会阶段的国家，生产力水平低，未能采用现代科技方法从事生产，人们的知识文化水平很低，大部分人为文盲或半文盲，甚至有些地方尚处在自给自足的经济状态中。

2. 第二阶段：起飞准备阶段

该阶段是经济起飞阶段的过渡时期。在此阶段，近代的科学技术知识开始运用于工农业生产。占人口75%以上的劳动力逐渐从农业转移到工业、交通、商业和服务业。自给自足的社会开始转变到开放的社会。出生率下降，投资率的增长明显超过人口增长的水平。这一阶段的主导部门有两个：一是农业与采掘业，二是社会间接资本投资业。运输、通信、电力、教育、保健等公共事业已开始发展，只是规模不足，不能普遍施行。

3. 第三阶段：起飞阶段

这一阶段大致已形成了经济成长的雏形，各种社会设施及人力资源的运用已能维持经济的稳定发展，农业及各项产业逐渐现代化。起飞阶段的必要条件是净投资在国民收入中的比例由5%上升到10%以上。看一个社会是否进入起飞阶段的标准是是否具备自我持续发展的能力，其中包括足够的投资率、主导部门的存在和发展以及相应的和必需的社会、政治体制和结构。

4. 第四阶段：趋于成熟阶段

处于该阶段的国家，不但能维持经济的长足发展，而且能够把当时的科学技术应用于大部分经济活动中，工业向着多元化方向发展，部门结构不断调整和优化，国际贸易呈现巨大增长，因此能够多方面参加国际营销活动。

5. 第五阶段：高度消费阶段

在这一阶段，社会的注意力从供应转向需求，主要经济部门开始转向生产耐用消费品和服务。实际人均收入达到较高水平，大量居民拥有相当规模的可自由支配的收入。这一阶段有三个目标：一是国家追求在国外的势力和影响；二是福利国家；三是提高消费水平。

6. 第六阶段：追求生活质量阶段

在这一阶段，主导部门不再是耐用消费品工业，而是为提高生活质量的行业，如教育、保健、医疗、社会福利、文化娱乐、旅游等部门。

依据罗斯托的六阶段划分，在传统社会阶段，以自给自足为主，有剩余产品才用于交换，进口的需要和可能性都不大；起飞准备阶段，经济增长较快，急需进口大量的先进技术和机器设备以实现经济起飞，但其出口能力小，主要出口资源和劳动密集型产品，外汇收入不能满足进口需要，因此进口的可能性小；在起飞阶段，出口能力趋于成熟阶段，国际交换扩大，主要进口资源密集型或劳动密集型产品，出口资本或技术密集型产品；在高度消费阶段，一个国家的各种资源得到有效的配制，进口的需要和出口的能力稳定平衡地增长；在追求生活质量阶段，人们不仅仅关心产品的质量和价格，环境保护、人权等都纳入关心的议程。

处于上述不同发展阶段的国家，具有不同的经济特性，代表着不同的生产和营销体系，其顾客的需求模式也有所不同，因此企业在这些国家中所面临的营销机会和问题也有所不同。国际营销者可以此为依据，将国际市场划分成若干个不同类型，分析其特点，从而制定相应的营销策略。

二、目标市场国的经济环境因素

一个国家所处的经济发展阶段不同，居民收入高低不同，消费者对产品的需求不同，从而直接或间接地影响到国际市场营销。例如，经济发展水平较高的国家，其分销渠道偏重于大规模的自动零售业，如超级市场、购物中心；经济发展水平较低的国家，其分销渠道则偏重于家庭式或小规模经营的零售业。目标市场国的经济因素主要包括人口、消费者收入水平和购买力、消费支出模式和消费结构、基础设施、城市化程度和自然环境。

（一）人口

考察一个国家市场时，首先要考虑市场规模。市场是由持有货币且有购买欲望的人组成的，因此研究市场规模首先要看人口状况。人口的各种特征，如人口规模、人口增长率、人口分布、年龄结构、性别结构、家庭结构等，对市场营销产生多方面的影响。

1. 人口规模

各国的人口规模决定着世界的潜在市场。许多产品的消费与人口直接有关。人口数量影响到市场容量、市场规模、购买力水平，也影响到生活必需品的需求。世界人口最多的 15 个国家如表 2.1 所示：

表 2.1　全球人口最多的 15 个国家

排序	国　家	人口总数（人）	报告时间	占世界人口的百分比(%)
	世界总数	7 149 300 000	2014 年 3 月 12 日	100
1	中华人民共和国	1 360 720 000	2013 年 12 月 31 日	19.03
2	印　度	1 241 400 000	2014 年 3 月 12 日	17.4
3	美　国	317 677 000	2014 年 3 月 12 日	4.44
4	印度尼西亚	249 866 000	2013 年 7 月 1 日	3.49
5	巴　西	201 032 714	2013 年 7 月 1 日	2.81
6	巴基斯坦	185 869 000	2014 年 3 月 12 日	2.6
7	尼日利亚	173 615 000	2013 年 7 月 1 日	2.43
8	孟加拉国	152 518 015	2012 年 7 月 16 日	2.13
9	俄罗斯联邦	143 700 000	2014 年 1 月 1 日	2.01
10	日　本	127 180 000	2014 年 2 月 1 日	1.78
11	墨西哥	118 395 054	2013 年 7 月 1 日	1.66
12	菲律宾	99 250 600	2014 年 3 月 12 日	1.39
13	越　南	89 708 900	2013 年 7 月 1 日	1.25
14	埃塞俄比亚	86 613 986	2013 年 7 月 1 日	1.21
15	埃　及	86 098 900	2014 年 3 月 12 日	1.20

2. 人口的增长率

人口增长率也是一个重要的因素。人口继续增长，意味着世界市场继续发展，市场需求总量将进一步扩大。如果人们有足够的购买能力，人口增长就意味着市场扩大；与此同时，人口增长可能导致人均收入下降和市场吸引力降低，从而阻碍经济的发展。

西方发达国家表现出低出生率现象。自20世纪60年代以来，“缺乏生育”（Birth Death）已取代了第二次世界大战后的“婴儿热”（Baby Boom）。造成出生减少的原因是人们希望提高自己的生活水平；妇女离家出外工作的人数增多；节育知识的普及和节育技术的改善。

3. 人口分布

人口分布状况对产品需求、促销方式、分销渠道都产生不同的影响。人口密度越大的地方，对商品的需求量就越大；相反，人口越稀少的地方，对商品的需求量就越小。例如，美国人口最稠密的地方是大西洋沿岸、五大湖边缘和加利福尼亚沿海地区，这些地区也是美国最大城市的所在地。该地区对食物的消费相对较少，对汽车的需求量却明显高于其他地区，而且还是贵重皮货、化妆品和艺术品的大量集散地。

4. 年龄结构

消费者的年龄对市场营销来说，意味着收入的多少、家庭大小以及对商品的不同价值观和不同需求。不同的年龄层次对商品有不同的需求，从而形成了婴儿市场、青年人市场和老年人市场等。

5. 性别结构。

男性和女性的差别，不仅给市场需求带来差别，而且两性的购买动机和购买行为也有所不同。由于女性多操持家务，大多数家庭生活用品经女性采购，而且儿童用品也可归入妇女用品市场。男士则是汽车、电子产品等的主要购买者。

6. 家庭结构

一个国家或地区家庭单位的多少、家庭成员平均数量、家庭成员结构和家庭决策方式对市场需求的影响很大。近20年来，西方发达国家和一些发展中国家，非家庭住户的迅速增加，必须引起国际营销人员的足够重视。非家庭住户主要有三种形式，即单身成年人住户、几人同居户和集体住户。同时，家庭中子女数量减少，在美国将近1/2的家庭没有18岁以下的子女，儿童用品的需求量大为减少。家庭正在向小型化方向发展，这种趋势影响到以家庭作为消费单位的商品的市场需求，如对电视机、手表的需求增加，对小包装产品需求增加，对幼儿教育的投入也开始提高档次。

（二）消费者收入水平和购买力

消费者的收入是指消费者个人从各种来源中得到的全部收入，包括消费者个人的工资、退休金、租金、赠予收入。消费者的购买力来自消费者的收入，但消费者并不是把全部收入都用来购买商品或服务，购买力只是收入的一部分。因此，在研究消费者收入时，需要注意以下几点：

1. 国内生产总值

国内生产总值是衡量一个国家经济实力与购买力的重要指标。从国内生产总值的增长幅度可以了解一个国家经济发展的状况和速度。一般来说，工业品的营销与国内生产总值有关，而消费品的营销则与此关系不大。国内生产总值增长越快，对工业品的需求和购买力就越大；反之，则越小。

2. 人均国民收入

人均国民收入是用国民收入除以总人口的比值。人均国民收入大致反映了一个国家人民生活水平的高低，也在一定程度上决定着商品需求的构成。一般来说，人均收入增长越快，对消费品的需求和购买力就越大；反之，则越小。

3. 个人可支配收入

个人可支配收入是个人收入中扣除税款和非税性负担后所得余额，它是个人收入中可以用于消费支出或储蓄的部分，它构成实际的购买力。

4. 个人可任意支配收入

个人任意可支配收入是在个人可支配收入中减去用于维持个人和家庭生存不可缺少的费用后剩余的部分。这部分收入是消费需求变化中最活跃的因素，也是企业开展营销活动时所要考虑的主要因素。因为这部分收入主要用于满足人们基本生活需要之外的开支，一般用于购买高档耐用消费品、旅游、储蓄等，是影响非生活必需品和劳务销售的主要因素。

5. 家庭收入

很多产品是以家庭为基本消费单位的，如冰箱、洗衣机。因此，家庭收入的高低会影响很多产品的市场需求。一般来讲，家庭收入越多，对消费品需求越大，购买力也越大；反之，家庭收入越低，对消费品的需求越小，购买力也越小。

需要注意的是，企业营销人员在分析消费者收入时，还要区分货币收入和实际收入，只有实际收入才影响实际购买力。实际收入和货币收入并不完全一致，由于通货膨胀、失业和税收等因素的影响，有时货币收入增加，而实际收入却可能下降。实际收入是扣除物价变动因素后实际购买力的反映。

（三）消费者支出模式和消费结构

随着消费者收入的变化，消费者支出模式会发生相应变化，进而使一个国家或地区的消费结构也发生变化。消费结构是指消费过程中人们所消耗的各种消费资料（包括劳务）的构成以及各种消费支出占总支出的比例关系。西方一些经济学家常用恩格尔系数来反映消费结构的变化。这种消费支出模式不仅与消费者收入有关，还受到家庭生命周期的阶段和家庭所在地点的影响。

营销透视

恩格尔系数

早在1857年，德国统计学家恩格尔在研究人们收入增加后支出有何变化时，就已经发现：家庭收入越少，用于食物方面的费用在家庭全部支出中所占的百分比就越大；当家庭所得增加时，用于食物的支出在支出总额中所占百分比就会逐步减少。这一现象后人称为恩格尔定律。食物支出与全部消费支出之比称为恩格尔系数，即

恩格尔系数=用于食物的支出/全部消费支出

恩格尔系数反映人们生活富裕程度。按照联合国的划分准，恩格尔系数在30%以

下为最富裕，30%~40%为富裕，40%~50%为小康，50%~60%为勉强度日，60%以上为绝对贫困。

（四）基础设施

一国的基础设施主要包括该国的运输条件、能源供应、通信设施以及各种商业基础设施。

运输条件是指多种运输方式（包括公路、铁路、航空和水运）的可获得性（Availability）及其效率。能源供应是指各种能源的可获得性及其成本。通信设施是指各种信息传递媒介的发达程度及其传递信息的质量。商业基础设施是指各种金融机构、广告代理、分销渠道、营销调研组织的可获得性及其效率。

以通信条件为例，各国电话、报纸、电视、广播等信息传递方式的发达程度差别很大。美国每百人拥有电话78.9部，日本每百人拥有电话47.9部，巴基斯坦每百人拥有电话0.4部，尼日利亚每百人拥有电话0.2部。

（五）城市化程度

企业进入某国市场时，需要了解该国的城市化程度。一般来说，城乡居民之间存在某种程度的经济和文化上的差异，进而导致其不同的消费行为。例如，农村居民在衣食住行方面以自给自足为主，而城市居民则主要通过货币交换来满足这些需求。城市的信息传递媒介比较发达，受教育程度较高，思想比较开放，容易接受新事物，一些新产品和新技术往往首先在城市被接受。

随着经济的发展，农业人口越来越少，从事工业、商业、服务业的城市人口越来越多。世界各国城市化程度差别很大。根据世界银行1988年的统计，英国城市人口的比重为92%，比利时为96%，荷兰为88%，美国为74%，印度为25%，中国为22%，泰国为18%，埃塞俄比亚为15%，卢旺达为5%。

（六）自然环境

一国的自然环境包括该国的自然资源、地形和气候条件。企业营销的自然环境因素是指影响企业生产和营销的物质因素，如企业生产需要的物质资料、企业生产产品过程中对自然环境的影响等。在国际营销过程中，企业应寻找资源丰富的地方开展国际营销活动，利用比较优势原理进行投资。

自然资源指自然界提供给该国的各种形式的财富，比如矿产资源、森林资源、土地资源和水力资源等。某些资源将日益短缺，森林和耕地在逐年减少。“有限又不能更新的资源”如石油、煤、铀、锡、锌等矿产资源正在减少。20世纪70年代石油危机爆发，每桶石油价格从1970年的2.23美元上涨到1982年的34美元。以矿产品为原料的企业的生产成本增加，竞争力下降。而新的营销机会同时出现，如对节能设备需求的增加，积极开发太阳能、核能、风能、地热等新能源产品和技术，用电动车取代石油为能源的汽车等。

自然资源是有限的并且不能再生，因此如何高效地利用自然资源是全世界各国越来越关注的问题，如何保护自然资源和自然环境，从而达到可持续发展成为全球发展过程中的热点问题。因此，“绿色营销”也已经成为市场营销研究中一个备受瞩目的新课题。消费者态度的变化引发新的营销策略——“绿色营销”，即由企业开发、营销适应环境保护主义的产品。投入“绿色”经营的企业不仅仅追求环境的清洁，而且注重防止污染，真正的“绿色”工厂要求企业实行废物的三“R”管理，即废物的减少（Reducing）、再利用（Reusing）、再生（Recycling）。

营销透视

箭牌的绿色营销

“在箭牌，可持续发展意味着通过提升人类和整个地球世世代代的福祉，来推动业务表现。”箭牌认为，将良好的环境、社会和经济操作方式融入箭牌日常的业务决策中，才能确保对可持续发展的承诺成为箭牌行事的准则。

针对生产设施和物流，箭牌采取措施，节约能源，减少温室气体、水资源和废物排放；采用更有效率的交通物流方式；利用高绩效的设计，引进新的生产设施和技术，改造现有的生产设施或流程；确保外包生产合作伙伴采取可持续发展的业务操作。

目前箭牌在中国有三个工厂。箭牌上海工厂对所有的换热器、管道和阀门加装保温设备，实现蒸汽系统节能，每年可以减少使用84吨油料、减少二氧化碳排放230吨。箭牌广州工厂，通过水平衡测试，安装、改造节水设施，每年减少水资源消耗18680吨，并通过了广州市政府的“节水企业”审查。

箭牌益达口香糖瓶装产品被认为是可持续包装的典范。在国内，这种包装更耐用、更符合可持续发展，与泡罩装相比，采用新的包装方式每粒产品使用的包装材料重量减少了20%，每年共减少使用2500吨包装材料。而且，益达口香糖包装瓶可回收利用。由于采用了一种添入滑石粉作为“填料”的创新方法，使得塑料的使用量减少50%、瓶体重量减少了25%，而包装效果没有任何变化。

在与社区沟通方面，箭牌通过慈善和志愿者行动支持社区，与环保合作伙伴一起推动环保事业，保护自然资源，教育和推广“负责任的”产品使用理念，通过各种方式利用遭到弃置的包装物和产品。

资料来源：2012中国绿色营销top3：维他奶，时尚“轻”营销［J/OL］. wisdom.chinaceot.com/news_dteail-classid2-7-id38480-total6-p6.htm.

第四节 国际市场营销的科技环境

科学技术是人类在生产和科学实践中积累起来的经验、知识以及体现这些经验、知识的劳动资料的总和。1948年出现晶体管淘汰了真空管，目前晶体管又被集成电路替代；合成化学技术导致合成纤维工业、合成橡胶工业、合成药物工业和合成染料工业的发展；自动化设备和新技术的采用，促进了信息处理、自动化控制、微电子技术、激光、遗传等新兴行业不断涌现。目前，技术进步的速度越来越快，新技术从构思、发明、实现到推广的时间越来越短。

现代科学技术是社会生产力中最活跃的因素，它作为重要的营销环境因素，不仅直接影响企业内部的生产和经营，而且还与其他环境因素相互依赖、相互作用，影响着企业的营销活动。

一、科学技术对国际市场营销的影响

（一）科学技术的发展直接影响企业的经济活动

在现代社会，生产水平的提高主要依靠设备的技术开发，创造新的生产工艺，新的生产流程。

（二）科学技术的发展和应用影响企业的营销决策

科学技术的发展使得每天都有新品种、新款式、新功能、新材料的商品在市场上推出。营销人员在进行决策时，必须考虑科技环境带来的影响。

（三）科学技术的发明和应用可以推陈出新

科学技术的发明和应用，可以造就一些新的行业、新的市场，同时又使一些旧的行业与市场走向衰落。

营销透视

比亚迪领先市场的秘密武器

与目前世界上风头正劲的另外两款电动车——采用锂电池的日产聆风和通用雪佛兰相比，比亚迪是唯一采用铁电池技术的电动车生产厂家，也是目前全球唯一实现铁电池大规模商用化的企业。日产聆风的最长行驶里程是160千米，完全充电则需要约8个小时，而雪佛兰在纯电动模式下只能行驶40~80千米，相比之下，比亚迪的工作人员介绍，快充只需要10分钟，能达到50%的电量，完全充电需要2~3个小时，能行驶300千米。

与锂电池相比，铁电池具有高容量、高安全性、低成本和绿色环保的特点。据介绍，锂电池在高温、挤压的状况下有可能发生爆炸，而铁电池则不会。同时，铁很容易分解，电池回收不会造成污染。尤为重要的是，铁电池的寿命相对较长，可反复充电2000次，行程60万千米，基本上可与汽车寿命一致。一位受访的业内人士向记者介绍，世界上其他纯电动车的续航里程没有能达到160千米以上的，比亚迪的电动车技术水平领先行业3年以上。

资料来源：比亚迪——绿色能源的守望者［J/OL］. http://news.cnautonews.com/2010.11.5

（四）科学技术的发展加快产品更新换代

科学技术的发展使得产品更新换代的速度加快，产品的市场寿命周期不断缩短。复印机抢走了复写纸的市场，汽车抢走了铁路的乘客，电视机部分替代了电影。由于技术进步速度惊人，目前企业在产品方面更加重视小的技术改良活动。

营销透视

变革与不断创新的 iPhone

成立于1976年的苹果公司，以“Switch”（变革）为公司口号。苹果公司每次推出新产品，总能引起市场的变革。

苹果公司的主要产业包括电脑硬件、电脑软件、手机和掌上娱乐终端等方面。苹果公司现在主要经营五条生产线，即 Mac、iPod、iPhone、iPad、iTune。苹果的 Apple II 于 1970 年助长了个人电脑革命，其后的 Macintosh 接力于 20 世纪 80 年代持续发展。最知名的产品是其出品的 Apple II、Macintosh 电脑、iPod 数位音乐播放器和 iTunes 音乐商店，在高科技企业中以创新而闻名。如今 iPhone 的横空出世很有可能将引发手机的新一轮革命。

iPhone 由苹果公司首席执行官史蒂夫·乔布斯在 2007 年 1 月 9 日举行的 Macworld 宣布推出，2007 年 6 月 29 日在美国上市，将创新的移动电话、可触摸宽屏 iPod 以及具有桌面级电子邮件、网页浏览、搜索和地图功能的突破性因特网通信设备这三种产品，完美地融为一体。iPhone 引入了基于大型多触点显示屏和领先性新软件的全新用户界面，让用户用手指即可控制 iPhone。iPhone 还开创了移动设备软件尖端功能的新纪元，重新定义了移动电话的功能。

手机智能化是移动电话市场的发展趋势，也是苹果公司的机会。2007 年 1 月，苹果公司首次公布 iPhone，正式涉足手机领域。苹果将 iPhone 定位于搭载了 iPod 功能及网络浏览器的移动电话。2008 年 6 月，苹果公司发布 iPhone 3G，软件上的革命使其成为业界标杆。智能手机市场的原有格局在 iPhone 的冲击下完全瓦解。

进入智能手机时代之后，手机的内涵开始发生深刻变化。通信成为其几个核心需求之一（而不是唯一的核心需求），音乐、拍照、游戏等非通信相关的核心功能也全面排队进入手机的核心需求。用户开始面对一个问题："我买手机仅仅是用来通话和发短信么？"一旦用户回答"NO"之后，就意味着用户对手机的需求已经从一个通话（短信）处理工具变成一个便携多媒体通信设备。

iPhone 兴起就是这种变革最典型的例证。当你把 iPhone 拿到手后，你能强烈地感觉到这个东西与其说是带娱乐功能的手机，还不如说是带通信功能的娱乐机（娱乐机 =iPod+便携照相机+掌上游戏机+ PDA）。手机市场原"龙头老大"诺基亚正是在这一点上没有把握到位，导致在智能手机市场上完全落败于 iPhone。

资料来源：苹果公司战略管理分析：以产品 iphone 为例［J/OL］. http://www.docin.com/ 2011. 11.22

（五）科学技术的进步将改变人们的消费模式和需求结构

电脑、电话系统的发展推动了电视购物。打开连接各家商店的终端机，就会出现各种商品的信息，利用电话订购，按一下自己的银行存款账户的账号，商店就会将商品送给消费者；未来社会，人们足不出户就可以用电脑学习，完成工作和享受娱乐活动，查阅公共图书馆的各种资料，接受有关工作指令；技术进步催生了自我服务商店，由于条形码和无人监控技术的支持，超市销售日益发展创新。

（六）科学技术的发展为提高营销效率提供了更新、更好的物质条件

现代计算机技术和手段的发明与运用，可使企业及时对消费者需求及动向进行有效了解，从而使企业营销活动更加切合消费者需求的实际情况。美国商务部在互联网上设立了一个电子公告，提供数百万份有关国际贸易的资料，其中 700 多份每日更新

一次。该公告有20个专题，内容包括全球的最新经济动态、经济发展指数、金融等信息，还提供了分类商品清单等。通过互联网也可以提供产品质量、顾客意见和其他方面的信息。市场销售与促销互联网的交互性可以使企业迅速收集到产品的有关信息。

营销透视

新的商业悸动：移动+电子商务

飞机延误，时间怎么打发？露西掏出手机，打开软件，对着机场店中的商品条码扫描，发现网店的价格远低于标签上的价格，立即敲击按键下单。

新一轮掘金潮提前到来了——越来越多的玩家在手机、平板电脑等移动终端平台上采购时尚商品、买电影票和支付账单。仅“双十一”（11月11日）当天，淘宝商城手机版交易额就突破1.5亿元；凡客诚品每天来自手机平台的成交量在1.5万单左右；京东商城手机下单日交易额已达200万元。如果没有大的意外，新获香港鼎信集团巨额注资的广东巨群公司将于新年元旦上线的基于互联网移动化引擎（W2M）模式的拍购网短期内便可吸纳超百万移动电子商务用户。

据中国电子商务研究中心统计，2010年我国移动电子商务实物交易总额高达26亿元，同比增长370%。而到了2011年第三季度，艾瑞咨询最新数据显示，中国手机电子商务交易规模已飙升至37.7亿元，同比增长508.1%。移动电子商务现在已成为现实，并且增长迅猛。

一个更具财富可想象空间的数字是，中国目前已有9亿手机用户，相信当中很大一部分会转化成移动电子商务用户。如果使移动购物的操作方法更加简单的话，艾瑞预计，2012年我国移动电子商务用户有望达到2.5亿。

2011年以来，京东商城iPhone客户端上线；凡客诚品推出了手机客户端和手机网站；手机淘宝开放平台正式宣布推出；敦煌网、兰亭集势、易唐网等外贸网站也已推出了移动商店和移动应用程序。

效果异常明显，“很多人在乘车上班过程中，看到手机的促销邮件后，敲击按键进行交易。”一家知名电商服饰产品运营总监顾清告诉南都记者，很多网站的20%的销售额已经开始通过手机平台完成。

一时间，每个涉足电商的公司都声称，它们在移动电子商务上取得了突破性的进展。但是，“仅将电子商务从WEB（网页）页面搬到WAP（无线应用协议）页面或者智能手机客户端，让用户从操作电脑简单变化成使用手机，这不是移动电子商务的根本目的。”广东巨群公司首席执行官黄瑜告诉南都记者：“安卓（Android）跟苹果互掐，WP7也来凑热闹，每个平台都由自己开发系统，不是一般电商能玩的，更加专业的技术支持是必要的。因此，凡客、淘宝之类的手机客户端应用更多的是战略性布局，不是业务重点。”

资料来源：肖昕. 京东凡客等布局移动购物 中国目前9亿手机用户［N］. 南方都市报，2011-12-30.

二、互联网技术与国际市场营销

（一）互联网技术

互联网是一种计算机交互技术，是高科技的产物。互联网具有全球性、海量性、开放性和交互性的特点。互联网作为跨时空传输的“超导体”媒体，能够克服营销过程中的时空的限制，可以为市场中所有顾客提供及时的服务，同时通过互联网的交互性可以了解不同市场顾客的特定需求并有针对性地提供服务，互联网可以说是营销中满足消费者需求最具魅力的营销工具之一。互联网将同以满足市场需求为目标的4P（产品、价格、渠道、促销）和以顾客为中心的4C（顾客、成本、方便、沟通）相结合对企业的营销产生深刻影响。

近年来，国际互联网在全球范围内获得飞速发展，其应用范围已从单纯的通信、教育、信息查询和学术交流向更具效益的商业领域扩展。据美国国际数据集团（IDG）最新调查，家庭用户、商业用户已成为互联网的主要使用者，研究人员和科学家等早期用户的比例已下降到目前用户人数的12%。开发和运用互联网的商业功能，已成为当今国际经济竞争的焦点。网上商机无限，如何利用互联网发展企业已成为国内外大中小公司最关心的问题，互联网正在给企业创造越来越多的商业机会。

（二）网络营销

网络营销是21世纪最有代表性的一种低成本、高效率的全新商业形式，是以互联网为核心平台，以网络用户为中心，以市场需求和认知为导向，利用各种网络应用手段去实现企业营销目的一系列行为。虽然网络营销以互联网为核心平台，但是也可以整合其他的资源形成整合营销，比如销售渠道促销、传统媒体广告、地面活动等。互联网拥有其他任何媒体都不具备的综合营销能力，网络营销可进行从品牌推广，到销售，到服务，到市场调研等一系列的工作，包括电子商务、企业展示、企业公关、品牌推广、产品推广、产品促销、活动推广、挖掘细分市场、项目招商等方面。这里所指的网络不仅包括互联网（Internet），还应该包括外联网（Extranet）和内联网（Intranet），即应用互联网技术和标准建立的企业内部信息管理和交换平台。

第五节　国际市场营销的社会文化环境

社会文化是指一个社会的民族特征、价值观念、生活方式、风俗习惯、伦理道德、教育水平、语言文字、社会结构等的总和。社会文化主要由两部分组成：一是全体社会成员所共有的基本核心文化；二是随时间变化和外界因素影响而容易改变的社会次文化或亚文化。社会文化因素通过影响消费者的思想和行为来影响企业的市场营销活动。因此，企业在从事市场营销活动时，应重视对社会文化的调查研究，并制定适宜的营销决策。

一、文化及社会文化的含义

文化是人类在社会历史发展过程中所创造的物质财富和精神财富的总和，包括知识、价值观、伦理道德、宗教、艺术、风尚习俗等。

在英国，被称为“人类学之父”的爱德华·B. 泰勒（Eadward B. Tyler）于1971年在其代表作《原始文化》中给文化下的定义是：文化是一个复合的整体，其中包括知识、信仰、艺术、道德、法律、风俗以及作为社会成员而获得的其他方面的能力和习惯。

罗伯克·西蒙兹（Robock Simmonds）于1989年提出的文化定义是：文化是指一个社会规定人的行动的社会规范及样式的总的体系。管理学教授杰尔特·霍夫施耐德把文化称为“大脑的软件”，认为文化是人类思想和行为的指南，是解决问题的工具。

社会文化是行为准则、生活方式的总称，是指人们在一定环境中成长和生活，久而久之形成的行为准则和生活方式的总称，包括风俗习惯、社会风尚、文化教育等。

作为重要营销环境的文化具有以下特征：

（1）文化是学而知之的，文化非遗传之物，而是由人们后天学习获得的；

（2）知识、信念、道德、习惯和其他各种文化要素构成相互联系、大小各异的总体；

（3）文化是由特定社会集团成员具有理智的行为特征所构成，不同社会的文化具有差异性；

（4）文化是不断演进的。

狭义的文化环境包括语言、宗教、社会组织、美学观念、教育、价值观念。广义的文化环境包括所有的宏观环境因素。

文化差异会为营销活动的开展带来困难，但并不是所有的营销活动都需要通过文化变革才能被接受。实际上，许多成功的、极具竞争性的营销是通过“文化适应战略”而完成的。就其本质而言，是用一种尽量适合现存文化的“改良措施”推进“类似产品”的渗透。

在众多环境中，文化环境是影响国际营销的核心因素。

第一，文化渗透于营销活动的各个方面。产品要根据各国文化特点与要求设计，价格要根据各国消费者不同价值观念及支付能力定价，分销要根据各国不同文化与习惯选择分销渠道，促销则根据各国文化特点设计广告。

第二，国际营销者的活动又构成文化的一个组成部分，其活动推动着文化的发展。国际营销者的活动既适应了文化又创造新文化，如创造新需求、新的生活方式等。

第三，市场营销成果的好坏受文化的裁判。消费者对产品接受与否，均是其文化意识的反应。从营销实践来看，重视文化环境分析的营销者往往可以获得成功，否则多数面临失败。

文化不是静止的，而是运动变化的。适应一国的文化，说起来容易，做起来却非常困难。这是因为文化环境能在根本上影响人们对世界的看法和社会行为，即人们的行为无时不存在一种自我参照准则。当我们进入异域文化时，自我参照准则就会发生作用。每一种文化都是独一无二的，在国际市场营销中我们应该记住一句话："文化没有对与错、好与坏之分，只有差异。"

二、国际市场营销的社会文化环境的构成

（一）语言文字

语言文字是人类交流的工具，是文化的核心组成部分之一。不同国家、不同民族往往都有自己独特的语言文字，即使同一个国家也可能有多种不同的语言文字，即使语言文字相同，表达和交流的方式也可能不同。语言是文化的镜子。生活在北极的爱斯基摩人描述雪的词汇十分丰富，而在阿拉伯语中，有3000多个词汇用来描述骆驼，充分说明骆驼在阿拉伯民族中的重要性。中国的英文单词China原意是瓷器的意思，该词汇实际上是Chin的变形，而Chin是中国第一个统一的封建王朝"秦"的发音。

语言差异对国际营销决策的影响，主要表现在信息沟通和翻译两个方面。

1. 信息沟通问题

企业进行跨国界经营活动，必然要与国外的政府、顾客、中间商、雇员等各方面进行沟通，特别是与顾客的沟通。要了解顾客的需求，向顾客介绍企业和产品，说服顾客购买。在这个过程中，如果营销人员能够熟练使用顾客的母语或顾客熟悉的语言，就能增加对顾客的说服力和影响力。

在掌握口头语言的同时，还要掌握体态语言的差异。目前世界通行语言是英语，超过5500万人使用的语言有：汉语、英语、法语、西班牙语、俄语、阿拉伯语、世界语。

2. 语言之间的翻译问题

在企业的国际营销过程中，广告（Advertising）、产品目录（Categories）、产品说明书（Description）、合同（Sales Confirmation）、牌号和谈判工作都涉及语言翻译问题。在完成两种语言的翻译时，必须考虑外国和本国语言文化方面的差异。

例如，美国通用汽车公司的Nova牌汽车，在西班牙语中的意思是"不走"，这样品牌的汽车在原来是西班牙殖民地的那些拉丁美洲国家中就难以销售；美国的软饮料产品Coca Cola，20世纪20年代初期，当该种产品刚进中国市场时，翻译成"口渴口蜡"，后来才翻译成"可口可乐"；中国的白象牌汽车配件，按照字面翻译为"White Elephant Auto Parts"，而"White Elephant"在英语中的意思是"废物"。

在翻译商标和广告时，必须注意了解各种文字在表达上的特点、忌讳、隐喻等。为了防止忌讳和各种可能的隐喻，最好使产品名称在世界各地都能发音，而且没有具体的含义。例如，柯达（Kodak）、埃克森（Exxon）就是两个成功的商标。企业在开展市场营销尤其是国际市场营销时，应尽量了解目标市场国的文化背景，掌握其语言文字的差异，这样才能使营销活动顺利进行。语言是人类进行信息沟通的方式，语言反映了一种文化的实质和价值观。要了解一种文化，应首先了解该文化中的语言。

（二）教育水平

教育水平是指消费者受教育的程度。一个国家、一个地区的教育水平与经济发展水平往往是一致的。不同的文化修养表现出不同的审美观，购买商品的选择原则和方

式也不同。因此，教育水平的高低影响着消费者的心理、消费结构，影响着企业营销组织策略的选取以及推广方式、方法的差别。另外，企业的分销机构和分销人员受教育的程度，也对企业的市场营销产生一定的影响。

在受教育程度高的国家，人们的文化素养比较好，在进行高档文具、艺术品和乐器的营销过程中，教育普及程度就是较好的市场细分标准。

受教育程度高的国家，产品的复杂程度比较高，技术性能比较高，着重文字说明，产品包装上的文字以及产品目录和产品说明书等要求比较详细。

受教育程度比较高的国家，消费者对商品的鉴别能力强，容易接受广告宣传和接受新产品，购买的理性强度高。这有利于利用报纸、杂志做广告宣传。在受教育程度比较低的国家，更加强调电视广告、无线电广告和做现场示范广告。

（三）价值观念

价值观念是人们对社会生活中各种事物的态度、评价和看法。不同的文化背景下，人们的价值观念差别是很大的，而消费者对商品的需求以及购买行为深受其价值观念的影响。不同的价值观念在很大程度上决定着人们的生活方式，从而也决定着人们的消费行为。因此，对于不同的价值观念，企业的营销人员应采取不同的营销策略。对于乐于变化、喜欢猎奇、富有冒险精神、较激进的消费者，应重点强调产品的新颖和奇特；对一些注重传统、喜欢沿袭传统消费习惯的消费者，应重点强调产品的耐用、实用和安全性能等。企业在制定促销策略时应把产品与目标市场的文化传统联系起来。

不同国家、不同民族、不同宗教信仰的人，在价值观上有明显的差异。就时间观念来说，不同的国家，各不相同。日本人、德国人与美国人一样，十分强调时间观念，认为“时间就是金钱”、“今天能做的事不要拖到明天”；拉丁美洲、中东地区人的时间观念比较差，一般不能按时赴约。时间观念不同的国家，消费需求也不相同。时间意识比较强的国家对快餐、快速摄影、成衣、电动剃须刀、速溶咖啡需求量比较大，办事效率比较高。

美国人比较重视决策效率，日本比较重视实施效率。美国重视个人的作用，强调权威，因而决策往往自上而下、由个人或少数领导者做出，决策过程相对简单、迅速。日本人强调团体合作、集体决策、参与决策，强调意见统一，认识一致，因而决策过程往往花费较长时间。但是，日本人的实施效率很高，很多实施者都参与了决策过程。而美国的企业决策是少数人做出的，实施者多不参与决策，因此对决策的实质领会不深。

（四）宗教信仰和风俗习惯

宗教属于文化中处于深层次的东西，对人的信仰、价值观和人生态度的形成影响很大。例如，佛教强调“人生在世，一切皆苦”，造成苦的原因是“业”（由欲望而引起的行为）和“惑”（对佛教意理的无知），因此佛教要求教徒禁止各种欲望。

不同宗教信仰有不同的价值观和行为准则，影响着人们的消费行为，带来特殊的市场需求，与企业的营销活动有密切的关系。在阿拉伯世界，宗教是大多数人的全部生活方式，无论多么重要的生意，在斋月也不能进行；在许多基督教国家，圣诞节前一个月，居民除了购买食品外，还要大量购买生活用品，如家具、服装、装饰品、礼品和节日特殊用品，一旦过了节日，市场需求会大幅下降。

不同的宗教信仰有不同的文化倾向和戒律。例如，印度教不吃牛肉，连与牛相关的产品也不使用。因此，企业应充分了解不同地区、不同民族、不同消费者的宗教信仰，避免触犯宗教禁忌，失去市场机会，同时开发适合其要求的产品，制定适合其特点的营销策略。

风俗习惯是人们根据自己的生活内容、生活方式和自然环境，在一定的社会物质生产条件下长期形成并世代相袭而成的一种风尚，由于重复、练习而巩固下来并变成需要的行动方式的总称。风俗习惯在饮食、服饰、居住、婚丧、信仰、节日、人际关系等方面，都表现出来独特的心理特征、伦理道德、行为方式和生活习惯。

不同的国家、不同的民族往往有不同的风俗习惯。不同的风俗习惯对消费者的消费嗜好、消费模式、消费行为等具有重要的影响。企业营销者应了解和注意不同国家、不同民族的消费习惯和爱好，做到“入乡随俗”。可以说，这是企业做好市场营销尤其是国际市场营销的重要条件。

不同的国家、民族对图案、颜色、数字、动植物等都有着不同的喜好和不同的使用习惯。例如，英国人忌用大象、山羊做商品装潢图案；中国、日本、美国等国家的人对熊猫特别喜爱，但一些阿拉伯人却对熊猫很反感；墨西哥人视黄花为死亡，红花为晦气而喜爱白花，认为可驱邪；德国人忌用核桃，认为核桃是不祥之物；南亚有一些国家忌用狗做商标；新加坡华人很多，因此对红、绿、蓝色都比较喜好，但视黑色为不吉利；伊拉克人视绿色代表伊斯兰教，但视蓝色为不吉利；等等。

（五）审美观

美是一种高层次的人类心理需求，是关于美、审美认识的观念，是文化的重要组成部分。在不同的文化环境中，美有不同的评价标准，人的审美活动如对数字、色彩、图案、形体、运动、音乐旋律与节奏、建筑式样等艺术表现形式的喜好和忌讳，对产品设计和营销有很大影响，是营销活动的重要工具，

国际企业的产品设计有两种策略：第一，标准化的产品策略。将产品原封不动的进入国际市场。第二，多样化策略。在不同的国家采用不同的产品策略。例如，上海丝绸请日本服装师设计丝绸时装进入日本市场，在美国则选择从唐人街进入美国市场。产品的式样、设计风格是产品审美功能的重要组成部分，产品设计应该符合东道国目标顾客的审美情趣，依据营销环境的审美观来设计产品和包装、广告，进行工厂和店铺布置。

营销透视

丰田汽车的音乐营销

播放着节奏轻快的乡村音乐，开着卡车行驶在乡村公路上，这对于美国的卡车司机来说是最熟悉不过的情景。对于丰田汽车来说，这无疑会使其非常振奋，因为对于丰田汽车来说，这是一个再好不过的切入点，可以以此直接深入目标客户群。

人们通常习惯的搭配是香车配美女，然而丰田汽车的一个决定却显得有点与众不同——丰田汽车宣布与美国著名的乡村音乐二人组合布鲁克斯和邓恩（Brooks & Dunn）

合作，目的是推广丰田汽车旗下的一款载货卡车。

“搭乡村音乐风卖卡车”

丰田汽车此举是有着特定考虑的，鉴于美国汽车市场竞争的激烈性，为了寻求载货卡车产品在市场上的突破，丰田汽车决定通过音乐之路开创新局面，并实现这项为期两年的对美国著名乡村音乐二人组合的赞助，这支双人组合乐队是乡村音乐最热卖的乐队之一。

对于美国文化，丰田汽车了解得可谓非常深入——卡车或货车司机的主要行驶范围多是乡村公路，而乡村音乐必然成为他们漫长路途中赖以解乏、放松之不可缺少的伴侣。丰田汽车从此处入手，就是要从情感上、精神层面上打动消费者——听着丰田汽车赞助的乐队的音乐，开着丰田汽车，是多么惬意的感觉。

实际上，丰田汽车的这个做法是在讨好美国的载货卡车买家。美国的载货卡车买家仍然对传统的三大汽车公司，即通用汽车公司、福特汽车公司和克莱斯勒汽车公司有着强烈的忠诚度，他们对本土以外的汽车持排斥态度。丰田汽车从音乐角度入手，则是希望能够避开他们的反感情绪，甚至引起他们的好感。丰田载货卡车类的广告经理史蒂夫·杰特(Steve Jett)则说：“事实上我们完全是在美国生产的这种卡车，由美国人制造、为美国人制造。我真的认为，这个举动确实能够打动、吸引美国那些在对载货卡车有需求的人。”

事实上，这并不是丰田汽车首次通过乡村音乐的途径来进行品牌营销。早在2001年，丰田汽车就已经对澳大利亚塔姆沃思（Tamworth）久负盛名的乡村音乐节提供资助。该音乐节约有2600场现场表演，分布于120个场地。丰田汽车对其中的多个小型现场音乐会以及颁奖典礼的多个奖项进行了冠名，无疑大大提高了知名度以及认知度。最重要的是，丰田汽车还在现场展示了几款在澳洲乡村特卖的车型，即将发售的最新车型也被展示了一次。

回顾丰田汽车海外市场上的营销举措，我们发现，与音乐联系的事件不在少数。事实上，丰田汽车通过此举，不仅加速融入了当地的文化，而且为自身的品牌寻找到一个巧妙的营销切入点，这与丰田汽车在海外市场上的成功，密不可分。

资料来源：丰田汽车的音乐营销［J/OL］. http://finance.sina.com.cn/.

（六）社会组织

社会组织（Social Organization）又称社会结构，是一个社会中人与人发生关系的方式，它确定了人们在社会上所扮演的角色以及人们的权责模式，可分为亲属关系和社会群体两大类。社会组织属于市场营销的亚文化群，不同的社会组织对企业营销有不同的影响。

在对社会组织的考察中，分析社会阶层、家庭规模和特点、妇女的角色和地位、群体行为等对国际市场营销活动的开展很有意义。

社会阶层（Social Stratum）是一个社会具有相对同质性和持久性的群体，按等级排列，同阶层成员具有类似的价值观、兴趣爱好、行为方式乃至产品偏好和品牌偏好，同阶层成员经济收入、购买力也相似。

家庭的作用在不同的社会中具有差异，亲属关系（Relative）是社会组织最基本的组成部分。农业社会的家庭是最重要的社会中心，为家庭成员提供衣食住行、教育、文化传承。浓厚的家庭观念使家庭成员之间联系紧密，购买决策以家庭为主，家庭成员的消费受家庭的影响很大。

相关群体（Relative Group）是与消费者具有社会关联的亲友、同学、同事、邻里等，因相互之间有观念、爱好等方面的影响，在生活方式、消费习惯等方面形成了一些各自的特点。因此，需要营销者深入了解和分析这些特点，并采取有针对性的营销措施。

与共同区域相类似的是特殊利益集团，它是社会中因职业、政治、宗教、爱好等的共同点而形成的不同特殊利益集团，他们对产品及服务会有一些共同性的要求。针对这类特殊利益集团也要采取相应的营销措施，以期取得预期的营销效果。

营销透视

晋商与徽商

中国商人大多起源于盐商，晋商也是起源于盐商，因为古代普遍没有盐的提炼技术，而山西有一处盐田，几乎接近于自然结晶，这是晋商最早形成商业传统的起源。但是我们现在说的晋商是指明清时代的晋地商帮。中国明清时代有十大商帮，晋、徽、鲁、闽、粤、陕、浙、江右、龙曲和洞庭商帮。其中，晋商为首，其次是徽商。

晋商先起，但它的衰落比徽商晚。明朝因为与北部蒙古经常发生冲突，所以从辽东到甘肃设立了“九边”（相当于军区），驻军80多万人，这就需要有大量的军需供应。明洪武三年（1370年），明朝实行“开中制”，就是由商人把粮食运到边关，换取盐引，因为盐和铁是朝廷专办，盐引就相当于朝廷给予的经营许可证，晋商在向边关贩运粮食中，形成了垄断盐业的商帮。明代晋商几乎垄断了盐业，到明末，朝廷又实行了一种“折色制”，商人可直接用银子换盐引，同样拥有资金的徽商取代了晋商的垄断地位。清嘉靖年间，盐制改革，经营盐的权力放开了，徽商就开始衰落，还有一场天灾也加速了这个衰落，乾隆年间有一场大火，烧毁了徽商大批的商船和货物，更让徽商一蹶不振。而晋商从道光初年就开始多种方式经商，包括开票号，并且在存放款业务之上又加入了异地汇兑。清代全国有51家票号，其中43家是晋商的，41家就集中在祁县、平遥和太谷。这些票号的衰败另有原因，是在辛亥革命之后。

晋商与徽商比较，晋商更有制度建设。晋商有股份制，而且很早意识到所有权与经营权的分离，东家和大掌柜各司其职，还有电视剧里讲到的顶身股，这些激励制度在徽商当中几乎都不存在，这是晋商强大的一个很重要原因。晋商和徽商还有一个区别，即徽商通常是以家族为组织纽带，他们有一句话叫“用亲不用乡”，晋商则以地域关系为纽带，他们是“用乡不用亲”。

徽商用亲，出于维系家族的需要，必须从观念上强调传统，因此非常乐于做传统文化的传播和研究，徽商刻印的书籍在明清两代都是书行中的精品，儒学里的经学在安徽非常发达，新安画派也生长在那里。徽商非常重视子弟教育，在徽商家族中出过大批进士、状元。在这一点上，徽商和晋商比起来就更多了一些官商色彩。晋商中当然也有张四维这样做到首辅的高官，甚至有范永斗这种被清朝封为皇商的，但这种情况在晋商中并不普遍。徽商的主体基本上可以说是官商。例如，乾隆年间的大学士曹振镛，他家是数代为商，同时数代为官，在家族内部形成官商结合。

中国历史上这两大商帮代表的是同一种传统观念，本质上晋商是纯粹的商人，但因为商人在传统中地位不高，所以他们在处世和生活中都相当低调、不张扬。而徽商通常是在商言文，目的不在经商，而是读书、做官，这还是儒家的思想。徽商发展了传统文化，而晋商一方面谨守传统文化，同时他们也能出于商业需要做一些开创性的事情。

资料来源：对比徽商说晋商[J/OL]. http://culture.people.com.cn/.

三、国际营销活动中的商业习惯

一个国家的商业习惯与该国的文化是密切相关的，犹如语言一样，商业习惯也是文化环境的组成部分。由于东道国的文化在商业活动中肯定会占据支配地位，使得各国的商务惯例在接触级别、交流方式、谈判重点、商业礼节和道德标准等方面存在极大的差异。因此，在开展国际市场营销之前，营销者必须对目标市场国家的商业习俗有所了解。

（一）接触级别

各个国家的商业习俗不同接触的级别也不同。例如，在欧洲和阿拉伯国家，经理人员的权威很大，因此谈判接触往往在较高层次进行。美国则不同，许多企业给管理的下层委托授权较多，因此营销人员有可能接触到中下层经理。

远东地区文化强调合作与集体决策。在这些国家，与营销人员打交道的不是个人而是集体 。此时头衔或职位很重要，许多公司不允许以个人名义签发信函。在地中海地区情况正好相反，联系可以与直接负责事情的本人进行，而不是与一个官员或有头衔的人接洽。

（二）交流方式

语言是市场营销人员交流的基本工具。然而，有些人连一种语言的粗浅含义都没法理解，更谈不上对态度和倾向性意图的理解。大概没有任何语言能够轻而易举地被译成另一种语言，而且不同的语言词义概念又相差甚远。日本人不愿意用日语写合同，喜欢用英语写合同，除了其他原因外，是因为日语在语义上有些含混，不太具体。

语言交流无论多么不准确，还是能表达出一定的意思。但是，商业中大部分交流信息不是用语言表达的，而是隐含在其他交流信息中，如无声语言、肢体语言等。

（三）礼节与效率

为人随和、不拘小节似乎是美国人的行为习惯，但这种表面上的随随便便并不等于工作马马虎虎。一名英国经理这样评价过美国人："在鸡尾酒会或晚宴上，美国人还在上班。当他们发现某人的谈吐和想法很重要时，会很快记录下来，以备后用。"

急于想成功的营销人员必须学会控制自己的心理。拉丁美洲的商人很讲究友谊，即使如此，他们也不愿意把经营同个人生活扯在一起。相反，日本人喜欢把工作与个人生活结合起来。他们很有礼节，时而谈生活，时而谈工作，慢条斯理，常常使美国人和欧洲人失去耐心和冷静 。

（四）谈判风格

美国人的商业文化特点是坦率、自信、热情、真挚、性格外露、讲究效率、喜欢直截了当地进入谈话主题，并且喜欢不断地发表自己的见解，力图说服对方，注重实际，追求物质上的实际利益。美国人的法律意识很强，在商务谈判中非常注重法律、合同。在日本，商界是最注重谦恭的。日本人在谈判中有时不能坦率、明确地表态，常使对手产生含混不清、模棱两可的印象甚至误会。

（五）企业道德

道德随着社会环境的变化而有所不同，即使在同一国家内，也没有明确的道德标准和共同的参考依据。商业道德在国际市场上更为复杂，在一个国家被认为是正当的事情，在另一个国家可能完全不被接受。例如，馈赠礼品是世界上大多数国家都认可的行为，而在美国就不流行，甚至还会遭到谴责。礼品变为贿赂又是另外一种问题。世界各国都在试图区分礼品与贿赂之间的关系，简单的办法是规定一个金额范围，但这也难以界定。

复习题

1. 国际市场营销环境对企业的重要性体现在什么地方？国际市场营销的构成包括哪些内容？

2. 国际市场营销的政治法律环境包含哪几个层次？

3. 政治风险分为哪几种？如何防范政治风险？

4. 解释市场化配置体系、支配性配置体系和混合型配置体系的区别。

5. 在目标市场国中，对企业的国际市场营销产生影响的经济因素有哪些？

6. 科技对于营销活动带来了哪些影响和改变？

7. 什么是文化？社会文化环境的构成包括哪些方面？

8. 为什么说文化因素是国际营销的核心因素？

9. 举例说明语言与国际营销沟通的关系。

思考与实践题

1. 选择一个国家作为例子，分析它的政治法律环境，探讨如何减少在该国从事国际市场营销活动的风险。

2. 选择一家在中国经营的国际企业，分析它是如何利用中国特定的社会文化环境因素来设计和开展营销活动的。

案例分析

可口可乐的中国化

1886年5月8日，药剂师彭伯顿（Pemberton）在美国佐治亚州亚特兰大市家中后院调制出新口味糖浆，并拿到当时规模最大的雅各（Jacob）药房出售，每杯0.5美元。百忙之中，助手误把苏打水与糖浆混合，却令顾客赞不绝口。至此，彭伯顿的新产品终于诞生了！彭伯顿的合伙人之一——弗兰克·鲁滨逊为该产品想出了“可口可乐”这个名字，该产品也于1887年6月16日的广告中第一次使用了今天大众熟悉的斜体字形。1892年，艾萨·坎德勒（Asa G.Candler）用2300美元取得可口可乐的配方和所有权，并成立了可口可乐公司。1919年，可口可乐公司被一个亚特兰大的财团收购。1923年，伍德瑞夫（Woodruff）担任可口可乐公司的总裁，开启可口可乐公司的另一个重要新纪元。

至今，可口可乐公司已有将近120的历史，是全球最大的饮料生产及销售商，拥有全世界最畅销的五种饮料中的四种，即可口可乐、健怡可口可乐、雪碧和芬达。可口可乐公司旗下的产品超过100种。有数据显示，目前全世界近200个国家和地区的消费者每日享用超过10亿杯可口可乐公司的产品，可口可乐的品牌已深入人心。正如可口可乐公司创始人艾萨·坎德勒所言，“假如可口可乐公司所有财产在今天突然化为灰烬，只要我还拥有‘可口可乐’这块商标，我就可以肯定地向大家宣布：半年后，市场上将拥有一个与现在规模完全一样的新的可口可乐公司。”

可口可乐的品牌成功秘诀何在？重要原因之一就是其国际化经营中的本土化战略。如今的可口可乐已经成为一种全球性的文化标志，但是在风靡全球的同时，可口可乐公司仍然保持着清醒的头脑，没有固执已见地一味传播、销售美国观念，而是在不同的地区、文化背景、宗教团体和种族中实施分而治之的策略，比如可口可乐公司“Can't Beat That Feeling”的广告口号，在日本改为“我感受可乐”（I Feel Cola），在意大利改为“独一无二的感受”（Unique Sensation），在智利又改成了“生活的感觉”（The Feeling of Life）。广告信息始终反映着当地的文化，在不同时期有不同的依托对象和显示途径、生成方式，无一不是随着具体的时空情境来及时调整自身在文化形态中的位置。换言之，可口可乐公司的本土化随处可见。

剖析可口可乐公司在中国的迅速发展，也能再一次印证本土化经营为跨国公司的发展插上翅膀的作用。作为可口可乐公司在中国成立的第一家合资企业———北京可口可乐饮料有限公司，其20余年的发展历程就是可口可乐公司在中国本土化策略的一个缩影。

对可口可乐公司而言，1979年1月24日是一个载入史册的日子，这一年中美建交，也正是在这一年，3万箱可口可乐从中国香港辗转运往北京、上海及广州的大商场和宾馆，可口可乐公司在中国内地的战役开始打响。1981年，由可口可乐公司提供设备的第一个灌装车间在北京丰台建成。此后12年间，可口可乐公司一直在特许灌装和直接投资等领域寻求与中国国内的业务合作机会。1993年，可口可乐公司与原轻工业部签署合作备忘录，提出了一个基于“真诚合作，共同发展”原则的长期发展规划。20世纪90年代初，曾风靡全国的天津“津美乐”和上海“雪菲力”汽水就是最早打下可口可乐公司系列饮料本地化烙印的品牌。1996年，面对非碳酸饮料年销售额增长将近20%的诱人前景，可口可乐公司首次推出为中国市场研制的“天与地”果汁和矿物质水品牌。1997年8月，果碳酸饮料品牌“醒目”问世。在可口可乐公司全球的产品中，有1/4只在亚洲销售，而“天与地”系列产品和“醒目”等饮料则专为中国市场研制。

可以说，可口可乐公司的本土化包括各个方面，从工厂、原料、人员到产品、包装、营销，99%都是中国的。无论是玻璃瓶还是易拉罐，从浓缩液到二氧化碳、糖，甚至含量极小的柠檬酸，都打下了中国制造的烙印。在老对手百事可乐公司大行国际化路线时，可口可乐公司却将自己的产品打扮得越来越“国粹”。从1999年开始，可口可乐公司利用中国传统节日——春节大做文章，从喜气洋洋的“大阿福”、12生肖卡通罐到奥运金罐和茶系列饮料的面世，可口可乐公司努力地拉近与中国人的距离。同时，可口可乐公司的广告设计采取红底白字，书写流畅的白色字母在红色的衬托下有一种悠然的跳动之感，既充分体现了液体的特性，又流露出中国传统红色的喜庆气氛。此外，可口可乐公司让中国本土明星作广告宣传，不但贯彻了本土化的思想，而且还从明星的年轻活力中抓住了主要消费群——年轻人。总体而言，可口可乐公司在中国展开了一系列的公关活动，从体育、教育、文化娱乐、环保到树立自己良好积极纳税人形象，通过为北京申奥制作“申奥金罐”以及签约“中国队”、押宝“冲击世界杯”等与中国人融在一起，通过捐款捐书、兴建希望小学、资助大学特困生、创立大学生奖学金、援手教育项目等活动争取社会好评……

在国内诸多企业轰轰烈烈地开展“洋务运动”时，众多国际品牌却在中国市场放下身价，使用各种方法拉近自己与中国消费者之间的距离，塑造自己富有亲和力的品牌形象。零点远景投资授权零点指标数据网在2003年年底发布的一项国际品牌亲和力的主题调查结果显示：虽然企业中高层管理人员认为对中国最友好的国际品牌数目众多且分布广泛，但在中国土壤上耕耘时间长且本土化程度高的国际品牌最能够获得国人好感，其中可口可乐位居第三名。可口可乐公司将自己打扮得越来越“国粹”，为了符合中国消费者审美观，甚至对已经用了20年的商标进行更改，采用了全新设计的中文商标。

一位美国的经济专家指出：美国公司海外业务的成败取决于是否认识和理解不同文化存在着的根本区别，取决于负责国际业务的高层经理们是否愿意摆脱美国文化过强的影响。事实证明任何成功的营销经验都是地域性的，营销越是国际化，就越是本土化。

本土化思维、本土化营销，促使可口可乐越来越成为中国的可口可乐。

资料来源：陈林. 解读可口可乐在中国的本土化战略［J］. 当代经济，2006（9）.

讨论题

1. 通过本案例，请归纳总结可口可乐中国化的战略包括哪些方面？

2. 你如何理解可口可乐公司创始人艾萨·坎德勒所言"假如可口可乐公司所有财产在今天突然化为灰烬，只要我还拥有'可口可乐'这块商标，我就可以肯定地向大家宣布：半年后，市场上将拥有一个与现在规模完全一样的新的可口可乐公司。"

3. 针对中国饮料业的市场环境，你能否为可口可乐公司提出其他具有操作性的本土化策略。

案例分析二

全球化还是多国化？

从营销角度来说，营销计划应根据每一个目标顾客群体的独特需要而量身定做，这样才能更为有效。如果说这种观念适用于国内市场的话，那么这种观念应该更适用于国际市场，因为国际市场上的人口、经济、政治和文化等各方面情况差别更大，不同国家的消费者在需求和欲望、购买力、产品偏好及购物方式等方面均有差异。由于多数营销者相信这些差异很难改变，他们往往通过调整自己的产品、价格、分销渠道及促销方法来适应每个国家消费者的需要。

不过，一些全球性企业对这种大量调整已感到有点不耐烦。例如，吉列公司在200多个国家和地区营销其800多种产品，目前，吉列公司的同种产品在不同的国家和地区使用不同的品牌名称和组分。有时其组分是一致的，而有时则要加以改变。该产品的广告信息也有所不同，因为吉列公司在每个国家和地区的经理都会提出一些他们认为对提高当地销量有益的建议。吉列公司的几百种其他产品都做了这样或类似的调整，这种多元化的策略使其成本增加，而全球品牌的感召力则被削弱。

因此，许多公司倾向于在其产品及营销活动中执行更加统一的标准，它们创造了所谓的"全球品牌"，即在全球用同样的方式进行营销。传统的营销者针对不同市场的差异来对产品大加调整，而全球化（标准化）的营销者却向所有的消费者以同样的方式销售基本相同的产品。这些营销者认为随着通信、运输及旅游的发展，世界已成为一个相同的市场。他们认为全世界的消费者基本上想要同样的产品及生活方式，每个人都希望生活能更轻松，有更多的休闲时间、更高的购买力水平。不论消费者说他们想要什么，所有的消费者都希望以更低的价格购买更好的产品。因此，全球化的拥护者称只有在当地的需要不能加以改变也无法回避时，国际营销者才需要调整其产品及营销方案。标准化能降低生产、分销、营销及管理的成本，因此能使公司以更低的价格向消费者提供具有更高品质及可靠性的产品。他们会建议一家汽车公司造一辆世界性汽车，一家洗发香波公司生产一种世界性香波，以及一家农用设备公司生产一辆世界性拖拉机。而且，在实践中确实有一些公司成功地推销了全球性的产品。例如，可口可乐公司的可口可乐、麦当劳的汉堡包、布莱克·德柯尔公司的工具以及索尼公司的随身听。不过，即使是以上这些产品，公司也对它们做了一些调整，可口可乐汽水在一些国家没有那么甜或没有含那么多二氧化碳；麦当劳在墨西哥往汉堡包里放的是辣酱而不是番茄酱。

不过，人们对于"全球化（标准化）会使成本降低、会让对价格敏感的消费者购买更多的商品"这种说法存在一定争议。麦托尔玩具公司成功地在许多国家销售了未进行改动的芭比娃娃，但在日本的销售情况并不怎么好。Takara（麦托尔）公司的日本特许经销商对八年级的女孩和她们的家长进行调查后发现他们认为芭比娃娃的胸部太大而腿又太长。不过一开始麦托尔公司并不情愿改变玩偶，因为这将会增加生产、包装及广告的成本。最后，Takara 取得胜利，麦托尔公司特别制造了日本的芭比娃娃。在两年内，Takara 卖出了 200 多万个改造后的娃娃。显然，增加的收入要远远超出增加的成本。

与其假设其产品能不加改动地销往其他各国，公司还不如仔细考虑一下在产品特征、品牌名称、包装、广告主题、价格以及其他因素上应做哪些调整，以及哪些调整带来的收入大于增加的成本。一份研究显示各公司对其销往国外的产品中的 80%做了或多或少的调整。

因此，哪种方式最好呢？全球化（标准化）还是多国化（加以调整）？显然，标准化不是一个要么是要么不是的绝对主张，而是程度问题。寻找更高的标准化程度以便降低成本和价格并提高全球品牌号召力，公司这样做是合理的。不过营销者必须记住，尽管标准化可以省钱，但竞争者却会随时向各国消费者提供他们更想要的东西，而且竞争者会因这种长期的营销思想代替短期的财务思想的做法而获益匪浅。一些国际营销者建议公司应该"做全球性考虑，但根据当地情况采取行动"——总公司提出战略性方针，当地公司注重个体消费者差异。全球性营销，这样做是对的，但要实行全球性标准化，却没有这个必要。

资料来源：菲利普·科特勒. 全球化还是多国化［J/OL］. finance.sina.com.cn.

讨论题

1. 国际市场营销环境的差异如何影响企业的营销决策。选取一例分析企业如何发现并利用文化环境的差异来进行国际市场营销活动。

2. 举例说明国际营销的全球化和多国化策略是基于哪些方面问题的考虑作出的选择。

第三章 国际市场营销调研

引例

加拿大 Top9. NET 公司的服务与解决方案

公司名称：加拿大 Top9. NET 公司，国际网站推广服务提供商。

产品：国际网站推广服务，包括搜索引擎排名服务等。

目前市场范围：美国、加拿大、英国等。

挑战与诉求：Top9. NET 公司是较知名的国际网站推广服务提供商，其搜索引擎排名服务可为企业网站带去高素质的访问量，有比其他国际网站推广方式更高的投资回报率（ROI）而为客户称道。目前 Top9. NET 公司的客户包括了许多国际知名企业。Top9. NET 公司为了帮助其客户的网站能吸引到最有价值的目标市场客户的访问，一直在寻找更有效的市场调查方法，以便更好地了解目标市场客户的需求、喜好、消费习惯和目标市场的商品走势等资料。

解决方案：Top9. NET 公司是国际市场营销，尤其是网络营销方面的专业公司，善于利用网络营销手段帮助客户的网站带来有价值的访问量，更重要的是能帮助客户将网站的流量，有效地转化为销售收入。这方面，Top9. NET 公司的确走在世界的前沿。

Top9. NET 公司为我们揭示了一个网络营销的法则，就是：

网站销售收入 = 流量（访问量）× 转化率（客户转化率）×产品价格

真正成功的网站推广策略应该兼顾流量和转化率这两个因素。

增加流量目前可供选择的方法非常多，比如网站横幅广告、搜索引擎竞价排名等；提高转化率的解决方案却只有一种，就是目标客户的市场调查。

该公司提供的国际市场调查的人工智能市场分析系统（AIMAS 2. 3. 3）与国际市场动态信息库（Real World Stat™）等领先的市场调查和分析技术是提高网络营销转化率的最佳途径。

为了在瞬息万变的国际市场上求生存、求发展，寻找新的市场机会，避开风险，企业必须具有较强的应变能力，能够及时做出正确的决策。然而，正确的决策来自全面、可靠的市场营销信息。企业必须重视对国际市场营销信息的搜集、处理及分析，为企业决策提供依据。

第一节 国际市场营销调研概论

市场是复杂多变的，市场运动规律往往隐藏在大量的市场现象和事实之中，这就要求企业对所面对的市场进行全面的调查和研究，通过大量的市场营销调研获取、处理和分析从环境中反馈回来的信息，并据此进行决策。

一、国际市场营销调研的概念

美国营销协会关于市场调研的定义是：市场调研是把消费者、客户、大众和市场人员通过信息联结起来，而营销者借助这些信息可以发现和确定营销机会和营销问题，开展、改善、评估和监控营销活动，并加深对市场营销活动的认识。

该定义强调了通过信息把组织及其市场联结起来的职能。这些信息用来辨别和界定营销机会和问题，产生、改善和评估市场营销方案，监控市场营销行为，改进对市场营销过程的认识，帮助企业营销管理者制定有效的市场营销决策。市场调研的内容从识别市场机会和问题、制定营销决策到评估营销活动的效果，涉及企业市场营销活动的各个方面。市场营销调研主要包括市场需求和变化趋势的调研、购买动机的调研、产品调研、价格调研、分销调研、广告调研、市场竞争调研和宏观环境调研。

国际市场营销调研同样具有上述本质，但由于在国外进行市场调研更加复杂困难，更强调采用科学的方法系统地、客观地辨别、收集、分析和传递有关市场营销活动的各方面的信息，为企业营销管理者制定有效的国际市场营销决策提供重要的依据。

国际市场营销调研是营销管理的一种辅助工具，目的是为了提高营销效率。国际市场营销调研是一项复杂且技术性较强的实践活动，是调查和研究的紧密结合。国际市场营销调研有助于企业发现国际市场营销机会，进而为企业制定国际营销决策提供依据，即时反映国际市场变化，促使企业适当调整营销方案，并有助于企业分析和预测国际市场未来的发展趋势。

二、国际市场营销调研的重要性

国际市场营销调研的重要性表现在以下三个方面：

（一）有利于实现对质量的不懈追求

质量和顾客满意已成为20世纪90年代末关键的竞争武器。在今天的市场环境中，若不重视质量、不重视不断提高顾客满意度，企业就很难取得成功。全球的企业已普遍实施了质量改进和顾客满意计划，以期降低成本、留住顾客、增加市场份额和改善盈利状况。

对顾客没有意义的高质量通常并不能带来销售额、利润或份额的增长，只能是浪费精力和金钱。今天的新观念是强调质量回报。质量回报有两层含义：第一，企业所提供的高质量应是目标市场所需要的；第二，质量改进必须对获利性产生积极的影响。获得质量回报的关键是开展营销调研，因为营销调研有助于组织确定哪些类型和形式的质量对目标市场是重要的，有时也可以促使公司放弃一些他们自己所偏爱的想法。

（二）有利于留住现有顾客

顾客满意与顾客忠诚之间存在一种必然的联系。长期的关系不是自然产生的，它根植于企业传递的服务和价值。留住顾客可以给企业带来丰厚的回报。重复购买和顾客的推荐可以提高企业的收入和市场份额。由于企业可以不必花更多的资金和精力去争夺新顾客，因而成本可以下降。稳定的顾客更容易服务，因为他们已经熟悉公司的习惯，相应要求员工投入的时间较少。不断提高的顾客保留率也给员工带来了工作上的满足感和成就感，从而可以导致更高的员工保留率。员工在企业工作时间越长，获得的知识就越多，这样又可以导致生产效率的提高。

（三）有利于企业了解市场

市场调研有助于管理者了解市场状况以及利用市场机会。市场调研实践的历史与营销一样久远。有证据表明，西班牙人在探索新大陆时就曾系统地进行过市场调研。企业在推出一项新产品或新服务之前，有必要分析该项产品和服务的购买市场，进行有针对性的市场营销活动，从而获得最大的经济效益。例如，一位营销经理可能会考虑在推出一种新的冷冻糕点时提供优惠券。优惠券可能会与电视广告一起被用来引导人们尝试这种新的糕点。问题在于谁应该接受这种优惠券呢？优惠券大量使用者与少量使用者之间是否存在可识别的人口统计特征呢？这就需借助于营销调研来进行识别。

三、国际市场营销调研的原则

（一）全面性原则

营销调研是一项内容广泛而复杂的工作，要做好这项工作，必须收集、整理有关的市场资料和信息。凡是对企业营销活动有影响的市场要素，都属于营销调研的内容。任何一方面市场资料或信息的遗漏，都可能导致营销决策的失误。

（二）系统性原则

要准确把握市场变化及其规律性，营销调研所收集的资料和信息必须是系统的而不是零星的和残缺不全的。对较为系统的资料和信息的分析才能使企业对市场的研究建立在科学的基础上。

（三）准确性原则

营销调研的基本要求就是收集的各种情报、资料、信息必须准确、可靠。对所掌握的各种市场资料、情报要进行去粗取精、去伪存真的分析和筛选，以避免经营决策的失误。

（四）及时性原则

信息的时间性是信息的生命。市场瞬息万变，唯一不变的是市场每时每刻都在变化，抓住机遇，就可能发展；贻误战机，就会受到损失。营销调研必须及时进行以保证为企业经营决策提供尽可能新的资料。

（五）经济性原则

经济活动是为了取得经济效益，经济活动中的每一项工作都要尽可能地讲求经济性。要注意选用最科学合理的方法、最精干的调查人员，并用最快捷的调查速度完成调查，尽量减少调查工作中的各项开支。营销调研的经济性必须在全面、系统、准确收集市场信息的基础上来实现。

四、国际市场营销调研的类型

根据研究的问题、目的、性质和形式的不同，国际市场营销调研一般分为如下四种类型：

（一）探索性调研（Exploratory Research）

探测性调研用于探询企业所要研究的问题的一般性质。研究者在研究之初对所欲研究的问题或范围还不很清楚，不能确定到底要研究些什么问题。这时就需要应用探测性调研去发现问题、形成假设。至于问题的解决，则有待进一步的研究。探索性调研通常为了探索市场机会，或为了探索解决营销中某一问题的思路和方法，或为了探索营销中出现的某一问题的原因。例如，企业进入某国市场之前，寻找该国市场存在哪些市场机会；又如，某目标国市场的文化环境与母国的文化环境存在巨大差异，寻求适应目标国文化环境的思路与方法。探索性调研是一种比较粗略的调研，一般通过搜集二手资料，或请教内行、专家，或参照过去的案例等方式进行。

（二）描述性调研（Descriptive Research）

描述性调研是通过详细的调查和分析，对市场营销活动的某个方面进行客观的描述。大多数的市场营销调研都属于描述性调研。例如，市场潜力和市场占有率、产品的消费群结构、竞争企业的状况的描述。在描述性调研中，可以发现其中的关联因素，但是此时我们并不能说明两个变量哪个是因、哪个是果。与探测性调研相比，描述性调研的目的更加明确，研究的问题更加具体。

（三）因果性调研（Causal Research）

因果性调研的目的是找出关联现象或变量之间的因果关系。描述性调研可以说明某些现象或变量之间相互关联，但要说明某个变量是否引起或决定着其他变量的变化，就要用到因果性调研。因果性调研的目的就是寻找足够的证据来验证这一假设。比如调查研究发现本企业产品在市场上销售下降的原因是消费者购买力的下降，然后进一步通过逻辑分析和统计方法找出两者之间的数量关系。因果性调研又分为定性调研和定量调研两种。因果性调研主要采用实验法这一工具。

（四）预测性调研（Predictive Research）

市场营销所面临的最大的问题就是市场需求的预测问题，这是企业确定市场营销方案和市场营销决策的基础和前提。预测性调研就是企业为了推断和测量市场的未来变化而进行的研究，它对企业的生存与发展具有重要的意义。

营销透视

反应迟钝的吉列

美国吉列公司（以下简称吉列）是一个名牌公司，然而在1963—1964年中，由于在推出新产品时动作迟缓，结果让对手钻了空子，使吉列马失前蹄。

1962年，吉列的高级蓝色刀片得到许多消费者青睐，它便把注意力集中到质量和降低成本上，这种表面覆盖一层硅的刀片能防止头皮屑黏附刀片而妨碍剃须的现象发生。因此，即使这种刀片比一般的刀片贵40%也被消费者看好，这种刀片成为吉列刀片生产中主要的利润来源。

这时，英国有家叫威尔金森的小公司开发出一种不锈钢剃须刀片。这种高级剑刃刀片，制造工艺合理、刀刃锋利、不被腐蚀且使用寿命长，可重复使用15次之多，而一般的碳素刀片只能使用3.5次左右。但是威尔金森公司的生产能力有限，产品主要在英国销售，故一直没有引起吉列的注意。

然而，美国利特尔埃弗夏普公司注意到了这种新产品，立即开始从英国引进。1963年，这种产品以低价高质开始赢得客户。但是吉列却错误地认为，虽然不锈钢刀片的使用寿命是蓝色刀片的4倍，却不如蓝色刀片好使，刮同样的胡子，不锈钢刀片需要1.5磅的压力，而高级蓝色刀片只需要1磅的压力。因此，吉列认为顾客还会看好蓝色刀片，迟迟不愿进行不锈钢刀片的开发和研究。

直到当年秋天，在利特尔埃弗夏普公司大片大片地侵蚀吉列原先占有的市场以后，吉列才转向制造不锈钢刀。但是这时的不锈钢刀片市场早已被美国、英国的领先者瓜分完毕，吉列每夺回1%的市场占有率都必须付出巨大的代价。

资料来源：屈云波. 品牌营销 [M]. 北京：企业管理出版社，1996.

五、国际市场营销调研的内容

国际市场营销调研涉及的领域非常广泛，需要调研的内容也很丰富，国际市场营销调研的范围取决于国际市场营销决策对信息的需要，不同的决策需要不同的信息。归纳起来，国际市场营销决策主要有以下6种：

（一）国际市场机会调研

一家企业是从事国际营销，还是继续深入国内营销，要做出这项决策，就需要将国内外的市场机会和潜在困难、企业资源条件进行对比。因此，需要搜集有关数据资料包括：国际市场和国内市场的价格；产品的世界市场总需求量；企业潜在的世界市场份额；影响企业市场份额的竞争因素；企业产品进入世界市场时会带来企业产品单位成本的降低；企业的人、财、物等资源条件。

在国际市场上，各企业、各集团为了各自利益展开激烈的竞争，因此各企业、各集团在进行国际营销决策之前，必须认真调研竞争对手可能做出的种种反应和各种动向，做到知己知彼，百战不殆。通过对竞争对手的分析，弄清市场竞争的强度和竞争结构，评价产品是否有利于进入市场，以及进入市场后采取何种策略应对面临的竞争，有利于企业在竞争中不断发展和完善。

（二）目标市场选择调研

企业在进入国际市场时，不可能一举进入所有国家的市场，而是要选择某个或某些国家作为目标市场，这就需要将各国市场根据市场的潜力大小予以排列。市场潜力越大、次序越靠前的国家，企业越要优先进入。在评价一国或一个地区的潜力大小时，需要收集的资料包括：市场潜力、市场竞争情况和市场国的政治法律状况等。

市场潜力是指理想状态下的市场总需求量。在一般条件下，计算某国的市场潜力是比较困难的，因此往往是在计算该国国内市场销售量的基础上对市场潜力进行估算。

在研究某国市场竞争状况时，调研人员需要的信息主要包括：主要竞争者是哪些公司，它们来自哪些国家；这些竞争对手在该国市场各占多大份额，发展趋势如何；主要竞争者的营销策略如何，各自有何优势或劣势。

目标市场国的政治法律状况是指该国国内政局是否稳定，市场国的国体、政体、各项有关经济的法律法规及其连续性如何，政府对外来产品和外来投资的一般态度和政策倾向性如何。

（三）国际市场动态调研

市场动态调研是对市场本身的认识和了解，调研人员必须确定该市场的现有规模、市场类型、市场可能的变化趋势以及其他产品已争取到多大的份额。这些问题主要从下列因素的调查和分析中找出答案：

1. 消费者研究

在一个国家市场中，消费者的人口构成、购买力水平、偏好、行为等直接影响着市场规模和市场需求结构。因此，消费者的研究是我们进行市场调研的一项重点内容。对上述问题的调查研究，可以帮助企业了解市场规模和市场需求结构。应该注意的是，上述内容仅包含个人消费者的状况。除此之外，还存在产业需求，如工业用户、公司以及其他组织等。

2. 消费量调研

对从事产品营销的企业来说，紧扣产品是调研工作中应遵循的基本原则，对市场总体规模和结构的了解也是十分必要的。然而，这样的详情还不足以显示具体的产品市场真正的规模和潜力，还有必要了解该国际市场实际消费该产品的数量以及消费的潜力。

通过市场动态调研，可以使调研人员分析和了解市场规模、市场类型以及增长变动趋势，并可根据上述调查了解到的资料对市场进行细分，以便更准确地评估本企业产品的潜在消费量和销售量。

例如，苹果公司通过对中国市场的调研，在中国市场上对“iPhone 4S”采取了“饥饿营销”，表面上仅仅是推迟了“iPhone 4S”在中国的上市时间、限制销售数量，实际上是在调研的基础上，充分利用了中国消费者的从众心理和炫耀心理。

（四）进入目标市场方式的调研

进入目标市场方式决策，即决定以何种方式（如出口、许可贸易、国外合资企业、国外独资企业等）进入国外市场。企业一旦选定目标市场，下一步就要考虑进入目标市场的方式。在选择进入国际市场的方式时，一般需要收集的资料包括：目标国家的政治法律情况；目标国家的对外贸易政策，如外汇、关税、进口限制等关税和非关税壁垒情况以及政府给予外来企业的优惠条件和限制；目标国家的市场潜力；目标国家的基础设施情况，如交通、运输、能源、通信、商业发达程度等；目标国家的市场竞争情况；目标国家的资源条件，如原材料供应、劳动力价格、物质技术水平等；本企业的人才、技术、管理经验、资金等资源条件。

（五）营销组合策略调研

开发或改进产品的市场，选择合适的分销渠道和促销手段，制定合理的价格，为具体策略的制定和安排实施提供信息和依据是进行调研的重要任务之一。

1. 产品调研

产品是企业对外国顾客提供服务的对象。一个企业想要在国际市场的激烈竞争中求得生存和发展，关键是能否始终如一地提供顾客满意的产品。在新经济环境下，产品生命周期趋于缩短，加强产品的调研，特别是研究竞争对手的产品，对企业的发展有着非常重要的意义。产品调研应包含下列内容：

（1）商品在国际市场的销售情况。

（2）出口产品的设计、功能、用途、使用方法和操作安全程度。

（3）出口产品的生命周期。

（4）出口产品的类型和产品组合、售前和售后服务。

（5）老产品的用途和新市场开拓。

（6）新技术、新工艺、新材料和新产品的发展趋势。

（7）消费者对产品的特殊要求，包括色泽、风味、规格、图案、式样、原料、性能、技术指标、包装等方面的要求，以及对企业产品的设计、性能、包装方面的改进意见。

2. 销售渠道调研

商品以最高的效率和最快的速度销售到消费者手中，这与加速资金周转、降低成本、提高经济效益关系极大。销售渠道调研的内容如下：

（1）对国外各类中间商的选择和评价，如中间商经销产品的种类以及设施、服务、人员、管理水平、财务能力、资信状况等。

（2）对个别中间商的挑选和评价，中间商所期望的信用透支和销售条件。

（3）对国外各市场零售网点的分析、市场上是否存在可能购买大宗数量商品的机构。

（4）将产品送至市场的运费率、运输时间、保险及包装要求。

3. 价格调研

在国际市场上，价格的决定受多种因素的影响。价格调研的内容如下：

（1）影响价格变化的因素。

（2）该国政府对价格的管制情况。

（3）进口税则、税率以及各种国内税对商品价格的影响。

（4）各种不同的价格政策对销售量的影响。

（5）竞争产品、相关替代商品现行价格、变相提价或降价的方法。

（6）新产品的定价策略。

（7）出口产品生命周期不同阶段的定价原则。

4. 促销方式调研

促销方式是国际营销组合中的一项基本活动，其调研内容如下：

（1）调研国外市场促销组合，可利用的广告宣传媒体和费用标准。

(2) 促销推广的方法，如折扣、示范、样本、竞赛、抽奖以及以赞助为目的的社会公益活动。

(3) 竞争者所使用的有效的广告宣传方式。

(4) 代理商、中间商、零售商在促销上的作用。

(5) 推销员的素质、水平、训练费用以及在广告宣传上能起到的作用。

(6) 促销费用。

选定良好的目标市场，为企业进行成功的国际营销奠定了基础。但是，要完成具体的市场开发，使企业争取到最大可能的市场份额和盈利，还必须采用有效的营销策略组合。

(六) 资源配置决策调研

资源配置决策，即企业决定如何把各种资源在世界各国市场、各子公司、各产品系列之间进行分配。企业的人、财、物等资源有限，应把它们投放到最能产生效益的市场上和产品上以及最有利的营销手段中，以获得最优经济效益。企业制定合理资源配置决策需要了解的信息如下：

(1) 企业在各目标国市场上的销售潜力如何，如总销量、销售增长率、市场份额等。

(2) 企业在各目标国市场的经营状况如何，如在该国获取的利润占企业总利润的比例、在该国推销手段的效果如何、广告效果如何、经营效果变化的原因、渠道成员的努力程度如何、销售服务方式如何等。

(3) 企业各种产品在各目标国市场上的生命周期状况。企业要了解关于产品功能用途改进，品牌、商标、设计改进，包装、外观改进，售前、售后服务改进，老产品寻求新用途、开拓新市场等方面的信息，以便企业通过产品、市场、营销因素改革延长产品生命周期。

(4) 企业在各目标国市场上各种经营方式的经营现状和前景。

应该指出，国际企业的资源配置决策是一个非常重要和复杂的决策，需要的信息量很大。上述几条只是一个大纲，每一条都包含着大量具体的信息。企业只有在充分掌握这些信息之后，才能不断地调整企业资源在各国市场、各种产品和经营方式之间的分配，使其产生最佳的经济效益。

第二节 国际市场营销调研的方法与步骤

一、案头调研

(一) 案头调研的含义

案头调研（Desk Research）又称二手资料调研，是市场调研术语。案头调研是指对已经存在并已为某种目的而收集起来的信息进行的调研活动，也就是对二手资料进行收集、筛选，并据以判断它们的问题是否已局部或全部地解决。案头调研是相对于实地调研而言的。通常案头调研是市场调研的第一步，为开始进一步调研先行收集已经存在的市场数据。

（二）案头调研的特点

1. 案头调研的优点

与实地调研相比，案头调研主要有如下优点：

（1）收集快捷，使用方便；

（2）数据量大，覆盖面广，易于通过调研掌握市场全局；

（3）数据资料多由专业机构归类发布，比较系统，便于比较；

（4）成本较低（与自己调研相比）。

2. 案头调研的局限性

案头调研的优点主要是省时省力、花费少，但是由于第二手资料原是为其他目的而收集的，因此在用于某个特定目的时有一定局限性。这表现为资料在原来的收集方法（样本、资料、收集工具等）、时间等方面与目前的研究课题要求有差别，因此研究者在使用第二手资料时一定要注意判断其有效性。

（三）案头调研应遵循的原则

1. 先易后难、由近至远的原则

在案头调研时，先收集那些比较容易得到的历史资料和公开发表的现成的信息资料，而对那些内部保密资料或原始资料，只是在现成资料不足时才进一步收集。另外，应注意从近期到远期逐期查阅。

2. 先内部后外部的原则

在案头调研时，先从本企业、本行业内部着手，比如企业内部的各种有关的记录、报表、账册、总结、用户来函、订货单、合同、协议、生产经营计划、客户名录、商品介绍、宣传资料等。然后再到有关的单位与行业搜集有关的现成信息资料。

（四）二手资料的来源

国际竞争是一场信息的竞争，谁掌握了信息，谁就赢得了市场。要研究信息，企业必须掌握信息来源。从众多的信息源中查询第二手资料是一个重要的途径。二手资料的来源主要可以分成两大类，即内部资料来源和外部资料来源。

1. 内部资料来源

内部资料来源指的是出自所要调查的企业或公司内部的资料。

（1）会计账目和销售记录。每个企业都保存关于自己的财务状况和销售信息的会计账目。会计账目记录是企业或公司用来计划市场营销活动预算的有用信息。除了会计账目外，市场营销调研人员也可从企业的销售记录、顾客名单、销售人员报告、代理商和经销商的信函、消费者的意见以及信访中找到有用的信息。

（2）其他各类报告。其他各类记录包括以前的市场营销调研报告、企业自己做的专门审计报告和为以前的管理问题所购买的调研报告等信息资料。随着企业经营的业务范围越来越多样化，每一次的调研越有可能与企业其他的调研问题相关联。因此，以前的调研项目对于相近、相似的目标市场调研来说是很有用的信息来源。许多企业都建立了以电子计算机为基础的营销信息系统，其中储存了大量有关市场营销的数据资料。这种信息系统的服务对象之一就是营销调研人员，因而是调研人员的重要的二手资料来源。

2. 外部资料来源

外部资料指的是来自被调查的企业或公司以外的信息资料。这类信息包括母国国内的资料和来自东道国市场的资料。一般来说，第二手资料主要来自以下几种外部信息源。

（1）政府机构。通过本国政府在外国的官方办事机构之类的机构，可以系统地搜集到各国的市场信息。我国的国际贸易促进委员会及各地分会也掌握着大量的国外销售和投资方面的信息。

许多国家的政府专门设立了“促进进口办公室”，负责提供以下信息：统计资料，销售机会，进口要求和程序，当地营销技巧和商业习俗，经营某一产品系列的进口商、批发商、代理商等中间机构的名单，某一类产品的求购者名单与求购数量。

（2）国际组织。许多国际组织都定期或不定期地公布大量市场情报。例如，国际贸易中心（International Trade Centre，ITC）、联合国（United Nations）及其下属的粮食与农业组织（Food and Agriculture Organization，FAO）、经济合作与发展组织（Organization for Economic Corporation & Development，OECD）、联合国贸易和发展会议（United Nations Conference on Trade and Development，UNCTAD）、联合国经济委员会（UN Economic Commissions）、国际货币基金组织（International Monetary Fund，IMF）。

（3）行业协会。许多国家都有行业协会，许多行业协会都定期收集、整理甚至出版一些有关本行业的产销信息。行业协会经常发表和保存详细的有关行业销售情况、经营特点、增长模式及其类似的信息资料。此外，行业协会也开展自己行业中各种有关因素的专门调研。

（4）专门调研机构。这里的调研机构主要指各国的咨询公司、市场调研公司。这些专门从事调研和咨询的机构经验丰富，收集的资料很有价值，但是一般收费较高。

（5）联合服务公司。这是一种收费的信息来源，联合服务公司由许多公司联合协作，定期收发对营销活动有用的资料，并采用订购的方式向客户出售信息。联合服务公司在联合的基础上定期提供四种基本的信息资料，即经批发商流通的产品信息、经零售商流通的产品信息、消费大众对营销组合各因素反馈的信息、有关消费者态度和生活方式的信息。

（6）其他大众传播媒介。电视、广播、报纸、广告、期刊、书籍、论文和专利文献等类似的传播媒介，不仅含有技术情报，也含有丰富的经济信息，对预测市场、开发新产品、进行海外投资具有重要的参考价值。

（7）商会。商会通常能为市场营销调研人员提供的信息有：商会成员的名单、当地商业状况和贸易条例的信息、有关成员的资信以及贸易习惯等内容。大的商会通常还拥有对会员开放的商业图书馆，非会员也可前去阅览。

（8）银行。银行尤其是一家国际性大银行的分行，一般能提供下列信息和服务：有关世界上大多数国家的经济趋势、政策及前景，重要产业及外贸发展等方面的信息；某一国外公司的有关商业资信状况的报告，各国有关信贷期限、支付方式、外汇汇率等方面的最新情报；介绍外商并帮助安排访问。

世界银行及其所属的国际开发协会（IDA）和国际金融公司（IFC）每年都公布、预测许多重要的经济信息和金融信息。另外一些区域性的银行也能为市场营销调研人员提供丰富的贸易、经济信息。许多国家都有以保护消费者利益为宗旨的消费者组织，这些组织的众多任务之一就是监督和评估各企业的产品以及与产品有关的其他营销情况，并向公众报告评估结果。这些信息对调研者来说具有很大的参考价值。

(9) 官方和民间信息机构。许多国家政府经常在本国商务代表的协助下提供贸易信息服务以答复某些特定的资料查询。另外，各国的一些大公司延伸自己的业务范围，把自己从事投资贸易等活动所获得的信息以各种方式提供给其他企业，如日本三井物产公司的三井环球通讯网、日本贸易振兴会的海外市场调查会等。

我国的官方和民间信息机构主要有：国家经济信息中心、国际经济信息中心、中国银行信息中心、新华社信息部、中国贸促会经济信息部以及各有关咨询公司、广告公司等。

(五) 案头调研的方法

1. 搜索

搜索是指应用现代信息手段，特别是应用互联网和局域网，从网上、数字图书馆或数据库中获取各种所需资料。如前所述，随着现代信息技术的发展，各种网站如雨后春笋般建立起来，许多图书馆设置了数字图书馆，数据库也越来越多。在这些网站、图书馆，有大量的信息资料，而且有很多是免费提供的。这是十分宝贵的资源，市场调研人员必须充分利用好这些资源。因此，开展案头调研，首先应该注意上网搜索。

2. 查找

查找是获取第二手资料的基本方法。从操作的次序看，首先要注意在企业内部查找。一般来说，从自身的信息资料库中查找最为快速方便。此外，还应从企业内部各有关部门查找。只要信息基础工作做得比较好，从企业内部查找可以获得大量反映企业本身状况的时间序列信息，还可以获得有关客户、市场等方面的资料。在内部查找的基础上，还需到企业外部查找。主要是去一些公共机构，如图书馆、资料室、信息中心等查找。为提高查找的效率，应注意熟悉检索系统和资料目录，在可能的情况下，要尽量争取这些机构工作人员的帮助。

3. 索讨

索讨是向占有信息资料的单位或个人无代价地索要。这种方法的效果在很大程度上取决于对方的态度。因此，向那些已有某种联系的单位和个人索讨，或由熟人介绍向那些尚未有联系的单位和个人索讨，常能收到较好的效果。有些企业出于宣传自己的需要，乐意向社会提供有关的信息资料，向它们索讨也往往有较好的效果。

4. 购买

这是指通过支付一定的代价，从有关单位获取资料。随着信息的商品化，许多专业信息公司对其贮存的信息实行有价转让，大多数信息出版物也是有价的，购买将成为收集资料的重要办法之一。当然，企业订阅有关的报纸、杂志等从本质上说也属于购买一类，只不过这种方式是一种经常性的工作。但是要注意企业订阅的报纸、杂志应尽量避免雷同，还要注意对这些报纸、杂志发布的信息资料进行系统的收集整理。

5. 交换

这是指与一些信息机构或单位之间进行对等的信息交流。当然，这种交换不同于商品买卖之间的以物易物，而是一种信息共享的协作关系，交换的双方都有向对方无代价提供资料的义务和获得对方无代价提供资料的权利。

6. 接收

这是指接纳外界主动免费提供的信息资料。随着商品经济的发展和现代营销观念的确立，越来越多的企业或单位为宣传自身及其产品和服务，扩大知名度，树立社会形象，主动向社会广泛传递各种信息，包括广告、产品说明书、宣传材料等。作为信息资料的接收者，要注意接收和积累这些信息。虽然其中有的信息一时显示不出其价值，但是要又有经常性的特点，但是要坚持长期收集，往往会收集到有价值的资料。

二、实地调研

（一）实地调研的含义

实地调研是相对于案头调研而言的，是对在实地进行市场调研活动的统称。

在一些情况下，案头调研无法满足调研目的，收集资料不够及时、准确时，就需要适时地进行实地调研来解决问题，取得第一手的资料和情报，使调研工作有效、顺利地开展。随着社会经济的发展和营销活动的深入开展，现场收集信息的方法越来越多。

实地调研是指由调研人员亲自收集第一手资料的过程。当市场调研人员得不到足够的第二手资料时，就必须收集原始资料。搜集国外原始资料的难度与搜集国内原始资料相比，仅有程度上的差别。影响实地调研成败的关键因素是回答者是否愿意并能够提供所需要的信息。

许多调研项目会包括案头调研和实地调研两部分。例如，一个针对消费者的街头拦截访问，调研员先要通过案头调研掌握消费者的基本特点、竞争品牌的基本状况，然后才能设计合适的访问问卷，再让培训后的访问员在街头实施实地访问。

直接面对被调查对象的场景，通常就是实地调研的过程，这里包括在商业区进行街访、在居民家里面对面访问、在会议室举行消费者焦点小组座谈、在商店内实施消费者观察等。市场调研中，实地调研在大街上实施的可能性远大于在其他任何地方。

实地调研很多时候单指在实地进行的人员观察，尤其特指针对某个群体的人文调查。

（二）实地调研的方法

1. 访问法

访问法是指将拟调查的事项，以当面、电话或书面形式向被调查者提出询问，以获得所需资料的调查方法。访问法是最常用的一种实地调研方法。访问法的特点在于整个访谈过程是调查者与被调查者相互影响、相互作用的过程，也是人际沟通的过程。访问法包括面谈、电话访问、信函调查、会议调查和网上调查等。

2. 观察法

观察法是指调查者在现场从侧面对被调查者的情况进行观察、记录，以收集市场情况的一种方法。观察法与访问法的不同之处在于后者调查时让询问人感觉到“我正在接受调查”，而前者则不一定让被调查者感觉出来，只能通过调查者对被调查者的行为、态度和表现的观察来进行推测判断问题的结果。常用的观察法有直接观察调查和实际痕迹测量法等方法。

营销透视

顾客观察法的应用

在西方国家中，顾客观察法已成了为企业提供的一种特殊服务，而且收费很高。美国《读者文摘》曾经报道，专门从事观察业务的商业密探在美国大行其道。帕科·安德希尔（Paco Underhill）成立了一家名为伊维德罗森希尔（Environsell）的公司，该公司20年来一直追踪观察购物者。其客户包括麦当劳、星巴克、雅诗兰黛和百视达。该公司研究不同的零售点，并且利用独特的方法记录下购物者的行为。该公司还应用剪报板、跟踪单以及敏锐的眼睛来描述购物者行为的每个细微差别。

伊维德罗森希尔公司的调查结果给很多商店提出了许多实际的改进措施。例如，伊维德罗森希尔公司用一卷胶片拍摄了一家主要是青少年光顾的音像商店，发现这家商店把磁带放在孩子们拿不着的很高的货架上。安德希尔指出应把商品放低18英寸，结果商店销售量大大增加。

又如一家叫伍尔沃思的公司发现商店的后半部分的销售额远远低于其他部分，安德希尔通过观察和拍摄现场解开了这个谜。在销售高峰期，现金出纳机前顾客排着长长的队伍，一直延伸到商店的另一端，这实际上妨碍了顾客从商店的前面走到后面，后来商店专门安排了结账区，结果商店后半部分的销售额增加得很快。

3. 实验法

实验法是最正式的一种方法，是指在控制的条件下，对所研究的对象从一个或多个因素进行控制，以测定这些因素间的关系。实验法的目的是通过排除观察结果中的带有竞争性的解释来捕捉因果关系。在因果性的调研中，实验法是一种非常重要的工具。实验法主要有产品试销和市场实验等方法。

三、国际市场营销调研的步骤

国际市场营销调研是一项十分复杂的工作，要顺利地完成调研任务，必须有计划、有组织、有步骤地进行。但是，市场营销调研并没有一个固定的程序可循，一般可以根据调研活动中各项工作的自然顺序和逻辑关系，分为以下三个阶段：

（一）准备阶段

准备阶段是调查工作的开端。准备的是否周到，关系到随后实际调查阶段的开展是否能够顺利进行。营销调研的准备阶段的主要任务就是界定研究主题、选择研究目标、形成研究假设并确定需要获得的信息。

（二）设计阶段

设计阶段主要是制订调查计划和设计调查表。其中，制订调查计划的主要内容包括：第一，确定调查目的。搞清楚“为什么要进行调查”、“想要知道什么”和“知道结果后怎么办”等问题。第二，确定调查项目。根据调查的目的，决定调查的具体内容，做到内容准确，范围适当。第三，确定调查方法。根据调查的目的、内容不同，选择合适的调查方式和方法。第一手资料的收集是采用询问法还是观察法或实验法，是采用其中两种方法还是三种方法同时采用。第二手资料一般是通过直接查阅、购买、交换、索取以及通过情报网收集和复制等方式获得。第四，估计所需经费。调查经费的估计，一般按文印资料费、交通费、出差补贴费、调查费及杂费等项目计算。第五，确定日程安排。根据调查的各项工作所需时间以及各项工作联系情况，做出调查日程安排，并列出调查进度表，以便随时掌握调查进度，按时完成各项调查工作。

设计调查表是根据调查课题，设计出统计表格和调查问卷，以便有针对性地收集有关数据或文字资料。调查问卷没有固定的格式，一般根据常识、传统的方法和经验设计，调查的方法不同，内容的设计也不同。

（三）执行和分析阶段

组织实地调查，即按照调查计划的安排，把经过培训的调查人员分配到预定的调查场所进行调查，以取得第一手市场信息资料。此外，对正式调查中取得的大量调查资料，必须经过处理，以确保资料的准确性、完备性、系统性和时效性。结果处理阶段是调查全过程的最后一环，是市场调查能否发挥作用的关键。这个阶段可以分为以下四个步骤：

1. 整理资料

通过市场调查所获得的资料，尤其是通过实地调查所取得的原始资料，大多是分散的、零星的，有时甚至是片面的。要真实反映事物的特征，就必须对资料进行分类、归纳、核实，使之系统化、合理化。

2. 分析资料

分析资料是结果处理阶段的关键。分析资料的方法一般有描述性分析、因果性分析、预测性分析等。当影响因素比较复杂、市场发展规律和趋势无法直观地得出结果时，就必须运用科学的预测方法，通过市场预测得出结论，实现市场调查的目的。

3. 提出调查报告

调查报告是对某件事情或某个问题调查研究以后，编写的书面报告。调查报告是调查的最后结果，是用事实材料对所调查的问题进行系统的分析说明，提出结论性的意见。市场调查报告一般有两种形式：一种是专门性报告，是专供市场营销人员阅读的，内容较详细和明确；另一种是一般性报告，是供企业及上级机关的行政领导阅读的。不论哪一种形式，市场调查报告基本上应包括以下内容：

（1）引言。引言包括标题和前言。前言中应写出调查的时间、地点、对象、范围、目的，说明调查的主旨和使用的调查方法。

（2）正文。正文即报告主体。一般包括详细的调查目的、详细的调查分析方法、调查结果的描述与剖析、建议等。

(3) 结尾。结尾是对整个调查工作的总结性的概括或对某些重要观点加以重申，以加深认识。

(4) 附件。附件包括样本的分配、图表及附录。

4. 追踪反馈

提出调查报告并不表明调查的结束，还要对调查结论在实际应用中进行追踪，包括了解调查结论与实际发展是否相符；了解建议被采纳的程度和实践效果等。通过追踪反馈，纠正偏差，总结经验，不断提高调查人员的分析能力。

第三节　国际营销信息系统

一、国际营销信息系统的定义

国际营销信息系统即市场营销信息系统，是指一个由人员、机器设备和计算机程序所组成的相互作用的复合系统，能够连续有序地收集、挑选、分析、评估和分配恰当的、及时的和准确的市场营销信息，为企业营销管理人员制订、改进、执行和控制营销计划提供依据。市场营销信息系统由内部报告系统、营销情报系统、营销调研系统和营销分析系统组成，如图 3.1 所示：

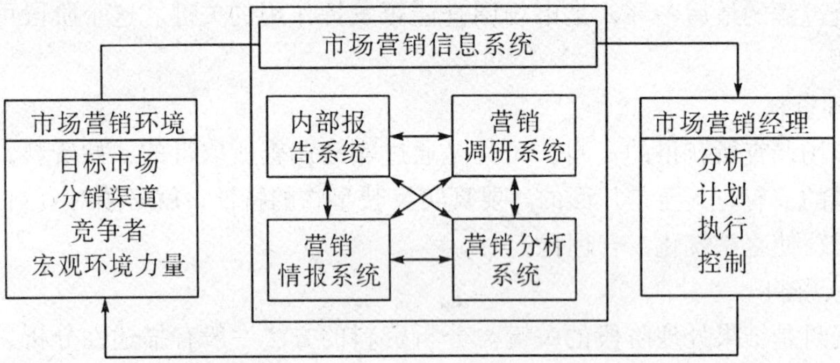

图 3.1　市场营销信息系统的组成

(一) 内部报告系统

内部报告系统亦称内部会计系统，它是企业营销管理者经常要使用的最基本的信息系统。内部报告系统的主要功能是向营销管理人员及时提供有关订货数量、销售额、产品成本、存货水平、现金余额、应收账款、应付账款等各种反映企业经营状况的信息。通过对这些信息的分析，营销管理人员能够发现市场机会、找出管理中的问题，同时可以比较实际状况与预期水准之间的差异。其中“订货—发货—开出收款账单”这一循环是内部报告系统的核心，销售报告是营销管理人员最迫切需要的信息。

(二) 营销情报系统

营销情报系统是指市场营销管理人员用于获得日常的有关企业外部营销环境发展趋势的恰当信息的一整套程序和来源。营销情报系统的任务是利用各种方法收集、侦察和提供企业营销环境最新发展的信息。营销情报系统与内部报告系统的主要区别在于后者为营销管理人员提供事件发生以后的结果数据，而前者为营销管理人员提供正在发生和变化中的数据。

（三）营销调研系统

内部报告系统和营销情报系统的功能都是搜集、传递和报告有关日常的和经常性的情报信息，但是企业有时候还需要经常对营销活动中出现的某些特定的问题进行研究。营销调研系统的任务就是系统地、客观地识别、收集、分析和传递有关市场营销活动各方面的信息，提出与企业所面临的特定的营销问题有关的研究报告，以帮助营销管理者制定有效的营销决策。营销调研系统不同于营销信息系统，它主要侧重于企业营销活动中某些特定问题的解决。

（四）营销分析系统

营销分析系统也称营销管理科学系统，它通过对复杂现象的统计分析、建立数学模型，帮助营销管理人员分析复杂的市场营销问题，做出最佳的市场营销决策。营销分析系统由两个部分组成，一个部分是统计库，另一个部分是模型库。其中，统计库的功能是采用各种统计分析技术从大量数据中提取有意义的信息。模型库包含了由管理科学家建立的解决各种营销决策问题的数学模型，如新产品销售预测模型、广告预算模型、厂址选择模型、竞争策略模型、产品定价模型以及最佳营销组合模型等，如图 3.2 所示。

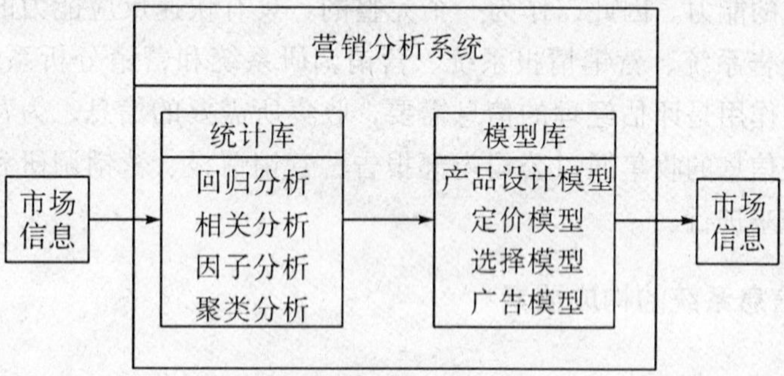

图 3.2 营销分析系统

在现代管理中，上述统计方法和决策模型都被编成程序运用在了计算机上，这一做法极大地提高了营销管理者的决策能力。信息经分析处理后，相当部分的信息还有重复使用的价值，信息在初次使用后便进入存贮状态为了日后再次使用。还有一部分信息暂不直接使用而直接进行存贮。这就提出了营销信息的存贮问题。在电子计算机进入信息系统后，将信息进行编码后放入计算机的存贮系统便成了主要的贮存方式。为使处于存贮状态的大量信息能及时、方便地被加以使用，还需建立一套科学的信息检索系统。计算机作为一种有效的工具已在企业营销管理中得到了广泛的应用。可以认为，直到有了计算机，才有了现代的企业营销信息系统。计算机在信息处理中的显著特点是它能够实现大量数据的综合处理，从而提高了信息生成的及时性与准确性。此外计算机还提供了极大的存贮容量和高效率的检索系统。

二、国际营销信息系统的作用

国际营销信息系统的作用主要如下：

第一，保证收集到信息；

第二，保证信息与决策有关；

第三，保证信息可以被管理部门容易地得到、理解和使用。

信息系统取决于产品、进入国际市场的方式、企业内部资源与条件等许多因素。最简单的信息系统只提供信息来源，复杂的信息系统则包括全面使用计算机，并提供具体的决策模型。各个公司应该依据上述各个因素和实际需要来设立自己的信息系统。一种较理想的国际营销信息系统应在一个总的国际营销系统内按不同的国家、不同的标准建立不同的若干个子系统，每个子系统应包括企业在该国各种有关技术方面的信息，为制定公司总体营销决策服务。总系统与子系统之间应是相互依赖与相互支持的对应关系，彼此之间保持高度的信息对流，为总公司与子公司的各项营销活动提供迅速、准确、易用的各种市场信息。

三、建立国际营销信息系统的目的

建立营销信息系统的目的就是收集、分析、评价和运用适当的、准确的信息，帮助营销人员和决策者实现营销决策、营销规划，执行营销活动，提高其理解、适应乃至控制营销环境的能力。因此，作为一个完整的、具有快速反应能力的营销信息系统必须包括内部报告系统、营销情报系统、营销调研系统和营销分析系统这四个方面。营销信息系统的作用是评估经理的信息需要，收集所需要的信息，为营销经理适时分配信息。而所需信息的收集通过公司内部报告、营销情报、营销调研和营销决策支持分析四方面工作来进行。

四、国际营销信息系统的构成要素

（一）市场信息

1. 市场潜量

公司现有产品在市场上的地位和前景、有关产品的潜在需求方面的信息、有关互补产品和替代产品的产销信息。

2. 消费者的态度和行为

消费者或用户对公司现有产品的态度和需求、购买阶层、购买时间、购买频率等信息。

3. 分销渠道

有关公司分销系统、竞争对手的分销系统、独立经销商、批发和零售的分销系统的信息，包括可获性、态度和偏好、效率等。

4. 信息传递媒介

媒介的可获性、效果和成本方面的信息。

5. 新产品

有关新产品（包括已在其他国家销售过的产品）、新设想及其市场潜力的非技术性信息。

6. 竞争对手的市场经营

竞争对手销售额、历史、现状及趋势；竞争对手现有产品和新产品的市场经营规划；竞争对手现有产品和在研制产品的特性及价格；有关对手能力、员工士气、调离调入频繁程度、生产效率等信息；竞争对手的投资、扩建计划、迁移计划等。

（二）国际惯例与法令方面的信息

1. 外汇

外汇管制当局所操纵的外汇汇率的变化及趋势，外汇制度和外汇市场，外汇银行及其他有关贸易金融机构的信息。

2. 税收

外国当局对所得、股息和利息的课税规定，所持的意向和态度以及关税。

3. 其他

影响经营、资产和公司投资的其他信息，包括地方机构和国家机构的条文、规定和法律等。

（三）资源信息

1. 人力

人力，即劳动力来源、失业、罢工等情况。

2. 资金

资金，即公司所用资金的来源和成本。

3. 原材料

原材料，即原料的来源和成本。

（四）国际市场宏观环境信息

1. 宏观经济因素

例如，国民生产总值、人均国民收入、经济增长速度、经济结构、经济地理一类宏观经济数据。

2. 社会文化因素

社会结构和习俗、生活方式、教育普及程度、宗教信仰等。

3. 政治因素

“投资气候”、政体、政治安定性、选举、政局变动、国际关系、战争因素等。

4. 科技因素

重大科技成果、技术发展等趋势。

5. 管理做法

员工报酬、对员工的招聘和解雇、会计体系及报表程序等方面的管理做法和程序。

（五）公司经营方面的各类信息

公司性质不同，衡量标准也不同。公司经营方面的信息一般包括投资收益率、市场份额及变动趋势、营销支出占销售额比例、各产品系列销售额增长等。

五、国际营销信息系统的原则

在建立系统时，要兼顾长远目标与企业现状，兼顾预期收益和费用投入。在国际营销信息系统设计时，应遵循如下原则：

（一）战略性原则

系统规划应从企业战略目标出发，分析企业内部的业务和管理对信息的需求，总体规划，分步实施。

（二）整体性原则

整个系统能够完成从信息的收集、处理、分析的全部功能。

（三）实用性原则

系统规划要为实施工作提供指导，为进一步实施提供依据。方案选择应追求实用性，必须切合企业的实际情况，不片面求大、求全。

（四）可操作性原则

根据企业最紧迫的问题和企业现状，确定系统建设目标。根据目标设计信息部组织结构和工作流程，指导其开展工作。

第四节　国际市场营销调研的挑战

如前所述，国际市场营销调研是一个复杂的系统过程，在当前互联网高速发展的背景下，尽管以在线市场营销调研为代表的现代调研方式层出不穷，方便性加强，受众更广泛，但是传统的营销调研仍不可或缺。总体看来，不仅国际市场营销受目标国政治、法律、文化和社会环境等方面的约束，国际市场营销调研也面临同样挑战，而其他具有共性的问题同样需要调研者的关注。

一、文化环境的挑战

国际市场营销调研需要对目标国的文化进行较全面的了解。目标国与本土国在语言、文化、时差与假期等因素上的差异性对产品和服务影响较大。

（一）语言差异

在使用调查问卷进行营销调研时，语言成为国际市场营销调研的第一块绊脚石。在使用问卷方式进行调查时，最重要的问题就是语言的翻译问题。由于翻译不当引起误解，导致调查失败的例子是很多的。例如，在扎伊尔，官方语言是法语，但人口中只有少数人能讲流利的法语。在这种情况下，问卷调查是极其困难的，因为一种语言中的成语、谚语和一些特殊的表达方式很难译成另一种语言。识字率则是另外一个问题。在一些不发达国家和地区，识字率很低。用文字写成的调查问卷毫无用处。

语言差异表现在：第一，同一种语言（如英语）在不同的国度（如英国和美国）可能产生误解。第二，专门用于研究句子组成部分和排列顺序的句法同样会干扰调查问卷的准确性。例如，简单地将英语和德语进行互译，句法会使译文难以被人接受。

第三，由于对等性的缺乏，翻译常常也成为调查问卷设计中的常见问题。虽然在当前的国际市场营销调研中，回译（Back Translation）的使用会有效减少沟通冲突，但是如果不注意翻译信度和效度，常常会使调研结果陷入低效。

（二）文化差异

个别访问是取得可靠数据的重要方法之一。但是在许多发展中国家，由于文化的差异采用这一方法很困难，被访者或者拒绝访问和回答问题，或者故意提供不真实的信息。

（三）时差与假期

世界各国时差存在的客观性和假期的差异性，无疑对国际市场营销调研的时间和成本是一个挑战。

二、抽样的挑战

抽样调查是指从全部调查研究对象中，抽选一部分单位进行调查，并据此对全部调查研究对象做出估计和推断的一种调查方法。人口的多寡、地区的城镇化程度等因素会对抽样结果产生影响。发达程度的不均衡，如计算机的普及程度也会使调研结果产生差异。

（一）样本的代表性

一项抽样调查要取得成功，样本必须具有代表性。但是在发展中国家，抽样调查的样本往往具有很大的偏倚性，最大问题是缺乏对总体特征的适当了解和从中抽出有代表性样本的可靠名单。在这种情况下，许多调研人员只能依靠在市场和其他公共场所抽取合适样本，以取代概率抽样技术。由于公共场所接受询问者之间的差异，调查结果往往并不可靠。

（二）目标国调研人员

在国际市场营销调研中，地方的操本族语言的调研人员会较好地保证调研质量，同时对被访者来说，也是一种尊重。

（三）调查问卷的长度

当前，全球各地越来越多的人曾经遭遇过被调研的情形，这也理所当然地使得调研遭拒绝的绝对数和相对数上升。因此，在国际市场营销调研过程中，时间的把握也应该成为调研的考虑因素，而过长的调研问卷往往使被调研对象失去耐心。

（四）激励

在不同的文化中，激励产生的效果也有所不同。激励有时会促生偏见，导致调研结果在一定程度上的失真，而同样的激励方式，在有的国度甚至可能被视为是对被访者的侮辱。

三、测量和信息获取的挑战

在国际市场营销调研中，范围和测量的对等性非常重要。例如，同一种现象需要在本国和目标国进行均衡，而且这种衡量手段和方法也必须是等同的，甚至两个国度抽样的对等性也需要加以认真考虑。

就某种程度而言，国际市场营销调研可谓费时、费钱、费力。在全球化背景下，寻求调查对象并使其合作并非手到擒来，被调研对象的资料保密性同样需要重视。网络和信息化程度对于信息收集的难度和成败也有重要影响。

四、国际市场营销调研应注意的问题

第一，要重视借鉴其他国家在国际营销调研上的经验与教训。

第二，要注重交叉文化的研究，克服因文化差异带来的调研困难。

第三，要尽可能借助于精通两国语言和两国文化、系统地接受过营销学和营销调研方面训练的当地人，帮助企业搞好在当地的营销调研，减少因文化差异带来的实地调研误差或困扰。

第四，采用“返翻法”解决调查问卷的词义问题，即把资料从一种语言译成另外一种语言，然后请当地人将其翻译回原来的语言，以检查是否有错译或曲解的地方。

第五，加强对调研人员的培训。通过培训调研人员，使调研人员熟练掌握各种调研技巧。这样当在某国不能使用某一种或某几种调研方法时，调研人员还可以使用其他调研方法。

复习题

1. 市场营销调研与国际市场营销调研有何异同？
2. 国际市场营销调研的主要内容有哪些？
3. 国际市场营销调研的程序是怎样的？
4. 什么是二手资料？其来源包括哪几个方面？
5. 国际市场营销中案头调研的方法有哪些？
6. 国际市场营销中实地调研的方法有哪些？
7. 国际营销信息系统的组成要素有哪些？
8. 建立国际营销信息系统的步骤和原则分别是什么？

思考与实践题

1. 国际市场营销调研的来源有哪些？
2. 在撰写国际市场营销报告时，你会考虑哪些因素？报告需要包含哪些内容？

案例分析一

重视市场调查的李维公司

李维斯（Levi's）是美国西部最知名的名字之一，也是世界上第一条牛仔裤的发明人李维·施特劳斯（Levi Strauss）的名字。1847年，年仅17岁的李维·施特劳斯从德国移民至纽约，几乎完全不会讲英语的他在美国的起初几年是为他的两名兄长打工。李维在纽约一带的偏僻市镇和乡村到处贩卖布料及家庭用品，他有时甚至露宿路边或在空的车房里过夜。加州淘金热的消息使年轻的李维相当着迷，他于1853年搭船航行到三藩市，随身携带了数卷营帐及蓬车用的帆布准备卖给迅速增加的居民。李维发现帆布有更好的用途，因为有一名年老的淘金人告诉他应该卖的是能挖金时穿的长裤。于是李维把卖不完的帆布送到裁缝匠处订制了第一件李维斯牛仔裤。就在那一天，李维斯的传奇诞生了。

由于当时淘金工所穿的衣服皆为一般的棉布衣，较易磨损。牛仔裤则以其坚固、耐久、穿着合适获得了当时西部牛仔和淘金者的喜爱，大量的订货纷至沓来。李维·施特劳斯于1853年成立了李维公司，以“淘金者”和牛仔为销售对象，大批量生产“淘金工装裤”。

刚开始，李维·施特劳斯用厚实的帆布裁出低腰、直裤腿、窄臀围的裤子，后来他放弃帆布，改用斜纹粗棉布，那是一种在法国纺织以不变色靛蓝染料织成的强韧棉布，穿起来更舒服。由于此种裤子精悍利落，所以也深得牛仔们的喜爱，渐渐便成了牛仔们的特色。

1860—1940年，李维公司对原创设计进行了不少改良、包括铆钉、拱形的双马保证皮标以及后袋小旗标，如今这些都是世界著名的正宗李维斯牛仔裤的标志。目前，李维公司已成美国传统，对全世界的人来说，李维公司代表的是美国西部的拓荒力量和精神。

在李维公司的发展历程中，始终坚持搞好市场调查，树立牢固的市场观念，按用户需要组织生产的市场决策。根据市场调查和长期积累的经验，李维公司认为应该把青年人作为目标市场。为满足青年人的需要，李维公司坚持把耐穿、时髦、合体作为开发新产品的主攻方面，力争使自己的产品长期占领青年人市场。在20世纪60年代，李维公司了解到许多美国妇女喜欢穿男式牛仔裤。根据这种情况，李维公司经过深入调查，设计出适合妇女穿的牛仔裤、便装和裙子。1978年，李维公司的妇女服装销售情况良好，销售额增加了58%。

为了满足市场需要，李维公司十分重视对消费心理的分析。1974年，为了拓展欧洲市场，研究市场变化趋势，了解消费者爱好，李维公司向德国顾客提出了“你们穿李维的牛仔裤，是要价钱低、样式好，还是合身”的问题。调查结果表明，多数顾客首要的选择是“合身”。于是，李维公司派专人在德国各大学和工厂进行实验，一种颜色的裤子，生产出了不同尺寸、不同规格和各种型号，大大拓展了销路。李维公司还根据市场调查获得的各种有关用户的信息资料，制订出五年计划和第二年度计划。虽然市场竞争相当激烈，但是由于李维公司积累了相当丰富的市场调查经验，其制订的生产和销售计划同市场实际销售量只差1%~30%，基本做到了产销统一。李维公司的销售网遍布世界70多个国家，李维公司对所属的生产和销售部门实行统一领导。李维公司认为产销是一个共同体，二者必须由一个上级来决定，工厂和市场之间要建立经常性的情报联系，使工厂的生产和市场的需求保持统一。为此，李维公司设立了进行市场调查的专门机构，在国内外进行市场调查，为李维公司的决策提供依据。

正确的市场决策，带来了李维公司的大发展。李维公司在20世纪40年代末销售额只有800万美元，1979年增加到20亿美元，30年增加了250倍。近20年来，李维公司已发展成为活跃于世界舞台的跨国企业。李维公司按地区分为欧洲分部、拉丁美洲分部、加拿大分部和亚太分部。各分部分管生产、销售、市场预测等各项事宜。李维公司拥有120家大型工厂，设存货中心和办事处以及3个分公司（美国李维牛仔裤公司、李维国际公司和BSE公司）。分公司有规模庞大、设备先进的生产厂家，最大的一家年生产能力达到1600万条。1979年，李维公司在美国国内总销售额达13.39亿美元，国外销售盈利超过20亿美元，雄居世界10大企业之列。

资料来源：张德鹏，汤发良，李双玫. 市场营销学［M］. 广州：广东高等教育出版社，2005：124-125.

讨论题

1. 本案例中，你认为李维公司成功的关键在于什么？

2. 李维公司对消费者心理进行调查分析时，能否用观察法来调查？

3. 营销调研是否为一门精确的科学？为什么李维公司所制订的生产和销售计划同市场实际销售量相差为1%~30%，仍可以说基本做到了产销统一？

案例分析二

市场营销调研活动：细节决定成败

上海柴远森先生出差来北京的时候，在西单买了一本市场调查的书。3个月以后，他为这本书付出了30多万元的代价。更可怕的是，这种损失还在继续，除非柴先生的宠物食品公司关门，否则那本书会如同魔咒般伴随着他的商业生涯。

数据给企业带来的噩梦

“最近两年，宠物食品市场空间增加了两三倍，竞争把很多国内企业逼到了死角。”《中国财富》在2005年北京民间统计调查论坛上见到了柴先生，他说：“渠道相近，谁开发出好的产品，谁就有前途。以前做生意靠经验，我觉得产品设计要建立在科学的调研基础上。去年底，决定开始为产品设计做消费调查。”

为了能够了解更多的消费信息，柴先生设计了精细的问卷，在上海选择了1000个样本，并且保证所有的抽样在超级市场的宠物组购物人群中产生，内容涉及价格、包装、食量、周期、口味、配料6大方面，覆盖了所能想到的全部因素。沉甸甸的问卷让柴氏企业的高层着实振奋了一段时间，谁也没有想到市场调查正把他们拖向溃败。

2005年年初，上海柴氏的新配方、新包装狗粮产品上市了，短暂的旺销持续了一星期，随后就是全面萧条，后来产品在一些渠道甚至遭到了抵制。过低的销量让企业高层不知所措，当时远在美国的柴先生更是惊讶：“科学的调研为什么还不如以前我们凭感觉定位来的准确？”到2005年2月初，新产品被迫从终端撤回，产品革新宣布失败。

柴先生告诉《中国财富》：“我回国以后，请了十多个新产品的购买者回来座谈，他们拒绝再次购买的原因是宠物不喜欢吃。”产品的最终消费者并不是“人”，人只是一个购买者，错误的市场调查方向，决定了调查结论的局限，甚至荒谬。

经历了这次失败，柴先生认识到了调研的两面性，调研可以增加商战的胜算，而失败的调研对企业来说是一场噩梦。

不完备甚至不科学的数据采集给企业带来损失的不只是柴先生自己，在这次论坛上记者还见到了来自东北的北华饮业策划总监刘强，他们在进行新产品开发过程中进行了系统的口味测试，却同样蒙受了意想不到的失败。

中国人不喝冰红茶

一间宽大的单边镜访谈室里，桌子上摆满了没有标签的杯子，有几个被访问者逐一品尝着不知名的饮料，并且把口感描述出来写在面前的卡片上。这个场景发生在1999年，时任北华饮业调研总监的刘强组织了5场这样的双盲口味测试，他想知道公司试图推出的新口味饮料能不能被消费者认同。

此前调查显示：超过60%的被访问者认为不能接受“凉茶”，他们认为中国人忌讳喝隔夜茶，冰茶更是不能被接受。刘强领导的调查小组认为，只有进行了实际的口味测试才能判别这种新产品的可行性。

等到拿到调查的结论，刘强的信心被彻底动摇了，被测试的消费者表现出对冰茶的抵抗，一致否定了装有冰茶的测试标本，新产品在调研中被否定。

直到2000年和2001年，以“旭日升”为代表的冰茶在中国全面旺销，北华饮业再想迎头赶上为时已晚，一个明星产品就这样穿过详尽的市场调查与刘强擦肩而过。说起当年的教训，刘强还满是惋惜：“我们举行口味测试的时候是在冬天，被访问者从寒冷的室外来到现场，没等取暖就进入测试，寒冷的状态、匆忙的进程都影响了访问者对味觉的反应，测试者对清凉淡爽的冰茶表示排斥。测试状态与实际消费状态的偏差让结果走向了反面。”

“驾驭数据需要系统谋划。”好在北华饮业并没有从此怀疑调研本身的价值。“去年，我们成功组织了对饮料包装瓶的改革，通过测试，我们发现如果在塑料瓶装的外形上增加弧形的凹凸不仅可以改善瓶子的表面应力，增加硬度，更重要的是可以强化消费者对饮料功能性的心理认同。”

采访中，北京普瑞辛格调研公司副总经理邵志刚先生的话似乎道出了很多企业的心声：“调研失败如同天气预报给渔民带来的灾难一样，但是无论多么惨痛，你总还是要在每次出海之前听预报、观天气、看海水。”

3个小细节1000万大风险

普瑞辛格调研公司给《中国财富》出示了两组数据来说明调研的严谨性。同样的调研问卷，完全相同结构的抽样，两组数据结论却差异巨大。邵志刚介绍说，国内一家知名的电视机生产企业，2004年年初设立了20多人的市场研究部门，就是因为下面的这次调查，部门被注销、人员被全部裁减。

调查问题：列举您会选择的电视机品牌?

其中一组的结论是有15%的消费者选择本企业的电视机；另一组的得出的结论却是36%的消费者表示本企业的产品将成为其购买的首选。巨大的差异让公司高层非常恼火，为什么完全相同的调研抽样，会有如此矛盾的结果呢？公司决定聘请专业的调研公司来进行调研诊断，找出问题的真相。

普瑞辛格的执行小组受聘和参与调查执行的访问员进行交流，并很快提交了简短的诊断结论：第二组在进行调查执行过程中存在误导行为。首先，调研期间，第二组的成员佩带了公司统一发放的领带，而在领带上有公司的标志，其尺寸足以让被访问者猜测出调研的主办方；其次，第二组在调查过程中，把选项的记录板（无提示问题）向被访问者出示，而企业的名字处在候选题板的第一位。以上两个细节向被访问者泄露了调研的主办方信息，影响了消费者的客观选择。

这家企业的老总训斥调研部门的主管："如果按照你的数据，我要增加一倍的生产计划，最后的损失恐怕不止千万。"

市场调查是直接指导营销实践的大事，对错是非可以得到市场验证，只是人们往往忽视了市场调查本身带来的风险。一句"错误的数据不如没有数据"，包含了众多中国企业家对数据的恐慌和无奈。

资料来源：尹春洋. 数据恐慌调查："数据真相"［J］. 商业财富，2005（3）.

讨论题

1. 案例中的企业市场营销调研为什么会失败？你认为应该在哪些方面进行改进？
2. 国内企业在注重营销调研的同时，应该注意哪些问题？

第四章　国际市场进入战略

引例

中国比亚迪清洁能源汽车进军北美市场

洛杉矶当地时间10月24日上午，中国比亚迪有限公司在洛杉矶市中心举行比亚迪北美总部落成典礼，拉开进军北美清洁能源汽车和太阳能市场的大幕。

比亚迪公司总裁王传福表示，比亚迪公司在未来的18个月内会专注于电动汽车销售业务，包括公交车、政府和商业车队、汽车分享和租赁业务。比亚迪北美总部将通过研发来制定最适合北美市场的车型，并在市场进一步成熟后考虑建设生产基地。比亚迪公司同时宣布将与赫兹汽车租赁（Hertz Car Rental）合作，为该公司提供用于洛杉矶机场的纯电动汽车车队以及用于租赁业务的电动汽车。除汽车销售和租赁业务外，王传福称比亚迪北美总部也会成为太阳能和发光二极管（LED）业务的市场拓展、销售、技术支持、本土产品设计、培训以及售后服务中心。

洛杉矶市在电动车充电基础设施方面领先全美，充电站遍布整个市区，为清洁能源汽车的市场投放打下了重要的基础。比亚迪北美总部的落成将为洛杉矶带来近150个工作岗位。出席仪式的洛杉矶市市长维拉莱戈萨说："洛杉矶是全球创新的重要基地，比亚迪将其北美总部落户于此，是我们大力推动清洁技术类就业的又一体现，也帮助我们进一步推动洛杉矶的就业、国际投资以及城市的可持续发展。"

据悉，洛杉矶市对零排放的汽车进口商拥有奖励政策，比亚迪公司出口至美国的电动汽车入关关税将下降15%。

比亚迪股份有限公司由王传福于1995年创立，目前已发展成为中国领先的混合驱动汽车和节能汽车制造商。美国著名投资者、"股神"沃伦·巴菲特目前持有比亚迪近10%的股份。王传福本人被美国《福布斯》杂志评为2009年"中国首富"。

资料来源：毛建军，吕冬. 中国比亚迪清洁能源汽车进军北美市场［N］. 中国新闻网，2011-10-25.

全球有220多个国家和地区，任何企业都不可能也没有必要同步进入所有的国家和地区开展营销活动，而是应该根据自己的全球战略和资源条件，通过国际市场细分，在深入了解国际顾客需求和市场竞争态势的基础上，确定合适的目标市场，做出恰当的市场定位，选择有效的方式进入国际市场。同时，在进入国际市场之后，要对企业的国际市场营销绩效进行评估，对于营销绩效欠佳的国际市场则需考虑在恰当的时机以恰当的方式退出。

第一节　贸易进入模式

国际贸易一直是企业进入国际市场的最基本方式，即企业通过出口方式进入国际市场。出口方式是指企业在国内进行产品的生产和加工，再通过国内或国外的中间商向海外市场出口的一种市场进入方式。从宏观角度来看，出口有利于增加国内就业，增加国家外汇收入，促进本国经济增长，因而也受到各国政府的鼓励。对于企业来讲，这种方式具有以下几个方面的优点：

第一，面临的政治风险较小，常被作为进入国际市场的最初方式。同时，企业的生产要素都留在国内，风险相对较小。出口承担着国外环境最低限度的政治和其他风险，并帮助企业获取经验。

第二，当目标国的市场潜力难以准确预测时，出口可以起到投石问路的作用。

第三，采用这种方式，为企业未来采取其他战略，进一步对外扩张积累经验，也为将来的直接投资积累经验。

第四，当目标国的政治、经济状况恶化时，企业可以以极低的成本退出。

当然，出口的方式也有一些缺点，主要是汇率波动和政府的贸易政策变动可能给企业的收益带来消极影响。出口通畅时企业难以对目标国市场的变动做出迅速的反应。同时，企业对产品在目标国的营销活动也难以控制。

通常，出口可分为间接出口和直接出口两种方式。

一、间接出口（Indirect Export）

间接出口是指一个企业将产品卖给国内消费者，而买主又将该产品以原始的或其他的形式出口。间接出口和其他战略相比，投资较少，风险也较小，因为该企业不必为海外销售而投资。在间接出口中，企业将产品卖给国内市场的中间人，中间人与国外市场或买主订有合同。间接出口适合那些资源有限以及没有出口经验或经验较少的企业。间接出口风险性较小，使得企业通过对自己的资源承担很小的责任来测试市场。中间人负责提供国外市场的相关信息，并降低了企业的信用风险以及用于员工和广告的开支。

一般来讲，间接出口可以选用的中间商主要有国际贸易公司、母国出口代理商和外资销售机构三种。

（一）国际贸易公司

国际贸易公司是专门从事进出口业务的中间商，通常拥有大量精通外语、国际贸易业务和法律知识的专门人才，具备从事进出口业务的基本条件。国际贸易公司通常还拥有大量的国际市场客户资源、较为完善的国际市场渠道和国际市场信息系统，有些国际贸易公司还拥有一定的资金实力和国际融资能力。不过利用国际贸易公司开展国际市场营销会使得企业对目标国市场的控制程度变得很低。国际贸易公司分为专业进出口公司和综合国际贸易公司两类。专业进出口公司是专门从事某类产品进出口的国际贸易公司；综合国际贸易公司是从事多样化的产品进出口业务的国际贸易公司。

（二）母国出口代理商

这是一种为企业办理出口业务的代理商，这种代理商通常只与企业签订短期代理合同，按照企业规定的销售条件代理产品向目标国市场的出口业务，并按销售额的一定比例获取佣金。通过母国出口代理商进行产品出口的优缺点与通过国际贸易公司实施出口相似。差别主要在于两个方面：一是出口信贷风险、运输保险等通常由委托企业负责；二是出口通常以委托企业的名义进行，委托企业对目标国市场的控制程度有所提高。

（三）外资销售机构

在国际经济日益全球化的今天，一些国外的政府机构、百货公司、批发商或零售组织会在东道国设立采购中心，它们往往会主动寻找合适的产品销往母国或其他海外市场，或者由企业主动与它们建立购销关系，由它们销往国外。

企业基于下列原因选择间接出口：企业不需要国际化的专门技能；企业处于出口的早期阶段；可避免向国际市场和未开发市场支出大量财力、人力；在对国际市场承担更多责任之前，对其产品进行市场测试，并提高其商品名称和商标的知名度；可以促进现金流动，扩大经济规模，通过增加销售量提高经济容量；旨在通过杠杆作用影响销售网络和与他人的合作；有望成为一种在国外储存代收货物的方式，而没有附加的费用和义务。

营销透视

日本综合商社

日本综合商社是指日本一些掌控该国大部分进出口业务的特大型综合贸易公司，其中包括丸红（Marubeni）和三菱（Mitsubishi）等公司。日本综合商社在第二次世界大战后日本经济的重建中发挥了重要的作用。日本综合商社是集贸易、产业、金融及信息等为一体的，具备为客户提供综合服务的大型跨国公司。日本综合商社产生于19世纪末，成长和发展于二战之后。

日本综合商社是一种特殊形态的跨国公司，与制造业跨国公司的不同之处在于，制造业跨国公司以产品生产与加工为主，向前或向后进入销售领域，以及横向进入其他行业，实现经营多元化。日本综合商社将贸易功能、产业功能、金融功能和信息功能融合起来，形成一种大型经营综合体。日本综合商社的成功运作一方面需要政府的支持、商业银行的配套发展，另一方面与企业本身及市场经济体系的完善有重要关系。

日本的大型综合商社有三井财团、三菱财团、住友财团、丸红财团、伊藤忠财团，这几个财团控制了日本大部分的大型生产企业及贸易公司，掌握了日本各类产业的命脉，是五大日本综合商社。

日本综合商社优势体现如下：

优势一，提供综合性服务。综合商社集各种功能于一身，为中小型企业，包括大型企业进出口和发展跨国经营提供综合性的一体化服务。综合商社能够提供信息、技术和设备、原材料、资金，提供从运输到销售的各种服务，还能够帮助并直接参与中小企业在国外开发资源和设厂等经营活动。

优势二，获取规模经济优势。综合商社开展跨国经营，建立遍及世界的销售网点、信息网点、金融网点和生产基地，进一步强化了其拥有的各种功能。这样，日本综合商社便以其自身为中心，将日本国内众多的中小型企业带入全球市场的广阔经营空间；通过拥有可靠、稳定的供货来源，多元化的范围经营以及大批量进出口业务获得的规模经济优势。

日本综合商社是以贸易为主体，以产业为后盾，以金融为纽带，具有贸易、金融、情报、组织协调等多种功能的国际化、集团化、实业化、多元化的跨国企业集团。日本综合商社与产业集团（财团）企业有着密不可分的联系，是日本企业走向世界的“流通窗口”，在金融、物流、调研、咨询、市场营销等方面直接为制造业企业提供支持。在诸如能源开发、大型基础建设等重大项目中，只要能见到日本企业的地方，毫无疑问会发现日本综合商社的身影。

资料来源：日本综合商社［J/OL］. http://www.zdcj.net/cidian-696.html.

二、直接出口（Direct Export）

直接出口不通过母国中间商，而是把产品直接销售到海外的销售商或者最终用户。在直接出口方式下，目标国市场调研、寻找买主、准备海关文件、安排运输与保险等业务要由企业自己完成。通过直接出口，企业获得了对国际化经营宝贵的专业知识以及对个别国家运作的具体知识。一次出口的成功往往孕育着另一次出口的成功。出口经验的增长就经常促使一个企业在开拓新的国际市场机会时更有侵略性。如果该企业后来从事外国直接投资，这些经验也往往有用。直接出口有利于企业部分或全部控制国外分销规划，从目标国市场获取更多市场信息。直接出口主要有利用目标国代理商、利用国外经销商、在目标国设立分支机构三种途径。

（一）利用目标国代理商

这是指在目标国寻找合适的代理商，通过代理商在目标国实现产品的出口和销售，同时向代理商支付代理佣金。依据其职能的差异，目标国代理商可分为三种：第一种是佣金代理商，这种代理商根据企业的产品目录和样品进行销售，不掌握产品库存，不承担信贷风险，只是把收到的订单交给企业，由企业向买主发货，代理商根据销售金额的一定比例向企业收取佣金；第二种是存货代理商，这种代理商保持一定的库存，提供仓储和装卸设施，但不拥有产品的所有权，向委托企业收取佣金和仓储、装卸费用；第三种是提供零部件和服务设施的代理商，这种代理商备有产品的零部件，并提供服务和维修设施，除向委托企业收取佣金外，还向买主收取零部件和服务费用，收费标准要经过委托企业同意。

（二）利用国外经销商

这是指企业将产品销售给国外经销商，并授予他们独家经营权或优先权，让其负责产品在目标国市场的分销业务。通常企业与国外经销商建立固定的经销关系，这种经销商先向企业购进产品，然后在目标市场卖出，赚取中间的差价。

(三) 在目标国设立分支机构

出口企业在目标国市场设立分支机构的形式主要有设立驻外办事处和建立海外营销子公司两种。驻外办事处的主要职能是收集目标国市场情报、推销产品、安排物流、提供服务、维修和零部件供应等。与利用目标国代理商和国外经销商相比，企业在目标国市场设立办事处可以集中力量分销本企业产品。不过设立驻外办事处往往需要大量的初始投资和维持费用，如果企业的产品在目标国市场的销售潜力不大，就不值得设立办事处。海外营销子公司的职能与驻外办事处相似，具有类似的优缺点，主要的不同在于海外营销子公司通常是以独立的法人主体在目标国建立的，在法律和税赋方面具有独立性。

直接出口包括应用外资为基础的分销商或代理商或在国外设立经营单位以及分支机构或子公司。直接出口为企业提供了产品分布更大程度上的控制权，对不断变化的市场条件做出灵活的反应。在直接出口的条件下，企业可以决定产品分布的渠道、促销的手段、价格以及所需的服务。

第二节 契约进入模式

契约进入模式是指企业通过与目标国企业建立长期的、非股权联系的契约或合同的方式进入国际市场，主要包括国际许可证贸易、国际特许经营、管理合同、生产外包、国际工程承包等模式。

一、国际许可证（International Licensing）

国际许可证模式虽然不是中小型企业的专利，但该模式却是中小型企业最喜爱的模式。这种模式是指本国公司（授权人）允许外国公司（被许可人）使用其无形资产，如专利、商标、公司名称等，同时获得版权费或其他回报。通常这些无形资产的转移都是伴随一定的技术服务，以确保资产的适当使用。使用许可证作为进入模式有可能受本国政策的影响。公司如位于知识产权保护意识薄弱的国家，则不适合使用许可证作为进入模式，因为其在本国可能难以实施许可证协议。许可证模式不如出口模式灵活，而且公司对被许可人的控制力不及对本公司的海外出口或生产的控制力。但是当市场不稳定，授权公司在进入外国市场遭遇财政和营销难题时，许可证模式将非常适用。

因为公司策略、竞争程度、产品特性、授权人与被许可人的利益等不同，所以几乎所有的国际许可证安排都是独一无二的。通常来说，许可证协议属于具体的法律合同文本，通常包括指明协议的范围、确定补偿方式、确定权利、基本权利和限制、指明合同的期限。

许可证进入模式的优点如下：

第一，可以绕开贸易壁垒，如绕过目标国进口关税或配额等方面的限制；

第二，有利于低成本进入国际市场，在典型的许可证贸易中，被许可人可承担建造海外营业设施的大部分投资，承担大部分打开目标国市场的费用和风险；

第三，当目标市场存在较大的政治风险或企业对该目标国市场很不熟悉时，许可证贸易可以较好地降低进入该类市场的风险。

许可证进入模式的缺点如下：

第一，企业不一定拥有目标国客户感兴趣的技术、生产诀窍、商标等无形资产；

第二，限制了企业对目标国市场容量的充分挖掘；

第三，对被许可人的控制程度低，有可能培养了潜在的强劲的竞争对手；

第四，企业有可能失去对目标国市场营销方案的规划和控制权；

第五，有可能因为权利义务问题陷入纠纷和诉讼中。

通常国际许可证进入模式被认为是出口模式和生产的补充，而不是进入外国市场的唯一方法。尽管该进入方式盈利可能为最低，但是风险和难度都小于直接投资。该模式也是在外国市场的资本化的合理方式。

二、国际特许经营（International Franchising）

国际特许经营进入模式是契约进入模式的一种，特许经营模式使得特许经营方（Franchisor）对加盟方（Franchisee）的控制与支持要优于授权人与特许授权人之间的关系，是指企业（特许方）将商业制度及其他产权诸如专利、商标、产品配方、公司名称、技术诀窍和管理服务等无形资产许可给独立的企业或个人（被特许方）。被特许方用特许方的无形资产投入经营，遵循特许方制定的方针和政策。作为回报，被特许方除向特许方支付初始费用以外，还定期按照销售额一定的比例支付报酬。

特许经营在国际上被称为第三次商业革命，是企业扩张的法宝，具有迅速扩展业务、占据当地市场、节约能源和资本等特点。近年来特许经营业在中国得到了快速发展，随着我国对外零售服务业限制政策的逐步取消，特许经营将以更大的规模和速度进入中国，改变企业的创业和扩张方式。

与许可证进入模式不同的是，特许方要给予被特许方以生产和管理方面的帮助。例如，提供设备、培训、融通资金、参与一般管理等。特许进入模式的优点和许可证进入模式的优点相似。在这种模式下，特许方不需要太多的资源支出便可快速进入外国市场并获得可观的收益，而且特许方对被特许方的经营具有一定的控制权。特许方有权检查被特许方各方面的经营，如果被特许方未能达到协议标准和销售量或损害特许方产品形象时，特许方有权终止合同。

国际特许经营的优势主要表现如下：

第一，特许经营方能够在实行集中控制的同时保持较小规模；

第二，可以实现在较小资金投入下的高速增长，同时规避了自身的风险；

第三，利用加盟方的财力资源，降低了财务风险，特许经营方并不拥有加盟店的资产，经营风险由加盟方自行承担；

第四，由于加盟方对所属地区有较深入的了解，往往更容易开拓新的业务领域；

第五，由于有共同的利益，每个加盟方会努力提高经营业绩；

国际特许经营的不足之处主要表现如下：

第一，如果加盟方的业务发展顺利，部分加盟方会逐渐产生一种独立感或离异心理，或向特许经营方提出更有利于自己的要求，更有甚者，加盟方可能自立门户，成为特许经营方的业务劲敌；

第二，由于加盟方的经济独立性和分散性特点，给特许经营方和加盟方之间的沟通带来难度，同时特许经营方对加盟方的控制程度较差。

第三，如果加盟方以总收入的一定百分比支付特许经营权的使用费，其可能不愿意彻底披露自己的总收入。

第四，寻找合适的特许经营加盟者可能比较困难。

总之，特许经营有其独特的优势，但是并非十全十美，特许经营方和加盟方都需认识到这些优缺点，双方博弈的最终结果必将是形成双赢的局面。

营销透视

麦当劳公司的特许经营支持系统

做特许经营要建立特许连锁系统，其中要有强有力的支持系统，支持系统是特许经营的核心之一。受许者购买的不仅仅是商品的销售权和商标的使用权，而是整个商业模式的经营权。特许者要对受许者在企业创建和经营运作方面给予支持和指导，这要求有一个强有力的加盟总部，特许方具有较强的组织能力，为受许方提供营运、系统和营销等方面的支持，以维系整个特许经营系统的运转。

麦当劳公司成为世界上最成功的特许经营典范之一，它在全球的特许加盟店之和有2.8万多家，每天都有1800多万人光顾麦当劳餐厅。麦当劳公司特许经营的成功与它的支持系统密不可分。

1. 地点选择和餐厅装饰支持

麦当劳公司主导对餐厅地点的选择，不是片面地追求网点数目的扩张，而是经过了严格的调查，在店址评估上给予受许商指导和监督。麦当劳公司的研究表明，可能来麦当劳公司就餐的决定，其中70%是一时冲动，因此麦当劳公司选择的地点尽可能方便客户的光临。在美国，麦当劳公司除了在传统的区域和郊区建立餐厅之外，还在食品商场、医院、大学、大型的购物中心建立分店。在美国之外，麦当劳公司首先在中心城市建立餐厅，然后再在中心城市之外开设特殊服务的自由单元。麦当劳公司在建筑上进行标准设计，并通过一个全球采购系统统一进行设备和材料采购，从而减少地点选择成本和餐厅建筑成本。在装潢上，麦当劳公司提供了标准规范，达到店面视觉上的统一。

2. 制度执行和标准化管理支持

特许经营的核心，就是要开发一套设计科学、流程合理、高效运转的、标准化的、可以复制的系统，这个系统可以放到任何地方去复制。麦当劳公司为特许分店提供了完善的制度支持和标准化管理支持，具体表现在如下一些方面：

第一，提供标准化的产品线。每个餐厅的菜单基本相同，而且“质量超群、服务优良、清洁卫生、货真价实”。提高产品的口味，重视食品的质量，不断改进菜谱。确保各个分店提供食品口味的稳定性，这样无形中固定了产品的内在特殊性，形成顾客对其产品的忠诚度。

第二，制定统一的服务规范。麦当劳餐厅把为顾客提供周到、便捷的服务放在首位。所有的食物都事先盛放在纸盒或杯里，顾客只需排一次队，就能取得他们所需要的食品。麦当劳公司在高速公路两旁开设了许多餐厅，当人们驱车经过时，向距离店面十几米远的通话器报上所需食品，便可以一手交钱，一手拿货，马上又驱车上路。

第三，制定详细的程序、规则和条例规定规范的作业方式。世界各地的所有麦当劳餐厅都遵循一种标准化的作业方式。例如，食品都严格执行规定的质量标准与操作程序，对制作汉堡包、炸薯条和清理餐桌等工作都进行详实的动作研究，确定工作开展的最好方式，然后再编成书面的规定，用以指导各分店管理人员和一般员工的行为。

第四，在食品的质量、饭店的清洁度、饭店的经营运作程序以及友善礼貌的柜台服务方面执行严格的标准。麦当劳餐厅的产品、加工和烹制程序乃至厨房布置都是标准化的，有稳定的、品质保证的物品供应链系统。

3. 技术和设备支持

麦当劳餐厅使用标准化设备，采用机械化的操作保证产品品质统一。在麦当劳餐厅，都是只有服务员，没有厨师，厨师都被机械替代了，这就大大降低了人力资源成本及劳动强度，保证食品品质稳定统一，而且极大地提高了食品生产速度。麦当劳餐厅的厨房与柜台之间是一排机器，包括饮料机、雪糕机等厨具设备，由专门指定的公司为其提供。麦当劳公司不断开发新的生产设备和系统，提高餐厅的运营能力。

4. 员工培训支持

特许经营需有统一的模式，特许经营企业的训练系统非常重要，因为加盟店的发展速度在很大程度上取决于训练系统的速度、效率和标准化。

麦当劳公司在对员工的培训方面不减少开支。新员工入职培训时间是15~30天，新员工在培训期也能领到工资。任何一个麦当劳餐厅都提供公平的、非歧视性的工资。

麦当劳公司还通过汉堡大学为特许经营者、管理者和管理助理提供培训。麦当劳公司于1961年开始了汉堡大学的培训课程，其目的在于传承麦当劳公司的全球经营管理经验。学校在建立市场份额、员工管理及保持市场领地等课程中提供有20种语言的同声传译系统。近十年来，麦当劳公司于各区域设立国际汉堡大学，目前全球已有7所，分别位于德国、巴西、澳大利亚、日本、美国、英国、中国香港，每年有超过5000名来自世界各地的学生至汉堡大学参与训练课程，而每年有超过3000名的经理人修习高级营运课程。

资料来源：从麦当劳看特许经营的支持系统［J/OL］. www.docin.com/p-725357613.html.

三、管理合同（Management Contract）

管理合同模式是指企业与某个外国企业签订合同，在合同期内负责该外国企业的全部或部分业务管理，并以此获得相应报酬。管理合同实际上是转移管理资源的一种方式。转让方并不拥有接收方的所有权，仅仅拥有接收方的控制权和经营管理权并以此取得报酬。支付报酬的方式可以是多种多样的，如可以是按利润额或销售额一定的百分比提取，也可按具体的服务支付规定的费用或者按照约定费用支付。例如，美国的环球航空公司曾为埃塞俄比亚航空公司从事日常的经营管理；上海的华亭宾馆也曾委托著名的美国喜来登酒店集团经营管理。

管理合同方式是一种风险较小的进入国际市场形式。对于企业来说，无须投资便可取得对国外企业的管理控制，并可使企业的管理资源为企业带来收益。同时，企业可以充分发挥在某些行业累积和总结的管理经验的商业价值，无须投资就可以获得对大量业务的控制权，并可充分发挥人力资源的作用。当然，这种进入方式是有条件的，具体如下：

第一，企业要具有可以复制的管理模式，并且这种模式具有较高的效率和竞争优势；

第二，企业要拥有大量对该管理模式有深刻理解，并能熟练运用该管理模式的国际性人力资源；

第三，从头建立这样一套管理模式的成本是巨大的，而且这样的管理模式涉及很多的管理诀窍和知识，因而难度也是巨大的。

这种进入方式的缺点也是显而易见的，即一旦合同到期，企业如果没有获得新的管理合同就必须离开东道国市场。

四、生产外包（Production Outsourcing）

生产外包是指企业将产品的制造业务外包给国外的公司，企业向国外公司提供零部件进行组装，或向国外公司提供详细的制造标准由其仿制，然后由企业用自己的品牌进行营销活动。

生产外包将企业的产品制造作业转移给了合约的对方，从而可以将精力和资源集中在国际市场营销上。当企业在品牌管理和国际市场营销方面具有特别的优势时，这是一种有效地拓展国际市场的方式。但是，这种方式也存在如下一些缺点：

第一，有可能把合作伙伴培养成竞争对手；

第二，有可能失去对产品生产过程、产量以及产品流向的控制；

第三，有时会对准时供货造成困扰。

五、国际工程承包（International Project Contracting）

国际工程承包模式是指某公司通过订立合同为东道国建设一个工厂体系或工程体系，承担全部设计、建造、配备设备、安装调试以及试生产等活动，完成后将整个工程体系交给购买方。当合同完成的时候，外国客户将获得随时可正常运转的整个设施的“钥匙”，故又称为“交钥匙”工程。

国际工程承包通常是大型、复杂且历经数年的工程。例如，建造核电站、飞机场、钢铁厂、石油化工提炼基地、冶金基地、旅游胜地和住宅开发项目等。这是一种高度专业化技术的出口，是产品出口、技术出口和劳务出口的一种混合体。

承包工程如今越来越多地以所谓的“B-O-T”（Build - Operate - Transfer）工程为人熟知。这是一种“建设—经营—转让”方式，是政府将一个基础设施项目的特许权授予承包商，承包商在特许期内负责项目设计、融资、建设和运营，并回收成本、偿还债务、赚取利润，特许期结束后项目所有权移交政府，同时承包商也承担合同期内的金融风险。

营销透视

葛洲坝：国际工程承包大显身手

中国葛洲坝水利水电工程集团公司（以下简称葛洲坝集团公司）是2004年首次登入“全球最大的225家国际承包商”排行榜的中国企业之一。在管理型、多元化、现代化、国际化的“一型三化”发展战略指导下，葛洲坝集团公司积极调整国际业务发展思路，理顺管理体制，改革运行机制，“走出去”的步伐明显加快。近年来，葛洲坝集团公司的国际业务呈现出又好又快的发展势头，国际营业额保持了持续快速增长，国际业务范围扩展到水电、公路、市政、输水、房建、供货等多个领域，在东南亚、南亚、中东、西非、北非等多个国家承接了多项国际工程，合同金额不断创造历史最好纪录。

2007年，葛洲坝集团公司在“全球最大的225家国际工程承包商”中名列第150位，是2007年进入该榜单的49家中国企业之一。自2004年首次入选《工程新闻记录》（ENR）最大的225家国际工程承包商序列以来，葛洲坝集团公司已连续第4年入选225强。2007年，葛洲坝集团公司承接的国际项目合同额在中国2000多家“走出去”企业中排名第五，中标签约的尼日利亚蒙贝拉工程和巴基斯坦尼鲁姆·杰卢姆工程是中国公司在国外承接的两个最大的水电工程项目。

葛洲坝集团在对外承包工程中屡战屡胜，得益于其多年来在国内工程项目承包市场中积累起来的技术优势和管理优势，有针对性地扬长避短，完整的规划和统一实施的策略以及在市场定位和项目管理上的经验。

资料来源：中国企业“走出去”成功案例［N］. 陕西日报，2012-02-03.

第三节　对外直接投资模式

当市场成熟并且潜在的销售十分可观时，对外直接投资就是正确、合理的选择。对外直接投资要求企业充分利用人员、资本和管理要素。反过来，企业需要制定和执行他们认为进入国外市场最好的营销战略，这种战略能够拥有潜在的最大的利润和控制权。

对外直接投资（Foreign Direct Investment，FDI）包括企业购并以及包括合资经营和独资经营在内的绿地投资两种进入形式。

一、企业购并

企业购并（Enterprise Aquisition & Merger）是指投资者通过市场购买东道国现有企业的股权或资产，从而进入目标市场的投资形式。世界上先后发生了五次大的购并浪潮。目前，购并已成为跨国公司对外投资的主要形式。购并不仅在发达国家间进行，在发展中国家和地区也被广泛使用。购并几乎涉及所有的行业，规模也越来越大。例如，1998年世界上前10位的购并案的金额都在400亿美元以上，最高的埃克森公司购并美孚公司更是达到860亿美元。企业通过购并可以很快获得被收购企业的控制权、员工、技术、品牌和分销网络，借此获得持续发展，通过整合国际战略急需创造收益。

营销透视

菲利普·莫里斯公司的收购策略

20世纪50年代，当医生们把香烟与癌联系在一起时，烟草公司就立即意识到，如果他们自己要正常地生存下去，就必须采用新的战略。由于消费者和广告限制构成的威胁对企业十分强大，因而不能忽视，于是绝大多数著名的烟草制造商就开始寻求进行多种经营，进入新的市场领域的方法。

菲利普·莫里斯公司是规模最大、获利最为丰厚的烟草公司之一，其主要产品——万宝路牌香烟风靡世界，其强大的财力，足可购买其他企业。1959年，菲利普·莫里斯公司用1.3亿美元收购了米勒啤酒公司（Miller Brewing Company），米勒啤酒公司的经历是开发市场最为成功的例子之一。先前，啤酒行业都采用保守和陈旧的方法来开发市场，菲利普·莫里斯公司采用了与之不同的新方法，并附之以庞大的市场开发预算。菲利普·莫里斯公司对原先米勒啤酒公司的产品结构进行了改造，淘汰了老式产品，而主要生产低度的高级啤酒和高度的低级啤酒，并加强广告宣传。结果，米勒牌啤酒获得巨大成功，在美国销售量仅次于巴德韦塞牌啤酒。接着，菲利普·莫里斯公司以米勒牌啤酒为基础，又生产出迎合各种顾客需要的莱特牌啤酒，这样就使菲利普·莫里斯公司的销售量和利润都大幅上升。1978年，菲利普·莫里斯公司又购买了七喜饮料公司，并把原来含咖啡因的饮料改为无咖啡因饮料，随后又发展了一种无咖啡因的可乐饮料，并在广告上大量宣传这两种饮料，使其销售量飞速上升。

菲利普·莫里斯公司又购买了国际第四大烟业公司——罗思曼斯公司，使得菲利普·莫里斯公司成为全方位的国际公司，使其不但能保持原产品线和市场，并且把万宝路牌香烟推向国际市场。

资料来源：吴国新. 市场营销学习题与案例教程［M］. 北京：电子工业出版社，2002.

国际购并之所以能成为国际对外直接投资的主要形式之一，在于购并具有以下优点：

第一，可以充分利用被购并企业现有设备、人员、销售渠道，迅速开展生产和开拓市场，加速企业国际化经营的步骤。

第二，可以和被购并企业实现资源互补，如被购并企业的专利、商标、专有技术、品牌知名度等，而这些是通过新建方式无法获得的，纵向兼并还可以保证原材料的供应。

第三，可以减少竞争，如果是同行业购并，可以结成战略联盟共同对付其他竞争者；如果是跨行业购并，可以获得被购并企业现有的市场份额，迅速实现多元化经营，绕开行业进入壁垒。

第四，可以节省资金。被购并企业一般处于经营困难期，急需资金投入，因而可以压低购并价格到实际价值以下，减少投资成本。这些企业一旦获得资金投入，可以迅速摆脱困境，恢复原有的竞争力，给购并者带来高额回报。因此，有时购并价格高一点也是值得的。

但是，购并也存在一定的局限性，主要表现如下：

第一，企业购并最大的障碍在于购并对象的寻找和评估。在一些国家，较难找到合适的购并对象，即使找到合适的购并对象，由于各个国家的会计制度不同，对被购并企业的资产尤其是无形资产和财务状况难以正确评估。

第二，购并易受到被购并企业原有的各种正式、非正式契约关系的约束。例如，企业重组之后可能需要裁减人员，而这可能会遭到工会的反对，或受东道国有关劳动法的约束，难以如愿。

第三，由于民族感情等原因，购并往往容易遭到东道国政府的限制和当地民众的反对。

第四，由于文化上的差异，跨国公司的管理模式不易得到当地员工的认同。

二、绿地投资

绿地投资（Greenfield Investment）是从无到有的运作。“Greenfield”一词来自未开发的绿地。绿地投资是指投资者在东道国境内依照东道国的法律设置，购买或租赁土地，建立新公司或新工厂，形成新的经营实体的投资形式。绿地投资又称创建投资或新建投资，是投资主体在东道国的部分或全部资产所有权归外国投资者所有的企业。

绿地投资战略具有以下几个明显的优势：

第一，企业可以根据自己的国际化经营战略来决定投资规模地点和业务，确定新的组织架构和规章制度，有利于跨国公司加强对新企业的控制，提高新企业的运行效率。

第二，新建企业所需的一切资产都可以从自由市场上购买，价值评估比较准确，对预算控制比较容易。

第三，东道国地方政府常常因为企业为社会创造了大量的就业机会，而给予一定的政策优惠。

第四，企业从零开始，经理人不需要处理现有的债务、顾及陈旧的设施，或与工会讨论改变旧工作规章。

然而绿地投资战略也有一些不足，主要表现如下：

第一，必须投入大量的人力、物力等各种资源，速度慢、周期长。

第二，需要丰富的跨国经营经验和对东道国非常了解。

第三，完全依靠自己的力量经营管理，要独立开拓市场，成功的实施需要时间和耐心。

绿地投资会直接导致东道国生产能力、产出和就业的增长。绿地投资包括两种形式，即合资经营形式和独资经营形式。

（一）合资经营（Joint Venture）

合资经营是指企业与其他一个或几个投资者在目标市场共同投资经营的一种市场进入方式。投资各方按照出资比例共同参与经营管理，共同分担风险及共负盈亏。一般来说，东道国一方主要以厂房、设备、人员作为投资，外方则主要以商标、技术、资金作为投资，各种投资统一折算为现金来决定各方在合资企业中的股权。

合资经营的股权比例受到许多因素的影响，如企业的经营战略、所属行业、东道国竞争状况、产品生命周期及企业自身状况等，其中最为关键的是东道国政府的法律。各国政府为了维护本国的经济利益，一般都对合资企业双方的投资比例进行限制。例如，美国政府规定，外国人在航空公司或美国注册的船舶公司所占股权不得超25%。许多发展中国家为了提高外资利用额，会鼓励外国投资者扩大以产品外销为主的合资企业的股权比例，而对以内销为主的合资企业，则一般会有较严格的限制。

合资经营进入方式的优点主要如下：

第一，可以避开东道国政府的限制，尤其是许多发展中国家为了扶持民族工业和保护国内市场，外国资本只能以和本国企业合资的方式进入本国市场。

第二，可以减少投资风险。由于合资企业中有东道国企业的参与，东道国既可得到资金，又可学习国外先进的技术和管理经验，因而容易获得东道国政府和消费者的认可，如没收、征用、经营限制等政治风险发生的概率降低，还可能得到东道国政府的优惠政策。

第三，可以充分利用东道国企业熟悉当地法律、商业管理、文化习俗的优势，充分利用东道国企业在当地良好的社会关系和销售渠道，迅速占领目标市场。

尽管合资企业具有以上优势，但也存在一些弊端，主要如下：

第一，由于合资企业双方文化背景、管理理念、利益动机等方面的差异，可能导致双方在经营目标、战略规划、管理方法、利润分配等方面存在分歧和矛盾。

第二，合资各方的长短期目标不同，常导致合资各方对营销规划及绩效的追求与评价标准产生分歧。

第三，对跨国投资方来说，自己的技术秘密和财务信息被东道国投资方所了解，这些商业秘密的泄露可能使自己遭受损失；而对东道国投资方来说，由于在技术和管理上的落后，容易受到跨国投资方的控制，甚至欺诈。

与合资企业的优势相比，其缺点比较间接和隐蔽，对合资企业的破坏性较大。企业在选择合资经营方式时应注意解决好以下两个问题：首先，选择好国外合资伙伴，除了对方的资信状况和经营能力进行深入考察外，合资双方还应有必要的互补资源，具有共同的经营战略目标和合资理念。其次，要处理好股权分配问题。为了掌握合资企业的控制权，最直接的方法就是拥有多数股权，控制权可以保证合资经营朝自己当初设定的方向前进。

（二）独资经营（Sole Proprietorship）

独资经营是指企业在目标市场独自投资经营的一种市场进入方式。企业拥有全部股权，单独负责投资子公司的经营管理并独自承担风险和盈亏。对于东道国来说，独资企业是一家完全由外商投资经营的企业，商业活动体现的是国外跨国公司的利益，而不一定符合本国经济发展情况。因此，东道国政府为了避免独资企业给国内经济带来消极的影响，往往对独资企业采取严格的政策，特别是在金融、电信以及水、电等公共设施部门，发展中国家在这方面表现得尤为突出。

尽管独资企业形式受到东道国的种种限制，但是近年来独资经营这种直接投资方式发展速度越来越快。这主要是因为独资经营有以下几点优势：

第一，投资者对独资企业拥有完全的决定权和控制权，可以对独资企业实施有效的控制，使之更好地服务于总公司的全球战略和整体利益。

第二，有利于保证产品的质量和企业的形象。

第三，有利于企业保护自己的技术及财务等商业秘密。

第四，企业可以得到全部的经营利润。

独资经营的缺陷主要表现在以下几个方面：

第一，需要投入大量的资金，并可能面临更大的经济风险。

第二，不易得到东道国政府和消费者的认可，面临较大的政治和经营风险。

第三，在某些国家和地区，独资企业进入的行业和经营范围会受到较多限制。

因此，投资者要积极主动同东道国合作，遵守东道国的法律法规，尊重当地的风俗习惯，创造一个良好的经营环境，减少所面临的风险。

营销透视

跨国公司面临挑战：独资还是新一轮合资

1993年9月，“跨国公司与中国”会议在北京召开，西门子、巴斯夫、摩托罗拉等50多家跨国公司的代表和中国政府高层官员齐齐到场。会议当晚，时任国家主席江泽民在中南海邀请了其中15个比较大的跨国公司代表——这是改革开放以来中国政府对他们第一次正式的邀请。

这一年，被海外观察家视为跨国公司在华大规模投资的开始。当年的统计证实了这一看法，外商直接投资金额突然放大，合同外资达到了1114亿多美元，实际利用外资270亿美元，几乎都是1992年的一倍。

在刚刚开始时，合资成为跨国公司进入中国的基本模式。一方面，国家政策规定外资进入“必须由中方控股”，外资企业只能被动合资；另一方面，跨国公司需要中方合作伙伴帮助打开市场。

在中国市场十余年的纵深发展过后，跨国企业在华呈现两种趋势：先前进入中国的跨国公司部分开始倾向独资；随着中国市场的深度开放，一些还没进入中国市场的跨国公司开始在新的尚未完全放开的领域寻求合资。

据商务部发布的调查结果显示，跨国公司在生产投资中，57%的跨国公司在生产方面投资倾向于独资新建；37%的跨国公司愿意与具备一定技术和生产资源或能力的企业合资；倾向于通过并购相关生产工厂来投资的跨国公司的比例为28%。

2004年年末，UPS快递与合作了16年的中外运公司签署协议，在2005年12月底之前，由中外运公司向UPS快递移交23个城市的国际快递业务，种种关于UPS快递在中国市场独资运作的猜测真相大白。

在此之前，雅芳、松下、西门子、联合利华等众多知名外企纷纷在中国加速了其独资化的步伐，而这种变化和趋势对中国企业和市场所带来的影响也正逐渐显露出来。

资料来源：跨国公司面临挑战：独资还是新一轮合资［N］. 第一财经日报，2005-01-20.

第四节　国际市场进入方式的比较和选择

一、国际市场进入方式的比较

国际市场的三种进入方式实际上反映了国际营销从低到高的三个发展阶段，因此它们的应用目的和条件也有较大的区别。贸易进入方式基本上被处于国际营销初级阶段的企业所采用，目的是消化生产能力，扩大销售市场；契约进入方式则是企业根据自身的某些资源优势，有针对性、有目的地进行的国际营销活动，基本上只参与管理，获取收益，不涉及股权分配问题；直接投资进入方式是国际营销的最高阶段，企业的目的除了获取收益，还包括掌握企业的控制权和所有权，使海外子公司服务于公司的全球战略利益，跨国公司是这一阶段的典型代表。具体来说，三种进入方式在以下几个方面存在较大差别：

（一）进入程度

进入程度是指企业在国际化经营中将资源投入到东道国市场的相对程度。可用单位产品生产成本中本企业的资源比例加以衡量，比例越高，进入程度越深，反之则越浅。

（二）控制程度

控制程度是指企业在国际化经营中对在东道国的经营主体所拥有的控制权和决策权。控制程度包括有关经营主体的组织架构、经营范围、采购、生产、销售、研发、人事、财务、利润分配和战略规模等各个领域。控制权是国际经营投资各方最为敏感的问题，关系企业自身利益的保护和总体战略的实施。控制程度与进入程度密切相关，进入程度越深，控制程度就越强，反之则相反。

（三）灵活性

灵活性是指企业转变经营内容、方式、地位的成本水平。不同的国际市场进入方式，企业面对的沉没成本也是不同的。沉没成本的大小与灵活性呈负相关关系。对于国际化经营的企业来说，不确定的因素越多，就应选择灵活性较大的进入方式，减少企业的沉没成本。

（四）风险

风险是指经营过程中不确定因素引发损失的可能性及程度，包括经营风险、交易风险、经济风险、政治风险等。风险与进入程度和控制程度呈正相关关系，与灵活性呈负相关关系。随着三种进入方式由低级到高级发展，企业的进入程度不断加深，控制程度不断提高，灵活性逐步下降，所承担的风险也逐渐增大，如表 4.1 所示：

表 4.1　　　　国际市场进入方式的特征比较

进入方式 特征	间接出口	直接出口	许可证经营	特许经营	管理合同	合资经营	独资经营
进入程度	<	<	<	<	<	<	<
控制程度	<	<	<	<	<	<	<
灵活性	>	>	>	>	>	>	>
风险	<	<	<	<	<	<	<

注：“<”表示左项小于右项；“>”表示左项大于右项。

二、评估可选择性国外市场

企业国际化的第一步，就是要选择一种市场进入战略。这个选择将反映一个公司对于市场潜力、公司能力、市场化程度以及将要进行的责任管理等因素的分析。一个公司进入国外市场要求的投资较少，通过有限的、不经常的出口，可以不必花费太多精力于市场发展；或者一个公司通过大量的资本投资和管理投入来获取并保持世界市场长久的、特定的份额。这两种进入方式都是有利的。进入国际市场，首要的和从长远来看，应选择与公司战略目标一致的方式。

（一）市场潜力

对市场潜力的评估，有主观和客观两种方法。客观方法包括人均收入、能源消耗、人口、国内生产总值、公共基础设施和耐用消费品的拥有量等信息。但是，该类数据反映的是过去，而不是将来。因此，在评估发展潜力时，企业仍需要主观性考虑。例如，随着东欧和中欧计划经济退出历史舞台，许多发达国家的企业关注的不是表明这些国家经济负增长的数据，而是关注这些国家采取新经济政策和规划的未来经济增长的趋势。

（二）竞争水平

在选择外国市场时企业要考虑的另一个因素是市场当前和未来的竞争水平。为了评估竞争环境，企业应该掌握目标市场上已存在的竞争对手的数量和规模、市场份额、价格策略和营销战略、优势和劣势，并在分析这些因素的基础上考虑实际的市场状况和自己的竞争地位。例如，几年前起亚汽车公司挤进了拥挤的北美汽车市场，因为起亚汽车公司相信尽管通用、福特、本田、大众等汽车公司已占据了牢固的市场地位，但是韩国工厂低价的劳动力成本允许其收取更低的价格。

许多成功的企业始终会关注一些主要的市场以便在合适的时候寻找机会，这对于不断进行技术或常规变革的工业企业尤为重要。电信行业便是一个很好的例证。电信行业曾经是效率低下、发展迟缓的国有垄断企业，而现在却成了各种新技术的集中点，如光缆、手机服务、卫星网络等。许多这类企业，尤其是欧洲的和拉丁美洲的，都已经或正在被私有化。与此同时，过去那些阻止市场进入和创新的障碍也都没有了，这都有利于企业进入新的地理市场和产品市场。

（三）政治和法律环境

一个企业在进入国外市场之前也需要了解东道国的贸易政策及其总体的法律和政治环境。企业会尽可能选择避免向税收高、贸易限制多的国家出口，而更青睐开放的、壁垒少的国家。相反，严格的贸易政策或较高的贸易壁垒可能会迫使企业通过外商直接投资进入市场。例如，通用、奥迪、奔驰汽车公司都在巴西建立工厂以避免巴西的高税收，同时又可以把巴西作为一个生产平台。在评估外国市场时，政府的稳定也是一个重要因素。一些欠发达国家经常会发生军事突变或类似的骚乱。政府对价格的规制和对营利性活动的管理也需要考虑。例如，许多政府禁止为香烟和酒精产品做广告，因此这些产品的生产者们必须明白在这些国家此类限制在多大程度上影响其打开市场的能力。同样，企业还应慎重地避开东道国的政治敏感问题。

（四）社会文化影响

企业评估外国市场时还必须考虑社会文化因素的影响，由于社会文化因素具有很大的主观性，较难量化，为了减少这些因素带来的不确定性，企业通常选择与其本国文化传统相似的国家作为海外目标市场。

在社会文化因素中，第一个要考虑的因素就是与消费者有关的因素。任何对于目标市场中的消费者需要和意向的忽略，都会使企业的市场营销活动陷入麻烦。

如果企业想采用外商直接投资模式进入外国市场，还应考虑与潜在的员工有关的社会文化因素。例如，企业中的奖励机制、工作时间和薪水的规定等。通过雇佣当地管理者，听取他们的意见和建议，外国企业往往可以避免或者减少与当地的文化冲突。

（五）成本、收益和风险

评估外国市场的下一步就是仔细衡量在特定目标市场从事商务活动的成本、收益以及风险。

1. 成本

成本可分为直接成本和机会成本。直接成本是企业进入海外目标市场所需的费用，包括机构的建立（如租用或购买办公设备）、经营管理人员的支出、装备和货物的运输费用等。然而，成本并不是做出进入战略决策的决定因素。例如，即使在自己的国家加工可以更廉价地供应目标市场，很多企业还是决定投资国外市场来加工设备，这是因为它们进入目标市场时，常被“正式或非正式的关税壁垒或类似壁垒的威胁”所阻碍。

2. 收益

进入一个新的潜在市场会给一个企业带来很多潜在收益，最显著的潜在收益是可期待的销售量和市场收益。其他的收益包括较低的取得和加工成本、排斥竞争对手的市场、相对优势、采用新技术以及通过其他活动取得协同的机会。

3. 风险

很少有不用承担一定风险就能得到的利益。一般来说，进入新市场的企业要承担汇率波动的风险、附加操作的复杂性风险以及对潜在市场评估的不准确造成直接经济损失的风险。在极端的情形下，企业还要面对由于战争等原因使政府扣押财产而导致损失的风险。

三、选择进入模式

很多因素影响着企业是在本国生产还是在东道国生产的选择。除了考虑一个国家的相对工资水平和土地获得成本以外，企业还要考虑盈余或未利用的建造工厂的容量、引进研究与开发的设备、合理的要求、消费者的需要以及额外的管理国外机构的行政成本。政治风险也是必须考虑的，东道国国内战争、官员腐败、政府政策不稳定等也会阻止许多企业向东道国投入重要资源。

（一）政府政策影响进入模式的选择

高关税政策在鼓励国内生产的同时会阻碍出口；高额企业税收和政府对收益回收的禁止会抑制对外直接投资；政府的不作为也会影响企业的投资选择。

（二）交易成本影响进入模式的选择

如果成本偏高，公司很可能采用对外直接投资或合资公司模式。如果成本较低，公司会采用设立子公司、授权或合同加工。在做决定时，公司必须考虑所有权优势的性质以及保证生产、与当地企业建立和谐的工作关系的能力。

（三）企业的全球总战略影响进入模式的选择

像福特汽车公司这种在国内和国际活动中寻求规模经济和协同效率的企业，更倾向于所有权为主导的进入模式。相反，像微软集团和耐克公司这样竞争力在于其灵活性和对变化市场的快速反应的企业，更喜欢采用东道国当地状况所保证的一切进入模式。作为全球战略的一部分，保证所有市场活动相协调的需要也会影响企业的选择。

（四）其他因素影响进入模式的选择

企业在国外市场中会面临或多或少的不确定性。为了减小因不确定性而导致的风险，一些企业往往选择原始的进入模式，以保证较强的控制力。对于缺少资本或者行政能力薄弱的企业，不能或不愿承受强控制力度所要求的大额资本投资，它们更愿意采用那些节省资本和管理责任的进入方式，如许可经营。拥有现金较多的企业更喜欢对外直接投资，它们相信这种方式有高收益的潜力以及充分国家化地培养年轻经理人的机会。

总之，和大多数商业活动一样，市场进入模式的选择是对许多因素权衡的结果，这些因素包括市场的风险程度、市场的潜在利润、有效竞争所必需的资源责任的重要性、企业对控制程度的要求等。

复习题

1. 国际企业的主要出口形式有哪些？
2. 有哪几种情况比较适合国际许可证贸易方式？
3. 什么是国际特许经营方式？其优缺点是什么？
4. 对外直接投资战略的两种常见方式是什么？
5. 合资经营和独资经营的优势和劣势分别是什么？
6. 不同的国际市场进入方式在进入程度、控制程度、灵活性和风险方面分别如何？
7. 国际市场进入方式的选择应考虑哪些因素？

思考与实践题

我国一家制药企业利用自己的生物制药技术开发出一种新的药品，对于提高中老年人免疫能力具有很好的效果，受到市场的好评。该企业考虑将产品打入欧盟市场，准备在以下几种方案中做出选择：

（1）在国内生产产品，然后由外国代理商负责销售。

（2）在国内生产产品，并在欧洲设立一家独资子公司负责销售。

（3）寻找一家欧洲企业作为合作伙伴，设立一家各持50%股份的合资公司，产品在该子公司生产，然后由该欧洲企业负责销售。虽然设立子公司需要一大笔投资，但是对于这家企业来说还能承受。

你认为应该选择哪种方案？为什么？

案例分析一

万向集团："反向OEM"国际化

万向集团最早是一家由农民经营的"铁匠铺"，30多年后发展成为中国汽配业的龙头企业，拥有近120亿元资产，在美、加、英、德等国设立了十多家子公司。

万向集团走上国际化的道路，是在当时的经济环境下不得已而为之的。最初为拖拉机、卡车供应万向节，20世纪80年代初开始供应轿车的万向节。当时国内市场狭小，同类企业有56家，竞争非常激烈。乡镇企业没有国家计划，内销没有市场，要想绝处逢生就只有出口。

1984年，万向集团实现了第一批产品出口——为美商舍勒贴牌生产3万套万向节。通过十几年跳跃式的发展运作，2005年，万向集团海外收入已经占到万向集团主营收入的26%以上，被海外同行视做主要竞争对手。万向集团国际化的成功对非消费品制造企业具有典型的借鉴意义。

与国际跨国公司相比，万向集团在技术、质量上比不过优秀的同行；在国内，万向集团在成本、价格方面比不过小厂。万向集团成功的关键在于其形成了跨国企业必备的能力——全球范围内进行资源有效配置，使资源在嫁接、转移、互换中，得到了有效地放大和提升。

中国汽车市场巨大的发展前景以及低成本产品的竞争优势，使中国成为欧美跨国公司转移生产基地的最佳选择。同时，随着全球原材料价格不断上涨，零部件制造商的生产成本大幅提升，又无法转嫁给整车制造商，微薄的利润率使其难逃破产或濒临困境的命运。

在跨国公司纷纷增加在中国的采购额之际，万向集团正是借此机会，以极少的现金和低成本的制造优势，通过并购挽救了那些濒临倒闭的欧美同行。万向集团海外扩张过程中，出色地完成了几大具有决定性意义的并购战役，使其国际化充满了传奇色彩。

传奇一：低产高出。美国舍勒公司是全球拥有万向节技术专利最多的企业，具有强势的品牌和销售渠道。万向集团曾为其贴牌生产长达14年，后来舍勒公司的经营状况越来越差，1998年被万向集团以难以想象的42万美元的低价收购了品牌、专利技术、专用设备和市场网络。之后，万向集团将舍勒公司的所有产品全部搬到国内生产，在美国市场仍以舍勒的品牌销售，实现了国内低成本生产，国外高价格销售。此次收购还使万向集团取代舍勒公司成为全球万向节专利最多的企业。

传奇二：以弱胜强。创立于1890年的美国洛克福特公司，是翼形万向节传动轴的发明者和全球最大的一级供应商，占全美市场70%左右的供货量，其地位是万向集团在海外仅靠自有资源和能力难以达到的。洛克福特公司拥有大量的产品专利、先进的检测技术中心、一支非常优秀的研发队伍，美国市场向来认为其技术绝对领先。万向集团入主后，将其转型为以技术能力为核心，使其达到了为福特汽车配套的条件，企业增值能力立刻显现出来。万向集团收购其第二年就开始盈利，年平均投资回报率在200%以上。合作有效地提升了万向集团在国际汽车零部件领域的影响力。

传奇三：强争渠道。2000年，实行产业多元化战略的万向集团实施制动器项目，作为这一行业的新秀，想进入美国市场是很难的。而美国上市公司UAI的UBP品牌在美国占据了广大的零售和修配市场。2001年，UAI公司因并购扩张出现问题时，万向集团出价280万美元取得第一大股东地位，要求UAI公司每年向万向集团采购不少于500万美元的制动器产品，此举打开了万向集团制动器产品进入美国市场的通道。在万向集团入主后的两年间，UAI公司采购了万向集团价值1000多万美元的制动器产品。通过这一“争抢产品进入国际市场渠道”的案例，可以看到万向集团对国际资本市场娴熟的把握能力。

传奇四：反客为主。2005年，万向集团美国公司收购PS公司60%的股权。该公司成立于1932年，是福特汽车公司的核心供应商，也是克莱斯勒、通用等公司的一级供应商。此项收购打通了向美国三大汽车制造企业供货的渠道。万向集团还通过收购美国最悠久的轴承生产企业GBC公司获得了完整的市场网络，并与最大的汽配供应商TRW、DANA等形成战略合作关系。

万向集团以股权换市场、参股换市场、设备换市场、市场换市场、让利换市场等各种方式与国际先进技术和市场资源对接，迅速从万向节扩大到等速驱动轴、传动轴、轴承、滚动体、密封件、轿车减震器、制动器、轮毂等系列化汽配产品，使其在制造方面的核心竞争力得到最大限度的放大。

万向集团的国际化执行过程，体现在与跨国公司同行合作，与国际经营接轨；通过收购拿到的专利技术，提升制造能力和产品质量，建立海外研发机构，与国际技术接轨，实现同步开发；借助被收购公司原有的品牌和销售渠道，扩大与一流汽车厂商的配套业务，与国际主流市场接轨，扩大生存发展空间。

万向集团在并购扩张中形成了独特的“反向OEM模式”，即收购国外知名品牌汽配供应商，把产品转移到国内生产，再打上原来的品牌返销国际市场。这种模式的成功前提是具有低成本和大规模生产能力、对制造技术快速消化吸收能力，加上并购获得的主流市场稳定的客户关系和销售渠道，就可以占尽低成本制造、高价格销售带来的高额利润空间。

万向集团在制造上的长板得以和国外合作伙伴的短板互补，进一步扩大了制造规模，控制了销售渠道和品牌以及一定程度的定价权，得以分享市场利润的大蛋糕。不少国内企业通过跨国公司的全球采购，得到产品出口或者给国外企业配套的机会，但是大多只能在国际分工中得到一点可怜的加工费，像万向集团这样快速走上全球产业价值链前端的中国企业屈指可数。

万向集团国际化实践摸索出了成熟的海外市场+国内生产模式。同时也说明，全球经济一体化是互利共生的时代，竞争法则不再只是“吃”与“被吃”，更多地表现为融合与共赢。

万向集团的国际化征途还很长，能否培养出一大批国际化经营和技术人才，固化已经形成的良好企业文化和经营风格，不断提升战略策划和执行能力，在已取得专利技术的基础上培生出自主创新能力，是万向集团基业长青之根。

资料来源：郑磊. 万向集团“反向 OEM”国际化 [J/OL]. http://www.p5w.net/news/cjxw/200611/t595724.htm.

讨论题

1. 根据案例资料，分析万向集团的国际市场经营是如何以股权换市场、参股换市场、设备换市场、市场换市场、让利换市场的？

2. 万向集团的国际市场进入方式有哪些？分析这些进入方式的特点、优势和适用条件。

案例分析二

绿地投资助海尔走向全球

海尔集团是中国企业海外绿地投资的代表。1999 年 4 月 30 日，海尔集团投资 3000 万美元在美国南卡罗来纳州建立了美国海尔工业园，园区占地 700 亩，年产能力 50 万台。海尔集团从此成为中国第一家在美国制造和销售产品的公司。同时，海尔集团在美国洛杉矶建立了海尔设计中心，在纽约建立了海尔美国贸易公司，至此海尔集团在美国形成了设计、生产、销售三位一体的经营格局。此后，海尔集团先后在欧洲、南亚、中东、非洲等地区投资建设。截至 2009 年，海尔集团在全球建立了 29 个制造基地，8 个综合研发中心，19 个海外贸易公司。

海尔集团通过绿地投资方式以及长期的投入培育了自主的国际知名品牌；通过在东道国建立生产中心，有利于传递海尔集团将长期在这里为顾客服务和提供后勤保障的信号，更利于争取零售商和消费者；建立的贸易公司和设计中心有利于海尔集团感受东道国消费者需求的微妙变化和对百货商店实施库存监测；在实施本地化的过程中，海尔集团已经完全消除“外来者”的形象，成为一个本地品牌。

海尔集团实行绿地投资的成功与其渐进式走出去的方式以及强大的海外投资支撑

体系不无关系，分析海尔集团海外策略的成功，要从其整体“走出去”布局开始梳理。

渐进式“走出去”

海尔集团的发展历程可以分为四个阶段，如下表所示：

海尔集团发展历程的四个阶段

1984—1990 年	内向型发展阶段。在这个阶段，海尔集团先在国内市场以创新产品的方式建立了海尔的品牌形象。
1990—1996 年	出口阶段，通过海外销售使产品走向国际市场，主要依赖外国专营经销商设立营销网点，并建立国际物流中心，保证对海外经销商的产品供应，赢得了国际信誉。
1996—1998 年	海外投资阶段（在印度尼西亚等地投资）。在海外设立公司，生产技术也走向海外，在印度尼西亚、马来西亚、南斯拉夫、伊朗和美国等国先后投资设厂。
1999 年以后	本土化阶段（在美国南卡罗来纳州投资、设计、生产、销售）。海尔集团立足当地发展成本土化的世界名牌。

海尔集团“走出去”靠的是一条渐进式道路，即在逐步取得国内市场领先地位的基础上，开始推进国际化。为了取得国内领先地位，海尔集团首先致力于实施名牌战略，使海尔冰箱成为国内驰名品牌；继而实行多元化战略，全面进军制冷家电、“白色家电”、“黑色家电”、信息家电及其他生产领域。在广泛取得国内竞争优势的基础上，1990 年，海尔冰箱开始出口德国和美国市场，拉开了海尔集团的产品进入海外市场的序幕。经过 9 年努力，海尔集团的营销国际化取得丰硕成果：冰箱、冰柜、空调、洗衣机等出口到欧洲、美国、日本、东南亚、中东、拉美、澳大利亚等 87 个国家和地区，海尔集团的冰箱、空调、洗衣机的生产技术也出口到印度尼西亚、马来西亚、菲律宾、南斯拉夫和西班牙等国家，还在印度尼西亚、菲律宾、马来西亚、南斯拉夫、伊朗和美国等国投资设厂，并逐步推行海外投资的本土化，成为中国企业“走出去”的典范。

系统化组合助海外投资

海尔集团“走出去”过程中，采取了系统化的组合措施。

第一，创立世界名牌。为了提高产品质量，塑造一流品牌，海尔集团给自己制定了许多严格的标准，如产品零缺陷、物流零距离、仓储零库存、用户零烦恼等。通过这些严格的标准，海尔集团的质量管理实现了瞬间的控制有效。在中国成为著名品牌后，海尔集团提出了“国门之内无名牌”的观念，认为在开放的市场上只有世界的才是民族的，要想成为民族品牌，必须在国际竞争中成为世界著名品牌，并着手扩大海尔集团的世界影响，将海尔品牌推向世界，争取国际权威质量认证，获得了美国、欧盟、日本、澳大利亚、美洲、俄罗斯、加拿大等国家和地区的多种产品认证，成为中国获国外认证证书最多的企业。

在创立世界名牌的过程中，海尔集团的生产、技术、质检、环保、服务等多方面与国际接轨，在世界处于领先地位，品牌价值迅速提升。这为海尔集团进军海外市场奠定了坚实的基础。

第二，建立国际化的营销网络。海尔确立了“先难后易”的出口战略，首先将产品打入挑剔的发达国家市场。在德国、美国获得良好声誉后，向西欧、日本、澳大利亚等更多的发达国家市场拓展，并以居高临下之势，迅速推向中东欧、拉美、中东、南非等地市场。在海外销售过程中，主要依赖外国专营经销商设立营销网点，并建立国际物流中心，保证对海外经销商的产品供应，赢得了国际信誉。

第三，构建国际化技术研发网络。海尔集团坚持技术研发目标国际化、技术研发课题市场化、技术研发成果商品化的原则，从一开始就引进德国的冰箱生产技术，并逐步培植自己的技术研发能力，以资本为纽带，与国内众多科研院所建立合作关系，形成自己的研发体系。在海外，海尔集团与许多大公司、技术中心建立交流、合作、协作网，建立东京、洛杉矶、蒙特利尔、悉尼、阿姆斯特丹以及中国香港等信息中心，建立东京、蒙特利尔、里昂等设计分部，根据国际市场信息，跟上国际技术潮流，开发本土化的产品。

第四，建立海外生产体系。海尔集团坚持循序渐进的“走出去”战略，认为产品出口是走出去的初级阶段，企业发展到一定水平就要向技术输出、资本输出迈进，在海外投资设厂。1996 年 12 月，海尔集团在印度尼西亚设立海尔莎保罗有限公司，占 51%的股份，标志着海尔集团开始生产国际化。

此后，海尔集团抓住东南亚金融危机对外投资的有利时机，加快在东南亚投资的步伐。1993 年，海尔集团又在美国南卡罗来纳州设立冰箱厂，形成了设计中心在洛杉矶、营销中心在纽约、生产中心在南卡罗来纳州的美国本土经营体系，并实施海外投资生产、设计、营销等全方位本土化，获得了较好的效益。

海尔集团“走出去”的启示

归纳海尔集团“走出去”的主要特点如下：

经营范围——海尔自己的核心产品；

发展进程——从创造国内名牌、国际名牌着手，到出口，再到跨国投资，渐进性发展；

对外投资方式——以绿地投资，即新建企业为主；

跨国投资效果——成功率高，发展快。

通过海尔集团“走出去”的经验可以看出，在对外投资中，必须长期把开发国际市场作为市场营销的战略组成部分，跟踪国际技术和产品信息变化，坚持高质量，以创造世界名牌为导向，根据各国用户的不同需求不断开发新技术、新产品，进行技术创新、产品创新，致力于推行本土化战略等。

资料来源：桑百川，李玉梅. 绿地投资助海尔走向全球 [N]. 企业观察报，2013-09-05.

讨论题：

1. 结合本案例资料，分析企业国际化经营采用绿地投资模式成功的关键点有哪些？

2. 在海尔集团的发展历程的第四阶段中，海尔集团是如何成长为本土化的世界品牌的？

第五章 国际市场营销战略

引例

张裕葡萄酒的国际目标市场营销

2006年5月12日，国际葡萄与葡萄酒组织（以下简称OIV）主席雷纳、总经理卢西携同一批国际著名葡萄酒专家对张裕北京酒庄及其种植基地进行了详尽的现场考察。OIV还特意从其全球的葡萄酒技术专家网络中遴选出三位资深专家（酿酒师、种植师、旅游专家）作为张裕北京酒庄核心技术团队的推荐人选。

张裕公司与法拉宾公司的合作包括技术与市场两大方面。在技术方面，法拉宾公司承诺向张裕公司提供白兰地生产关键环节的核心技术支持，每年委派经验丰富的技术人员赴张裕公司进行技术服务，同时安排张裕公司的技术人员到其公司进行学习和培训。在市场方面，法拉宾公司在张裕公司推广自产高档白兰地的过程中给予必要的协助，同时选择张裕公司为中国市场的独家代理和经销商。

此外，张裕公司还公布了将在全球范围内公开招聘首席酿酒师的消息，开出了“年薪百万”的条件。将在全球范围内招聘有15年以上丰富酿酒经验的酿酒师两名，优先考虑在法国波尔多地区及可涅克地区，分别招葡萄酒及白兰地的酿酒师各一名，应聘者具有酿酒专业硕士以上文凭（或国家酿酒师以上文凭），精通国际先进水平的酿造技术。到目前为止，张裕已接到数十位国际酿酒师的简历资料。

市场国际化

张裕公司总经理周洪江表示，按目前销售收入排名，张裕已跻身国际葡萄酒业前20强，提前3年实现既定目标。未来3年是张裕集团推行国际化战略的重要3年，目标是到2008年打入全球葡萄酒行业10强。对于海外业务，张裕将通过三种途径实现。第一种途径是直接出口形式；第二种途径是通过合作伙伴的销售渠道打开国际市场；第三种途径是通过联合品牌或者直接收购来拓展国际市场。张裕公司下一步将首先在以东南亚为主的亚洲市场以及澳大利亚市场上寻求突破，然后打入欧洲、美国等成熟的国际市场。

当然，张裕公司近期在国际市场上也屡有斩获。例如，奥地利专业葡萄酒商已进口了10万瓶高品质张裕葡萄酒到欧洲，标有“山东白葡萄酒2005”英文标签的张裕葡萄酒已经出现在奥地利高档餐馆和葡萄酒专卖店内。前不久，张裕公司还向德国出口了1.8万箱的张裕·解百纳，价值数百万元人民币，成为中国葡萄酒行业最大的一笔出口订单。

品牌国际化，百年张裕的“新长征”

品牌国际化，也就是要实现品牌的跨国营销，是指一个企业使用相同的品牌名称和图案标志，进入一个对本企业来说全新的国家或地区开展品牌营销，其目的是在其他国家或地区建立起本品牌的强势地位。在建立国际化品牌时，企业可以采用自有品牌（如华为利用自有品牌的成功海外战略）、海外并购品牌（如联想对于国际商业机器公司全球个人电脑业务的并购），或者采用联合品牌的形式来实现（如TCL在发展中国家推广自有品牌，在发达国家用当地知名品牌拓展当地市场，并积极拓展代工生产业务）。从葡萄酒在国际市场上的状况来说，百年张裕的品牌国际化之路可以说更像是开启了一次新的长征。因为几乎在任何一个主要葡萄酒生产和消费国，都已经形成了自己成熟的品牌，而且国外的葡萄酒生产一贯遵循较为严格的质量控制标准及成熟的市场消费文化等特点，这也为张裕公司的品牌国际化战略设置了不小的障碍。从张裕公司2005年的业绩来看，国内市场和国际市场的销售收入分别为17.9568亿元和870万元，这一数据也足以说明张裕公司的国际化战略还有待加强与完善。

从张裕公司目前的国际市场开拓思路来看，将遵循以下的路线：国内市场—邻国市场—全球市场，沿着这条路线张裕公司将进行如下的品牌国际化扩张：品牌代理—联合品牌—品牌并购。那么，张裕公司在品牌国际化的进程中需要有什么样的竞争准备呢？

品牌文化认同

中华文明源远流长，对于世界上的众多消费者来讲，中国还是一个充满着神秘色彩的国度，其中一个重要的因素就是中华民族悠久的历史文化。葡萄酒产品是从西方传过来的成熟产品，而中国品牌想要走出去，其实依靠的还是我们中国文化。中国的历史文化、中国的酒文化等都是张裕公司可以应用的宝贵资源。更为重要的是，张裕品牌所富含的中华文化还要与国际目标市场的当地文化能够产生共鸣。也就是说，用中国的独特民族文化来包装张裕品牌，并寻求与目标市场的文化结合点，来进行张裕品牌国际化的渗透与扩张。这样，既保持了独特性，还体现了融合性。例如，诚实的、守信的、可靠的、成功的、卓越的等在全世界都可以引起共鸣的文化因素，就可以作为张裕公司的品牌切入点，而这些因素需要利用中国特有的文化载体来进行宣讲与灌输。

品牌市场定位

张裕公司的系列产品要逐渐进入国际主流的消费市场，还需要明确自己在当地市场上的品牌定位，即张裕公司将满足哪部分消费者的需求。例如，在国内市场上近年来张裕公司利用张裕·解百纳和张裕·卡斯特两个副品牌成功实现了品牌向高端化的转型。那么，在进入特定的国际市场时，高中低端目标消费群体的选择也同时摆在了张裕公司的面前。当然，这还取决于张裕公司在品牌国际化进程中的模式选择问题。但是根据目前中国葡萄酒行业的产品结构（已有部分产品能够达到国际市场的认可）、生产模式（大规模生产）与分销模式（选择型或者密集型分销），尤其是在采用以自有品牌进攻国际市场时，应采用以中档产品为主，高档和低档产品为辅的模式来运作。例如，张裕公司用中国烟台产区特有的蛇龙珠品种酿造的解百纳就可以作为进攻国际市场中高端市场的龙头产品。

品牌推广模式

张裕公司的品牌国际化，还可能采取联合品牌或者品牌收购的形式来实现扩张。国外市场上，葡萄酒企业众多，品牌也是纷繁复杂，选择什么样的品牌进行联合或者收购也会成为张裕公司需要思考的问题。例如，截至2006年1月1日，澳大利亚共有2008个葡萄酒厂。要解决这一问题，张裕公司需要从文化认同和市场定位两方面来结合考虑。还是以澳大利亚市场为例，如果采取中档市场作为目标市场时，不妨先在澳大利亚选择品质控制严格而且产品较有特性的中小型酒厂来合作，由当地酒厂来为张裕葡萄酒灌装，最后将张裕品牌的成品酒推向市场；如果张裕公司在澳大利亚市场采用高端模式，那么与相对大型的酒厂进行联合品牌的推广也不失为一种市场选择。

翻看百年张裕的历史轨迹，也是一个中国接近世界、了解世界和融入世界的过程。但是，在新的竞争环境之下，在其资本结构、合作伙伴、技术支持与市场开拓等国际化方面的良性铺垫下，张裕公司要实现自己的品牌国际化梦想，还是需要审时度势，走好前进道路上的每一步，最终完成百年张裕品牌国际化的“新长征”。

资料来源：唐文龙. 品牌国际化，百年张裕的“新长征”[J/OL]. news.brandcn.com/pinpaipinglun/071016_105210.html.

目标市场营销的概念是由美国学者（Wendell R. Smith）于1956年在《产品差异和市场细分——可供选择的两种市场营销战略》一文中首先提出来的。目标市场营销是指企业依据一定的标准对市场进行细分，从中选择对企业最具吸引力的子市场作为自己的目标市场，并确定产品在目标市场的定位和相应的营销策略的过程。从概念中我们可以看出，目标市场营销可分为三个阶段：首先，确定市场细分标准，对市场进行细分，即市场细分（Segmentation）；其次，对各个子市场进行分析评估，选择部分子市场作为自己的目标市场，即目标市场选择（Targeting）；最后，根据企业自身的资源和竞争优势，确定产品在目标市场中的位置，即市场定位（Positioning）。因此，目标市场营销也称为STP营销。企业并非一开始就持有目标营销的观念，企业营销方式也经历过以下几个发展阶段：

第一阶段：大量营销阶段（Mass Marketing）。

早在19世纪末20世纪初，即资本主义工业革命阶段，整个社会经济发展的中心和特点是强调速度和规模，市场以卖方为主导。在卖方市场条件下，企业市场营销的基本方式是大量营销，即大批量生产品种、规格单一的产品，并且通过广泛、普遍的分销渠道销售产品。在这样的市场环境下，大量营销的方式降低了产品的成本和价格，获得了较丰厚的利润。企业没有必要研究市场需求，目标市场营销战略也不可能产生。

第二阶段：产品差异化营销阶段（Product Differentiated Marketing）。

20世纪30年代发生了震撼世界的资本主义经济危机，西方企业面临产品严重过剩，市场迫使企业转变经营观念。营销方式从大量营销向产品差异化营销转变，即向市场推出许多与竞争者不同的，质量、外观、性能和品种各异的产品。产品差异化营销较大量营销是一种进步，但是由于企业仅仅考虑自己现有的设计、技术能力，忽视对顾客需求的研究，缺乏明确的目标市场，因此产品营销的成功率仍然很低。

第三阶段：目标营销阶段（Target Marketing）。

20世纪50年代以后，在科学技术革命的推动下，生产力水平大幅度提高，产品日新月异，生产与消费的矛盾日益尖锐，以产品差异化为中心的推销体制远远不能解决西方企业所面临的市场问题。于是，市场迫使企业再次转变经营观念和经营方式，由产品差异化营销转向以市场需求为导向的目标营销，即企业在研究市场和细分市场的基础上，结合自身的资源与优势，选择其中最有吸引力和最能有效为之提供产品和服务的细分市场作为目标市场，设计与目标市场需求特点相互匹配的营销组合。

第一节 国际市场细分

一、国际市场细分的概念和意义

（一）国际市场细分的概念

国际市场细分（International Market Segmentation）是在市场细分的基础上发展起来的，是市场细分概念在国际营销中的应用和深化。国际市场细分是指企业按照一定的细分标准，将整个国际市场细分为若干个具有不同特征的子市场。其中，任何一个子市场的消费者都具有相同或相似的需求特征。在此基础上，企业选择其中一个或多个子市场作为自己的国际目标市场。市场细分的理论依据是顾客需求的异质性，风俗、地理、经济等营销环境的差异，不同国家和地区的消费者对产品的需求不同，对营销方式的反应也有差异。国际市场细分不是将市场进行简单的分类，而是把具有相同或类似需求特征或对营销方式具有相同反应方式的消费者划分为一群，在深刻认识这个群体的消费特征的基础上，企业选择与其资源相匹配的市场，制定相应的市场战略。因此，国际市场细分是企业确定目标市场和制定国际营销策略的前提。

国际市场细分具有两个层次上的含义。第一，世界上有众多的国家，企业究竟进入哪个（或哪些）市场最有利？这就需要根据某种标准（如经济、文化、地理等）把整个市场分为若干子市场，每一个子市场具有基本相同的营销环境。企业可以选择某一组或某几个国家作为目标市场，这种含义的国际市场细分称为宏观细分。宏观细分是微观细分的基础，因为只有首先确定进入哪个或哪些国家，然后才能进一步在某国进行一国之内的细分。第二，企业进入某一国外市场后，由于该国的顾客需求也是千差万别的，企业不可能满足该国所有顾客的需求，而只能将其细分为若干个子市场，满足一个或几个子市场的需求，这种含义的国际市场细分称为微观细分。

（二）国际市场细分的意义

国际市场细分的意义体现在以下几个方面：

1. 有利于满足消费者的需求

市场营销观念认为，对顾客需求的满足是企业营销活动成功与否的关键。在国际市场营销活动中，企业要面对众多不同国家和地区的消费者，不仅消费者的需求与偏好相差悬殊，而且各国的营销环境也各不相同，任何企业都无法同时满足所有国家和地区消费者的需求。只有对不同国家和地区的市场进行细分，企业才能根据消费需求的特点及自身的资源状况，选择相应的细分市场作为自己的目标市场，从而更好地满足这部分消费者的需求。

2. 有利于企业发现并抓住国际市场的营销机会，确定目标市场

通过市场细分，企业可以了解消费者的特征和市场需求状况，哪些需求已被满足，哪些需求尚未满足，哪些潜在需求可转化为现实需求，从而发现市场机会，并决定是否将其作为自己的目标市场。

3. 有利于企业集中资源，提升企业竞争力

企业资源是有限的，而且市场上存在着众多的竞争对手，通过市场细分，有利于企业把人力、物力、财力集中投入目标市场中，获得竞争优势，占领该目标市场。同时，企业也可以避开与强劲竞争对手在其他市场上的竞争。对于中小企业来说，市场细分的意义尤其突出，效果也更明显。

4. 有利于企业制定和调整国际营销组合策略

通过市场细分，企业可以充分了解细分市场的规模、消费者需求的特征及对营销策略的反应方式，从而有利于企业在制定产品、价格、渠道和促销策略时做到有的放矢，更具有针对性。同时，也有利于企业及时掌握市场信息的变化，及时调整营销组合策略，使营销组合策略适应市场需求的变化。

二、国际市场宏观细分

国际市场宏观细分（Macro Segmentation）是指企业根据影响各国市场需求的宏观因素，将国际市场细分为若干个宏观环境相近、市场总体需求相类似的子市场的过程。

宏观细分是要决定在世界市场上应选择哪个国家或地区作为拟进入的市场。这就需要根据一定的标准将整个世界市场划分为若干子市场，每一个子市场具有基本相同的营销环境，企业可以选择某一组或某几个国家作为目标市场。例如，加拿大马西—弗格森公司是专业生产农业机械的公司，20 世纪 50 年代末，该公司便将世界农机市场划分为北美与非北美两大市场，并将其业务重点放在非北美市场，结果由于避免了与其他几个农机行业巨人如福特汽车公司、迪尔公司、国际收割机公司的直接竞争而取得成功，在非北美市场上获得较高的市场份额并持续盈利。

国际市场宏观细分的方法主要有以下几种：

（一）按地理因素细分国际市场

地理标准是宏观细分最常用的标准，这是因为地理上接近易于跨国公司进行国际业务管理。同时，处于同一地理区域的各国具有相似的文化背景。特别是第二次世界大战后，区域性贸易和经济一体化发展迅速从而使地理接近的市场更可能具有同质性。按地理因素，人们可以把全球市场大致划分为亚洲市场、欧洲市场、北美市场、拉丁美洲市场和大洋洲市场。其中，亚洲市场又可分为东亚市场、西亚市场、南亚市场等；欧洲市场又可分为西欧市场、北欧市场、东欧市场等。

按地理因素细分属于同一个子市场的国家，有时虽然地理位置接近，但经济、政治或文化环境可能存在较大差异。例如，北美市场的加拿大、美国、墨西哥这三个国

家虽然地理位置接近，但经济发展水平有较大差距，尤其是墨西哥的经济发展水平与美国不可同日而语。

（二）按经济因素细分国际市场

按经济因素细分主要是根据经济发展指标，如国民生产总值、人均国民收入、经济增长率、基础设施发展水平等将各国进行分类。其中，最常见的方法是采用经济学家罗斯托的"经济发展五阶段"理论，将世界各国分为五类：第一类为传统社会阶段；第二类为起飞前夕阶段；第三类为起飞阶段；第四类为趋于成熟阶段；第五类为大众高消费阶段。

按经济因素细分国际市场的优点是同一个子市场的国家在经济发展水平或经济环境上比较接近，有利于企业按市场规模和质量来挑选目标市场及制定相应的营销策略。企业应根据具体营销业务的需求，选择某些标准来细分市场，同时应区别这些标准的相对重要性。例如，对于软饮料、日化用品、食品、普通家电来说，人口总量标准比人均收入标准更加重要。英国联合利华公司曾根据不同国家的人均国民收入将国际市场分为四类，在不同的经济收入水平的国家销售不同的产品。在最低收入国家推出肥皂，在次低收入国家推出手洗洗衣粉，在较高收入国家推出机洗洗衣粉，在高收入国家推出纤维软化剂，取得了非常好的营销效果。

以经济因素细分市场的缺点在于处于经济发展同一阶段的各国可能分布在世界各地，如果可供选择的目标市场较为分散，则不利于国际企业提高营销效率和加强国际营销管理。

（三）按文化因素细分国际市场

文化对国际营销的影响是全面而深刻的，如语言、宗教、价值观念等都可导致消费需求的变化。文化的各项因素均可作为细分国际市场的变量，用以划分国际市场。例如，按语言的不同，可把世界各国划分为英语国家、法语国家、阿拉伯语国家等，针对不同细分市场的语言，在产品说明、市场促销等方面采取相应的营销策略。

依文化因素细分国际市场适用于文化性较强的产品和服务的营销。但是，相对于按地理因素细分市场而言，按文化因素细分市场的方法具有市场分散、不便于管理的缺点；相对于按经济因素细分市场而言，按文化因素细分市场的方法则可能产生同一细分市场中因不同国家之间经济差距较大而导致的营销活动差异。以宗教为例，巴基斯坦和沙特阿拉伯都坚持伊斯兰教信仰，可是两国在经济上的差别使得很难将其联结起来实行同一营销策略。沙特阿拉伯的人均国内生产总值达 1.2 万美元，是一个各类消费品和工业品的大市场；相反，巴基斯坦人均国内生产总值只有 390 美元，对国际营销者来说市场潜力太小。因此，在应用文化标准进行国际市场宏观细分时，还应兼顾其他的一些细分变量（如经济、地理等），才能避免以单一变量进行细分而导致的片面性。

三、国际市场微观细分

国际市场微观细分（Micro Segmentation）类似于国内市场细分，即当企业决定进入某一海外市场后，会发现当地市场顾客需求仍有差异，需进一步细分成若干市场，以期选择其中之一或几个子市场为目标市场。

（一）消费者市场的细分变量

营销人员必须尝试各种不同的细分变量或变量组合进行市场细分，以便找到分析市场结构的最佳方法。在此主要考察地理、人口、心理和行为等变量。

1. 地理因素

这要求把市场细分为不同的地理区域单位，如国家、地区、城市或地段。企业可以选择在一个或几个地区经营，也可在整个地区经营，但要注意消费者需要和欲望的地区差异。

2. 人口因素

根据消费者的年龄、性别、受教育水平、职业、家庭规模、种族、宗教信仰等变量，可将市场分割成不同群体。人口因素是细分消费者群体的最为流行的依据，因为消费者的需要、欲望及使用率经常随人口变量的变化而变化。此外，人口变量比绝大多数其他变量更容易衡量。即便用其他基础因素定义了一些子市场，如以个性或行为为基础的市场细分，借助于对人口因素的进一步了解，有利于企业评估目标市场的规模，高效率地开展市场营销活动。

3. 心理因素

用社会阶层、个性、生活方式来进行市场细分的方法越来越受欢迎，市场效果通常好于以人口或地理因素为细分依据的市场效果。这些细分因素让营销人员能真正理解消费者的内心，然后有针对性地制订营销组合方案。

4. 行为因素

以行为因素划分市场是指消费者的购买时机、追求利益、使用者情况、使用率、品牌忠诚度等购买行为因素划分市场。

（1）购买时机。购买时机或情境也可以作为市场细分的基础。设想一下在购买一顿饭的过程中，可能影响购买决策的所有因素。一个学生在课间 10 分钟快速充饥的一顿饭与第一次约会时吃的大餐大不相同，与晚上一个人看电视时买来吃的一顿饭更不一样。每一种情境或购买时机都代表一个不同的细分市场，都可以作为目标市场。

有五种状态特征可能影响购买行为，因此可作为细分市场的描述变量。这些状态特征如下：

一是物理环境，如商店或销售人员令人愉快还是令人讨厌；

二是社会环境，如购买行为有没有被朋友或父母看到；

三是时间情境，如做出决策的时间有多少；

四是任务定义，即为什么购买产品和服务，如果是送人的礼物，是送女朋友、男朋友、父母还是上司；

五是购买前态度，如购买者的心情如何，高兴还是悲伤、主动还是被动等。

（2）追求利益。市场也可以以消费者对特定产品的性能或特征的偏好来细分。例如，超市的牙膏货架上，种类繁多的牙膏不仅有诸多的功能选择，如防止蛀牙、清新口气、去除牙垢、洁白牙齿等，而且还有不同的味道以供选择；航空服务分为头等舱、商业舱和经济舱。在消费者偏好的基础上，企业能够拟定出个性化的营销组合，以满足消费者的需求。

(3) 使用者情况。可以按使用者情况将消费者分成不同群体，如非使用者、未使用者、潜在使用者、首次使用者和经常使用者。对潜在使用者和经常使用者应采取不同的营销手段。一般来说，市场份额大的企业应注意吸引新的使用者，而市场份额小的企业则应将注意力放在吸引现有大企业客户上。

(4) 使用率。市场也可被细分为很少使用者、一般使用者和大量使用者。大量使用者只占市场的一小部分，但在总购买量中却占了很高的百分比。以啤酒为例，有数据显示，虽然41%被调查的家庭都有购买啤酒，但大量使用者消费了其中87%的啤酒，几乎是很少使用者的7倍。很明显，啤酒厂商会更愿意花力量使一个大量使用者喜欢它的品牌，而不愿意去吸引几个很少使用者。因此，多数啤酒厂商瞄准啤酒的大量使用者。

(5) 品牌忠诚度。市场还可根据消费者的忠诚度进行细分。一些消费者是高度忠诚，他们只认同或购买唯一的一种品牌、商店或企业；一些消费者是在一定程度上忠诚，即对一种产品的两三种品牌忠诚，或者最喜爱一种品牌，但有时也会购买其他品牌的产品；还有一些消费者则对任何品牌都不忠诚，他们或者每次都想买些不同的东西，或者只要是有产品就买，并不分什么牌子。

营销透视

麦当劳公司的国际市场细分

麦当劳公司作为一家国际餐饮巨头，创始于20世纪50年代中期的美国。由于当时创始人及时抓住高速发展的美国经济下的工薪阶层需要方便快捷的饮食的良机，并且瞄准细分市场需求特征，对产品进行准确定位而一举成功。如今的麦当劳公司已经成长为世界上最大的餐饮集团之一，在109个国家和地区开设了2.5万家连锁店，年营业额超过34亿美元。

回顾麦当劳公司的发展历程后发现，麦当劳公司一直非常重视市场细分的重要性，而正是这一点使其取得了令世人惊羡的巨大成功。麦当劳公司根据地理、人口和心理要素准确地进行了市场细分，并分别实施了相应的战略，从而达到了企业的营销目标。

麦当劳公司有美国国内市场和国际市场，而不管是在国内还是国外，都有各自不同的饮食习惯和文化背景。麦当劳公司进行地理细分，主要是分析各区域的差异。例如，美国东西部的人喝的咖啡口味是不一样的。通过把市场细分为不同的地理单位进行经营活动，从而做到因地制宜。

每年，麦当劳公司都要花费大量的资金进行认真的严格的市场调研，研究各地的人群组合、文化习俗等，再书写详细的细分报告，以使每个国家甚至每个地区都有一种适合当地生活方式的市场策略。

例如，麦当劳公司刚进入中国市场时大量传播美国文化和生活理念，并以美国式产品牛肉汉堡来征服中国人。但是中国人爱吃鸡肉，与其他洋快餐相比，鸡肉产品也更符合中国人的口味，更加容易被中国人所接受。针对这一情况，麦当劳公司改变了原来的策略，推出了鸡肉产品。在全世界从来只卖牛肉产品的麦当劳公司也开始卖鸡肉了。这一改变正是针对地理要素所做的，也加快了麦当劳公司在中国市场的发展步伐。

通常情况下，人口细分市场主要根据年龄、性别、家庭人口、生命周期、收入、职业、教育、宗教、种族、国籍等相关变量，把市场分割成若干整体。麦当劳公司对人口要素细分主要是从年龄及生命周期阶段对人口市场进行细分。其中，将不到开车年龄的划定为少年市场，将20~40岁的年轻人界定为青年市场，还划定了年老市场。

人口市场划定以后，要分析不同市场的特征与定位。例如，麦当劳公司以孩子为中心，把孩子作为主要消费者，十分注重培养他们的消费忠诚度。在餐厅用餐的小朋友，经常会意外获得印有麦当劳标志的气球、折纸等小礼物。在中国，还有麦当劳叔叔俱乐部，参加者为3~12岁的小朋友，定期开展活动，让小朋友更加喜爱麦当劳品牌。

根据人们生活方式划分，快餐业通常有两个潜在的细分市场，即方便型和休闲型。在这两个细分市场，麦当劳公司都做得很好。例如，针对方便型市场，麦当劳公司提出“59秒快速服务”，即从顾客开始点餐到拿着食品离开柜台标准时间为59秒，不得超过一分钟。针对休闲型市场，麦当劳公司对餐厅店堂布置非常讲究，尽量做到让顾客觉得舒适自由。麦当劳公司努力使顾客把麦当劳餐厅作为一个具有独特文化的休闲好去处，以吸引休闲型市场的消费群。

资料来源：麦当劳成功进行市场细分的案例报告［J/OL］. http://blog.sina.com.cn/s/blog_49559c590100dcim.html.

（二）生产者市场的细分变量

生产者市场的细分变量主要包括地理位置、用户性质、用户规模、用户要求、购买方式等。生产者市场细分的标准如表5.1所示：

表5.1　　生产者市场细分标准

	细分标准	细分标准举例
地理	产业或行业	农业、制造业、建筑业等，钢铁、汽车、食品、化工等
	企业规模	大型、中型、小型
	市场集中程度	市场集中度高、市场集中度低
	地域—国家—地点	亚洲—菲律宾—马尼拉、欧洲—英国—伦敦、北美洲—美国—华盛顿等
	基础设施	完善、不完善
购买特点	购买中心	使用者、影响者、采购者、决策者
	购买规模	大、中、小
	购买方式	直接重复型购买、更改重复型购买、新任务型购买
	采购政策	不采购（租赁、服务合同）、系统采购、秘密招标采购等
	购买标准	追求质量、注重价格、重视服务等

资料来源：王纪中，方真. 国际市场营销［M］. 北京：清华大学出版社，北京交通大学出版社，2004：92-93

(三) 国际市场微观细分的要求

与国内市场细分一样，国际市场微观细分也要求细分后的子市场符合以下要求：

1. 可衡量性

这是指细分后子市场的规模和购买力是可以被衡量的。如果按照消费者的个性将消费群体单一划分为追求浪漫生活的人，一个国家有多少这样的人往往是无法衡量的，因此这种细分就是不符合要求的。

2. 足量性

这是指细分后的子市场的规模应该足够大，这样企业才可能从市场上得到足够的利润，否则可能得不偿失。因此，有时不能将市场划分得太细，否则市场就不能保持足够的规模。例如，发达国家人口增长缓慢，年龄结构老化问题日趋突出，对企业来说，老年市场具有相当潜力，各类老人保健、老人医院、老人娱乐、休闲等行业都将发展成具有足量性的市场。反之，对于那些不具有足量性的市场，这样的细分就不会尽如人意。

3. 可进入性

这是指企业可以达到并服务于该子市场，包含三层含义：一是是否允许外国企业进入，如军用品市场；二是企业能否将产品或服务传递到消费者手中，如有些国家的某些消费群体是不固定的，难以开展有针对性的营销活动；三是企业是否有能力进入到该子市场，即企业在资金、技术、人才等方面是否具备进入该子市场的条件。

营销透视

微观营销的时代

以前，大型消费品企业习惯于采用“大市场营销战略”，即对同一种产品用同一种方式进行市场营销并卖给所有的消费者。但是，许多企业现在正采用一种新的战略——“微观市场营销战略”，这些企业使自己的产品和营销方案与地理、人口、心理和行为因素相适应，并使之逐步取代了原先的标准化营销模式。

产生这种变化的原因有三个：第一，世界大市场已慢慢地分裂为众多更小的微观市场，如喜欢标新立异的青年人市场、西班牙裔市场、美国黑人市场、职业妇女市场、单身父母市场、阳光地带市场、灰色地带市场等。现在，营销人员发现很难只通过一种产品或一种营销策略来满足所有细分市场的需要。第二，不断改善的信息和市场调研技术也激发了微观市场营销的产生。例如，零售店扫描器能够立即跟踪从一家店到另一家店的产品销售，从而帮助企业了解各细分市场的销售状况。第三，零售店扫描器给零售商提供大量的市场信息，这增强了零售商对生产商的影响力。一般情况下，零售商偏向于针对本地或附近地区的消费者采取当地化的促销活动。因此，为了讨零售商的欢心和取得宝贵的零售商货架空间，生产厂商现在必须做更多的微观市场营销活动。

最普通的微观市场营销形式之一是“区域化”，也就是使品牌、促销手段适合于所在的地理区域、城市、居民区或具体的几家商店。作为区域化的初创者，坎贝尔索普公司已经开发了许多成功的区域品牌。例如，它在西南地区销售加香料的大农场主牌（Ranchero）大豆和布朗斯威克牌（Brunswick）炖肉香辣椒，在南方销售康佳牌浓汤，在西班牙裔居住地区销售红豆汤。沃尔玛连锁店也会调整它在超市中的商品，以便于和不同地区消费者的需求、喜好相适应。如在佛罗里达州的巴拿马城海滩，沃尔玛连锁店把更大的商店空间留给了绿色植物和树。

除了区域化方式以外，企业还瞄准了人口、心理及行为等微观市场。例如，宝洁公司为它的佳洁士牙膏做了六种广告，分别针对不同年龄和种族的细分市场，包括儿童、美国黑人和西班牙裔人。为了占领这些市场，宝洁公司用了各种高效的传播手段，如有线电视、直接邮寄、促销活动、电子邮购以及安插在各地的广告牌——如医生和牙医的候诊室里，或中学的咖啡厅里。

微观市场营销发展到极端就是大规模定制，即为大量的顾客提供个性化服务、定制化服务，包括的产品和服务可以从旅馆住宿和家具一直罗列到成衣和自行车。例如，丽兹—卡尔顿公司用电脑记录了28家饭店接待过的每一位客人的喜好，如果某位客人上次在蒙特利尔的丽兹饭店里要了一个海绵枕头，那么几个月甚至几年以后当其住进亚特兰大的丽兹饭店时，就会有一只海绵枕头正等着他使用。

资料来源：菲利普·科特勒，芮新国. 微观营销的时代［J/OL］. http://www.m448.com/filelist/library/clouse_10042.html.

四、国际市场细分的步骤

美国市场学家麦卡锡提出细分市场的一整套程序，这一程序包括以下七个步骤：

第一，选定产品市场范围，即确定进入什么行业，生产什么产品。产品市场范围应以顾客的需求，而不是产品本身特性来确定。例如，某一房地产公司打算在乡间建造一幢简朴的住宅，若只考虑产品特征，该公司可能认为这幢住宅的出租对象是低收入顾客，但从市场需求角度看，高收入者也可能是这幢住宅的潜在顾客。因为高收入者在住腻了高楼大厦之后，恰恰可能向往乡间的清静，从而可能成为这种住宅的顾客。

第二，列举潜在顾客的基本需求。例如，公司可以通过调查，了解潜在消费者对前述住宅的基本需求。这些需求可能包括遮风避雨、安全、方便、宁静、设计合理、室内陈设完备、工程质量好等。

第三，了解不同潜在用户的不同要求。对于列举出来的基本需求，不同顾客强调的侧重点可能会存在差异。例如，经济、安全、遮风避雨是所有顾客共同强调的，但有的用户可能特别重视生活的方便，另外一类用户则对环境的安静、内部装修等有很高的要求。通过这种差异比较，不同的顾客群体即可初步被识别出来。

第四，抽掉潜在顾客的共同要求，而以特殊需求作为细分标准。上述所列购房的共同要求固然重要，但不能作为市场细分的基础。例如，遮风避雨、安全是每位用户的要求，因此就不能作为细分市场的标准，应该剔除。

第五，根据潜在顾客基本需求上的差异，将其划分为不同的群体或子市场，并赋予每一子市场一定的名称。例如，西方房地产公司常把购房的顾客分为好动者、老成者、新婚者、度假者等多个子市场，并据此采用不同的营销策略。

第六，进一步分析每一细分市场需求与购买行为特点，并分析其原因，以便在此基础上决定是否可以对这些细分出来的市场进行合并，或进一步细分，使企业能不断适应市场的变化。例如，房地产公司发现，新婚群体和度假群体在心理、购买行为等方面差异很大。虽然同样的公寓都能符合他们的需要，但是企业应当采取不同的营销策略，把潜在顾客变为现实的顾客。因此，假如他们原来属于一个子市场，现在就应分为两个单独的子市场，并进一步确定分析他们的购买需求的差异及其原因。

第七，估计每一细分市场的规模，即在调查基础上，估计每一细分市场的顾客数量、购买频率、平均每次的购买数量等，并对细分市场上产品竞争状况及发展趋势进行分析。对于那些规模较小、差异性不是特别明显的子市场，可以考虑将其合并到与其最相近的一个子市场；对于那些市场规模较小而差异性又很大的子市场，企业要在充分考虑成本收益的基础上再决定是否进入该市场。

第二节　国际目标市场选择

国际目标市场选择（International Market Targeting）是指企业在国际市场细分的基础上，通过对各细分市场的评估，分析选择的影响因素，并根据自己的全球化战略、资源条件和细分市场的竞争态势，选择一个或若干个细分市场作为自己的国际目标市场的过程。

一、国际目标市场的评估

在市场细分的基础上，企业需要对各细分市场的有效性进行评估，为目标市场选择提供备选细分市场。这种评估通常有以下四个标准：

（一）可衡量性

可衡量性是指细分市场中潜在顾客的需求及其特征要能够明确地反映和说明，细分市场的范围、容量、潜力等要能够进行定量分析和说明。

（二）可进入性

可进入性是指企业的营销活动能够到达细分市场并为之提供服务的程度。也就是说，通过自己的努力，企业能在该细分市场推销出自己的产品和服务。

（三）可区分性

可区分性是指不同细分市场间的边界是清晰可辨的，不同细分市场的特征可被清楚地加以确认和区分。

（四）可盈利性

可盈利性是指企业能从细分市场获利，即细分市场必须达到一定的规模，使企业能够从该市场的营销活动中获得必要的利润。显然，如果细分市场的规模过小，市场容量有限，则企业即使获得较高的市场占有率，也很难获利，这样的细分市场对于企业而言也就没有意义了。

二、影响国际目标市场选择的因素

企业总是应该选择那些对自己更有吸引力的细分市场作为自己的目标市场。因而企业在进行国际目标市场选择时，就需要考虑到细分市场的规模及其潜力、竞争态势、自身的资源条件及其全球化战略等因素。

（一）国际细分市场的规模及其潜力

目标市场规模太小，企业无法发挥资源优势，无法实现规模经济效益；目标市场规模过大，企业则无法有效控制或占有市场，反而为竞争对手的进入创造了条件或提供了缺口。

（二）目标市场的竞争结构及强度

企业应避免进入激烈竞争或已被竞争对手控制的子市场，而应选择那些竞争对手力量薄弱，或竞争尚未完全受到重视而自身又拥有相对竞争优势的细分市场作为自己的目标市场。根据迈克尔·波特的分析，一个市场的竞争由供方、买方、现有竞争者、潜在进入者及替代品生产者五种力量组成，这五种竞争力量决定市场的竞争强度及盈利水平，企业在确定国际目标市场时，必须认真分析市场的竞争结构及竞争强度，避免和对手造成两败俱伤的局面。

（三）目标市场应符合企业的经营目标和资源条件

在目标市场的规模、潜力、竞争强度都理想的情况下，企业还必须考虑自身的情况。某些目标市场虽然潜力很大，但与企业的战略目标相背离，或者可能分散企业的资源而无法实现战略目标，对于这些目标市场只能放弃。另外，即使目标市场符合企业的战略目标，企业还必须在该市场具备一定的竞争优势，如低成本、产品差异性等。否则，企业也不能选择自身无竞争优势的细分市场作为自己的目标市场。

三、选择国际目标市场的模式

国际目标市场就是企业计划进入的国际细分市场。企业在选择国际目标市场时，有五种可供参考的模式，如图 5.1 所示：

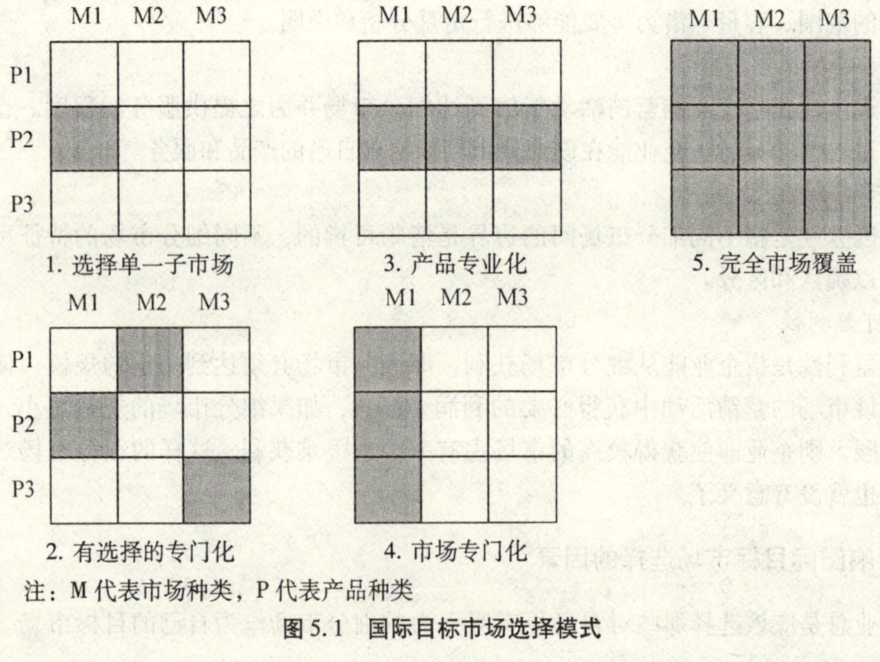

图 5.1 国际目标市场选择模式

(一) 选择单一子市场

选择单一子市场是指企业在国际市场营销中，仅选取一个细分市场作为目标市场，提供一种非常有特色的产品和服务。很多中小企业选择这种策略，避免激烈竞争的同时，可以集中优势力量在很小的范围内或市场上专注经营，以形成竞争优势。企业通过专注单一市场，能够深入了解子市场的需要，树立特别的声誉，建立和巩固市场地位。另外，企业通过生产、销售和促销的专业化分工，可以使生产成本大大降低。

选择一个单一子市场的风险较大，一旦单一子市场不景气，企业的整体状况就会急剧恶化。例如，20 世纪 50 年代，日本的九州地区由于煤炭业的蓬勃发展而经济异常景气，该地区人们都很富有，索尼公司的磁带录音机曾经在这一地区非常畅销。但是，随着煤矿企业的纷纷破产，整个地区经济情况恶化，索尼公司的产品随即出现滞销。当时的索尼公司作为一个刚起步的小公司，全部业务和收入几乎完全依赖于该地区的市场销售，突然的销售滑坡使索尼公司一时之间不知如何应对，后来终于通过提高其他地区的销售，渡过了这个难关。

(二) 有选择的专门化

有选择的专门化是指选择几个子市场，提供不同的产品和服务。各个子市场之间联系很少或没有任何联系，然而每个子市场都可能盈利。选择多个子市场可以分散企业的风险，即使在某个子市场失败了，企业仍可在其他子市场获取利润。

放弃一些市场，侧重一些市场，以便向主要的目标市场提供有特色的产品和服务，能够避免正面冲突和恶性竞争。对于大型集团企业来说，则可分为若干相对独立的实体，分别服务于不同的客户群。例如，香格里拉集团在北京国贸中心拥有中国大饭店和国贸饭店两个不同档次的饭店。

(三) 产品专业化战略

产品专业化战略是指企业集中生产一种产品，向几个子市场提供这种产品。通过这种战略，企业在某个产品方面树立起很高的声誉。例如，只销售传统照相机，而不提供其他产品的企业，一旦传统照相机被数码相机代替，企业就会发生危机。

(四) 市场专门化

市场专门化是指选择一个子市场，提供这个子市场的顾客群体所需要的各种产品。例如，企业可以为大学实验室提供一系列产品，包括显微镜、化学烧瓶及试管等。企业专门为这个顾客群体服务而获得良好声誉，可以成为这个顾客群体所需各种新产品的代理商。其风险在于，如果大学实验室突然削减经费预算，企业就会陷入危机。

(五) 完全市场覆盖

完全市场覆盖是指企业通过提供各种产品满足各个国际细分市场的各种需求。一般说来，只有实力雄厚的大企业才能采取完全市场覆盖战略，如通用汽车公司之于全球汽车市场、可口可乐公司之于全球饮料市场。

营销透视

华润超市的目标市场选择

零售市场风云变幻，迫使商家不断寻找新的方向。一个引人注目的现象是，各路英豪一边经营传统市场，一边又将目光锁定在中高收入人群，以高端超市业态拓展发展空间，占领市场竞争的制高点。据悉，国内最大的连锁企业华润万家在上海开设了超市。与遍布全国的传统超市有所不同，该超市定位于中高端市场，经营的商品品类中，进口商品超过70%，既有食品，也有咖啡吧、时尚精品等，目标顾客瞄准的是都市中高级白领、外籍人士、有海外生活经历的特定人群。

华润万家经理俞洁对记者表示，开设高端超市是适应目前消费升级和市场细分需要，针对不同的消费人群所做出的选择。从目前情况看，华润万家在北京、深圳、杭州等地开设高端超市后，销售业绩年增长率有望达到10%以上，从而成为新的利润增长点。

资料来源：华润超市的目标市场选择［N］. 国际商报，2010-09-14.

四、通用目标市场战略

（一）无差异目标市场战略

无差异目标市场战略就是企业把整个市场作为自己的目标市场，不进行市场细分，只考虑市场需求的共性，而不考虑其差异性，运用一种产品、一套营销组合策略对待整体市场，吸引尽可能多的潜在顾客。凭借广泛的销售渠道和大规模的统一广告宣传，旨在树立该品牌的超级印象。可口可乐公司早期的营销，就是无差异营销的例子。

这种战略的优点是产品单一，容易保证质量，能大批生产，降低生产和营销费用。但是当某种产品的市场需求存在差异时，或者当竞争者采用差异化的营销战略时，实行这种战略的企业往往会受到巨大的挑战。

（二）差异化目标市场战略

差异化目标市场战略就是把整个市场细分为若干子市场，针对不同的子市场，设计不同的产品，制定和实施不同的营销组合策略，满足不同的消费需求。例如，德国大众汽车公司为“财富目的和个性”各不相同的人生产不同的小汽车。

这种战略的优点是能满足不同消费者的不同要求，有利于扩大销售、占领市场、提高企业声誉。其缺点是由于产品差异化、促销方式差异化，增加了管理难度，提高了生产和销售费用。目前只有力量雄厚的大公司采用这种策略。

（三）集中型目标市场营销战略

集中型目标市场战略就是在细分后的市场上，选择一个或少数几个细分市场作为目标市场，实行专业化生产和销售。在少数市场上发挥优势，提高市场占有率。采用这种战略的企业对目标市场有较深的了解，这是大部分中小型企业应当采用的战略。

这种战略的优点是能集中优势力量，有利于产品试销对路，降低成本，提高企业和产品的知名度。但是企业的目标市场范围小，品种单一，如果目标市场的消费者需求和偏好发生变化，企业就可能因应变不及时而陷入困境。同时，当强有力的竞争者打入目标市场时，企业就要受到严重影响。

三种可选的通用目标市场战略如图 5.2 所示：

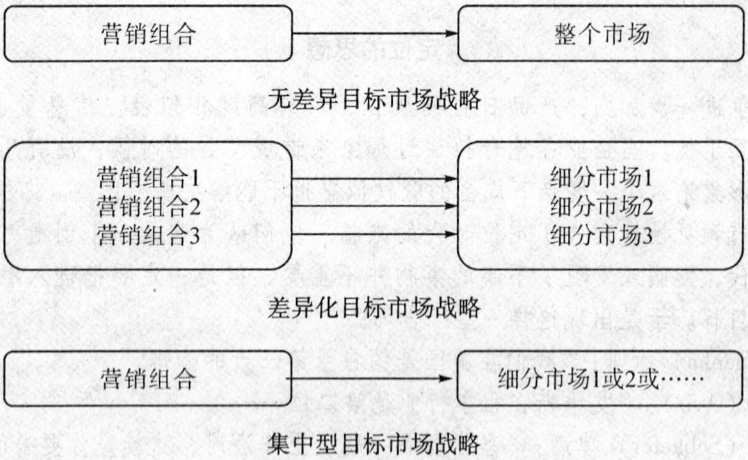

图 5.2 三种可选的通用目标市场战略

第三节 国际市场定位

一、市场定位的概念和含义

定位（Positioning）理论是由艾尔·里斯（Al Rise）和杰克·特劳特（Jack Trout）于 1972 年作为一种传播策略提出的。他们对“定位”一词的解释是：定位起始于产品，但定位并不是你对一件产品本身做些什么，而是你在潜在顾客的心目中做些什么，对潜在顾客的心理采取行动。市场定位的实质是使本企业与其他企业的产品严格区分开来，使顾客明显感觉和认识到这种差别，从而在顾客心目中占有特殊的位置。定位理论已经演变成为营销战略的一个重要内容，目的是使企业的产品和形象在目标顾客的心理上占据一个独特、有价值的位置。

作为市场营销理论的重要概念和方法，市场定位是根据竞争者现有产品在市场上所处的地位和消费者或用户对产品某一特征或属性的重视程度，努力塑造出本企业产品与众不同的、给人印象鲜明的个性或形象，并把这种形象和个性特征生动有力地传递给目标顾客，使该产品在市场上确定强有力的竞争位置。也就是说，市场定位是塑造一种产品在市场上的位置，这种位置取决于消费者或用户怎样认识这种产品。

这表明，市场定位是通过为自己的产品创立鲜明的特色或个性，从而塑造出独特的产品市场形象来实现的。产品的特色或个性，可以从产品实体上反映出来，如豪华、朴素、时髦、典雅等，还可以表现为价格水平、质量水准等。

企业在进行市场定位时，一方面要了解竞争对手的产品具有何种特色，另一方面要研究目标顾客对该产品的各种属性的重视程度（包括对实物属性的要求和心理上的要求）。在对以上两方面进行深入研究后，再选定本企业产品的特色和独特形象。至此，就可以塑造出一种消费者或用户将之与其他同类产品联系起来、按一定方式去看待的产品，从而完成产品的市场定位。

营销透视

定位的思想

随着竞争进一步加剧，产品日益同质化，具有高度相似性。信息量也急剧膨胀，各种信息相互干扰。当企业各施奇招通过形象来造成差异的时候，没有几家企业能够成功。品牌形象论这个一度点石成金的魔杖似乎也不能解决所有问题。艾尔·里斯和杰克·特劳特有预见性地宣告了定位时代的来临。他们认为这是一个创造力不再是成功的关键的时代，发明或发现了不起的事物并不重要，但是一定要把进入潜在顾客的心智看作首要目标。于是出现这样一些广告词：

山咖（Sanka）咖啡："我们在美国是销售量第三大的咖啡。"

艾维斯（Avis）："艾维斯在租车行业是第二位……"

舍费尔（Schaefer）啤酒："当你要喝一瓶以上啤酒时，这就是你要喝的啤酒。"

这些诉求都是通过深入调研而寻找到的市场位置，事实证明极富销售力。艾尔·里斯和杰克·特劳特认为消费者头脑中存在一级级小阶梯，他们将产品按一个或多个方面的要求在这些小阶梯上排队。定位就是要找到这些小阶梯，并将产品与某一阶梯联系上。在这一主要思想之上，他们进一步提出了定位的理论。

根据艾尔·里斯和杰克·特劳特定位论的原始论述，我们将定位论的基本主张归纳为以下几个基本要点：

第一，广告的目标是使某一品牌、公司或产品在消费者心目中获得一个据点，一个认定的区域位置，或者占有一席之地。国际商业机器公司（IBM，下同）没有发明电脑，电脑是兰德公司发明的，然而IBM是第一个在消费者心目中建立了电脑位置的公司。米克劳（Miche Lob）啤酒定位于美国最高价啤酒、宣称"第一等啤酒是米克劳"。它不是美国国内第一个高价位啤酒，但是它在喝啤酒的人士心智中第一个占据该位置。因而IBM和米克劳都取得巨大的成功。

第二，广告应将火力集中在一个狭窄的目标上，在消费者的心智上下功夫，是要创造出一个心理的位置。在传播中不被其他声音淹没的办法就是集中力量于一点。换言之，就是要做出某些"牺牲"，放弃某些利益或市场。沃尔沃（Volve）定位于安全、耐用，它就放弃对外观、速度、性能等利益的诉求。这里需要明确的两点是：集中力量于狭窄的目标，但是同时必须是意义并不太狭窄的诉求；诉求的目标对象（消费者）并不是狭窄的群体。

第三，应该运用广告创造出独有的位置。特别是"第一说法、第一事件、第一位置"。因为创造第一才能在消费者心中造成难以忘怀的、不易混淆的优势效果。从心理学的角度看，人们容易记住位居第一的事物。例如，你可以不假思索地答出世界第一高峰的名字：珠穆朗玛峰。可是第二高峰的名字呢？历史也证明，最先进入人脑的品牌，平均而言比第二进入人脑的品牌在长期的市场占有率方面要高出一倍。因而占据第一就具备了特别的优势。艾尔·里斯和杰克·特劳特指出，如果市场上已有一种强有力的头号品牌，创造第一的方法就是找出公司的品牌在其他方面可以成为"第一"的优势。因此，要在消费者头脑中探求一个还没有被其他人占领的空白领地。

第四，广告表现出的差异性，并不是指出产品的具体的特殊的功能利益，而是要显示和实现品牌之间的区别。快乐牌香水并没有表现它的高品质或香味特征，而是声称“世界上最贵的香水只有快乐牌”，以高价位的定位与同类其他品牌相区分。舒立滋(Schlitz)啤酒定位于“淡啤”没有其他功能利益性诉求。在消费者心目中确立了“淡啤=舒立滋”，从而实现了区别，赢得“淡啤”这一市场。

第五，这样的定位一旦建立，无论何时何地，只要消费者产生了相关的需求，就会自动地、首先想到广告中的这种品牌、这家公司或产品，达到“先入为主”的效果。定位最终的结果就是在消费者心目中占据无法取代的位置，让品牌形象根植于消费者脑海，一旦有相关需求，消费者就会开启记忆之门、联想之门，自然而然地想到它。

资料来源：“定位”概念［J/OL］. http://www.worlduc.com/blog2012.aspx? bid=3842329.

二、国际市场定位的步骤

实现产品市场定位，需要通过识别潜在竞争优势、选择适宜的竞争优势、传播精准的市场定位三个步骤实现。

(一) 识别潜在竞争优势

通常企业的竞争优势表现在两方面：成本优势和产品差别化优势。成本优势使企业能够以比竞争者低廉的价格销售相同质量的产品，或以相同的价格水平销售更高质量水平的产品。产品差别化优势是指产品独具特色的功能和利益与顾客需求相适应的优势，即企业能向市场提供的在质量、功能、品种、规格、外观等方面比竞争者能够更好的满足顾客需求的能力。在识别潜在竞争优势时，营销人员不能过于刻板地看待价格和产品差异，因为定位主要不是对产品做什么事，而是对潜在顾客的心理采取的行动。因此，要认真研究潜在顾客心智中关于该项产品的价格和产品特性的显性和隐性想法。

(二) 选择适宜的竞争优势

与主要竞争对手相比，企业可能会识别出多种可能的竞争优势，如在产品开发、服务质量、销售渠道、品牌知名度等方面的优势。但是从最有利于竞争的角度出发，企业还必须运用一定的方法评估并选择出最适宜的竞争优势。通常可以采用逐项打分的方法，同竞争者的竞争项目进行打分比较，从而选择最有利于本企业的竞争项目中作为国际市场定位的依据。

(三) 传播精准的市场定位

企业在市场营销方面的竞争优势不会自动地在市场上得到充分表现。对此，企业必须制定明确的市场战略来充分表现其优势和竞争力。例如，企业可以通过广告和公共关系，利用各种媒体进行有效的传播，才能到达目标受众。市场定位的传播使企业竞争优势逐渐形成一种鲜明的市场概念，并使这种概念与顾客的需求和追求的利益相吻合。

三、国际市场定位的方法

国际市场定位通常可以依据产品特色、消费者利益、消费者类型和竞争者进行定位。

(一) 依据产品特色定位

如果企业的产品在某个方面相对于竞争者的同类产品具有明显的差异性，则可以以此作为广告宣传的诉求点，进行市场定位。依据产品特色定位，强调的是其他产品所不具有的产品属性。能填补市场空白的某种产品属性，往往较容易被消费者接受。例如，在消费者的印象中，美国生产的小汽车往往“大而气派”，德国生产的小汽车则“实用且质量上乘”，而日本生产的小汽车则“小而经济”。从小汽车的外观上，消费者能大致感受到这是来自于哪一个国家企业的产品。

(二) 依据消费者利益定位

如果企业产品可以给消费者带来不同的利益，或者解决消费者关心的某一类问题，则可以以消费者利益为诉求点进行市场定位。例如，1975 年，美国米勒（Miller）啤酒公司推出了一种低热量的 Lite 牌啤酒，将其定位为喝了不会发胖的啤酒，迎合了那些经常饮用啤酒而又担心发胖的人的需要。又如，消费者购买牙膏，有的是为了防治牙病，有的是为了消除口臭，有的则是为了保持牙齿洁白而满足求美的愿望。因此，企业可以根据不同的消费者需求，给企业的产品进行不同的利益定位。

(三) 依据消费者类型定位

企业针对不同类型消费者的需求和偏好，对产品和其营销组合因素进行改进，使之符合消费者的需求和偏好，并以此作为市场定位的诉求点。例如，米勒啤酒公司曾将其原来唯一的品牌“高生”啤酒定位于“啤酒中的香槟”，吸引了许多不常饮用啤酒的高收入妇女。后来米勒啤酒公司发现，占比为 30% 的狂饮者大约消费了啤酒销量的 80%，于是该公司在广告中展示石油工人钻井成功后狂欢的镜头，还有年轻人在沙滩上冲刺后开怀畅饮的镜头，塑造了一个“精力充沛的形象”。在广告中提出“有空就喝米勒”，从而成功占领啤酒狂饮者市场达 10 年之久。又如，某化妆品企业将消费者细分为三类：第一类是职业女性，喜欢“自然型”化妆品；第二类是交际型女性，需要再社交场合使用“浓艳型”化妆品；第三类是运动型女性，偏爱适合运动场合使用的“清淡型”化妆品。该企业根据这一特点，分别对不同的女性推出不同的产品，收到了良好的效果。

营销透视

不仅仅是香水

在露华浓设计一种新香水时，香味或许是最后开发的部分。露华浓首先调查妇女不断变化的价值观、理想和生活方式相适应的新香水概念。当露华浓找到一种有前途的新概念之后，就创造和命名某种香味使其与该构思相一致。露华浓在 20 世纪 70 年代初的调查表明当时的妇女比男人更具竞争力，她们在努力寻求个性。针对这些 20 世纪 70 年代的新女性，露华浓开发了查利（Charlie）香水——首种“生活方式”香水，成千上万的妇女把查利香水当成勇敢的“独立宣言”，因此它很快成为世界上最畅销的香水。

到了 20 世纪 70 年代末，露华浓的调查发现妇女的态度正在转变——“妇女已取得了平等地位，这正是查利香水要表明的。现在，妇女正渴望体现一种女人味。”使用查利香水的女孩子们已长大成人，她们现在想要令人难以幻想的香水。因此，露华浓稍微巧妙地改变了一下查利香水的市场定位：该香水仍然是独立生活方式的宣言，但同时又加上了一点女人味和浪漫的情形。露华浓研制了一种针对20世纪80年代妇女的香水——琼秀（Jontue）香水。该香水的市场定位以浪漫为主题。露华浓继续精心改进查利香水的市场定位，在20世纪90年代，公司的目标市场是"全都能做，但是又清楚地知道自己想干什么"的妇女。通过不断调整但又很精妙的市场重新定位，目前查利香水仍然是大众市场的最畅销香水之一。

资料来源：不仅仅是香水［J/OL］. http://doc. mbalib. com/view/cdd4b0e2de71821ee5ae5cbc02832c47.html.

（四）依据竞争者进行定位

企业可以根据竞争产品的对比来进行定位，即参照竞争对手的定位方法，或者通过与竞争对手进行针锋相对的对抗进行定位，把与竞争产品相同的特征作为定位依据。或者与竞争对手进行回避定位，把与竞争产品在某一属性或特征上的不同作为定位依据，以求区别于竞争对手。例如，七喜汽水的定位是"非可乐"，强调七喜汽水是不含咖啡因的饮料，与可乐类饮料不同。又如，泰宁诺止痛药的定位是"非阿司匹林的止痛药"，显示药物成分与以往的止痛药有本质的差异。

四、国际市场定位策略

（一）对抗定位

对抗定位是指企业在目标市场上选择与竞争对手接近或相同的定位方式来确定自身的产品位置，在产品、服务、宣传、价格等方面展开针锋相对的竞争。例如，可口可乐与百事可乐的竞争、麦当劳与肯德基的竞争、柯达与富士的竞争。对抗定位是一种强强对话式的市场定位方法，适用于实力雄厚、旗鼓相当的大企业。

1984年，苹果公司为找到以小博大的突破口，推出麦金塔（Macintosh）电脑1984篇。广告以乔治·欧威尔的经典小说《1984》为主题，将IBM定位为残酷的"老大哥"，而将麦金塔电脑定位为自由的化身。它暗示"蓝色巨人"IBM是人类的噩梦，正以前所未有的、专制式的资讯奴役人类，剥夺人类梦想的空间。苹果公司的麦金塔电脑亲切而人性化，是自由呼吸的工具，是独立思考的武器。苹果电脑因此而绝地逢生。采用这种定位策略需要具备三个条件：一是企业产品总体上优于竞争对手，或至少和竞争对手相同；二是目标市场具有相当的规模或潜量；三是这个市场定位能充分发挥企业的资源条件和竞争优势。

（二）避强定位

避强定位策略是指企业力图避免与实力最强的或较强的其他企业直接发生竞争，而将自己的产品定位于另一市场区域内，使自己的产品在某些特征或属性方面与最强或较强的对手有比较显著的区别。避强定位策略能使企业较快地在市场上站稳脚跟，并能在消费者或用户中树立形象，因而风险小。美国七喜汽水的定位策略就是一个避强定位策略的典型案例。因为可口可乐和百事可乐是市场的领导品牌，占有率极高，在消费者心中的地位不可动摇。因此，将产品定位于"非可乐型饮料"就避免了与两大巨头的正面竞争，成功的市场定位使七喜汽水在美国市场畅销。

(三) 反向定位

反向定位是指企业主动说出自己的差距或缺陷，从而增加消费者对它的信任。反向定位具有较大的风险，如果消费者喜欢最好的产品或服务，这种策略会让企业的愿望落空。因此，在使用这种策略时，要强调存在的差距并不影响消费者的利益。反向定位的经典案例是美国的安维斯（Avis）汽车租赁公司，它公开承认自己只是汽车租赁业的老二，但强调自己更加努力。在实施反向定位策略后，该公司扭亏为盈。

(四) 间接定位

间接定位是指通过对竞争对手的产品进行定位，而事实上达到为自己的产品定位的一种策略。这种策略适用于当消费者无法分清企业产品和竞争对手产品的时候。例如，拉斐尔（Rapnael）是法国生产的一种葡萄酒，而杜本内（Dubonnet）是一种美国生产的葡萄酒，拉斐尔公司通过"每瓶少花1美元，你可以享受进口产品"的广告诉求，让消费者知道了杜本内是美国的产品，间接达到了明确自己是纯正法国葡萄酒的市场定位的目的。

(五) 重新定位

公司在选定了市场定位目标后，如定位不准确或虽然开始定位得当，但市场情况发生变化时，如遇到竞争者定位与本公司接近，侵占了本公司部分市场，或由于某种原因消费者或用户的偏好发生变化，转移到竞争者方面时，就应考虑重新定位。重新定位是以退为进的策略，目的是为了实施更有效的定位。例如，万宝路香烟刚进入市场时是以女性为目标市场，它推出的口号是"像5月的天气一样温和"。然而，尽管当时美国吸烟人数年年都在上升，万宝路香烟的销路却始终平平。后来，广告大师李奥贝纳为其做广告策划，他将万宝路香烟重新定位为男子汉香烟，并将它与最具男子汉气概的西部牛仔形象联系起来，树立了万宝路香烟自由、野性与冒险的形象，从众多的香烟品牌中脱颖而出。自20世纪80年代中期到现在，万宝路香烟一直居世界各品牌香烟销量首位，成为全球香烟市场的领导品牌。

五、常见的几种市场定位失误

(一) 定位过低

定位过低也称定位不足，定位过低导致消费者对企业产品印象模糊，与竞争产品相比显示不出明显差异，或者这种差异被顾客认为不具有实质意义。例如，百事可乐公司在1993年推出清爽克里斯托饮料时，消费者并不清楚它在软饮料中的重要利益在哪里，对这种饮料也没有特别的印象。

(二) 定位过高

定位过高也称定位过窄，定位过高导致无法吸引足够数量的消费者。例如，蒂凡尼公司由于定位过高，使消费者认为该公司只生产5000美元的钻石戒指。而事实上，它也生产人们可承受的900美元的钻石戒指。

(三) 定位混乱

定位混乱导致消费者对产品印象模糊不清，使得消费者感到无所适从。定位混乱的原因包括企业定位主题太多、重点不突出、定位依据相互矛盾、频繁更换产品定位等。

（四）定位怀疑

企业的定位不符合实际，提出的定位目标难以实现，导致消费者不相信企业在产品特色、价格或制造商方面的宣传。

复习题

1. 国际市场细分的意义是什么？
2. 国际消费品市场细分的标准有哪些？
3. 国际工业品市场细分的标准有哪些？
4. 请叙述国际市场细分的步骤。
5. 国际目标市场的营销策略有哪些？
6. 应依据什么对国际市场进行定位？
7. 国际市场定位的方法有哪些？
8. 举例说明国际市场定位策略。

思考与实践题

1. 选择一个产品所处的行业市场，如乳制品、英语培训、家用小汽车、智能手机等，尝试对该行业市场进行细分。

2. 查找资料，了解一家国际企业的产品在进入中国市场时是如何细分市场、选择目标市场并进行市场定位的。

案例分析一

“清扬”洗发水的市场细分与定位

一、“清扬”品牌介绍

2007 年 4 月 27 日，国际快速消费品业巨头联合利华公司在北京召开新闻发布会，高调宣布该公司进入中国市场十年以来推出的第一款新产品、全国首款“男女区分”去屑洗发水“清扬”正式上市。期间，联合利华公司高层更指出，从 2007 年开始将凭借“清扬”洗发水在全球去屑洗发水领域的专业优势抢占去屑洗发水市场。“如果有人一次又一次对你撒谎，你要做的就是立刻甩了他”——这是“清扬”洗发水广告片中的广告语，置身当前竞争复杂的市场环境中，“清扬”洗发水离奇、自信的画外之音显得意味深长。一时间，台湾知名艺人小 S（徐熙娣）所代言的“清扬”洗发水广告频频出现在各种高端杂志上，几乎占据了全国各大城市户外广告的核心位置，点击进入国内各大门户网站，“清扬”洗发水广告无处不在。

长期以来，在宝洁公司与联合利华公司的洗发水大战中，宝洁公司无论是在品牌影响力、市场规模还是在市场占有率方面，都处于绝对优势。特别是在去屑洗发水市场领域，联合利华公司一直都没有一个优势品牌足以同宝洁公司的“海飞丝”洗发水抗衡。作为联合利华公司十年来首次推出的新品牌，“清扬”洗发水旨在弥补、提升其在去屑洗发水市场竞争中的不足和短板。

二、“清扬”洗发水的功能定位：去屑

（一）“清扬”洗发水面市的市场背景

在联合利华公司等外资日化公司进入中国市场以前，消费者对洗发水的要求无非是干净、清爽，并无去屑、柔顺、营养等多重要求。经过近20年的发展，中国消费者对洗发水的品牌意识已经被各大公司培养出来，同时消费者对头发的关注日益增加，为新的洗发水概念进入市场提供了广泛的顾客基础。各洗发水品牌纷纷打出富有新意的定位以获取自己的一席之地，极大地刺激了中国洗发水品牌的繁荣。赛迪顾问公司的研究结果表明：2006年中国洗护发产品市场销售额达220亿元左右，市场上的洗发水品牌超过3000个，其中宝洁（中国）有限公司的洗发水市场就占到60%之多。中国洗发水市场已经高度集中和垄断。宝洁公司、联合利华公司、丝宝集团、拉芳集团占去了80%左右的市场份额；好迪、采乐、蒂花之秀、飘影等二线品牌又抢占了13%；剩下7%左右的市场则被上千个三线、四线品牌瓜分。更为严峻的是，自2006年开始中国洗发水市场增速减慢，2007年各洗发水品牌的竞争更是激烈异常。市场的压力和巨大的利润蛋糕使各品牌在定位上各创新招，期望找到刺激消费者购买的新亮点。

（二）去屑洗发水市场现状

就洗发水的功能定位而言，去屑洗发水是洗发水目前最大的细分市场，大约占洗发水市场一半的比例。作为一个有着100多亿元的市场，巨大的蛋糕吸引了几乎所有的洗发护发品牌都建立了去屑的品种。经过十余年的市场培育和发展演变，“海飞丝”洗发水的“头屑去无踪，秀发更出众”早已深入人心。人们只要一想到去屑，第一个想到的就是“海飞丝”洗发水。另外，随着“风影”洗发水的“去屑不伤发”的承诺，使之在这个细分市场也拥有了一席之地。专业市场调查资料显示，去屑市场80%的市场份额一直以来都被宝洁系列的“海飞丝”品牌所占据，而众多本土品牌则蚕食着剩余的20%的市场存量，相比之下，呈现的两极分化现象十分严重。

去屑概念一直是洗发水市场一个重要诉求点，市场竞争激烈。但消费者调查表明，人们对现有产品的去屑效果并不满意。2007年4月2日，中华医学会科学普及部公布最近对5351人进行的网络调查显示，对于“去头屑”这个日常问题，60%的人对去屑效果不满意。由此可见，消费者对去屑品牌认同的程度并不太理想，市场潜力仍然巨大。

尽管进入中国市场早于宝洁公司并拥有力士、夏士莲等知名品牌，相对于宝洁公司巨大的洗发水品牌家族所取得的成绩而言，联合利华公司的表现差强人意。特别是在去屑市场上，联合利华公司没有一个像“海飞丝”那样专门的去屑品牌，使其洗发水品牌族在市场覆盖面上产生很大的缺失。因此，“清扬”洗发水被联合利华公司寄予厚望，联合利华公司提出“清扬”洗发水的战略目标和未来愿景是要在未来三年内成为中国洗发水去屑市场上的领袖品牌。

（三）“清扬”洗发水去屑新诉求：“维他矿物群”去屑

“清扬”洗发水是联合利华公司进入中国市场十年以来首次推出的新品牌，品牌定位为“专业去屑”。联合利华（中国）公司认为专业防治型去屑产品是目前的市场空缺，是当前去屑市场所面临的最大问题，而依托于数十年专业去屑研究经验的联合利华公司对“清扬”洗发水在中国市场的未来表现充满信心。“清扬”洗发水信心百倍地作出承诺，要带领中国消费者走出20年头皮屑痼疾的困扰。

“清扬”洗发水去屑新诉求是“维他矿物群”去屑，联合利华公司拥有全球专利及临床测试验证，同时为“维他矿物群”进行了商标知识产权注册。联合利华公司表示其一直在为研究适合中国人的去屑产品而努力，在过去10年中，联合利华公司研发中心在中国已为超过3000名消费者进行过临床实验，以更多了解中国消费者的头皮状况和问题，从而为中国消费者提供更精纯的去屑产品配方。“清扬”洗发水在进入中国以前，已经在南美、欧洲及东南亚地区去屑市场成为了当仁不让的第一品牌，并被数亿消费者证实了其在去屑方面的功效。因此，“清扬”洗发水也将是中国市场的最佳去屑产品。

“清扬”洗发水用“科技保健”引导消费者，产品宣传中强调“深入去屑，治标治本”，强调专业性。联合利华公司宣称“清扬”洗发水是“消费者信赖的头皮护理专业品牌”，其去屑功能是针对头皮护理，并通过广告的方式强化头屑由头皮产生这一少有竞争对手关注的消费者固有心理认知，表明“清扬”洗发水对去屑的根本作用，有效地与其他去屑品牌形成品牌区隔。

三、“清扬”洗发水市场细分创新：性别细分

作为一个新品牌，想在品牌林立的中国去屑洗发水市场分一杯羹，必然需要“清扬”洗发水在品牌推出之前找出去屑市场的定位空白点。传统洗发水市场细分常常以功能为标准进行，如去屑、营养、柔顺、防脱发、黑发等，或以头发颜色来细分黑头发专用、染发专用等。“清扬”洗发水首次以性别为细分变量，将市场细分为男士用、通用和女士用市场，并选择男士和通用细分市场作为目标市场。虽然只是简单的性别细分，但在洗发水市场上的确存在男性和女性不同市场的不同需求，而这个需求差异一直是厂家所忽略的。“清扬”洗发水的性别细分在情理之中又在意料之外，这一细分市场的创新使消费者耳目一新，市场上刮起了一股强劲的“清扬”风。

“清扬”洗发水将旗下产品分男士和通用两大系列共有34个品种，作为首家推出男士去屑洗发水的品牌，“清扬”洗发水通过“倍添维他矿物群”这一概念的宣扬，表明其对男士洗发的关注，可谓开创了男士去屑洗发水的“蓝海”领域。并通过男士系列与通用系列两大阵容所形成的品牌组合构成了联合利华公司“专业去屑”的洗护完整产品线，可以极大限度地满足消费者的要求。同时，在宣传过程中，通过说教式的广告语言展示“清扬”洗发水对男士头屑问题的研究，令消费者产生去屑洗发水分女士洗发水和男士洗发水的心理认知，有效地将“清扬”洗发水与其他众多去屑品牌区分开来。

四、“清扬”洗发水定位的立体式传播

联合利华公司在宣传过程中处处表明“清扬”洗发水的去屑功能，并试图通过传播培养中国消费者对待头屑问题的正确态度来引导消费者，“清扬”洗发水在传播中指出，中国消费者在洗发水使用中存在四大误区——洗发水男女混用、重冲洗轻滋养、头皮营养失衡、洗发护发习惯不良，识别这些误区并加以改进是改善头发的根本。

2007年3月25日，随着“清扬”品牌在全国各地开始投放广告，清水出芙蓉、个性似飞扬的“清扬”洗发水开始走进了人们的视野，步入了人们的生活。

为了使“清扬”洗发水迅速抢占市场，联合利华公司发起了“清扬”洗发水巨大的宣传攻势，联合利华公司为这一品牌的市场推广准备了不低于3亿元的市场费用预算，用以保障广告投入、业务销售和品牌等各项业务工作的有序推进。无论是在线上广告和线下广告，“清扬”洗发水相比“海飞丝”洗发水都占据了绝对优势。

此外，联合利华公司还十分重视“清扬”洗发水在全中国同步上市，即使在网上也可以看到很多“清扬”洗发水招聘促销人员的广告。在上市前半年的产品推广期，“清扬”洗发水仅在中国市场的广告费投入就占到联合利华公司全年全球推广费用的一半。联合利华不惜血本，聘请的临时导购的工资在广州就达每月1800元另外再加每月300元的奖励。推广期间电视、广播、网络杂志、终端、街道站牌、公交车广告和试用装发放一个也不能少，“清扬”洗发水对消费者的冲击可谓无所不在。

不管消费者是否认同宣传中许诺的种种功能，“清扬”品牌已经在不知不觉中深入人心，不少消费者都乐于尝试“清扬”洗发水，乐于对“清扬”洗发水宣扬的洗发水使用四大误区保持认知和关注。

资料来源：“清扬”洗发水的市场细分与定位［J/OL］. www.docin.com/p-536016755.html.

讨论题

1. 结合案例，查阅相关资料，了解中国洗发水市场的竞争结构，分析“清扬”洗发水的市场细分策略。

2. “清扬”洗发水是如何在去屑洗发水市场中获得竞争地位的？你如何看待“清扬”洗发水的性别细分？

案例分析二

周大福公司：营销策略演绎成功经典

中国人对于珠宝首饰的喜爱，可谓是由来已久，因为它不仅具有保值功能，更凝结着悠悠华夏几千年的文化古韵，而穿金戴银更是富贵显赫的象征，也是身份、地位的标记。香港的周大福公司，以自己沧桑而富有传奇色彩的发展历程，见证了中国几十年来珠宝首饰业的历史巨变，用自己独特而张扬个性的营销策略，演绎着周大福珠宝首饰成功拓展的经典。

提起香港的周大福公司及其系列珠宝首饰，在业界及消费者中，可谓是耳熟能详。周大福公司，这个创立于1929年，后辗转迁移并正式在香港成立的珠宝金行，历经70余年的风雨历程，逐步奠定了其在香港珠宝首饰业界的领导地位，并备受消费者的钟爱与信赖。在有些地域，周大福品牌已成为珠宝首饰的代名词。

周大福公司进军内地市场始于20世纪90年代。为避开香港激烈的市场竞争压力，寻找新的突破与增长点，周大福公司以设立武汉周大福珠宝金行有限公司为标志，正式吹响了进攻内地珠宝饰品零售市场的号角。周大福公司于1998年全面“挺进”内地市场，在短短几年时间里，在内地发展分行数目已近200家，成为内地珠宝饰品领域里跃出的一匹“黑马”。

周大福公司这个入选中国最具品牌价值的珠宝首饰企业，缘何能在较短的时间里，星火燎原，成功占领港澳及内地的大片市场，其市场拓展成功的奥秘到底在哪里？

珠宝首饰作为一种特殊的商品，具有市场区隔明显，消费人群集中等特点，其目标消费群主要为女性。因此，围绕时尚、新潮等消费心理，周大福公司推出了适合中国国情的系列产品组合。

1.“绝泽”珍珠系列

所有的美丽都离不开水，珍珠正是水的化身、水的结晶，是品格高贵的象征。“绝泽”珍珠系列将颗颗富有灵性与生命力的珍珠置于流畅、唯美的线条之中，增添了女性的清新风格，含蓄却耀目，是热爱自然，追求意境的女性之首选。

2.“绝色”红蓝宝石系列

绝色红蓝宝石系列将性感魅惑、甜蜜动人与浪漫鲜明、前卫个性的元素完美结合，将女性妩媚动人的气质演绎到极致，打造出了一款款古典浪漫又兼具现代时尚气息的饰物，是摩登女郎心中之至爱。

3.“水中花”系列

铂金“水中花”系列的设计概念源于“铂金如水”，主打吊坠和指环以女性“心湖中的涟漪”为主题，设计时尚优雅，将清雅与灿烂完美协调，灵巧地勾勒出盛放的花儿在平静心湖中泛起的丝丝涟漪，就像“水中花”般含蓄，但却是心湖中真实而恒久的灿烂回忆。其清新、高雅的格调，让人浮想联翩。

4.“迪士尼公主”首饰系列

“迪士尼公主”首饰系列设计主要以六个深受欢迎的迪士尼童话公主故事为主题，整个系列均围绕着公主的华丽、优雅及纯洁等特质设计而成，包括钻石系列、18K金、铂金及纯银系列。其中，钻石系列中更首推限量版“公主方钻石首饰”，增添一份尊贵非凡的气派。

5.“惹火”系列

“惹火”单颗美钻系列吊坠和戒指借助层次空间与柔美线条的完美结合，诠释极度的女性化风潮，在动感与和谐中运用奇妙的层次空间令钻石展现出无与伦比的折射光芒，而撩人的曲线更是喻义了无限舒展的女性魅力，让新潮的女性叹为观止。

周大福系列产品不仅高贵时髦，品质优良，而且产品定位合理，层次分明。周大福产品既有端庄朴实大众化的首饰，也有设计新潮、动感前卫的年轻系列，更有雍容华贵的高档饰品。为满足女性求变的消费心理，周大福公司于75周年纪念庆典之际，隆重推出“绝配”组合套配，该套配可以随意变换不同戴法，成为市场追逐的新宠。

周大福公司高超的产品研发能力，使其在市场的角逐中始终开合有度，从而在白热化的激烈交锋中傲视群雄，以至立于不败之地。

兵法有云：“凡战者，以正合，以奇胜。”周大福珠宝饰品之所以能够成功占领市场，与其首创推出的999.9纯金饰品这一“市场奇兵”有很大的关系。它打破了业界传统而狭隘的眼光，开创了金饰制造新工艺的先河，领导了消费新潮流，为周大福公司以后的快速稳定发展奠定了雄厚的经济基础。现在，周大福公司首创的999.9纯金首饰已经成为香港的黄金成色标准与典范。

一个产品能否畅销，其关键还在于该产品有没有独特的销售主张（Unique Selling

Proposition，USP)，即卖点，它是一般的竞争对手所不会或不能提出的，它向消费者陈述一个销售主张，即购买该产品应得到的好处，并且具有打动千百万人的吸引力。周大福999.9纯金产品的推出，曾经受到同行的非议与质疑，但周大福公司成功了，其成功就在于4个“9”的产品优越于2个“9”的产品，向众多的女性消费者展示了产品独特的卖点，即纯度这一难以跨越的“门槛”，使其风靡市场，让竞争对手难以望其项背。

周大福品牌产品的成功，得益于其准确的产品定位与市场细分，使其拥有了最大化的消费群，而其不断创新、与时俱进的研发风格，使其品牌含金量不断积淀，并焕发出恒久的个性张扬魅力。

近年来，珠宝首饰行业在国内的发展风起云涌，且有愈演愈烈之势，因此寻找未来商战的突破点与增长点成为必须。

在这次战略战术的调整上，周大福公司仍然先人一步，率先提出了“珠宝时装化，首饰生活化”的突破性营销概念，把首饰变成生活必需品，将珠宝变成时尚，甚至是一种艺术。这种营销思路对于周大福将是一次新的飞跃，它使珠宝首饰推向了大众化消费，并走“平民化”路线，它使珠宝首饰更多地走入“寻常百姓家”，并掀起珠宝首饰领域的一场新浪潮。

随着时代的进步与发展以及人们生活水平的日益提高，周大福公司已经认识到以往单件款式的经销形式已不能满足现今消费者的购买欲求。消费者在选购过程中，“求新”、“求异”、“求变”，他们追求各自的艺术素养、文化品位、个性主张和时代风格，他们喜欢的是一件带点个人主义的潮流首饰，并不再单纯追求产品本身的价值。消费模式的转变，更加促使周大福公司锐意革新，将品牌年轻化，由店铺装修到推出面向年轻消费群的潮流饰品产品线，以此来吸纳和扩大市场份额。

战略思路的转变，必将引发珠宝首饰行业的新动向，周大福公司有理由相信，经过“珠宝时装化，首饰生活化”的战略调整，周大福公司将增加新的销售空间，并将继续领导珠宝首饰行业快速向前发展。

如今，周大福公司在内地已经开设了200余家分店，并形成了以北京、上海、广州、武汉为中心的华北、华东、华南、中西部4大片区。除了西藏、新疆、内蒙古之外，周大福公司的专营店铺网络已经遍布全国各地，周大福公司已经成为中国内地珠宝首饰行业的领头羊，并被评为中国500个最具价值品牌之一。

资料来源：王云飞. 周大福，营销策略演绎成功经典［J/OL］. http://www.cmmo.cn/article-47084-1.html.

讨论题

1. 周大福公司是如何来进行市场定位的？有效的市场定位需要满足什么条件？

2. 消费品细分的标准有哪些？周大福公司是如何来进行细分的？为什么会取得这样的成功？

第六章　国际市场营销的产品策略

引例

摆脱“苦笑曲线”——让品牌代表中国制造

一位日本前首相讲演时曾说：“丰田是我的左脸，松下是我的右脸。”这两个品牌对日本的重要性，可见一斑。但在中国，鲜有哪个产业出了一个品牌，可以代表国家的脸面。在著名的微笑曲线的两端，设计和品牌意味着更高的附加值，但在中国制造这里，大多数时候，情况却是“苦笑曲线”，设计和品牌隐藏在制造的巨大阴影之下。

可惜的是，为繁荣世界市场立下汗马功劳的中国制造，自己的品牌并没能在国际市场上登堂入室，享受礼遇，却被几乎所有上档次的营销场所拒之门外。不够大牌的“中国制造”在国际市场上往往出现在99美分店、低端超市里。在国外受到排挤的中国品牌，在中国的高档商场也受到同样的待遇。在北京王府井大街、上海南京西路及淮海中路的高档商场里，你可以看到路易威登（LV）、普拉达（Prada）等各国各种高档品牌，却依然很难看到中国国产品牌的身影。

在过去的30年中，中国企业主要做的是年复一年地承接外贸订单，加班加点地生产来料加工的产品，并且出口到国外，挣着辛苦钱。这种辛苦有时甚至还伴随着资源和环境的成本。备受争议的富士康也是蜗居在微笑曲线的最低端，美国一家市场调查机构提供了这样的数据：苹果公司每台平板电脑，售价是499美元，成本为260美元，而富士康为其组装费用为11.2美元，只占其成本的4%，占其售价的2%多一点。调查显示，中国出口企业中拥有自主品牌的只有20%，自主品牌出口约占全国出口总额的1%，在中国庞大的对外贸易额中，加工贸易占到了半壁江山。在外资企业的大规模出口中，中国获得的真实收益并不算高。

由于外方控制了收益最高的设计、研发、品牌等环节，过度依赖外资企业出口和加工贸易，不但不能为中国经济带来相应的利益，反而会使国内产业产生空洞化的趋势。这种经济增长模式可能使中国经济套牢在低端产业的陷阱之中。轻研发、轻设计、轻品牌、轻服务，在只顾埋头制造的中国企业这里，微笑曲线变成了“苦笑曲线”。尽管中国已是世界第二大的经济体，品牌研究机构国际品牌集团（Interbrand）发布的2010年“全球最佳品牌榜”上，中国品牌依然在全球最佳100个品牌榜上无名。

一个品牌要成为在国际上有影响力的品牌，先要成为国内强势品牌，但是中国目前的经济结构、分配结构，使得国内消费市场一直处于非合适水平，消费者没有能力去支付品牌的溢价。同时，有利于自主品牌成长的法律法规体系不够完善，也阻碍了企业投入品牌的热情。无论是在宏观体制还是微观体制上，中国都还没有形成让自主品牌更加顺利成长和发展的机制。

蜗居在“苦笑曲线”低利润制造端的中国企业，转型是大势所趋，“中国制造”到“中国创造”也是必由之路。回顾一下经济发展史，这个转移确实很艰难，但绝不是不可实现的。事实上，西方的欧洲、美国曾经走了这条路，亚洲的日本、韩国也走过这条路，这些国家转型的过程都历经痛苦，但最终结果都比较成功。

例如，美国在1900年前后基本上完成了工业革命，成为了世界最大最强的制造业中心。随着日本以及后来韩国的工业化，美国在许多制造业领域渐渐失去了竞争力。但是，就是从那个时候开始，美国经济已经静悄悄地发生了又一次革命，电脑软件和互联网为代表的信息与通信技术产业异军突起，深刻地改变了美国的经济结构，彻底刷新了美国的经济面貌，使美国继续成为全球经济的领袖。看看国际品牌集团2010年“全球最佳品牌榜”上榜企业，美国科技品牌持续在排行榜上领先，IBM、微软、谷歌、英特尔以及惠普，在前十强占据半壁江山。而苹果（第17位）由于其管控得当的信息传播以及随着新产品发布带来的持续热议，品牌价值飙升37%。

在质量上，中国产品还没有摆脱“低端制造”，中国名牌产品也往往在可靠性上有令人遗憾的缺陷；在技术上，制造设备大部分靠外国进口，制造技术缺少自主知识产权，风行全国的“山寨现象”更暴露了中国在知识产权方面的软肋；从市场角度看，中国产品在国际市场上没有自己的销售渠道，国内市场上假冒伪劣的屡禁不止和崇洋媚外的“排内现象”，都严重阻碍着中国自主品牌的成长。

中国需要一场品牌革命，中国的品牌包括国家品牌、区域品牌、产业品牌、企业品牌、产品品牌，它们在世界范围内的崛起，既是中国未来30年发展的最重要的杠杆，又是最重要的任务和最重要的标志。

资料来源. 刘琼：摆脱“苦笑曲线”——让品牌代表中国制造［N］. 第一财经日报，2010-09-29.

对于从事国际市场营销的企业而言，更广阔的国际市场、更复杂多变的市场环境、更多元化的消费者需求和更激烈的竞争态势，体现在企业营销组合（Marketing Mix）策略的制定上，需要考虑的因素更多，决策过程更复杂，面对的挑战也更艰巨。

营销组合策略包括产品策略（Product Strategy）、价格策略（Pricing Strategy）、渠道策略（Place Strategy）和促销策略（Promotion Strategy），也就是我们通常所说的4P策略。在国际市场营销组合中，产品是最核心和最重要的要素。离开了产品，价格、渠道和促销便失去了意义。具有竞争力的产品，是企业成功开拓国际市场的前提。产品策略是国际市场营销策略的基础。

第一节　国际产品和产品组合策略

一、国际产品的整体概念

人们通常理解的产品是指具有某种特定物质形状和用途的物品，是看得见、摸得着的东西，这是一种狭义的定义。市场营销学认为，广义的产品是指人们通过购买而获得的能够满足某种需求和欲望的物品的总和，它既包括具有物质形态的产品实体，又包括非物质形态的利益，这就是“产品整体概念”。

产品整体概念是现代市场营销学的一个重要理论，它具有宽广的外延和深刻而丰富的内涵。一般来说，国际产品概念包括三个层次，即核心产品、形式产品和附加产品，如图 6.1 所示：

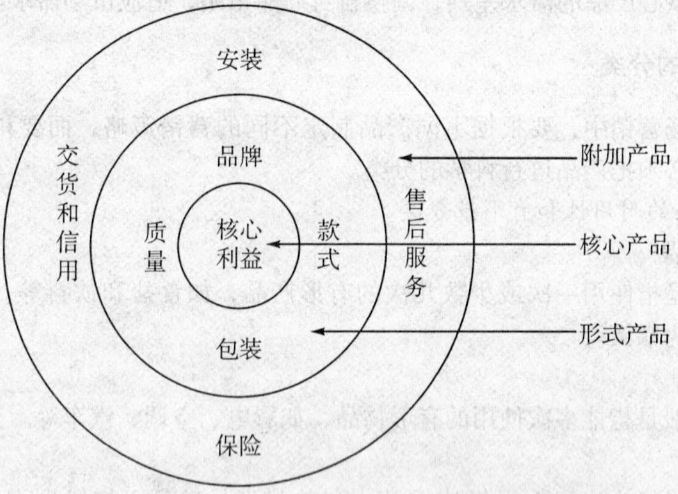

图 6.1　产品整体概念的三个层次

1. 核心产品

核心产品（Core Product）是指向顾客提供的产品的基本效用和利益，也就是产品的使用价值或最基本的功能。用户购买某种产品并不是仅仅为了获得产品实体本身，更重要的是满足某种需要。例如，消费者购买口红的目的不是为了得到某种颜色某种形状的实体，而是为了通过使用口红提高自身的形象和气质；购买钻头的消费者真正要购买的是“孔”；在旅馆住宿的旅客真正需要的是睡眠与休息。总之，核心产品是促使消费者购买的基本因素，是产品最基本、最重要的组成部分。

2. 形式产品

形式产品（Physical Product）是指生产者实际提供给顾客的产品基本形态，它是核心产品的有形载体。形式产品包括了产品的品牌、款式、质量、式样、特征及包装。核心产品必须通过形式产品才能实现。例如，佳能照相机就是一个形式产品，它的品牌、零部件、外观、质量、包装等组合形成了它的核心利益——将重要时刻的情景给予快速便捷和高质量的摄取保存。形式产品是核心产品的实现形式，它对产品的销售无疑起着极其重要的作用和影响。

3. 附加产品

附加产品（Augmented Product）是指销售者为顾客提供的附加服务和利益，是指企业通过提供安装、保险、维修、送货、培训等服务，给消费者带来超出顾客期望的部分。例如，旅馆在为顾客提供良好休息环境的同时，还能为其提供漂亮的鲜花、叫醒服务、商务服务、旅游咨询等。又如，日本本田汽车公司在全世界许多国家的大城市都设有维修中心，为该公司销售的产品进行修理、保养和更换零部件等工作，开展全面的售后服务，这就给消费者带来了许多的产品的附加利益。国际市场的需求和企业间竞争的日益多样化，顾客对企业生产和销售产品的附加利益提出了更高的要求。这些附加利益有利于引导、启发和刺激消费者的购买欲望或增加对该产品的消费。

国际产品的整体概念体现了以顾客需求为核心的现代市场营销观念，树立产品整体概念，有利于企业充分认识不同国家市场中的消费者对产品各层次的需求特征。企业尤其应注重核心产品的需求差别，调整自身产品策略，适应市场需求。

二、国际产品的分类

在国际市场营销中，要根据不同产品制定不同的营销策略，而要科学地制定有效的营销策略就必须把产品进行科学的分类。

（一）按照产品的耐用性和有形性分类

1. 非耐用品

非耐用品是指使用一次或少数几次的有形产品，如食盐和饮料等。这些产品消费很快，购买较为频繁。

2. 耐用品

耐用品一般是指能多次使用的有形物品，如彩电、空调、汽车等。

3. 服务

服务通常是指为出售而提供的活动、利益和满足感等，如修理汽车、旅馆住宿。服务具有无形、不可分离、可变和易消失等特征。

（二）根据产品的购买者和购买目的的不同分类

1. 消费品

消费品（Consumer Goods）是指个人和家庭为满足生活消费而购买的商品和服务。根据消费者的购买行为和购买习惯，消费品可以划分为便利品、选购品、特殊品、非渴求品。

（1）便利品。便利品是指消费者要经常购买、反复购买、即时购买、就近购买、惯性购买，且购买时不用花时间比较和选择的商品。便利品具体又可以分为日常生活用品，如食盐、香烟、饮料等；冲动品，即事先不在购买计划之内，由于一时冲动而即时购买的商品，如合意的书籍、折价的小饰品、旅游途中购买的工艺品和纪念品等；救急品，即消费者在某种情况下紧急购买的商品，如饥肠辘辘时购买的食品、倾盆大雨突然而至时购买的雨伞等。对便利品的营销，企业要特别重视“地点效用”和“时间效用”，建立密集的销售网点，备足货品，采取特价、折价，集中突出陈列以及赠品等促销策略，方便消费者随时随地购买，刺激冲动性需求。

（2）选购品。选购品是指消费者在购买过程中对功效、质量、款式、色彩、特色、品牌、价格等花较多时间进行比较的商品，如家用电器、服装、鞋帽等。选购品又可以分为同质选购品和异质选购品。前者在质量、功效等非价格因素方面差别不大，但价格差异较大，因此要认真比较选购。后者在功效、质量、款式、色彩、风格等方面差异较大，消费者购买时重视和追求特色，特色比价格对购买决策的影响更大。企业在异质选购品的营销中首先要重视产品差异的设计与研制，在产品的品种、花色、款式、风格方面实行多样化，并通过广告宣传和促销活动将产品差异有效地传递给消费者，以满足消费者的差异化需求。

(3) 特殊品。特殊品是指具有特定品牌或独具特色的商品，或对消费者具有特殊意义、特别价值的商品，如品牌服装、名车、名烟、名酒，具有收藏价值的艺术品以及结婚戒指等。特殊品的购买者对所需产品已经有所了解，注重其特殊价值，情有独钟，愿意为此付出更多的努力或支付更高的价格。对于这类商品，企业的营销重点应放在品牌声誉、特色和对消费者而言的特殊价值上，并要相应地选择有较好信誉的经销商或专卖店销售。

(4) 非渴求品。非渴求品是指消费者不熟悉，或虽然熟悉但不感兴趣，不主动寻求购买的商品，如环保产品、人寿保险以及专业性很强的书籍等。非渴求品往往属于消费者的潜在需求或未来需求。在营销中，企业需要采用较强的开发性策略，采取诸如人员推销、有奖销售等刺激性较强的促销措施，制作强有力的广告，帮助消费者认识和了解产品，将产品使用价值和消费者的需求紧密相连，以引导消费者的兴趣，激发消费者的购买行为。

2. 产业用品

产业用品（Industrial Goods）是指各种组织，如企业、机关、学校、医院为生产或维持组织运作需要而购买的商品和服务。判断具体产品是消费品还是工业品的标准，就是看谁购买和购买的目的是什么。如果个人和家庭购买电脑作为自家的学习、娱乐之用，这台电脑就是消费品；如果一家企业购买电脑用于生产控制、日常办公、产品销售等，这台电脑就成了产业用品。对于产业用品，可以根据它们参与生产过程的程度和价值大小划分为材料和部件、资本项目以及供应品和服务三大类。

三、国际产品组合的概念

现代企业所经营的产品往往种类繁多。例如，美国光学公司生产的产品超过 3 万种；美国奇异电气公司经营的产品多达 25 万种。但企业并不是无条件地经营产品越多越好。一个企业应该生产和经营哪些产品才是有利的？这些产品之间应该如何配合？这就是产品组合的决策问题。产品组合的决策当中又涉及以下产品组合以及产品组合的相关概念。

产品组合（Product Mix）是指一个企业生产或经营的全部产品线、产品项目的集合，或者说是一个企业生产经营的全部产品的构成。

产品线（Product Line）是指企业按照一定的分类标准对企业生产经营的全部产品进行划分，每一组密切相关的产品构成一个产品大类或产品线。

产品组合的宽度（Product Width）是指一个企业生产经营的产品线的多少。一个企业生产经营的产品线越多，产品组合也就越宽，反之组合就越窄。以宝洁公司生产的部分日用品为例，从表 6.1 中可以看出，宝洁公司拥有清洁剂、牙膏等 5 条产品线，因此其产品组合的宽度为 5。

产品组合的长度（Product Length）是指产品组合中所有产品项目的总数。表 6.1 中，宝洁公司的产品组合的长度为 25。其中，清洁剂产品线的产品组合长度为 9，条状肥皂产品线的产品组合长度为 8。

产品组合的深度（Product Depth）是指产品项目中每种品牌有多少花色和规格。

例如，佳洁士品牌牙膏有3种规格，每个规格有2种口味，则佳洁士品牌产品组合的深度为6。

表6.1　　　　　　　　　　　宝洁公司的产品组合

	产品组合的宽度				
	清洁剂	牙膏	条状肥皂	纸尿布	纸巾
产品组合的长度	象牙雪	格利	象牙	帮宝适	媚人
	德米夫特	佳洁士	柯克斯	露肤	粉扑
	汰渍		洗污		旗帜
	快乐		佳美		绝顶1100's
	奥克雪多		香味		
	德希		保洁净		
	波尔德		海岸		
	圭尼		玉兰油		
	依拉				

资料来源：菲利普·科特勒．营销管理——分析、计划、执行和控制［M］．9版．梅汝和，梅清豪，等，译．上海：上海人民出版社，1999.

产品组合的关联度（Product Consistency）是指产品组合中各个产品线在生产条件、分销渠道、最终使用或其他方面相关联的程度。这种相关联的程度越高，产品组合的相关性越大，各个产品线之间可以共享的资源也越多。

通常来说，致力于多元化的企业产品组合的关联度较小，各个产品线之间的资源共享性较差。例如，全球知名的家电企业海尔集团在中国的业务已经拓展到了保险业、金融业和物流业。与之对应的，发达国家的著名企业很多都是专业化的，产品相关性较高。面对复杂多变的国际市场环境，企业应结合自身的发展目标和资源状况，确定适合自己的产品组合，并经常对自己的产品组合进行分析、评估和调整，以保持最适当和最优的产品组合。

四、国际市场的产品延伸策略

企业的国际产品策略在产品组合层面主要包括产品组合宽度的增加和产品线的延伸。产品组合宽度的增加是指增加新的产品大类，即新产品策略。产品的延伸策略一般有三种：向上延伸策略、向下延伸策略和双向延伸策略。

（一）向上延伸策略

向上延伸策略是指企业将原来定位于中低端市场的产品线向上延伸，增加产品项目以进入高端产品市场。例如，2010年3月26日，在奇瑞汽车公司成立13年后，其生产的第200万辆汽车隆重下线。而当天下线的主角就是奇瑞高端商务车G5，另外两款新车威麟X5、威麟H5同时上市，威麟X5是奇瑞的高端运动型多用途（SUV）车型，威麟H5则是奇瑞汽车公司针对中型、大型客车领域开发的一款高端商务车。通过这三款车，奇瑞汽车公司的产品布局调整更有力地支撑了奇瑞汽车公司向中高端市场进军的战略路线，有助于与国际品牌展开有力竞争。

采用向上延伸策略的考虑主要源于以下几点：一是高端市场的快速增长率和高利润的吸引力；二是企业自身提升品牌资产价值，改善品牌形象的需求；三是通过完善产品线成为全线制造商的自身发展需求。

当企业实行向上延伸的产品策略成功后，将会获得巨大的利润。但是要想使原本低端的品牌重新获得高端的形象是非常困难的，这就需要企业辅之以实行合理有效的营销策略，推动品牌高端形象的塑造。

（二）向下延伸策略

向下延伸策略是指企业以高端品牌推出中低端产品，通过品牌向下延伸策略扩大市场占有率。以奶粉为例，2009年开始，已经在高端市场拥有70%的市场份额的外资品牌，不断加大对三四线城市的运作，低端产品高调上市，其中包括多美滋的贝乐嘉奶粉和美赞臣的培乐奶粉；又如，在经历了2008年的全球金融危机后，全球的奢侈品牌几乎都开始考虑是否需要将产品延伸到大众市场。在中国市场，为应对更多平民奢侈品迷的需求，不少奢侈品推出副线品牌，如阿玛尼（Armani）推出了售价较为亲民的副线品牌“A/X”，爱马仕（Hermes）在上海开了一家“上下”品牌店。

一般来讲，采用向下延伸策略的企业可能是在高端产品市场受到打击，企图通过拓展中低端产品市场来反击竞争对手；或者是为了填补自身产品线的空档，防止竞争对手的攻击性行为；也可能是因为中低端产品市场存在空隙，销售和利润空间较为可观。

企业在实行这一策略时要特别注意的是，向下延伸策略可能会破坏高档产品原有的市场形象，使企业一贯的高端形象遭到破坏。此时，企业应该重新考虑是否有必要实行低端延伸策略，如果一定要向低端市场发展，也应该重新创立低档产品品牌，塑造新的品牌形象，而不是继续使用高档产品线的品牌。

（三）双向延伸策略

双向延伸策略，即产品线同时向上、向下延伸，也就是将定位于中端的品牌，向高端和低端市场进行向上和向下两个方向的延伸。例如，丰田公司在自己的中档产品卡罗拉牌汽车的基础上，为高档市场增加了佳美牌，用以吸引中高层经理人员，在低档市场则增加了小明星牌，用以吸引普通工薪阶层，此外还在豪华市场推出了凌志牌，用以吸引收入较高的高层管理人员。

企业在原有的市场平稳立足并取得了一定的知名度之后，在考虑到企业发展目标、自身资源和市场竞争状况等因素后，会做出同时向两端延伸的决策。企业通过延伸策略，可以丰富产品线，加大产品市场覆盖，抢占市场空间，扩大企业规模，实现企业发展。

五、国际产品的标准化与差异化策略

进入国际市场的产品必须树立产品的整体观念，以满足消费者综合的、多层次的利益和需求为中心来设计和销售产品。与国内市场营销不同的是，国际市场营销面对的是世界各国和地区不同的市场环境，因此企业是向全世界所有不同的市场都提供标准化产品，还是为适应每一特殊的市场而设计差异化产品，这是企业所面临的重要决策问题之一，即国际产品的标准化与差异化策略的决策。

(一) 国际产品的标准化策略

1. 产品标准化的提出及其涵义

国际产品的标准化策略（Standardization Strategy）是指企业向全世界不同国家和地区的所有市场都提供相同的产品。实施产品标准化策略的前提是市场全球化。自20世纪60年代以来，社会、经济和技术的发展使得世界各个国家和地区之间的交往日益频繁，相互之间的依赖性日益增强，消费者需求也具有越来越多的共同性，相似的需求已构成了一个统一的世界市场。因此，企业可以生产全球标准化产品以获取规模经济效益。例如，在北美、欧洲及日本三个市场上出现了一个新的顾客群，他们具有相似的受教育程度、收入水平、生活方式及休闲追求等，企业可将不同国家相似的细分市场作为一个总的细分市场，向其提供标准化产品或服务，如可口可乐、麦当劳快餐、柯达胶卷、好莱坞电影、索尼随身听等产品的消费者遍及世界各地。

2. 产品标准化策略的优点

在经济全球化步伐日益加快的今天，企业实行产品标准化策略，对企业夺取全球竞争优势无疑具有重要意义。

(1) 产品标准化策略可使企业实现规模经济，大幅度降低产品研究、开发、生产、销售等各个环节的成本而提高利润。

(2) 在全球范围内销售标准化产品有利于树立产品在世界上的统一形象，强化企业的声誉，有助于消费者对企业产品的识别，从而使企业产品在全球享有较高的知名度。

(3) 产品标准化还可使企业对全球营销进行有效的控制。国际市场营销的地理范围较国内营销扩大了，如果产品种类较多，则每个产品所能获得的营销资源相对较少，难以进行有效的控制。产品标准化一方面降低了营销管理的难度，另一方面集中了营销资源，企业可以在数量较少的产品上投入相对丰富的资源，对营销活动的控制力更强。

3. 影响产品标准化策略选择的因素

(1) 产品的属性特征。相对于生活用品而言，工业品更适合于标准化，如钢材、石油产品、机床、生产设备、零部件等。而在生活消费品中，耐用品较非耐用品更适合标准化，如德国的奔驰汽车多采用标准化的产品策略。

(2) 产品技术的标准化程度。电视机、录像机、音响、计算机硬件和软件等研究开发成本高的技术密集型产品，基于技术标准化的产品标准化，既是对产品研发的巨额投资的补偿，也有利于产品的全球推广与升级。例如，微软公司的软件、波音公司的飞机等产品。

(3) 产品的地方和民族特色。例如，中国的丝绸、瓷器，美国的香烟、口香糖和牛仔裤，法国的香水，各国消费者正是需要这种原汁原味的民族特色的东西。

(4) 竞争环境。如果目标市场国上没有竞争对手出现或市场竞争不激烈，企业可以采用标准化策略；若竞争激烈，但企业拥有独特的核心竞争能力，且该核心竞争能力是其他企业无法效仿的，也可采用标准化产品策略。

（5）原产国效应（Country-of-Origin Effect）。原产国效应是产品附带的“某国制造”的标签对顾客产生的影响，或者说是某一品牌的产品或服务的制造国家对顾客所产生的影响。当原产国效应形成了一种特殊的国别优势时，采用产品的标准化策略会更加合适。例如，中国的青岛啤酒，在美国市场主要通过餐馆渠道销售，并被认为是“最适合与中国菜一起饮用的啤酒”。

实施标准化产品策略必须做成本—收入分析，严格根据收益情况来进行决策。产品、包装、品牌名称和促销宣传的标准化无疑都能大幅度降低成本，但只有对大量需求的标准化产品才有意义。

此外，还应考虑各国的技术标准、法律要求及各国的营销支持系统，即各国为企业从事营销活动提供服务与帮助的机构和职能。例如，有的国家零售商没有保鲜设施，新鲜食品就很难在该国销售。尽管产品标准化策略对从事国际营销的企业有诸多有利的一面，但缺陷也是非常明显的，即难以满足不同市场消费者不同的需求。当忽略了差异性存在的标准化产品不能够被国际市场所接受时，企业应考虑放弃标准化，转而采用差异化产品策略。

（二）国际产品的差异化策略

1. 产品差异化策略的涵义

国际产品差异化策略（Adaptation Strategy）是指企业向世界范围内不同国家和地区的市场提供不同的产品，以适应不同国家和地区市场的特殊需求。如果说产品标准化策略是由于国际消费者存在某些共同的消费需求的话，那么产品差异化策略则是为了满足不同国家和地区的消费者由于所处不同的地理、经济、政治、文化及法律等环境尤其是文化环境的差异而形成的对产品的千差万别的个性化需求。

尽管人类存在着某些需求共性，但在国际市场上不同国家和地区消费者的需求差异是主要的。在某些产品领域特别是与社会文化的关联性强的产品领域，国际消费者对产品的需求差异更加突出。企业必须根据国际市场消费者的具体情况改变原有产品的某些方面，以适应不同的消费需求。

2. 产品差异化策略的优点

实施产品差异化策略，即企业根据不同目标市场营销环境的特殊性和需求特点，生产和销售满足当地消费者需求特点的产品。这种产品策略更多的是从国际消费者需求个性角度来生产和销售产品，能更好地满足消费者的个性需求，有利于开拓国际市场，也有利于树立企业良好的国际形象，是企业开展国际市场营销的主流产品策略。

然而，产品差异化策略对企业也提出了更高的要求。首先是要鉴别各个目标市场国家消费者的需求特征，这对企业的市场调研能力提出了很高的要求；其次是要针对不同的国际市场开发设计不同的产品，要求企业的研究开发能力要跟上；最后是企业生产和销售的产品种类增加，其生产成本及营销费用将高于标准化产品，企业的管理难度也将加大。因此，企业在选择产品差异化策略时，要分析企业自身的实力以及投入产出比，综合各方面的情况再进行判断。

3. 影响产品差异化策略选择的因素

影响产品差异化策略选择的因素包括政府政策、法律、法规因素，经济因素和消费者收入水平，社会、文化倾向，自然环境因素，公用设施和产品使用条件因素以及产品的特性。

（1）政府政策、法律、法规因素。每个国家和政府都会通过法律、法规等规范企业生产和产品进出口，设置贸易壁垒，保护消费者。这种因为法律法规和标准的限制而对产品做出的强制性修改和调整，是企业实施差异化策略的重要原因之一。例如，海尔集团为满足国际社会对环保的要求而推出的超级无氟冰箱达到了德国A级能耗标准。在德国，凡购买海尔集团这一冰箱的德国消费者均可以得到一定的政府补贴。

（2）经济因素和消费者收入水平。处于不同经济发展阶段的市场，人们的收入水平不同，文化和教育程度不同，消费观念及消费习惯不同，对于产品的需求也不同。例如，人均收入高的国家，消费者追求高档产品和休闲享受，注重产品的款式和包装。而人均收入低的国家，消费者更愿意选择耐用与实用的产品。微软集团自2003年开始实施差异化产品策略，在泰国推广仅售20英镑的Windows XP简化功能修订版，2007年在中国销售低价Windows Vista操作系统中文版彩包，被视为满足特定目标市场需求的、能够反映一个国家生活成本的定制化产品。

（3）社会、文化倾向。世界各国在语言、宗教、风俗、习惯、价值观念等方面的差异，影响着消费者的观念和消费需求。因此，识别消费者真正的需求很重要。例如，中国香港的迪士尼主题公园拥有一个全球独一无二的“梦幻花园”，花园内的主要景点就是中国古代塔楼，由卡通片《花木兰》中的人物驻守。哈根达斯在中国除了不失时机地推出自己的系列月饼，还推出了中华美食冰淇淋，包括冰淇淋制作的年糕、叉烧包、小笼包和春卷等。

（4）自然环境因素。地理环境、气候环境、人口密度、居住环境等也影响人们对于产品的需求。海尔集团的“小小神童”洗衣机和嵌入式酒柜是两款专门为日本市场设计的产品。该洗衣机以其小巧时尚的外观、轻松易用的人机界面，深受日本单身贵族的青睐；该嵌入式酒柜则因符合日本家电开放式厨房的发展趋势而大受欢迎。

（5）公用设施和产品使用条件因素。基础设施的不同会对产品的使用产生影响。最鲜明的例子是各个国家电压制度是不同的，我国是220伏，而日本、美国等国家均为110伏。因此，我国出口的电器产品必须要在电源配置上做出相应的调整。还有我们习以为常的左舵驾驶和右侧行驶的交通规则，在英国则正好相反。无论是出口的汽车，还是进口的汽车，对产品的适当改动和修正都是必需的。

（6）产品的特性。一般来说，非耐用消费品比耐用消费品更需要差异化，耐用消费品比工业品更需要差异化。例如，肯德基餐厅在中国市场推出的“老北京鸡肉卷”、“海鲜蛋花粥”和“香菇鸡肉粥”则是为中国早餐市场定制的差异化产品。

（三）产品标准化与差异化策略的选择

随着经济的发展和人们生活水平的提高，消费者需求的个性化日益凸现，选择产品差异化策略应是从事国际营销企业的主要产品策略。然而在营销实践中，企业往往将产品差异化和产品标准化策略综合运用。许多产品的差异化、多样化主要是体现在外形上，如产品的形式、包装、品牌等方面，而产品的核心部分往往是一样的。可见，国际产品的差异化策略与标准化策略并不是独立的，而是相辅相成的，有些原产国产品并不需很大的变动，而只需改变一下包装或品牌名称便可进入国际市场，有些原产国产品要想让世界消费者接受则需进行较大的改变。

企业在标准化策略或差异化策略的选择中，有两个分析方法非常实用：一个方法是根据自身特点，进行系统的跨文化分析与研究，扬长避短，选择最适合的策略；另一个方法是通过成本—收益分析，权衡收益与成本，做出最优选择。事实上，很多企业灵活运用标准化策略和差异化策略，将几个相近市场并为同一市场，采取地区性标准化策略；在另外一些市场，则采取差异化策略，从而在国际市场营销中大获成功。

第二节 国际市场的新产品开发

一、国际新产品的概念和分类

（一）国际新产品的概念

国际新产品（International New Product）主要是指采用新技术原理、新设计构思研制、生产的全新产品，或在结构、材质、工艺等方面比原有产品有明显改进，从而显著提高了产品性能或扩大了使用功能，在国际市场上首次投入生产和销售的产品。从市场营销的角度看，凡是企业向市场提供的过去没有生产过的产品都叫新产品。具体地说，只要是产品整体概念中的任何一部分有变革或创新，并且给消费者带来新的利益、新的满足的产品，都可以认为是一种新产品。

（二）国际新产品的分类

按产品研究开发过程，国际新产品可分为全新产品、改进型新产品、模仿型新产品、降低成本型新产品和重新定位型新产品。

1. 全新产品

全新产品是指应用新原理、新技术、新材料，具有新结构、新功能的产品。该新产品在全世界首先开发，能开创全新的市场，与已有任何产品毫无雷同之处，如蒸汽机、电灯、电子计算机等产品的发明。

2. 改进型新产品

改进型新产品是指在原有老产品的基础上进行改进，采用新技术、新工艺、新材料、新元件等，使产品在结构、功能、品质、花色、款式及包装上具有新的特点和新的突破。改进后的新产品，其结构更加合理，功能更加齐全，品质更加优质，能更多地满足消费者不断变化的需要。例如，黑白电视机革新成彩色电视机，电子计算机从电子管、晶体管、集成电路、大型集成电路发展到具有人工智能的第五代新产品。

3. 模仿型新产品

模仿型新产品是指企业对国内外市场上已有的产品进行模仿生产。这种产品研制相对最为容易，市场竞争也最为激烈。

4. 降低成本型新产品

降低成本型新产品是指以较低的成本提供同样性能的新产品，主要是指企业利用新科技，改进生产工艺或提高生产效率，削减原产品的成本，但保持原有功能不变的新产品。

5. 重新定位型新产品

重新定位型新产品是指原有的老产品进入新的市场成为该市场的新产品。例如，著名香烟品牌万宝路，其最初定位是女性香烟，但其销量并不理想，后来万宝路“脱胎换骨”，变身“男人装”，成就了香烟史上的经典。

二、国际新产品开发过程

国际市场新产品的开发过程是一个复杂的系统工程，需要营销、开发、生产等各部门的参与，而且风险较大，因此遵循科学的开发程序十分重要。新产品设计开发过程分为八个阶段：构思产生、构思筛选、概念发展和测试、制订营销战略计划、商业分析、产品实体开发、市场试销、商业化。

1. 构思产生

国际市场新产品的构思可来源于多个方面，如国外消费者和用户对现有产品的反映以及新的需求；国外科技情报、国外营销调研公司和国际竞争对手的产品启示；国际产品展览会、展销会、博览会以及政府出版的行业指导手册等。

2. 构思筛选

新产品构思筛选是采用适当的评价系统及科学的评价方法，对各种构思进行分析比较，从中把最有希望的设想挑选出来的一个过滤过程。在这个过程中力争做到除去亏损大和必定亏损的新产品构思，选出潜在盈利大的新产品的构思。构思筛选包括以下两个步骤：

第一，要确定筛选标准。第二，要确定筛选方法。对构思进行筛选的主要方法是建立一系列的评分模型。评分模型一般包括评价因素、评价等级、权数和评分人员等内容。其中，确定合理的评价因素和适当的权数是评分模型是否科学的关键。影响国际市场新产品开发成功的各主要评价因素可以从企业拓展海外市场目标、技术优势、生产的可能性、产品的国际市场吸引力、产品的盈利能力等方面进行评价，以提高筛选的准确程度。

市场营销系数评价法是一种多因素的新产品构思筛选评价方法。首先，将影响新产品成功的各主要因素（即要因）分别化简为具体要素；其次，用概率加权的办法还原成复合系数，即市场营销系数；最后，用市场营销系数的大小来判断新产品成功的可能性。

3. 概念发展和测试

从产品构思发展成产品概念，通常要回答下面三个问题：谁使用该产品？该产品提供的主要利益是什么？何时使用该产品？

新产品概念测试主要是调查消费者对新产品概念的反应，测试的内容包括：产品概念的可传播性和可信度；消费者对该产品的需求程度；该产品与现有产品的差距；

消费者对该产品的认知价值；消费者的购买意图；谁会购买此产品及购买频率。

4. 制订营销战略计划

营销战略计划包括三个部分：第一部分是描述目标市场的规模、结构和行为，新产品在目标市场上的定位，市场占有率及头几年的销售额和利润目标等；第二部分是对新产品的价格策略、分销策略和第一年的营销预算进行规划；第三部分是描述预期的长期销售量和利润目标以及不同时期的市场营销组合。

5. 商业分析

在新产品进入正式产品开发阶段以前，还需对已经形成的产品概念进行商业分析。商业分析的主要内容是对新产品概念进行财务方面的分析，即估计销售额、估计成本和利润，判断是否满足企业开发新产品的目标。

6. 产品实体开发

新产品的实体开发是将新产品概念转化为新产品实体的过程，主要解决产品构思能否转化为在技术上和商业上可行的产品这一问题。新产品的实体开发是通过对新产品实体的设计、试制、测试和鉴定来完成的。新产品开发过程是对企业技术开发实力的考验，能否在规定时间内用既定的预算开发出预期的产品，是整个新产品开发过程中最关键的环节。

7. 市场试销

市场试销是对新产品的全面检验，可为新产品是否全面上市提供全面、系统的决策依据，也为新产品的改进和市场营销策略的完善提供启示，但是试销也会使企业成本增加。由于产品试销一般要花费一年以上的时间，这会给竞争者提供可乘之机，而且试销成功并不意味着市场销售就一定成功。因为各国及各地区消费者的心理不易准确估计，还有竞争的复杂多变等因素，所以企业对试销结果的运用应考虑一个误差范围。

8. 商业化

市场试销大体上为管理层提供了足够的信息，以便对是否推出新产品做出最后的决策。如果市场反应良好，与预期经济、技术要求基本吻合，就要准备组织大量生产，并加强研究营销前的准备工作，如何时进入、向何地区销售、销售给谁以及采用什么样的导入战略等。

营销透视

用户体验至上的产品开发战略

在 2010 财务年度，苹果公司的营业收入达到 652 亿美元，净利润达到 140 亿美元，分别比 2009 财务年度增长了 152%和 170%。苹果公司的股价也再创新高，2011 年 4 月底，其股价为每股 350 美元，市值达 3238 亿美元，为全球市值最高的信息技术企业。

乔布斯的理念是苹果公司的产品是个人工具，帮助个人解决问题。苹果公司没有选择机构或企业作为其客户，而是以个人作为目标客户。事实上，苹果公司从未成功地推出过面向企业的产品，这使得苹果公司专注于个人用户的体验。从某种意义上讲，苹果公司的成功来自对人们如何使用电脑设备的透彻理解，以及开发“酷毙了的产品”

的高度承诺。

作为一个电子消费品企业，始终坚持不变的是满足消费者的体验需求，不断推出能更好地满足消费者体验的产品，即使在产品非常畅销的时候也依然推陈出新。

对乔布斯和他的开发团队的骨干成员而言，其设计的电脑应该既能帮助顾客完成工作，又让顾客喜欢使用电脑。他们认为，对潜在的电脑使用者而言，如果他们能掌握复杂的电脑并且愿意花钱，苹果电脑的设计就是要让他们喜欢上电脑，用户应该能够看到苹果电脑给他们带来的好处，也乐意享用这些好处。只有显著地简化电脑的复杂程度，才能使顾客相信电脑是有用的。因此，苹果公司特别推崇设计的简单易用。为了实现简单易用这一目标，苹果公司在产品设计时就专注于顾客的想法和需求，以及顾客如何与产品互动。当设计人员确信其抓住了客户的想法和需求时，再设法从工程技术上实现。在这种理念的指导下，用户往往只需要按一个键，就可以完成其想要实现的功能。例如，iPod、iPhone、iPad 的操作均极为简单，以至销售的产品中不附带产品说明书。

简化是苹果公司产品设计流程里最重要的一步，iPod、iPhone、iPad 等苹果产品的设计中无不体现出对“简单即是美”这一逻辑的推崇。正如 1983—1993 年担任苹果公司首席执行官的斯卡利回顾他与乔布斯共事经历时所说的，乔布斯是个极简主义者。乔布斯总相信，你做的最重要的决定并不是你要做的事情，反而是你决定不去做的事情。

乔布斯同时又是个完美主义者。在产品系统设计、外观设计及工业设计中，乔布斯极力捍卫他的完美主义的理念。他追求每个步骤、每个细节的精准，做事有条不紊，细心谨慎，尽善尽美。体现在产品设计中，苹果公司高度关注细节。

设计时专注于顾客想法和需求，专注于简单易用，苹果公司实际上抓住了用户体验最实质的东西。当苹果公司的产品以精致诱人的造型面市时，就已经超越了时尚。在乔布斯看来，从设计意图到概念的提出，再到实现概念的整个产品设计过程，一直到用户使用该产品的体验，最后到外在的华丽外形，都体现了“简单即终极复杂”的设计理念。

资料来源：陈武朝. 苹果公司何以走到今天 [J]. 清华管理评论，2011 (3).

第三节　国际产品生命周期

产品从投入市场到最终退出市场的全过程称为产品的生命周期，它经历产品的导入期、成长期、成熟期和衰退期四个阶段。产品的生命周期表明任何产品的市场生命都是有限的，产品的新陈代谢是不可避免的。在产品生命周期的不同阶段，产品的市场占有率、销售额、利润额是不一样的。这就需要企业认真分析和识别产品所处生命周期的具体阶段，根据产品生命周期不同阶段的特点，采取相应的营销组合策略。

一、产品生命周期理论

产品生命周期理论是美国哈佛大学教授雷蒙德·弗农（Raymond Vernon）于 1966

年在其《产品周期中的国际投资与国际贸易》一文中首次提出的。

产品生命周期（Product Life Cycle，PLC）是产品的市场寿命，即一种新产品从开始进入市场到被市场淘汰的整个过程。弗农认为，产品和人的生命一样，要经历形成、成长、成熟、衰退这样的周期。就产品而言，也就是要经历一个开发、引进、成长、成熟、衰退的阶段。而这个周期在不同技术水平的国家里，发生的时间和过程是不一样的，期间存在一个较大的差距和时差，正是这一时差，表现为不同国家在技术上的差距，反映了同一产品在不同国家市场上的竞争地位的差异，从而决定了国际贸易和国际投资的变化。为了便于区分，弗农把这些国家依次分成创新国（一般为最发达国家）、一般发达国家、发展中国家。

典型的产品生命周期一般可以分成四个阶段，即导入期（Introduction Stage）、成长期（Growth Stage）、成熟期（Maturity Stage）和衰退期（Decline Stage）。在整个产品生命周期中，企业的销售、利润呈现出由弱到强，又由盛到衰的过程。如图 6.2 所示：

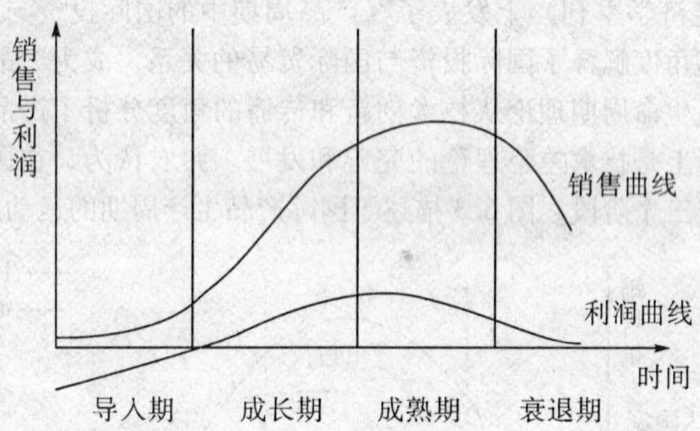

图 6.2 产品生命周期（PLC）曲线

（一）第一阶段：导入期

这是指产品从设计投产直到投入市场进入测试阶段。新产品投入市场，便进入了导入期。此时产品品种少，顾客对产品还不了解，除少数追求新奇的顾客外，几乎无人实际购买该产品。生产者为了扩大销路，不得不投入大量的促销费用，对产品进行宣传推广。该阶段由于生产技术方面的限制，产品生产批量小、制造成本高、广告费用大、产品销售价格偏高、销售量极为有限，企业通常不能获利，反而可能亏损。

（二）第二阶段：成长期

当产品进入导入期，销售取得成功之后，便进入了成长期。成长期是指产品通过试销效果良好，购买者逐渐接受该产品，产品在市场上站住脚并且打开了销路。这是需求增长阶段，需求量和销售额迅速上升。生产成本大幅度下降，利润迅速增长。与此同时，竞争者看到有利可图，将纷纷进入市场参与竞争，使同类产品供给量增加，价格随之下降，企业利润增长速度逐步减慢，最后达到生命周期利润的最高点。

（三）第三阶段：成熟期

当产品走入大批量生产并稳定地进入市场销售，经过成长期之后，随着购买产品的人数增多，市场需求趋于饱和。此时，产品普及并日趋标准化，成本低而产量大。

销售增长速度缓慢直至转而下降，由于竞争的加剧，导致同类产品生产企业之间不得不加大在产品质量、花色、规格、包装、服务等方面加大投入，在一定程度上增加了成本。

(四) 第四阶段：衰退期

随着科技的发展以及消费者需求的改变等原因，产品的销售量和利润持续下降，产品在市场上已经老化，不能适应市场需求，市场上已经有其他性能更好、价格更低的新产品，足以满足消费者的需求，此时成本较高的企业就会由于无利可图而陆续停止生产，该类产品的生命周期也就陆续结束，以致最后完全撤出市场。

二、国际产品生命周期

(一) 国际产品生命周期理论的含义

国际产品生命周期理论是产品生命周期理论在国际间的扩展与运用。20世纪60年代，随着国际贸易及跨国投资的迅速发展，国际分工趋势日益加剧，哈佛大学教授雷蒙德·弗农在《经济学季刊》上发表了《产品周期中的国际投资与国际贸易》一文，从产品生命周期的角度解释了国际投资与国际贸易的关系，成为二战后著名的国际贸易理论。国际产品生命周期理论从技术创新和传播的角度分析了产品生产与贸易在国际间的转移，实际上是技术差距理论的完善和发展。弗农认为，在国际市场上，产品的生命周期划分成三个阶段，图6.3描述了国际产品生产周期的运动过程。

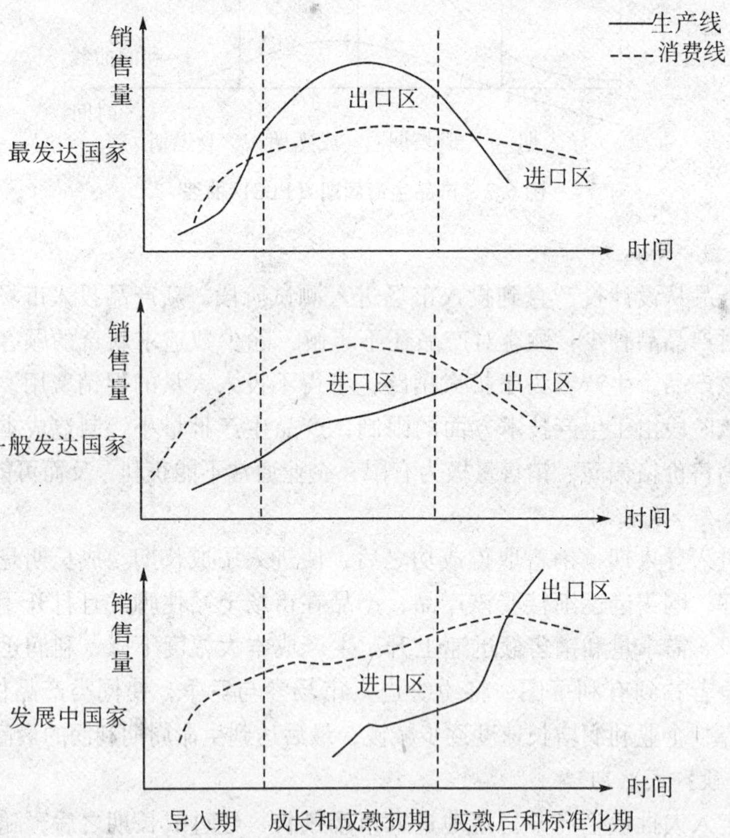

图6.3 国际产品生命周期运动图

1. 新产品阶段

新产品阶段，又称产品导入期。在这个阶段，工业发达国家通过研究与开发技术生产出新的产品。同时，生产技术还有待发展，产品品质并不稳定，成本也较高，但由于竞争对手较少，产品在国内生产并首先满足国内市场的需求。当技术发展到一定水平之后，产品质量稳定下来，竞争较以前激烈，国内市场基本饱和，开始有少量产品出口到其他发达国家。

2. 成熟产品阶段

成熟产品阶段，又称产品的成长或成熟初期。在这个阶段，产品日益成熟，生产技术更加完善，生产规模的扩大给企业带来规模经济效益，生产成本下降，国内市场供过于求，产品大量出口到其他发达国家及发展中国家。同时，其他发达国家也逐渐掌握产品的生产技术，开始仿制生产该种产品，国际市场上出现越来越多的竞争者。技术创新国开始对外投资，在国外设立子公司或分公司，以保持和扩大国际市场份额。

3. 标准化产品阶段

标准化产品阶段，又称成熟后和标准化期。在这个阶段，产品和技术都已标准化，并被大量生产，其他发达国家产品可以和技术创新国相抗衡，由进口国转为出口国。由于技术已被广泛知晓，发展中国家在进口的基础上，可以轻易掌握标准化技术生产出标准化产品，而且由于发展中国家存在自然资源和劳动力的优势，可以低成本地生产出同类产品参与国际竞争，使最先技术创新和产品出口的国家丧失竞争优势。这时，最早技术创新国可以有两种选择：一是逐步退出该产品的市场，研制出新的技术和产品；二是将生产基地完全转移到发展中国家。至此，发展中国家由进口国变成出口国，而最早生产的发达国家向发展中国家进口产品，由出口国变为进口国。

需要指出的是，国际产品生命周期的阶段不同，要素的密集度也相应地不同。在产品导入期，需要大量科学技术的投入，这时产品属技术密集型。在成长或成熟初期，技术和产品日益完善，企业开始大规模的批量化生产，需要大量的资金投入，这时产品属资金密集型。在成熟后期，产品和技术都已标准化，低成本的劳动力成为竞争中的关键优势，这时产品属劳动密集型。因为产品要素密集度的相应变化，所以不同阶段具有不同的比较优势，产品能在不同类型的国家传播和生产。

（二）国际市场产品生命周期理论的意义

国际产品生命周期理论对企业的国际营销活动具有十分重要的现实意义，主要表现如下：

第一，企业可以利用产品在不同国家市场所处的不同生命周期阶段，调整出口产品的地区结构，及时转移目标市场，延长产品生命周期，以达到长久占领国际市场的目的。

第二，企业可以利用产品生命周期来不断调整产品结构，及时推出新产品，淘汰没有前途的产品，加速出口产品的更新换代。

第三，发展中国家可利用产品生命周期，引进发达国家的新产品，依靠本国自然资源和劳力优势，以较低成本研制生产，将产品出口到原产国，从而促使本国产业结构的调整和提高。

第四节　国际市场营销的品牌策略

品牌是用以识别不同生产经营者的不同种类、不同品质产品的商业名称及其标志。现代社会中，品牌是一个非常重要的经济和社会现象。消费者依赖品牌来辨别、选择产品和服务，乃至于依靠品牌展现自身的品位、价值观和情感取向；制造商或服务商则通过品牌来传达产品质量、情感乃至价值取向等诸多内容，以赢得顾客忠诚和随之而来的长远发展。

一、品牌的概念和构成

(一) 品牌

品牌（Brand）是用以识别某个销售者或某群销售者的产品或服务，并使之与竞争对手的产品或服务区分开来的商业名称及其标志，通常由文字、标记、符号、图案和颜色等要素或这些要素的组合构成。品牌属于产品整体概念中的形式产品，是产品的重要组成部分。品牌是一个集合概念，包括品牌名称和品牌标志。

(二) 品牌名称

品牌名称（Brand Name）是指品牌中可以用文字表述的部分，如索尼（SONY）、日立、海尔（Haier）、联想（Lenovo）、五粮液等。

(三) 品牌标志

品牌标志（Brand Mark）是指品牌中可以被识别和认识的，但不能用文字表述的部分，如特殊的符号、图案、术语、字体造型和其他元素等。图 6.4 是为我们非常熟悉的苹果公司和海尔集团的品牌标志。

苹果公司　　　　海尔集团

图 6.4　著名的品牌标志

在国内外企业中曾经掀起一场换标热，如中国的汽车企业吉利和长城、互联网企业腾讯公司以及世界知名的苹果公司和英特尔公司。其中的原因既有商标在海外市场遭遇抢注而不得不进行的被动换标，也有企业为了树立国际化品牌形象，顺应企业走向国际市场的需要而采取的主动换标，更有企业为实现“超越未来”的战略需求而实施的换标之举。图 6.5 是英特尔公司与腾讯公司的换标图示。

图 6.5　企业换标示例

营销透视

卡夫的拆分和品牌标识的变化

2012 年 10 月，全球第二大食品公司卡夫公司正式拆分成为全球零食业务和北美杂货业务两个独立运营机构，并作为两家独立的上市公司进行交易。全球业务被命名为 Mondelez 国际公司（“Monde”是拉丁语“世界”之意，“delez”则代表“美味”（delicious），合起来寓意为“美味世界”），其麾下的国际品牌包括吉百利、麦斯威尔、奥利奥和纳贝斯克等。卡夫公司拆分后，卡夫中国公司的产品组合与 Mondelez 国际公司（Mondelez International）非常贴近，因此卡夫中国公司顺理成章地融入 Mondelez。

卡夫中国公司总裁肖恩·沃伦（Shawn Warren）表示，在新的 Mondelez 框架下，卡夫中国公司的策略不会有什么改变，将继续坚持以下三点：继续专注于明星品牌、重点品牌；加大研发新产品的投资，不断满足消费者新需求；继续加强对店内的执行能力，使每一种产品的摆放位置都符合消费者的购物心理。通过对这三方面的投资，带动整个品类的消费增长，如在饼干层面，由于卡夫中国公司的强劲增长，带动了整个中国饼干品类也大幅增长。

肖恩表示，从全球来看，中国的经济增长依然很快。卡夫中国公司的业务增长率遥遥领先于全球业务。不管是在营销方面的投入，还是跟消费者的沟通，不管是线上线下，还是店内店外，卡夫中国公司都将加大对市场的投入，并将同时对所有品类都加大投资。

卡夫中国公司名称的变更也是一个焦点。此前，卡夫中国已确定更名为“亿滋”。很多人认为从卡夫到亿滋是一个品牌的损失，但品牌专家王啓认为，这未必是坏事，新名字“亿滋”比之前的卡夫更加贴近市场。卡夫很难在字面上做中国式的理念，“亿滋”比较适合中国人的口味，“亿万好滋味”的释义更容易拉近与中国消费者的距离。但是，换成“亿滋”后可能需要3~5年的花费成本。

由于卡夫的标志在中国已经深入人心，所以还会暂时保留在包装上。卡夫中国公司表示，过渡期为多长时间还没有敲定，不过食品包装上的生产资料，比如厂家的地址和名称会陆续更新为“亿滋”。在名称变更完成之前，卡夫中国公司保持现有的中英文名称不变。

资料来源：赵陈婷，经纬. 卡夫的拆分：是挑战，更是机遇 [J]. 食品界，2013 (2).

（四）注册商标

注册商标（Registered Trademark）是一个法律术语，是指已获得专用权并受法律保护的一个品牌或一个品牌的一部分。企业在政府有关主管部门注册登记以后，就享有使用某个品牌名称和品牌标志的专用权，这个品牌名称和品牌标志受到法律保护，其他任何企业都不得仿效使用。在国际范围内，商标的申请、注册和使用应遵循保护工业产权的《巴黎公约》和关于商标国际注册的《马德里协定》及《商标注册公约》等国际公约。这些公约对商标的国际注册、国际权利、驰名商标的保护、商标的转让以及不能作为商标注册的内容等问题都做出了明确的规定。

据不完全统计，我国一些商标特别是知名商标被抢注的事件屡屡发生，造成了每年约10亿元的无形资产流失。

营销透视

企业战略：“名正”才能“行顺”

一度在业内引起强烈反响的西门子合资公司抢注中国海信商标一案最近又有了新进展。西门子公司在与海信公司就商标转让问题进行谈判的同时，于2004年就将海信公司告上德国科隆地方法院。目前海信公司正调集人马，积极准备应对这场在德国展开的诉讼。

实际上，海信商标的这一事件只是众多中国企业商标在国际上被抢注的一个缩影。中国商标已进入了被境外抢注的高峰期，驰名商标、知名商标和原产地保护产品名称是境外抢注的热门。目前，已有15%的内地知名商标在境外遭抢注。据不完全统计，中国有超过80个商标在印度尼西亚被抢注，有近100个商标在日本被抢注，有近200个商标在澳大利亚被抢注。

抢注中国商标的主体主要有两类：一类是专门为了抢注商标进行商标炒卖而成立的公司，如加拿大就有“老字号商标转让公司”，专门抢注老字号商标；另一类是和中国企业具有竞争关系的外国公司，出于竞争的目的抢注商标，以压制中国企业在某些具有丰富潜力的国际市场的发展。近几年来，由于中国企业在产品制造上的比较优势得以发挥，产品在国际市场上的竞争力迅速增强，因而第二类外国企业抢注中国商标的事件呈现迅速上升的势头，给中国企业的国际化发展带来不小的麻烦。

在这种情况下，中国企业需要具备远大目光，从国际市场竞争的角度看待商标和品牌的保护。具体来说，就是要提高商标和品牌的保护意识，在管理上采取切实的行动，并且善于利用国际上的保护商标的相关法律，未雨绸缪，保证自有商标的名分。名分正了，国际化经营管理的行动才能顺畅起来。

资料来源：企业战略："名正"才能"行顺"［J/OL］. http://www.ceconline.com/strategy/mn/8800037614/01/.

二、品牌的内涵

品牌实质上代表着卖者对交付给买者的产品特征、利益和服务的一贯性的承诺。最佳品牌就是质量的保证。但品牌还是一个更复杂的象征，品牌的整体含义可分成以下六个层次。

（一）属性

品牌首先代表某种属性。例如，"奔驰"牌意味着昂贵、工艺精湛、马力强大、高贵、转卖价值高、速度快等。多年来奔驰的广告一直强调它是"世界上工艺最佳的汽车"。

（二）利益

顾客不是买属性，而是买利益。因此，属性需要转化成功能性或情感性的利益。耐久的属性可转化成功能性的利益。例如，"多年内我不需要买新车"。昂贵的属性可转化成情感性利益。例如，"这辆车让我感觉到自己很重要并受人尊重"。

（三）价值

品牌体现生产者价值。例如，"奔驰"牌代表着高效、安全、声望及其他东西。市场营销人员必须分辨出对这些价值感兴趣的消费者群体。

（四）文化

品牌代表着一种文化。奔驰汽车代表着德国文化：组织严密、高效率和高质量。

（五）个性

品牌反映出个性。如果品牌是一个人、动物或物体的名字，会使人们想到什么呢？例如，"奔驰"（Benz）可能会让人想到严谨的老板、凶猛的狮子或庄严的建筑。

（六）用户

品牌暗示着购买或使用产品的消费者类型。如果我们看到一位20来岁的秘书开着一辆奔驰汽车时会感到很吃惊，我们更愿意看到开车的是一位50岁的高级经理。

以上说明品牌是一个复杂的符号。如果公司只把品牌当成一个名字，那就错过了品牌化的要点。品牌化的挑战在于制定一整套品牌含义。当受众可以识别品牌的六个方面时，我们称之为深度品牌；否则只是一个肤浅品牌。品牌最持久的含义是其价值、文化和个性，它们构成了品牌的实质。

三、品牌的作用

（一）品牌给企业带来的利益

菲利普·科特勒在其著作《营销管理》中强调，品牌暗示着特定的消费者，即暗示了购买或者使用产品的消费者类型，也即品牌的潜在顾客。他还对品牌功能做了论述，认为拥有高品牌资产的公司具有如下竞争优势：

第一，由于消费者高水平的品牌知晓和忠诚度，公司营销成本降低；

第二，由于顾客希望分销商与零售商经营这些品牌，加强了公司与其讨价还价的能力；

第三，由于品牌产品有更高的品质，公司可比竞争者卖出更高的价格；

第四，由于品牌有高信誉，公司可以较容易地开展品牌拓展；

第五，在激烈的价格竞争中，品牌给公司提供了某些保护作用。

以上这些说明，成功的品牌管理在企业创造竞争优势过程中发挥着重要的作用。

营销透视

中国彩电只培养了工厂没有培养出品牌

当年一味追求规模的彩电企业在品牌的收获上，只获得了一面写有自己企业商号的旗子，这面旗子上除了疯狂的价格呐喊声之外，没有太多市场信用的积累，虚幻的优势也导致我们的彩电战略至今没有瞄准彩电工业体系内生能力的培养。

主导中国彩电工业发展的主要路线是被称为“规模放大型”的路线。这种发展模式的主要方式是借助中国彩电市场生产要素价格低廉的特点，把发展的重点放在了产品价格的降低上，凭借国内彩电巨大的内需容量，拼命地放大产量从而降低价格。在市场短缺时代，这种循环有无往而不胜的感觉。低价生产要素导致产品价格低，从而推动销量增长，而销售增长又给制造体系的扩大创造了条件。中国彩电在这种产量与价格的反向循环中，规模越来越大。而近年来的市场现实证明，这种靠规模得来的经济性取胜的逻辑的有效性已经大大减弱，即使海外市场没有贸易壁垒的保护，我们的彩电产品在全球可以覆盖更大市场的前提下，也很难盈利。

把中国彩电全球品牌创造的幻想，放在低价加吆喝上是没有根本效果的。在与跨国彩电品牌的比较上，我们的品牌显得粗糙化、表面化。其实，品牌的创建应是一个完整工业体系进化的必然结果，而不是宣传的结果。强大的工业体系创新能力的系统提高必然使企业有能力满足苛刻的消费需求，而这种对苛刻消费需求满足的大量积累就是品牌的创建过程。从本质上说，品牌创造过程实际上是工业体系创新过程的社会化过程。

“规模放大型”的发展战略产生了两个结果：一是让中国的彩电企业对市场的认知产生了片面化的结果，即市场就是更低的价格，新的市场需求就等于价格新低，而不是具体的消费需求；二是消费需求的苛刻，这种消费需求的苛刻实际上是对中国彩电企业提供劣质供给的一种反弹性的否定。随着生活水平的提高，再加上外资产品的影响，中国消费者对需求的渴望更加精致，也更为苛刻。当消费需求骤然转变为苛刻的、精致的要求时，中国彩电企业的发展战略仍然没有转变，还是想以低价格应对这个他们自认为很熟悉、实际上正在变得陌生的市场。

其实，即使是成本价格属性也已经成为一种产业幻想了，中国彩电工业抵挡外资的关税的栅栏早已经拆除。此外，外资的彩电制造基地已经全面转移到中国市场，形成中国彩电价格优势的生产要素已经完全被外资企业所使用，我们的彩电企业的价格优势已经基本消失。与此同时，我们也发现需求对低价格的感应已经非常迟钝。

生产要素是否具有优势，不是由生产要素的价格单方面决定的，生产要素优势发挥的一个关键变量是生产率，然而一旦涉及生产率，技术、组织、管理就成关键变量。中国彩电前20年的发展战略实质上是单一的低价格生产要素的依赖化的生存，这是我们只发展出了工厂，而没有发展出品牌的真实原因。

工厂是产品价值形成的一个环节，而非竞争性工具，品牌是参与国际竞争的工具。一个国家或者是一个企业只去培养环节而不去培养竞争工具的话，就不会有国际竞争的优势。跨国彩电企业在中国的竞争优势实际上是自己的技术、组织与管理变量与中国生产要素的乘数，而中国彩电企业竞争所依赖的是跨国竞争对手可以轻易获得的低成本资金、低成本劳动力等没有差别的低层次的生产要素。这些生产要素是企业竞争需要的外生变量，是可以用技术、组织、管理这些组织内生变量去控制使用的生产要素，其在创造品牌的过程中属于后决条件，而非先决条件。

资料来源：罗清启. 中国彩电只培养了工厂没有培养出品牌［J/OL］. www.cneln.com/colub/pubset/clumn_list_detail.php? id=26512.

（二）品牌给消费者带来的利益

现代品牌理论特别重视和强调品牌是一个以消费者为中心的概念，没有消费者，就没有品牌。品牌的价值体现在品牌与消费者的关系之中。在现实生活中，品牌代表着特定的品质和价值。如果没有品牌，消费者即使购买一瓶饮料也会有相当的麻烦，比如要阅读大量饮料的标签和说明，要花大量时间去比较和选择，要考虑购买后是否后悔等，有了品牌之后，这个选择就变得十分简单。

四、品牌资产和品牌价值

品牌资产（Brand Equity）是与品牌、品牌名称和标志相联系的，能增加或减少企业所销售产品或提供服务的价值和顾客价值的一系列品牌资产与负债。品牌资产包括品牌忠诚度（Brand Loyalty）、品牌知名度（Name Awareness）、品牌认知度（Perceived Quality）、品牌联想（Brand Association）和品牌资产的其他专有权——专利权、商标和渠道关系等。

品牌价值（Brand Value）是品牌资产的市场价值，即消费者对品牌的认可、依赖与忠诚。2011年世界品牌实验室与明略行咨询公司（Millward Brown Optimor）旗下BRDANZ分别通过调研发布了全球及中国品牌的价值排行榜。表6.2与表6.3分别是BRDANZ发布的2011年全球最具价值品牌百强排行榜，和由世界品牌实验室发布的中国品牌价值百强排行榜的前10位企业和品牌。

表6.2　　2011年全球最具价值品牌百强排行榜　　单位：百万美元

排名	英文品牌名	地区	品牌价值	所属行业
1	Apple	北美	153 285	科技
2	Google	北美	111 498	科技

表6.2(续)

排名	英文品牌名	地区	品牌价值	所属行业
3	IBM	北美	100 849	科技
4	McDonald's	北美	81 016	快餐
5	Microsoft	北美	78 243	科技
6	Coca-Cola	北美	73 752	软饮料
7	AT&T	北美	69 916	电信
8	Marlboro	北美	67 522	烟草
9	China Mobile	亚洲	57 326	移动运营商
10	GE	北美	50 318	综合集团

资料来源：2011 年 BRANDZ 全球最具价值品牌百强排行榜 http://www.ftchinese.com

表 6.3　　2011 年中国最具价值品牌排行榜前 10 位　　单位：亿元

排名	品牌名称	品牌价值	所属行业
1	工商银行	2 162.85	金融
2	国家电网	1 876.96	能源
3	中国移动通信	1 829.67	通信服务
4	中央电视台	1 261.29	传媒
5	中国人寿	1 035.51	金融
6	中国石油	1 006.23	石油化工
7	中国石化	958.57	石油化工
8	华为	867.46	通信、电子、信息技术
9	中国一汽	842.66	汽车
10	联想	825.91	通信、电子、信息技术

资料来源：世界品牌实验室：http://brand.icxo.com.

五、国际产品品牌的命名

国际产品品牌和商标的设计应遵循产品品牌和商标设计的一般性原则，如简单易懂、便于识别、有助记忆等，能实现构思独特新颖、引人注目、适应产品性质、便于宣传商品等则是上乘之作。著名的国际汽车品牌“奔驰”、饮料品牌“可口可乐”等都是消费者耳熟能详且朗朗上口的名字。中国企业中的“立信”会计、“同仁堂”制药也是非常成功的命名。

此外，由于语言的差异、文化的不同和目标市场国的法律、法规限制，国际市场营销中产品的命名还应特别注重以下设计原则：

(一) 品牌名称不会引起消费者的误解，进一步的要求是使消费者能够产生正面的联想

当企业将产品推向国际市场的时候，直接使用原来品牌名称或原来品牌名称的外文翻译时，应避免产生歧义，而恰当的名称翻译是对好品牌的锦上添花。例如，我们熟知的可口可乐（Coca-Cola)，韩国的厨房用品乐扣乐扣（LOCKLOCK）保鲜盒等。

(二) 品牌名称应符合各国消费者的传统文化和风俗习惯

出口商品的商标设计应注意与各国和地区的文化和习俗相适应，因此必须充分认识和了解各国消费者对颜色、数字、动物、花卉、图案、语言等方面的喜好与禁忌。

(三) 品牌名称不可违反相应的法律、法规

例如，我国的“三枪”（Three Gun）内衣在出口美国的时候，美国海关以“枪”为危险物品为由，不准以“枪”为品牌的内衣进入美国。

(四) 品牌名称应符合国际商标法和目标国商标法的规定

符合国际商标法的规定是国际产品商标设计必须遵循的一个重要原则。主要是遵循保护工业产权的《巴黎公约》和关于商标国际注册的《马德里协定》及《商标注册公约》等。这些国际公约对商标的国际注册、商标权利在不同国家互不牵连、驰名商标的保护、商标的转让以及不能作为商标注册的内容等问题都做出了明确的规定。

企业还必须充分了解和遵守目标国有关商标的法规，以避免法律纠纷和蒙受经济损失，使企业的商标得到目标国的法律保护。例如，美国采用“商标使用在先”的法律，而我国则是遵循“商标注册在先”的法律。

营销透视

宏基（Acer）电脑的品牌命名

被誉为华人第一国际品牌、世界著名的宏基（Acer）电脑1976年创立时的英文名称叫Multitech，经过十年的努力，Multitech在国际市场上小有名气。就在此时，一家美国数据机厂商通过律师通知宏基公司，指控宏基公司侵犯该公司的商标权，必须立即停止使用Multitech作为公司名称与品牌名称。经过查证，这家名Multitech的美国数据机制造商在美国确实拥有商标权，而且在欧洲许多国家都早宏基公司一步完成登记。商标权的问题如果不能解决，宏基公司的自有品牌Multitech在欧美许多国家恐将寸步难行。在全世界，以“~tech”为名的信息技术公司不胜枚举，因为大家都强调“技术”(tech)，这样的名称没有差异化，又因雷同性太高，在很多国家都不能注册，导致无法推广品牌。因此，当宏基公司加速国际化脚步时，就不得不考虑更换品牌。

宏基公司不计成本，将更改公司英文名称及商标的工作交给世界著名的广告公司奥美（O&M）公司。为了创造一个具有国际品位的品牌名称，奥美公司动员纽约、英国、日本、澳大利亚等分公司的创意工作者，运用电脑从4万多个名字中筛选，挑出1000多个符合命名条件的名字，再交由宏基公司的相关人士讨论，前后历时七八个月，终于决定选用Acer这个名字。

宏基公司选择Acer作为新的公司名称与品牌名称，出于以下几方面的考虑：

第一，Acer源于拉丁文，代表鲜明的、活泼的、敏锐的、有洞察力的，这些意义和宏基公司所从事的高科技行业的特性相吻合。

第二，Acer在英文中，源于词根Ace（王牌)，有优秀、杰出的含义。

第三，许多文件列举厂商或品牌名称时，习惯按英文字母顺序排列，Acer第一个字母是A，第二个字母是C，取名Acer有助宏基公司在报章媒体的资料中排行在前，增加消费者对Acer的印象。

第四，Acer 只有两个音节，4 个英文字母，易读易记，比起宏基公司原英文名称 Mutitech，显得更有价值感，也更有国际品位。

宏基公司为了更改品牌名和设计新商标共花费近 100 万美元，应该说宏基公司没有在法律诉讼上过多纠缠而毅然决定摒弃平庸的品牌名 Multitech，改用更具鲜明个性的品牌名 Acer，是一项明智之举。如今，Acer 的品牌价值超过 1. 8 亿美元。

资料来源：杨文京. 全球著名品牌的产品命名案例 [J/OL]. http://brand.icxo.com，2005-11-14.

六、国际市场营销的品牌决策

在国际产品策略中，品牌决策涉及品牌归属策略和品牌统分策略。

（一）品牌归属策略

如果一家国际企业确定产品应该有品牌之后，就涉及如何抉择品牌归属的问题。对此，企业有以下两种可供选择的策略：

1. 制造商品牌

制造商品牌（Manufacturer Brand）是由制造商创建、拥有和控制的品牌，如“小天鹅”、“海尔”、“长虹”、“娃哈哈”，我国知名品牌中大多数都是制造商品牌。

2. 中间商品牌

中间商品牌（Distributor Brand）是由中间商创建、拥有和控制的品牌。在实际经营中，制造商将产品卖给零售商或中间商，中间商再以自己的品牌来销售该种商品。例如，沃尔玛超市在中国的超市所销售的“惠宜”牌的食品和日用品，“吉之岛”（JUSCO）在中国境内推出的“莱贝屋”牌月饼等，都是中间商品牌。对于中间商来讲，这种品牌策略又称为自有品牌策略。

企业进入国际市场的产品，可采用自己的品牌，亦可采用中间商的品牌。企业产品采用制造商的商标，其好处是可以建立起企业的国际信誉，建立消费者对本企业产品的忠诚，为以后扩大销量打下基础。但是生产商常常会面临着如何迅速打开国际市场的难题。许多知名度不高，实力不雄厚的企业，为使产品能顺利迅速进入目标国市场，更倾向选择使用经销者的品牌。

西方许多批发商、经销商都使用自己的品牌，如美国著名的西尔斯（Sears）百货公司，它所出售的商品有 90%是用自己的品牌。制造商借助于经销商的信誉可迅速使产品打开销路，却抹煞了企业的功绩，不利于企业在国际市场上的进一步发展。总之，企业在选择品牌归属时，应衡量生产者和经销商的声誉、费用开支、企业的未来发展以及企业进入国际市场的方式等因素。

如果企业以间接出口、直接出口方式进入国际市场，通常面临的选择是采取本企业品牌或者采用经销商品牌。以许可证贸易方式进入国际市场的企业则是由许可方向国外的受证方提供生产制造技术的使用权、专利使用权的同时，提供其商标的使用权。如果企业采用合资和直接投资方式进入外国市场，其产品的品牌策略则面临以下选择：采用本企业的品牌，或采用合作伙伴的品牌，或采用合资双方的共同品牌，或根据目标国的法规及消费偏好合资双方共同设计新的品牌。

(二) 品牌统分策略

品牌无论归属于生产者还是中间商，都必须考虑如何对所有的产品组合进行命名，是全部产品都用一个品牌，还是各种产品分别使用不同的品牌，通常有统一品牌、个别品牌与多品牌三种可以选择的策略。

1. 统一品牌策略

统一品牌策略又称家族品牌策略（Family Brand Strategy），即企业的所有产品组合都统一采用同一个品牌名称，多见为“品牌名=企业名”的操作方式。例如，美国通用电器公司对其产品就只采用一个品牌“GE”；索尼公司的所有产品（随身听、电视机、手机、电脑等）都以“SONY”为品牌名；我国海尔集团的系列产品（空调、彩电、冰箱等）也全部采用“海尔”这一品牌。

统一品牌策略有利于企业利用品牌已取得的声誉，扩大企业的影响；有利于企业将其他新产品带入国际市场或扩大原有产品的国际市场份额；同时还可节约品牌及商标设计和广告促销的费用。采用此策略的企业常常具有较强的竞争实力，且该品牌在国际市场已获得一定的知名度和美誉度。采用统一品牌的产品必须具有较高的相同质量标准。该品牌的名称或标识必须符合目标国的法规和风俗习惯。

2. 个别品牌策略

个别品牌策略（Individual Brand Strategy）是指企业对各种不同的产品分别使用不同的品牌。例如，美国杜邦公司在全世界销售3万种产品，共使用约2000个品牌，杜邦公司为保护这些品牌而注册了1.5万个商标。个别品牌策略有助于消费者从品牌上区分商品的档次、质量和价格差异，以满足不同消费者的需求，当市场机会发生变化时，可以分散企业的风险。在国际市场上运用个别品牌策略的缺点也十分显著：对每一品牌都必须分别做广告，其促销费用过大；一种产品采用一种品牌，造成信息过多，不便记忆，不利于企业树立统一的国际形象。因此，企业须根据企业规模、实力及企业已有的国际形象等谨慎选择个别品牌策略。

3. 多品牌策略

多品牌策略（Multi-brand Strategy）通常是指企业同时为一种产品设计两种或两种以上互相竞争的品牌的做法。例如，宝洁公司在我国市场上推出的洗发水品牌就有近10个，我国消费者熟悉的“潘婷”、“飘柔”、“海飞丝”三个品牌，分别吸引需要滋润营养、飘逸柔顺和去头屑三类不同需求的消费者，从而使得保宝公司在中国的洗发水市场占有率第一，高达50%以上。这显然是宝洁公司成功运用多品牌策略的成果。

多品牌策略要求企业根据各目标市场的不同利益，分别设计使用不同的品牌。多个品牌能较好地定位不同利益的细分市场，强调各品牌的特点，吸引不同的消费者群体，从而占有较多的细分市场。消费者的需求是千差万别、复杂多样的，不同的地区有不同的风俗习惯，不同的人群有不同的审美观念等。同一品牌在不同的国家或地区有不同的评价标准，如上述宝洁公司就是运用了多品牌策略，充分适应了市场的差异性。

多品牌有利于提高产品的市场占有率。其最大优势就是给每一品牌进行准确定位，从而有效地占领各个细分市场。多品牌策略也给企业提出了更高的驾驭品牌的能力要求，每一品牌的定位必须形成差异化和有效区分，而不是让自己的产品相互竞争。如果企业原先单一目标顾客范围较窄，难以满足扩大市场份额的需要，此时可以考虑推出不同档次的品牌，采取不同的价格水平，形成不同的品牌形象，以抓住不同偏好的消费者。

复习题

1. 什么是产品的整体概念？产品概念的三个层次分别是什么涵义？

2. 什么是产品组合？产品组合的宽度、深度和关联度对企业营销活动的意义是什么？

3. 举例说明什么是企业国际市场营销中的产品标准化策略和差异化策略？各自适用的条件是怎样的？两种策略的优势和劣势分别是什么？

4. 什么是产品生命周期？产品生命周期理论对企业的国际市场营销活动有什么指导意义？

5. 举例说明什么是品牌？品牌的内涵和作用是什么？

6. 什么是制造商品牌？什么是中间商品牌？采用中间商品牌的好处是什么？

7. 简述统一品牌、个别品牌和多品牌策略的特点，它们分别的优势和劣势、适用条件是什么？

思考与实践题

1. 查找资料，选择一家感兴趣的国际企业，分析其在中国市场的产品组合策略。

2. 查找资料，选择一家感兴趣的国际企业，分析其在国际市场的品牌战略。

案例分析一

联合利华：以品牌战略为核心竞争力

1929年，英国Lever公司与荷兰Margarine Unie公司签订协议，组建联合利华（Unilever）公司。经过80年的发展，联合利华公司已经成为了世界上最大的日用消费品公司之一，每天有20亿消费者在世界各地使用联合利华的产品，每年全球的消费者共购买1700亿件联合利华的产品，其品牌受到各地消费者的信赖，家乐、立顿、奥妙、力士、多芬、和路雪等都已经成长为销售额超过10亿欧元品牌。

联合利华在中国的业务主要是日化和食品，主要品牌包括奥妙、中华、力士、旁氏、清扬、多芬、夏士莲、凌仕、舒耐、家乐、立顿、和路雪等。经过多年的大力培植，这些品牌都已家喻户晓，成为中国消费者日常生活中的常用品牌。联合利华在中国市场的产品组合和品牌结构图如下：

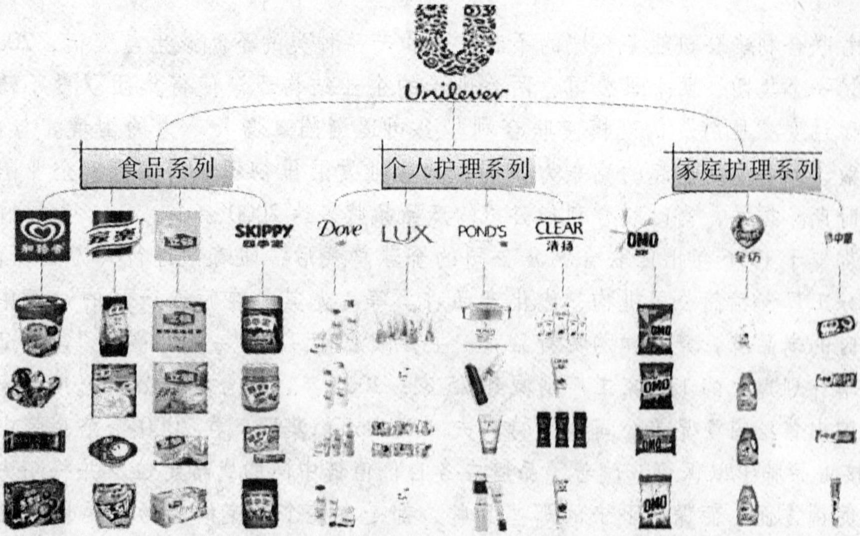

经过80载岁月的磨炼，联合利华公司如今已经发展成为全球最大的冰淇淋、茶饮料、人造奶油和调味品生产商之一，并且也是全球最大的洗涤、洁肤和护发产品生产商之一。联合利华公司2008年全球销售额约405亿欧元，在100个国家和地区设有300多处分支机构，在全球范围内拥有6个全球研发中心、270个生产基地，总计拥有174 000名。联合利华公司持有全球著名品牌400余个，产品销售范围覆盖150多个国家和地区。

《财富》杂志2009年世界500强企业排名结果显示，联合利华公司的年营业额为593亿美元，实现利润74亿美元，排名比上年前进了1位，为121位。有业内专家认为，联合利华公司取得上述佳绩得益于联合利华公司1999年提出的全球战略，即实施"增长之路"。其主要内容包括：简化企业内部经营管理和决策机制；与消费者建立更加广泛的联系；资金与技术向优势品牌集中；探索新的销售模式与分销方法；建立区域和世界级的产销、物流中心；鼓励创造具有特色的企业文化。此外，联合利华公司还确定了"不断调整和规划行业范围、优化产品类别以及打造知名品牌"的三项原则。

联合利华公司认为，衡量公司发展是否健康的标准有两个：一是主要品牌的市场占有率和增长率；二是企业销售额与利润的同比上升幅度。近年来的业绩表明，联合利华公司已走出了一条"以企业增长为长久目标，以品牌战略为核心竞争力"的可持续发展之路。

要为大众健美 首先自己"减肥"

·在2000余个品牌中筛选出400个核心品牌予以保留

·核心品牌在整个公司销售的占有率超过90%

与大多数国际知名企业集团不同的是，联合利华公司自创建以来就同时存在两个母公司，分别设在荷兰的鹿特丹和英国的伦敦。这两家公司虽然在法律地位上各自独立，并且股票分开上市交易，但是运营始终是一个单一的实体。这两家公司的股东不同，但董事会只有一个。就这样，联合利华公司创业之初经过了一段较长时间的膨胀期。

随着联合利华公司业务领域的不断扩张和产品种类的不断派生与繁衍，20世纪90年代初，一个集团、两个母公司、两套班子的企业结构逐渐使得集团职责不清、决策缓慢。而过度“肥胖”的规模使联合利华公司逐渐陷入增长乏力的困境。与此同时，产业分散、品牌老化引起的竞争力减弱成为企业发展徘徊不前的主因，企业陷入持续的低迷时期。据悉，当时联合利华公司的产品品牌多达2000余个。

费哲罗于1996年出任联合利华公司的全球总裁后，即着手进行大刀阔斧的改革，关闭部分工厂、精简公司机构、优化产品种类等。尤其是在筛选产品的过程中，逐步淘汰过时的老品牌，兼并和购买新品牌。主要做法有四条：一是“瘦身”。到2002年，联合利华计划建立的130家工厂削减到75家；2003年，联合利华公司把4个家用护理产品品牌出售给雷曼兄弟公司和维特科夫（Witkoff）集团。在2000余个品牌中筛选出400个核心品牌予以保留，改善了品牌在各自价值链中间的战略定位，并将精力集中于市场和促销方面。而保留下来的那些品牌，都是在某个特定的市场或是地区具有相当竞争力的产品，如和路雪、力士还有奥妙等。通过一系列的品牌清理，联合利华公司的品牌组合得到了优化，核心品牌在整个公司销售的占有率由1999年的75%上升到了2003年的90%，直到2008年的95%以上。二是创新。联合利华公司在三大洲建立了6个全球研发中心，将精力集中于开发应用多种新技术，并将创新成果转化到未来的品牌价值中去，以塑造新品牌，更好地满足消费者的需求。三是收购。为了实现增长目标，2000年和2001年两年，联合利华公司开始了大举收购，其中2000年用于收购的金额就达到280亿美元，联合利华公司先是以3.26亿美元收购美国的Ben&Jerry's冰淇淋，以23亿美元收购Slim Fast食品，以及以243亿美元收购了美国百仕福公司等。四是企业内部改制。根据2005年2月10日公布的新组织架构，结束长期以来业务部门各自为政的局面，任命集团首席执行官和董事长，各地区公司总裁以及创新、营销、财务总监，强调统一联合利华公司的概念，进行统一的人事、办公以及财务运营管理。联合利华中国公司在1999年把14个独立的合资企业合并为4个由联合利华公司控股的公司，改革使企业经营成本下降了20%，管理人员减少了75%。

让品牌出效益 以名牌拓市场

· 企业80%的销售额由20%的品牌产品创造

· 400个品牌年平均增长率可达到4.6%以上

进入21世纪的头一个10年，全球化与国际化市场竞争日益激烈。在联合利华公司看来，品牌是公司核心竞争力的最重要组成部分，抓品牌、创名牌的过程就是企业增强核心竞争力的过程。因此，企业有没有品牌、名牌多不多，就是衡量一个企业核心竞争力的关键所在。经过国际金融危机后，联合利华公司管理层更加清楚地认识到，品牌作为企业核心竞争力体系中最重要组成部分，它是企业文化、核心技术、人力资源等综合因素荟萃的结晶，著名世界品牌无不包含着丰富而独特的企业文化。由核心技术打造的名牌产品，往往是品牌的支柱产品。

联合利华公司对名牌产品有着非常清楚的界定，其名牌产品的标准是：优异的质量和可靠的信誉、有极大的市场吸引力和高附加值；有广泛的市场规模，或者有潜力发展成为具有较大市场规模的品牌；名牌的生产、销售理念是建立在对消费者或消费群体深入理解的基础之上；同时，名牌也要随着经济、文化、社会的发展而变化，起到引领消费趋势和时尚的角色。凡是有国际影响力的品牌，凡是本地化特色鲜明、有市场化发展潜力的，符合以上的标准的品牌都会成为联合利华公司的重点关注和精心培育对象。

联合利华公司在筛选400个品牌时花费了很长的时间。联合利华公司希望进入高级香水市场，于是早年曾收购了“伊丽莎白雅顿”品牌，并开始对其进行高档护肤品的研发，尝试把产品推广到大众化市场。但是，直到2000年“伊丽莎白雅顿”的业务增长率仍然只有6%，继续推动“伊丽莎白雅顿”的再发展与“增长之路”计划相抵触。虽然“伊丽莎白雅顿”的经营状况开始呈现一些新的转机，但重组或是卖掉这个品牌更加符合联合利华公司的整体发展战略。联合利华公司经过慎重选择，最终将香水品牌“伊丽莎白雅顿”所属的业务、资产卖给了美国的FFI香水公司。

联合利华公司还先后购入多个知名品牌，并逐步将其打造为王牌产品。2000年购入的“百仕福”使联合利华公司在调味品市场处于全球领先地位。现在“家乐”畅销100多个国家，年销售额达30亿欧元。

丰富、成熟的企业管理与运营经验，极大地增强了联合利华公司驾驭品牌的能力。例如，在压缩产业类别、品牌规模的过程中，联合利华公司总结出80%和20%的规律，即企业80%的销售额通常是由20%的品牌或名牌产品创造出来的这一“黄金法则”。

在向品牌要效益的过程中，联合利华公司十分注意将市场的“全球化”与“当地化”相结合，打破了名牌就一定名贵的传统定式，联合利华公司在印度的品牌经营之道就是最好的诠释。联合利华公司生产的兼具洗衣、洗澡和洗头多用途的“博润泽二合一”(Bree)廉价香皂，一举博得印度消费大众特别是妇女的青睐，成为平民使用的名牌商品。通过“博润泽二合一”的经验，联合利华公司在研究和确定开发一些全球性新品牌投入市场时，会在新产品的配方、配料甚至广告和包装上最大限度地考虑符合当地用户的品位与习惯。联合利华公司所保留的400个品牌年平均增长率可达到4.6%以上，它们均是日用消费品品牌中的佼佼者。

资料来源：联合利华中国 http://www.unilever.com.cn/

孙健. 联合利华：以品牌战略为核心竞争力 [N]. 经济日报，2010-01-16 (6).

讨论题

1. 根据联合利华中国公司的产品组合结构图，查找相关资料，分析其产品组合策略。

2. 结合案例资料，分析联合利华中国公司的品牌策略。

3. 联合利华公司在国际市场营销中的品牌战略坚持了什么原则，采用了什么方法，从而确立了其品牌在市场中的核心地位和竞争优势？

案例分析二

给创新立规矩——3M的“新产品开发流程”

谈到这个世界上最善于开发新产品的公司，明尼苏达矿业制造公司必然位居前列。你可能对这个名字有点陌生，但是一说它的简称“3M公司”，你肯定就知道了。

这家以勇于创新、产品繁多而著称的世界500强企业，成立于1902年，在过去100多年中，3M公司开发出了6万多种产品，涉及领域包括工业、化工、电子、电气、通信、交通、汽车、航空、医疗、安全、建筑、文教办公、商业及家庭消费品等各个方面。粗略统计，世界上有一半人每天直接或间接地接触到3M公司的产品，3M公司每年由此产生的销售额超过了200亿美元。值得一提的是，3M公司每年有数百种新产品面世，公司目标是每年30%以上的销售额来自近五年研发的产品。在新兴国家如中国，这个比例会更高——达到50%，而且很多新增业务来自本土设计和制造的产品。

那么，这个航空母舰级的公司是如何管理新产品开发的过程，并能在激烈的市场竞争中既保持创新的速度又保证成功率的呢?

“七环节流程”循环

在引入新产品开发精益管理流程（NPI）之前，创新活动在3M公司是比较随意的，公司内部并没有一个统一的流程去规范、控制创新的过程。创意从产生到最终产品实现往往一路绿灯，但可能直到最后才发现并没有多少顾客需要这种产品。

此外，没有规范和控制的创新也往往导致项目进展缓慢，新产品上市时间被延误。过去由于公司有大量的项目同时推进，每年的营业收入依旧可以稳定增长。但是随着全球化深入，竞争日趋激烈，如果让竞争对手抢了先，贻误时机会使整个新产品项目前功尽弃；同时，客户也越来越没有耐心等待，而且对产品质量、价格、个体适用性等方面的要求也日益苛刻。

3M公司的管理者们认识到以往天马行空的创新将不再是市场制胜的独一无二的法宝。那些市场需求模糊的产品开发项目或许应该在立项前就被砍掉，而真正有商业前景的产品应该有专业的工具来保证商业化的成功。面对现实压力，3M公司管理者在内部引入了新产品开发精益管理流程。

对此，3M公司中国商业清洁护理部的新产品研发小组深有体会。2006年，3M公司法国分公司设计制造的某款全新地垫在全球上市，但最初在中国的销售结果并不理想——产品的适用性和质量受到中国酒店、商场等高档场所客户的质疑。按照过去的做法，如果经过各种营销努力销售业绩仍没有改善的话，业务部门会放弃对这个产品的推广。

但在实施新产品开发精益管理流程以后，产品上市只是管理的一个环节而非终结。这七个环节包括：提出创新的想法（Ideation）、形成概念（Concept）、可行性分析（Feasibility）、产品开发（Development）、量化生产（Scale up）、上市（Launch）及上市以后的反省与改良（Post-launch）等。通过这个系统化的新产品开发流程，帮助有商业前景的新产品成功进入市场。

在新产品开发精益管理流程的指引下，新产品开发中的决策不再是拍脑袋的决定，缜密分析、周密计划、循环改进成为创新的纪律。在上面的例子中，面对由国外同事开发的、已经上市的地垫新产品，3M 公司中国产品开发小组进入上市以后的反省与改良环节，通过搜集、分析客户反馈的意见（Voice of Customer），向业务部门高层交付一份反省与改良的报告。

调研发现，客户其实对这种地垫的形式设计和材料还是非常认可的，但产品的某些缺陷让他们失去了兴趣。例如，美观的镂空设计可能会造成女士高跟鞋陷入的风险，仅此一点就让很多酒店、商场客户因为担心安全问题而拒绝使用。当然还有客户抱怨地垫表面的毯面容易脱落、尺寸大小不合适等问题。此外由于产品从国外进口，成本很高，交货周期也长达 2~3 个月，这些都大大降低了产品的竞争力。

产品开发小组运用新产品开发精益管理流程提供的一系列的分析工具。例如，SWOT 分析、波特的五力分析、经济性分析等工具，这些工具可以比较竞争的门槛与技术优势，确立产品的价值点；性价比工具则能分析客户可能接受的价格。最终产品开发小组向部门高层提议，既然市场需求是存在的，建议对这款新产品进行二次开发、本地化生产，进入下一轮七个环节的流程。提案获得了 3M 公司高层的支持。

事后开发小组成员的感受是："新产品开发精益管理流程使得我们的创新更科学、更有保障，就像一条红线把众多的市场机遇用专业的工具串成了一条珍珠项链。"通过新产品开发精益管理流程，一个有着不错市场前景，又有些许缺陷的产品的命运出现了转机。下一步该怎么做呢？

可行性报告严把关

商业清洁护理部的新品研发启动之后，很快技术部、工程部的人员就加入到项目团队中来了。项目小组开始讨论各种可行性方案，而新产品开发精益管理流程则成为沟通和交流的基础。

根据新产品开发精益管理流程要求，业务团队需要向业务高层提交一份可行性报告，高层领导才会决定是否立项。这个可行性报告包括市场需求和概念设计、设计方案的技术可行性、项目产品的业务模式等多个方面，这需要跨部门的合作才能完成。这个可行性报告要求市场营销和技术在发明创新过程中结合起来的时间必须大大提前，以增加新产品成功的几率。

无论是新产品的开发还是改进，都不是一件简单的事情，它涉及了设计、研发及技术管理、生产管理、市场营销和工程学等诸多领域，需要横跨市场部、技术部、工程部、采购部等各个部门。在强调多元化科技创新的 3M 公司，这种跨部门的协同和管理更加复杂。

在 3M 公司，常规的组织结构是按照职能部门划分的，分别是业务部、技术部、工程部、研发部、采购部等，而组建项目团队的时候，则会从这几个部门中抽调人员组合成项目小组。由此可以产生无数种组合。对于工程部、研发部这些让各个业务部门分享的成员来说，每个人可能会同时参与好几个项目。

项目组成员很多讨论的结果都被采纳到项目最后的可行性报告中。例如，商用清洁护理产品开发小组的组员们提出针对原来地垫的镂空设计重新设计模具进行开发；对容易脱落的毯面可以寻找新的胶水配方；大小不合适可以重新设计尺寸等。此外，他们还提出了更多新的建议，如吸收市场上某款受欢迎的产品的设计元素，把图案设计成条状结构等。市场部拿着这些方案去征求客户的意见，得到了很好的反馈。很快可行性报告被批准，项目正式立项。而为期两周的培训和讨论使项目小组成员从陌生到熟悉，相处越来越融洽，内部沟通非常顺畅。

老产品终获新生

项目立项后，业务团队和技术部、工程部以及采购部的各部门经理签订了项目协议书，明确了产品开发项目的市场部和技术部联合项目负责人制。来自市场部的项目负责人将重点关注客户群的选择、产品的定位、成本目标等商务目标的确立；来自技术部的项目负责人将负责设计出符合客户需要的产品功能，并努力达到成本目标；工程部、采购部等各支援部门的代表为小组核心成员。项目协议书还明确了产品的功能、成本要求和希望上市的时间。

项目开始后，新产品开发小组定期举行例会沟通项目进展情况。小组成员们将在培训中学到的新产品开发知识充分运用到了现实案例中。例如，通过客户拜访获得的客户心声将转换为可以传达特定客户需要的产品功能设计（QFD）；客户反映模块化设计的地垫搭扣容易老化，技术部就对模块化地垫的搭扣进行了重新设计；工艺工程师要设计出确定的工艺来保证这种产品的设计得以实现；采购工程师则面对苛刻的成本和物料供应周期竭尽所能敦促供应商给到最优的价格和最短的货期。

所有这些在新产品开发精益管理流程中产生的问题都在沟通例会中得到释放，利用各种工具对各个环节进行分析，找到可以改进的地方。在这个过程中，联合项目负责人必须学会折衷和妥协，平衡质量、时间和成本之间的关系，同时激励小组成员群策群力，尽最大努力按时完成工作。经过5个月紧张的开发，一款全新的地垫产品终于上市了。客户的反馈非常良好。目前这款本地化新产品已经获得了某全球连锁品牌的大额订单、进入全球市场，成为3M公司商用清洁护理业务全球上市的又一款新产品。

这款产品在新产品开发精益管理流程的引导下从一度的缺陷、困境到走向成功，虽然只是3M公司在创新中的沧海一粟，却诠释了这家百年老店通过精益管理鼓励创新的秘诀。

平衡“灵活”和“规范”

新产品开发精益管理流程使得产品创新不再是天马行空的即兴之作。它要求必须明确市场需求，按照市场需求不断实现产品优化。3M公司中国分公司的各业务部门每年都会有很多新产品开发项目，因此必须制定项目的优先序列。每个业务部门会对项目按照可行性进行打分评估。这个打分由业务部经理和技术部经理负责。例如，业务部经理认为A项目的市场可行性为80%，而技术经理认为该项目的技术可行性为70%，那么两者相乘就是56%。根据打分情况对项目进行排序，然后再根据排序情况进入立项申请的流程。对于评估不够格的项目，新产品开发精益管理流程会说“No”，以避免研发资源的浪费。

新产品开发精益管理流程有利于调整项目安排、减少失败率。3M公司中国分公司市场部2008年年初提过一个新产品开发方案：一款产品销售十余年后，遭到了质量中等、价格便宜的某国内二线品牌的挑战。这份建议开发二线品牌的方案经过业务领导评估后被更改，直接上报高层寻找并购的可能性。

除了这些来自市场和技术一线的经理对项目进行前期的评估外，高层管理者也会根据实际情况进行调整。比如有些项目市场可行性高、战略意义重大，而技术可行性偏低，高层领导就会考虑提高引进技术能力，增加设备投资来解决技术可行性问题。这样类似项目最后很可能通过立项。

总之，新产品开发精益管理流程的工具是死的，灵活应用是十分必要的。3M公司倡导的是“有纪律的创新”。在新产品开发精益管理流程中，最重要的是遵守“创新要有纪律”的思想，而不是死板地事事都要照着流程的每一步进行。在商用清洁护理事业部地垫新品开发的项目中，由于客户需求分析得十分透彻，而竞争对手又虎视眈眈，所以项目小组加快了开发周期，将原本新产品开发精益管理流程的七个阶段缩短到三个：只对可行性分析、规模化生产和上市三个阶段进行评估，从而缩短了产品上市的时间，先行占领市场。

资料来源：龚森蔚. 给创新立规矩——解读3M“新产品开发精益管理流程”[J]. 中欧商业评论，2008（6）.

讨论题

1. 结合本案例，查找相关资料，试画出3M公司的产品组合图，了解其日用消费品的主要创新产品和品牌。

2. 3M公司的新产品开发的基本流程如何？在其产品开发流程中有哪些关键点保证了产品开发的成功？

第七章　国际市场营销的价格策略

引例

新经济时代的定价策略

定价策略会大大影响顾客和企业本身，营销人员需要在追求短期获利能力和长期获利能力的定价策略之间徘徊、权衡。因此，营销人员必须清楚地了解本企业的营销目标，以便于使自己的定价目标能与企业的战略相一致。通常，企业可能的定价目标有4种：降低顾客流失率；鼓励顾客采用新科技；在某些特定的细分市场上提高市场渗透率；裁减无利可图的通路或客户。

许多营销人员认为，互联网将大大提高消费者的价格敏感度（Price Sensitivity），因为购物者只要轻按鼠标便可找到提供同类产品的供应商及各自的价格。然而，关于网络购书的一项近期研究却显示：一般的购书者在做出购买决策之前，只会比较1~2个网站。有趣的是，与最便宜的网络书店相比较，亚马逊书店的市场占有率仍在不断攀升。很显然，购物者未必会寻求最低的价格，对那些价格较低的物品而言更是如此。然而，在比较性网站出现后，比较价格则变得较为容易，因此这种情况也许会有所改变。例如，价格守望者（Price Watch）网站会显示出各种不同电脑系统和周边设备的说明和价格，并且可链接到销售这些产品的网络商店。

换一个角度来看，具有一定特色或独特利益的网站能够提高消费者付费购买的意愿。举例来说，甲骨文公司便对其业务咨询的能力、为顾客量身定做的解决方案、在线的支援性信息及培训支援提供了广泛的信息，其目的是要证明甲骨文公司所提供的服务是物超所值的。这些特色都强调了公司独特的价值诉求，并且降低了顾客的价格敏感度。

随着拍卖网站、现货市场（Spot Market）、交换网站和团体采购力量的成长，互联网为动态、即时的定价策略提供了推波助澜的作用，动态的定价策略（Dynamic Pricing）对传统的由供应商制定的固定的定价方式构成了挑战。举例而言，机票和旅馆的价格可能每天都不一样，因为随着“把座位或房间租出去”最后时间的逼近，补满空位的目标也会有所不同。航空公司常常运用智慧型软件来考虑旅客利用登机前一刻购买便宜机票的几率——它会估计“以一定的价格卖出剩余机位”相对于“飞机起飞后，仍有机位未卖出所造成的收益损失”的几率。

资料来源：菲利普·科特勒. 新经济时代的定价策略 [J/OL]. www.emkt.com.cn/article/8518539.html.

尽管非价格因素在市场竞争中的作用越来越显著，但是在产品和服务同质化程度越来越高，竞争日趋激烈的国际市场上，价格仍是很多企业制胜的重要法宝。德国两大汽车巨头的比拼已经从德国本土市场延伸到中国的汽车市场，奔驰汽车与宝马汽车的价格厮杀就是一个例证。

价格是消费者为获得一定数量的产品或服务所需要付出的货币数量，或者说是产品或服务的货币表现。价格还是营销组合中唯一能产生收入的因素，其他因素均表现为成本。因此，价格直接地决定着企业市场份额的大小和盈利率的高低。

价格策略是市场营销中最具弹性的一个策略。企业可以通过价格策略，快速、及时地修正基本定价，应对消费者和竞争者的变化，其他策略的调整则相对较难，费时、费力、成本高、见效慢。

第一节　国际产品价格的影响因素

从经济学的观点来看，价格是严肃的，是商品价值的货币表现形式，是不可随意变动的。价格总是和成本的构成及利润的实现紧密联系的，即价格=总成本+利润。因此，从经济学的角度来说，定价是一门科学。

从市场营销学的观点来看，价格是灵活的，是可以随时随地根据需要而变动的。价格应对整个市场的需求、竞争变化等做出反应。市场营销学研究的价格是从企业角度，结合不断变化的市场情况，着重研究产品进入市场、占领市场和开拓市场的活动中的具体应变价格。企业定价是为了促进销售和获取利润，因而既要考虑成本的补偿，又要考虑消费者对价格的接受能力。合理的定价应既能使消费者乐于接受，又能为企业带来较多的收益，让企业获得更高的利润与市场认同。因此，营销定价是一门兼具科学性和艺术性的活动。

营销定价的原理中，一种产品的可变成本是定价的最下限，上限则是顾客所愿意支付的任何价格。一件产品制定多高的价格要看普遍的竞争价格和顾客对你的产品的青睐程度。产品定价与其影响因素之间的关系如图 7.1 所示：

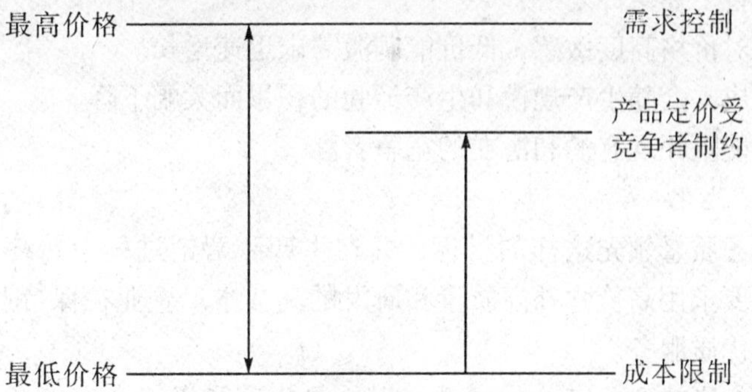

图 7.1　产品定价与影响因素的关系

价格策略是企业营销组合策略的重要构成部分，随着国际贸易的不断增加，国家和地区间合作和竞争态势的演变，国际营销环境变得日益复杂，定价决策的难度也越来越大。产品定价不仅要考虑成本问题、市场竞争状况和消费者接受能力，还要考虑目标市场的文化社会因素和法律法规因素的影响以及由此产生的成本变化。影响国际市场产品定价的主要因素有以下一些方面：

一、企业定价目标

定价目标是指企业通过制定及实施价格策略所希望达到的目的。首先，定价目标和企业战略目标一致，为经营战略目标服务。其次，定价必须按照企业的目标市场战略的要求来进行，定价目标必须在整体营销战略目标的指导下被确定，而不能相互冲突。企业对它的定价目标越清楚，制定价格越容易。

具体到国际市场营销来说，企业的定价目标可能是立足生存、追求利润、迅速占有市场、快速的现金回流、致力于品牌树立、最优质量的保证、行业领先者地位的确立。

（一）维持生存

企业有时也会陷入困境，面临着大量商品积压、资金周转不灵、严峻的竞争态势等状况，此时的生存目标是第一位的，企业必须制定较低价格，可能是保本价格甚至是亏本价格，只要价格能够弥补可变成本和一些固定成本，企业就可以维持下去，以争取转机。但是这种生存目标只能是过渡性的，最终一定会被其他定价目标所代替。

（二）当期利润最大化

当企业的生产技术和产品质量在市场上居领先地位，同行业中竞争对手的力量较弱，或商品供不应求时，企业可以制定较高的价格，使之能产生最大的当期利润、现金流量或投资收益率。

（三）市场占有率最大化

有些企业通过定价取得控制市场的地位，即使市场占有率最大化。企业牺牲短期利润，缩减成本，降低产品价格吸引消费者，通过价格竞争优势来追求市场占有率的领先地位，以期获得长期利润。但是一些情况下，低价策略并不一定引起市场销量的提升，它必须具备下述条件之一：

第一，市场对价格高度敏感，低价能刺激需求迅速增长。

第二，单位成本会随生产规模和生产经验的积累而大幅下降。

第三，低价能阻吓现有的和潜在的竞争者。

（四）产品质量最优化

企业也可考虑质量领先这样的目标，并在生产和营销过程中始终贯彻质量最优的指导思想，这就要求用高价弥补高质量和研发的高成本。企业在保持产品优质的同时，还应辅以相应的优质服务。

不同的目标会影响企业定价的高低，以立足生存和迅速占有市场为目标的企业倾向于采用低价格策略，而追求利润和致力于品牌树立的企业则更多地采用高价策略。2001 年，长虹集团提出“抢占低端与抢占高端市场并举”的市场战略，在利用自身的规模优势最大限度地挤占全球低端产品市场份额的同时，开发出300多项新产品，抢滩高科技家电产品出口市场，如先后推出的数字高清电视、数字高清背投彩电、液晶（LCD）彩电、等离子（PDP）彩电、数字变频空调、数字卫星接收机等一系列数字化产品，受到国际市场客户的普遍欢迎，高附加值产品的出口比例已占长虹集团海外营业收入的60%以上。

营销透视

两家公司的定价目标与定价策略

葛兰素制药公司（Glaxo）推出了一种治疗溃疡的新药扎泰尔（Zantal）来打击该类药品生产商泰格米特公司（Tagamet）。传统的观念认为：作为该市场上的第二生产商，葛兰素公司的药品（扎泰尔）的定价应该比泰格米特的定价低10%。葛兰素公司的总裁保罗·吉母拉姆（Paul Girolam）认为扎泰尔要比泰格米特公司的产品好，因为该药物的相互影响和副作用小，而且更便于服用。当这些信息被充分反映到市场上后，这些优势为该产品高溢价价格提供了坚实的基础——葛兰素公司扎泰尔产品的价格要比泰格米特产品的价格高得多，并且它获得市场领导者地位。

巴根斯·伯格公司（Bugs Burgor）生产的伯格杀虫剂的定价是生产同类产品的公司的5倍。巴根斯公司能够获得这个溢价价格是因为它把中心放在一个对质量特别敏感的市场（旅店和餐馆）上，并向它们提供它们认为最有价值的东西：保证没有害虫而不是控制害虫。该产品提供给这个特定市场的优质服务使企业能够制定出这样的价格。这样高的价格使巴根斯·伯格公司有能力培训服务人员并支付工资，这样就可以激励员工为客户提供优质的服务。因此，巴根斯·伯格公司提供的产品的价值决定了其价格，而价格又反过来为提供这种价值所采取的必要行动提供了充足的资金。

资料来源：菲利普·科特勒. 定价是一种战略手段［J/OL］. www.emkt.com.cn/article/83/8383.html.

二、成本

成本是影响国际定价的基本因素。跨国企业在制定产品价格策略时，除了要考虑生产成本，还要充分考虑流通成本和关税的影响，这一点是与国内营销不同的地方。

（一）生产成本（Production Costs）

成本是产品价格的主要组成部分，它给定了产品价格的底限。也就是说，产品的售价至少要涵盖全部的制造费用，即固定成本（Fixed Costs）和可变成本（Variable Costs）。但是，在国际市场营销中，当企业的战略目标定位在快速进入国际市场或在新的国际市场上迅速推广产品、获取市场份额、抢占市场地位的时候，企业可能采用变动成本定价法，以低于国内市场净价的价格打击竞争对手。

（二）流通成本（Distribution Costs）

国际贸易的进出口活动牵涉长途运输、装卸、货运储存、保险、申请进出口许可证和保管纳税等特有的程序，会带来流通成本的明显增加，从而抬升产品的最终价格。从销售环节看，国与国之间分销渠道的长短和营销方式差异很大，有些国家销售渠道比较长，销售环节比较多，中间商的费用也比较大，对产品成本的影响也比较大。由于许多国家的分销渠道的基础设施比较薄弱，给海外经营的企业会带来各种各样难以预料的成本问题。仓储和小批量发货也会给经营者造成额外的开支。例如，坎贝尔汤料公司发现其在英国的分销商的实际分销成本比美国要高30%，较高的成本是由于汤料的小份额销售引起的，英国的食品杂货商大多只买24听1箱的什锦汤料，而美国的食品杂货商习惯于购买48听一箱的单一汤料，而且整车整车地购买。欧洲的购买习惯迫使公司在其分销渠道中增加了额外的批发工作量以方便小批量的订货。欧洲的批发商和零售商的进货次数一般要比美国多1.2倍，进货频率的提高会增加处理订单的人力和物力成本。这些费用加上其他种种分销成本的上升，迫使坎贝尔汤料公司调整其在欧洲市场的产品价格。

（三）税金（Taxes）

国际市场的价格构成中，税金主要由关税和一般流转税构成。其中，关税是国际市场营销所特有的，是对商品从一国进入另一国所征收的税费，是当地政府为了保护本国市场或增加政府收入而征收的特殊形式的税。除了关税以外，各种进口许可证费或其他各种管理费等都是一笔高昂的费用，如许多国家征收适用于各类商品的进货税（Purchase Taxes）或消费税（Excise Taxes），针对商品分销渠道的增值税（Value Added Taxes）以及零售营业税（Retail Sales Taxes）。这些税费提高了商品的最终价格。

三、市场竞争

供求关系的不平衡和激烈的市场竞争限制了企业的定价自由。全球化条件下的跨国公司，常常不得不以竞争对手的价格作为定价的参考和依据，甚至追随竞争对手的定价，以顺应行业价格。

四、消费者因素

消费者因素是影响价格决策的重要因素之一。消费者因素包括消费者的态度与行为、消费者的购买意愿、消费者的购买力和消费者的价格敏感度等。

消费者心理对于企业的产品定价影响重要且微妙，如股市、楼市出现的“买涨不买跌”的现象，一定程度上都反映出消费者对未来一段时间内市场商品供求即价格变化趋势的预测。消费者在购买商品时，还常常把商品的价格与内心形成的认知价值相比较，来确定商品的价值，决定是否购买。企业在制定商品价格时，可以利用消费者求名、求新、求廉、求吉利等各种心理，巧妙地制定价格策略，以促进产品销售。

在消费者态度中，消费者对某个国家或地区的态度影响消费者对产品价格的接受度。例如，在中国，西方国家的商品一般比市场价格高出20%~30%，除了高额进口税所导致的价格升高以外，还有一个原因就是中国消费者对外国商品刮目相看的消费态度。因此，较高的定价成为了很多来自发达国家的跨国公司在发展中国家所实施的市场品牌策略中非常重要的一环。与之相对应的，我国制造的产品在海外市场中则以价格低廉著称，这对中国企业的海外营销非常不利，影响了企业的盈利能力。

营销透视

机票的差别定价奥秘

航空公司为什么要将舱位分头等舱、商务舱和经济舱三种等级？为什么特价机票能打到二折，便宜过火车票，但是二折机票通常不容易买到？

假如一架飞机可以坐 100 人，假设机票为 100 元，不打折的话乘客为 40 人，那么收益为 4000 元。如果把座位打八折出售，可能会增加 40 人，收益为 6400 元，再用特价二折吸引来余下的顾客，很可能产生的就是边际利润了。

接下来，如何能够把不同折扣价格的机票出售给同样是“上帝”的消费者呢？其关键是对消费者进行区分，比如固定线路的公费出差者或者临时出发者，他们对机票价格不敏感，需求价格弹性较低，那么可以全价；不固定路线的自费出游者需求价格弹性较高，可能会受到低价的吸引而去乘坐飞机，航空公司可以指定规则即需提前多日订票，来区分不同类的顾客。这就是价格歧视，从企业的角度来说，价格歧视是站在追求利润最大化的角度出发的，是合理的决策。

锁定具体的顾客，根据顾客的需求特点以及根据顾客对产品价格的敏感程度，探索一个恰当的价格水平，使得总利润达到最大。否则，价格高，未必赚钱；客人多，也未必赚钱。

五、政府因素

政府对价格进行调控的主要方法包括规定最低限价和最高限价、限制价格变动水平、规定零售价格、实施价格补贴、直接参与国际市场竞争和买卖行为以及采取反倾销措施等。在价格过高、过低或者价格协定违反了公平交易或消费者利益的时候，政府常常通过关税、配额、限价和禁止价格协定等手段，干预、限制企业的定价自由。当跨国公司为逃避税收、转移利润而采用转移定价策略的时候，政府也可以通过以上手段防止企业利润大量向海外转移，避免国家税收流失，同时保护本国企业免受低价格的冲击和损害。

六、经济因素

影响企业定价的经济因素主要为目标市场的收入水平和消费者的购买力。2004 年，微软公司推出为亚洲市场定制的产品，采用了“反映一个国家的生活成本”的价格制定策略；2007 年 8 月，微软中国公司正式宣布 Windows Vista 操作系统中文版彩包产品价格大幅度调价，一款产品的最高降幅超过千元。截至 2007 年 8 月，Vista 已经在全球销售了 6000 万套，成为微软公司历史上销售最快的产品。

七、汇率因素

国际市场营销中影响企业定价的另一个因素是汇率因素。汇率直接影响国际营销企业的出口成本和进口成本，从而影响企业的销售额和利润，进而影响一个国家的贸易顺差和逆差。中国经济的快速增长和对外贸易的巨大顺差，引发了整个世界对于人民币升值问题以及汇率问题的关注，很多国家将其对中国的贸易逆差归咎于人民币的相对贬值，并试图通过各种渠道逼迫人民币升值。

第二节 国际市场营销定价方法

国际市场产品价格的高低常常受到市场需求、成本费用和竞争情况等因素的影响和制约，企业在制定价格时应该全面考虑这些因素。确定产品价格的方法通常有三类，分别是成本导向定价法、市场导向定价法和竞争导向定价法。

一、成本导向定价法（Cost-oriented Pricing）

成本导向定价法是以产品的成本为基础来确定产品价格的定价方法，即以成本为基础，加上适当的期望利润。具体的成本导向定价法有成本加成定价法、目标利润定价法和边际成本定价法。

（一）成本加成定价法

成本产品加成定价法是指按照单位成本加上一定百分比的利润制定销售价格。其基本公式为：

$$P=C(1+R)$$

式中，P 为单位产品价格，C 为单位产品成本，R 为成本利润加成率。

这种方法计算简单，简便易行，成本资料容易获得。制造商、中间商、农业部门经常使用成本加成定价法，特别是销售量与单位成本相对稳定，供求双方竞争不甚激烈的情况下更为实用。采用这种方法的关键是加成率的确定，企业要根据过往经验和预测，对市场竞争状况、行业和商品特点进行评估以确定恰当的成本加成率。

成本导向定价法是典型的生产者导向定价法，该方法的不足之处在于只考虑了成本因素，忽视了市场需求和竞争对定价的影响，难以适应迅速变化的市场，缺乏灵活性。一般而言，此定价方法适用于市场上销售量大、市场需求稳定的产品。

（二）目标利润定价法

目标利润定价法又叫投资收益定价法，即根据企业的总成本和计划的总销售量，加上按投资收益率确定的目标利润额作为定价基础的一种方法，其基本公式为：

$$P=\frac{C(1+r)}{Q}$$

式中，P 为单位产品价格，Q 为预计销售量，r 为目标利润率，C 为总成本。

目标利润定价法的优点在于计算简便，有利于加强企业管理的计划性。该方法的不足之处是没有考虑市场需求和竞争因素。目标利润定价法一般只适用于市场销量稳定或市场占有率高的产品以及市场中的垄断性企业，而且这种方法要求较高，企业必须有较强的计划能力，预测销售量成为关键，如果无法保证销售量的实现，则企业将无法实现目标利润。

(三) 边际成本定价法

边际成本定价法又称变动成本定价法（Variable-cost Pricing），是以变动成本为基础，不计算固定成本的定价方法。由于是不计固定成本的不完全成本定价，产品的价格较低，适用于企业将价格作为主要市场竞争手段以打击或排斥竞争对手的情况。在国际市场营销中，尤其适用于企业在将产品打入国际市场的初始阶段，致力于尽快获取市场份额的情形。

成本导向定价法是典型的生产者导向定价法，它的不足之处在于只考虑了成本因素，忽视了市场需求和竞争对定价的影响，难以适应迅速变化的市场，缺乏灵活性。一般而言，此定价方法适用于市场上销售量大、市场需求稳定的产品。

采用成本导向定价法的企业，通常可以通过询问和探查以下问题来帮助企业进行定价决策：

第一，与特定的定价决策相关的增量成本和可避免成本是什么？

第二，包括制造、顾客服务和技术支持在内的销售增量变动成本（不是平均成本）是什么？

第三，在什么样的产量水平下半固定成本将发生变化，这个改变值是多少？

第四，以某个价格销售产品，什么是可避免的固定成本？

二、市场导向定价法（Market-oriented Pricing）

市场导向定价法是一种根据消费者对产品价值的认知和需求的强度，即消费者的认知价值来决定价格的方法。通常来说，消费者对企业产品的价值认同越高，产品的定价越高；市场对产品的需求强度越高，产品的定价越高。这正是在国际市场上，具有较高品牌知名度的国际化企业，通常可以给产品定一个很高价格的原因所在。市场导向定价法不是根据产品的成本进行价格的确定，而是随着市场和消费者需求的变化而变化，符合现代市场营销中以消费者需求为中心的营销理念。市场导向定价法主要包括认知价值定价法和逆向定价法。

(一) 认知价值定价法

某一产品的性能、质量、服务、品牌、包装和价格，在消费者心目中都有一定的认识和评价。所谓认知价值定价法，就是根据购买者对产品价值的理解度，即以产品在消费者心目中的价值高低为基础来确定产品价格的方法。认知价值定价与现代市场定位观念相一致，价格的高低反映出产品的市场定位，贴切目标人群对该产品的价值认知和理解，反映出产品价值的市场接受水平。因此，根据认知价值定价可以获得良好的市场反应。

营销透视

拍卖：一种顾客认知价值的售卖方法

拍卖网站的出现使得价格更加难以捉摸，在线网站往往会以下述两种主要方式加强拍卖的力度和效率。首先，由于网站能提供深入的信息，可以改善竞标者对于被拍卖物品的了解；其次，这使得竞标者的数目会不断增加。今天，竞标者可以从2000个以上的电子市场中选择出想要参加的拍卖网站。竞标的物品几乎包罗万象，从二手车、大宗物品到化学药品不一而足。以下是四种最基本的拍卖形态：

1. 英式拍卖（English Auction）

购物者彼此竞标，由出价最高者获得物品。当前的拍卖网站所开展的拍卖方式以英式拍卖为主，以这种方式进行拍卖的物品有二手设备、汽车、不动产、艺术品和古董等，易贝（e-Bay）网就是采用英式拍卖的网站。

2. 荷兰式拍卖（Dutch Auction）

荷兰式拍卖也叫降价式拍卖，卖方将要拍卖物品的价格公布到网站上，买方则选择价格最低的卖方。荷兰阿姆斯特丹的花市所采用的便是这种运作方式，通用电器公司的交易过程网络（Trading Process Network）也是如此。

3. 标单密封式拍卖（Sealed-bid Auction）

这是一种招标方式，在这种拍卖方式中，拍卖商是唯一能看到各投标者投标价格的人。举例来说，如果有一家公司想要建立工厂，它会请有意投标的厂商前来进行标单密封式投标，这种方式可让各投标者不知道他人的出价究竟是多少。目前，在中国国内各大城市相继展开的药品招标活动所采取的也是这种方式。

4. 复式拍卖（Double Auction）

众多买方和卖方提交他们愿意购买或出售某项物品的价格，然后通过电脑迅速进行处理，并且就各方出价予以配对。股票市场便是复式拍卖的典型范例，在股票市场上，许多买方和卖主聚集在一起，供需状况随时会发生变化。

资料来源：菲利普·科特勒. 新经济时代的定价策略［J/OL］. www.emkt.com.cn/article/85/8539.html.

（二）逆向定价法

逆向定价法是指企业通过市场调研，根据消费者能够接受的最终销售价格，在计算企业的成本和利润后，逆向推算出产品的批发价和零售价。这种方法不以实际成本为依据，而以市场需求为定价出发点，力求使价格为消费者所接受。因而这种方法能够反映市场需求状况，有利于加强与中间商的良好关系，能使产品迅速向市场渗透，定价比较灵活，可根据市场供求状况及时调整。

营销透视

宜家家居的逆向定价法

尽管头上光环笼罩，但“等待”二字仍是跨国公司迈入中国时的必经之路。可口可乐公司用了10年的时间培育市场，肯德基、麦当劳则把同样长的时间花在了种土豆上，宜家家居也不例外。此前的9年时间，宜家家居不仅仅是等待消费人群的承认，也培养自己的消费文化。

“宜家是个完全不同的品牌。”一位前百安居家居的高管说。当其他家私巨头纷纷“因地制宜”，对中国的消费水平和认知程度一再让步时，宜家家居却旁若无人坚持着北欧人的固执：单品牌、高库存、不推销、不做无偿送货组装服务。这几乎打破了所有零售业的清规。

但是宜家家居也有自己的招徕方式。样板间取代了推销员，张贴在桌椅上的“感受一下有多舒服”取代了“非买勿动”。店内不分“名贵家私区”和“降价场”，而是主推不同风格的设计师。走在店里，大到组合柜、小到调料瓶全部是自营品牌。年轻人更愿意认同，宜家家居出售的是一种风格。

当其他家装超市在中国沦为传统建材市场的展示场时，北京宜家家居的注册会员已达35万人，粉丝群初具规模。在华9年，宜家家居逐渐褪去了“奢侈品”的外衣，开始在中国找回自己的“本色”定位，把楔子插在了“格调”和“丰俭由人”之间。把消费群体锁定在既想要高格调又付不起高价格的年轻人群体，让宜家家居可以堂而皇之地把自己的“减价策略”贴在门店各处。因为这拨人在意品质，同时又乐意牺牲服务来换取便宜。

宜家家居所有压缩成本的办法，都在台前披上了时尚外衣，成为宜家文化的一部分。因为不会把服务费折到价格中，所以顾客需要自行提货。但是宜家家居精心布置的仓库让身在提货区的顾客发现这并不是一件让人厌烦的事情。而当家具运到家中需要自行组装时，宜家家居的《美好家居指南》又会告诉你“DIY”（自己动手）是一件“寻找童年乐趣”的美事。

即便是那些并不适应中国国情的策略，宜家家居也有办法小事化无。在其他跨国公司不得不为顾客免费送家具，作为一种竞争手段时，宜家家居却自顾自地贴上了“派送价格表”。虽然价格一再被调低，“气节”却从未改变。如今在宜家家居的出货大厅中，总徘徊着一拨自称“宜家前员工”的人，承诺价格比“价格表”上便宜，还负责上门安装。宜家家居对此视而不见，任由他们充当地域差异的“润滑剂”。

宜家家居建立在实用基础上的艺术感是这样产生的：远在瑞典的设计师们按照已确定的价格开始“命题作文”，100多名设计师在工作时会竞争激烈，为的是看“谁的设计成本更低”，这甚至包括是否在作品上多用了一条麻绳或一颗螺丝钉。作品出来后，供应商们也会在竞价中保证宜家家居的成本低廉。

从这道“逆向”流程中出来的产品，到底好不好销？关键还得看定价。宜家家居销售部门参考了所有宜家家居的销售记录以及同类竞争产品的状况，按照“价格矩阵”确定价格从而保证某类产品利于销售，比如低于市场价格10%。如今这个方式正在中国发挥效力。

资料来源：商勤硕. 宜家的逆向定价战略 [J/OL]. www.linkshop.com.cn/web/archives/2007/79252.shtml.

采用市场导向定价法的企业，通常可以通过询问和探查以下问题来帮助企业进行定价决策：

第一，哪些是潜在的消费者，他们为什么购买这个产品？

第二，对于消费者来讲，产品或服务的经济价值是什么？

第三，其他因素（比如很难在替代品之间进行比较、购买产品代表一种地位和财富、预算限制、全部或部分成本可以由他人分担等）是如何影响消费者的价格敏感性的？

第四，顾客感受到的价值的差异以及非价值因素的差异是如何影响价格敏感性的？如何根据差异将消费者划分成不同的市场？

第五，一个有效的营销和定位战略如何影响顾客的购买愿望？

三、竞争导向定价法（Competition-oriented Pricing）

竞争导向定价法是以市场上相互竞争的同类产品价格作为定价的主要依据确定自己产品价格的定价方法。虽然主要以竞争状况的变化确定和调整价格水平，但是这一定价方法兼顾了产品的成本和市场的需求，是企业应用较多的定价方法。例如，日本丰田汽车公司进军美国高端豪华汽车市场，推出了可以与奔驰公司相媲美的稳重、豪华和高档的凌志汽车，售价却比同级的奔驰汽车便宜至少30%。美国人很快就喜欢上了凌志汽车，尤其欣赏其无与伦比的性能价格比和令人惊讶的低噪音。这种以竞争为导向的差异定价的成功，更早反映到丰田汽车公司在美国市场长驱直入的中端产品“花冠”和“佳美”的畅销中。

采用成本导向定价法的企业，通常可以通过询问和探查以下问题来帮助企业进行定价决策：

第一，当前或潜在的能够影响该市场盈利能力的竞争对手是谁？

第二，谁是目前或潜在的关键竞争对手？

第三，目前市场上，竞争对手的实际交易价格（与目录价格不同）是多少？

第四，从竞争对手以往的行为、风格和组织结构看，他们的定价目标是什么？他们追求的是最大销售量还是最大利润率？

第五，与本公司相比，竞争者的优势和劣势分别是什么？他们的贡献毛益是高还是低？声誉是好还是坏？产品是高档还是低档？产品线变化多还是少？

第三节　国际市场营销的定价策略

给产品制定一个恰当的价格是企业市场营销成功的关键。合适的产品、恰当的渠道和正确的促销，还需要适销对路的价格。国际市场营销的定价策略包括两个方面的内容：一个是产品的价格制定；另一个是产品在国际市场竞争中的价格调整，主要是企业在某个特定市场中的价格应对。例如，应对竞争者的价格调整、不同季节和时段的价格调整、针对零售商的折扣定价以及地区的差异定价。除新产品定价决策之外，在国际市场定价决策中，与国内营销的主要区别体现在第一个方面的决策，即统一定价策略与多元定价策略的决策。

一、统一定价策略与多元定价策略

（一）统一定价策略（Extension Pricing Strategy）

统一定价策略是指企业的同一产品在国际市场上采用同一价格的策略。这里的同一价格是指母公司与各国子公司的同一产品出厂价折合为同等金额的母国货币或同等金额的可兑换货币。

统一定价策略适用于拥有垄断或差异化寡头垄断优势的公司，如波音公司出售给全球所有国家的喷气式飞机，都是统一定价。统一定价还适用于产品导入阶段，市场仅局限于少数创新使用者的情形。另外，采用直销方式的产品也可以采用全球统一定价策略。

统一定价策略的好处在于简单易行。企业可以忽略，甚至不需要调研和掌握目标市场国的环境、市场和消费者等信息；有利于企业建立全球统一的公司形象和产品形象；有利于公司的价格管理和营销管理，避免平行进口（Parallel Import）现象的发生。

在国际市场中，产品的成本因不同市场中税赋水平、中间商利润、汇率变化等因素的差异而很难统一。加上不同国家的市场状况差异，竞争程度差异和竞争对手的情况差异，统一价格在不同的市场中可能会因为价格过低而失去获取最大利润的机会，也可能会因为价格过高而失去竞争力，从而影响企业在不同市场上的利润水平，甚至竞争力。统一定价策略的弊端使得这一策略越来越少地为跨国公司所使用，取而代之的是多元定价策略。

（二）多元定价策略（Adaptation Pricing Stratety）

与统一定价策略相反，多元定价策略是指企业在不同的市场中允许采用不同价格的策略。多元定价策略的最大优势是充分考虑了各国市场竞争、市场条件和消费者购买能力，体现了各国市场实际存在的差异，能够更好地满足各国市场的实际需求。

营销透视

微软 Vista 降千元，首次打破全球统一定价

2007 年 8 月 1 日下午，微软中国公司正式宣布 Windows Vista 操作系统中文版彩包产品价格大幅度调价。一款产品的最高降幅超过千元。这是微软公司自进入中国以来，首次出现的降价行为。但更值得注意的是，降价行为只针对中国市场，这也是微软公司首次为单一市场松动其全球统一定价策略。

当天下午的消息显示，Vista 中文家庭普通版彩包此前售价为 1499 元，降价后为 499 元，为降价幅度之最，达到千元。其次是 Vista 中文家庭高级版彩包由此前的 1780 元降至 899 元。Vista 中文商用版彩包及 Vista 中文旗舰版彩包的降价幅度较小，分别由 1980 元降至 1880 元，2500 元降至 2460 元。微软中国公司 Windows 客户端产品部总监韦青告诉腾讯科技，降价将会是一个长期策略。而最新消息显示，Vista 已经在全球销售了 6000 万套，成为微软公司历史上销售最快的产品。韦青表示，这一降价行动经过了总部的讨论与批准，是专门考虑到本地市场及不同国家消费者的独特性做出的不同定价考虑，目前只针对中国市场。此前，微软公司一直坚持全球统一定价。

资料来源：微软 VISTA 降千元 首次打破全球统一定价［J/OL］. tech. qq. com/a/20070801/000233.htm

决定企业是否采用多元化定价策略的因素很多。例如，2003 年微软公司曾在泰国推广仅售 20 英镑的 Windows XP 简化功能修订版，原因除了“反映一个国家的生活成本”以外，还迫于政府要求开放源代码的压力和亚洲市场大量盗版软件的冲击。当企业在不同的国家或市场具有不同的战略目标和营销目的的时候，多元化定价策略也是一个很适用的定价方法。

多元化定价策略的最大弊端在于由于不同市场的价格差异而导致的平行进口。当产品在不同国家或市场的价格差异很大，大到足以涵盖国际运费和中间商利润，且仍有利可图的时候，平行进口就发生了。

二、撇脂定价策略与渗透定价策略

跨国公司向国际市场推出新产品时，企业有两种策略可以选择，即撇脂定价策略和渗透定价策略。

（一）撇脂定价策略（Skimming Pricing Strategy）

撇脂定价策略是指在产品生命周期的导入期，制定较高的价格，在竞争对手推出同类产品之前，最大限度地、迅速地攫取利润，收回产品投资。在 20 世纪 90 年代末的中国，随着民众购买能力的提升和国家政策的鼓励，汽车成了新的消费热点，进口汽车通过高价撇脂定价策略赚取市场暴利，同等性能的汽车，其价格在中国市场与美国市场差异极大，大众甲壳虫汽车中国的售价是美国的 3. 36 倍，别克汽车中国的售价是美国的是 2. 36 倍，丰田花冠汽车中国的售价是美国的是 2. 8 倍。

由于消费者对新产品缺乏了解，或是一些运用了新技术的新型产品，或是市场中某些极具影响的品牌产品，都可以通过撇脂策略来抢占先机，拔得头筹，以快速收回投资和获得高额利润。例如，从弹性纤维“莱卡”在服装面料中的应用，到化工物质“特富龙”在不粘锅中的应用，美国杜邦公司将其新的专利产品和技术引入众多的消费品时，均采用了高价格的撇脂策略，市场中反响很好。又如，不论是 Ipod 还是 Iphone，苹果公司的每一个创新产品的问世，都会制定非常之高的价格，引起“苹果迷”们的关注和翘首以盼。

利用高价产生的厚利，使企业能够在新产品上市之初，即能迅速收回投资，减少了投资风险，这是使用撇脂定价策略的根本好处。此外，撇脂定价还有以下几个优点：

第一，产品或换代新产品上市之初，顾客对其尚无理性的认识，此时的购买动机多属于求新求奇。利用这一心理，企业通过制定较高的价格，以提高产品身份，创造高价、优质、名牌的印象。

第二，较高的价格，在其新产品进入成熟期后可以拥有较大的调价余地，不仅可以通过逐步降价保持企业的竞争力，而且可以从现有的目标市场上吸引潜在需求者，甚至可以争取到低收入阶层和对价格比较敏感的顾客。

第三，产品开发之初，由于资金、技术、资源、人力等条件的限制，企业很难以现有的规模满足所有的需求。利用高价可以限制需求的过快增长，缓解产品供不应求状况，并且可以利用高价获取的高额利润进行投资，逐步扩大生产规模，使之与需求状况相适应。

当然，撇脂定价策略也存在着以下缺点：

第一，产品的需求规模毕竟有限，过高的价格不利于市场开拓、增加销量，也不利于占领和稳定市场，容易导致新产品开发失败。

第二，暴利会导致竞争者的大量涌入，仿制品、替代品迅速出现，从而迫使价格急剧下降 。此时若无其他有效策略相配合，则企业苦心营造的高价优质形象可能会受到损害，失去一部分消费者。

第三，价格远高于价值，在某种程度上损害了消费者利益，容易招致公众的反对和消费者抵制，甚至会被当作暴利来加以取缔，诱发公共关系问题。

从根本上看，撇脂定价策略是一种追求短期利润最大化的定价策略，若处置不当，则会影响企业的长期发展。特别是在消费者日益成熟、购买行为日趋理性的今天，采用这一定价策略必须谨慎。

从实践来看，撇脂定价策略适用于以下几种情境：

第一，市场有足够的购买者，需求缺乏弹性，即使价格很高，需求不会减少，反而会激发起购买欲望。

第二，保护的产品、高新技术产品或独家经营的产品没有或很少有竞争对手和竞争的产品。

第三，具有较高的品牌认知度或很高的质量，消费者愿意为此付出高价。

（二）渗透定价策略（Penetration Pricing Strategy）

和撇脂定价策略正好相反，渗透定价策略是指在新产品投放市场的初期，将价格定得较低，以吸引大量顾客，防止竞争者的进入，保持并不断扩大企业的市场份额。例如，日本精工手表于20世纪70年代在国际市场与瑞士手表角逐，它针对中低收入阶层的消费者，采取了渗透定价策略。1975年每只精工石英表的平均出口价格为64美元，到1979年又下降到29美元，时尚而廉价的石英表迅速取代了传统机械表的统治地位，夺取了瑞士手表的大部分市场份额，直接导致瑞士制表业损失惨重。

采用渗透定价策略的企业应具备雄厚的实力，足以承担由于低价策略所导致的新产品进入期的亏损。同时，具备迅速扩大生产和销售的能力，以规模弥补低价格带来的损失。或者拥有较低的土地成本、资源成本、人力成本等。我国企业在国际竞争中采取低价策略基本上是基于这样的优势。

从实践来看，渗透定价需要具有以下条件：

第一，对价格极为敏感，低价可以刺激市场迅速增长。

第二，企业的生产成本和经营费用会随生产经营规模和经验增加而下降。

撇脂定价策略和渗透定价策略各有各的优劣势和使用情境。企业在实际应用中，应充分考虑企业的市场目标、企业的资源状况、产品的需求价格弹性以及目标市场的竞争状况等因素，选择最适合企业的定价策略。同时，根据具体情况的变化及时调整定价策略。在进入中国市场的最初阶段，可口可乐公司采用撇脂定价策略，最大限度地获取利润。随着时间的推移和公司的不断发展，大规模的本土化支撑了可口可乐公司的成本降低，定价策略随之转向低价策略。

第四节 国际定价中的几个问题

一、倾销与反倾销

依据世界贸易组织协议规定，倾销（Dumping）是指一成员商品以低于其国内贸易正常价值的价格进入进口国市场。倾销必须同时具备以下三个构成条件：

第一，产品以低于正常价值或公平价值的价格销售。

第二，这种低价销售的行为给进口国产业造成损害，包括实质性损害、实质性威胁和实质性阻碍。

第三，损害是由低价销售造成的，二者之间存在因果关系。

反倾销的最终补救措施是对倾销产品征收反倾销税。征收反倾销税的数额可以等于倾销幅度，也可以低于倾销幅度。另外一种补救措施是价格承诺。若出口商自愿做出了令人满意的承诺，修改价格或停止以倾销价格出口，则调查程序可能被暂停或终止，有关部门不采取临时措施或征收反倾销税。

营销透视

中国与反倾销

中国商务部新闻发言人沈丹阳透露，从2013年相关数据来看，中国将连续18年成为遭遇反倾销调查最多的国家，连续8年遭遇反补贴调查最多的国家。中国仍然是贸易保护主义的最大受害国。沈丹阳是在中国商务部例行新闻发布会上做出上述表示的。他透露，2013年全年共有19个国家和地区对中国发起了贸易救济调查，总共有92起，比2012年增长了17.9%，“从发起的案件数来看，增长得还较快”。

上述92起调查包括反倾销调查71起、反补贴调查14起、保障措施7起。除此之外，美国还对中国发起了“337”调查19起，比2012年的18起增加了1起。除了发达经济体立案增幅继续大幅度上升以外，新兴工业国家和发展中国家立案也呈增长趋势。为了维护中国产业利益，中国商务部的工作主要有两方面：一方面是对国外贸易保护的应对工作；另一方面是对中国产业的保护工作。

沈丹阳表示，在摩擦应对方面，中国商务部2013年有效应对了中欧光伏贸易摩擦等一批涉案金额大、影响范围广的重大案件，保护了企业出口市场份额。商务部还强化了贸易摩擦的预警机制，妥善运用世界贸易组织的争端解决机制，维护中国企业合法利益，2013年有多起案件都取得了满意的结果。

在针对进口产品不公平竞争方面，沈丹阳指出，2013年中国共对外发起反倾销调查11起，涉及进口产品6种；发起反补贴调查1起，涉及进口产品1种。

沈丹阳表示，目前，中国贸易救济的法律法规体系比较完善，调查的能力和水平不断提高。通过依法立案和调查，及时遏制不公平竞争产品的进口，为保障产业安全和国家经济安全都做出了积极贡献。

资料来源：周锐，李晓喻. 中国连续18年成遭反倾销调查最多的国家［J/OL］. finance.chinanews.com/cj/2014/01-16/5746736.shtml

二、国际转移定价

国际转移定价（International Transfer Pricing）是跨国公司内部的各子公司、各部门之间，因原材料、半成品、制成品及劳务的转移而制定的价格，以实现其全球战略目标和谋求最大利润。国际转移定价不受国际市场供求关系的影响，只服从于跨国公司的全球战略目标和跨国公司全球利益最大化目标。

假设一家美国企业来华投资设厂后，以 10 美元的价格从其母公司进口原材料，在中国又追加投资 2 美元，则其成本应为 12 美元。但是在华子公司以 11.5 美元的价格把产品返销给其母公司。从账面上看这家美国企业在华投资企业就是亏损的，而其母公司很可能以 14 美元的价格把产品转手销售给其他消费者，这样利润就被截留在国外了。

国际转移定价的主要动机有以下几种：

第一，转移资金。如果一家企业要将资金从某一个国家转移出去，它可以高价把产品卖给在目标国的子公司，使后者的资金通过转移价格间接地从东道国转出。同理，如果这家企业要对在国外的某个子公司进行财务支持，它也可以低价把产品卖给该子公司，通过间接渠道对后者融资。

第二，避税。运用转移价格避税主要表现在两个方面：一方面是减少公司所得税，当两个国家的税率不同时，可以采用高转移价格，将利润从高税区转移到低税区，以便使缴纳的税金减少。另一方面是减少关税，合理利用转移价格，有可能使企业在全球纳税最小化。

第三，规避风险。企业在跨国经营中还需要通过转移价格来规避各种政治风险、外汇风险和通货膨胀风险。当企业预见其在国外的财产面临着被东道国国有化或没收的政治风险时，企业可以以高转移价格向子公司出售商品。转移价格能用来抵消东道国外汇配额的强度效应，如某国政府对进口某种商品的外汇量加以限制，那么母公司就可以通过低转移价格将产品卖给子公司，以增加进口的产品量。同样，企业母公司可以以高转移价格将产品卖给海外子公司，将利润从子公司转出去，以对付东道国限制国外公司利润返回的政策。转移价格还可以通过高价向处于通货膨胀压力下的子公司出售商品或服务，将子公司的货币性资产如现金等尽可能多地转移出去，以应对通货膨胀的风险。

转移价格策略的具体做法是：公司内部互相提供零配件、固定资产，或提供专利、专有技术、咨询、管理、租赁、商标、运输、保险、货源等，或处理呆账、赔偿损失时，人为地提高或降低成本、费用、利息等，使转移价格高于或低于相应的市场价格，造成跨国公司某一子公司取得超额利润而另一子公司相应亏损，以达到调整利润、转移资金、逃避税收和减少风险等目的，归根结底是为了获取最大利润。

在实践中，相当多的外商投资企业通过“高进低出”、“低进高出”甚至“主观列支”，可以达到调节利润、逃避税收、享受优惠、优化资产配置、减少和避免各类风险，进而达到对公司进行战略性总体调控的目的。

三、灰色市场

许多企业常被所谓的灰色市场（Gray Market）所困扰。例如，由于较低的运输成本和关税，美能达相机在中国香港零售价是174美元，而在德国是270美元。一些中国香港的批发商注意到了这种价格差异，于是将美能达相机运到德国，以低于德国批发商的价格卖给零售商。德国批发商因不能售出存货而抱怨美能达公司。许多企业发现有些冒险的批发商收购商品的数量远远超过其在国内销售的数量，他们将多余商品航运至其他国家，以价格差异的优势与当地批发商竞争。

不同市场间价格的落差所带来的套利的机会是形成灰色市场的主要原因，而价格的落差则源于对渠道商的不同授权条件、供货商的歧视性价格策略、国际间汇率的波动、配销商配销成本的差异、相同产品在不同市场面临不同的产品生命周期等。归纳起来灰色市场产生的原因主要如下：

第一，同一产品在不同国家的差异化定价。例如，日本国内的消费品价格远比其他国家高，精明的商人从韩国以低价购得柯达胶卷，然后运到日本出售，价格比日本的柯达授权经销商出售的价格低25%。

第二，不同国家间币值的差异。例如，亚洲受到1997—1998年的金融危机的不利影响，而中国香港的货币基本保持稳定，亚洲一些国家组装的奔驰汽车在中国香港销售时与在其本国相比打折达30%。

第三，进口配额和高关税。例如，印度对计算机采用三级关税结构，进口关税为50%~80%，结果印度国内35%的计算机硬件销售额是通过灰色市场实现的。

第四，专营（Exclusive Distribution）。专营是公司为鼓励零售商提供额外的服务给顾客，维护专营产品的质量形象而给予较大零售差价的做法，这种做法为灰色市场提供了方便。在美国，专营香水的批发价格常常比在其他国家高出25%。其他国家未经授权的经营者以低于美国批发商需支付的价格购得产品，然后以低于零售商需支付给授权美国批发商的价格卖给未经授权的美国零售商，从中牟利。

第五，互联网。当市场间存在价格差异时，互联网给灰色市场提供了便利。在澳大利亚，6家外国所有的唱片公司通过有限的分销渠道，维持高价位并控制着市场，在那里的光盘零售价平均为24美元。但在互联网上的许多电子商店中只要付24美元的70%~75%就能买到。据估计，通过互联网直接从美国购买光盘，已使澳大利亚的光盘零售额下降5个百分点。

营销透视

水货手机横行国内市场

按行业定义，水货手机是指由国外、我国港澳台地区没有经过正常海关渠道进入内地市场的手机，其最主要的目的是为了逃避关税。这种水货手机比国内行货手机价格更低、款式更多、功能更全，因而引来了“潮流一族”的追捧。

国内最炙手可热的水货手机可能要数苹果手机了。早在还没有上市的时候，这款手机就凭借时尚的外观和强大的功能引起了“苹果迷”们的热切期待，上市后更是遭到了疯狂抢购。不过，由于苹果手机没能正式引进到国内，所以苹果手机只能以水货的身份跟国内消费者见面，但并不妨碍它在水货市场上热销不止。目前，3G 版苹果手机已经从最高将近一万元的价位回落到 4000 多元。

作为全国最大的水货手机集散地，无论平时还是周末假期，深圳华强北一带的电子产品市场都是人山人海。据统计，华强北地区的日均人流量高达 50 万人，其中绝大多数人的目标就是手机。业内人士透露，深圳水货手机的日销量大概在 10 万部以上。水货手机的销售流程一般为由中国香港从海外进口，再通过各种途径进入深圳，经由华强北几大电子市场对外分销，并进一步发往北京、上海、成都等大集散中心，然后再由这些地方辐射全国。

水货手机的泛滥，扰乱了国内手机市场的正常的秩序。首先，水货手机的价格不用计算维修成本和遵循正规渠道销售时应缴纳的税款，造成价格杠杆失灵。其次，水货手机的存在造成市场信息不透明，大量灰色地带的存在使产业政策制定者无法对整个行业的发展做出准确判断。最后，水货手机的存在使国内厂商缺乏向高端市场进军的动力，陷入价格战与恶性竞争的泥潭。

业内专家表示，目前市场上的水货手机都有一条成熟的产业链作为支撑，因此要彻底根治水货手机市场的存在，要上下游一齐动手才行。

资料来源：水货手机横行国内市场 行业冲击不容忽视［J/OL］. http://it.sohu.com/20081113/n260610968.shtml

大量灰色市场的存在，严重干扰了企业的正常运营和市场的公平竞争。仅以信息技术市场为例，几乎所有的进口产品都可能遭遇水货（原本不应该在某地区销售的产品，或者是绕过某地区的正规代理直接在该地区销售的产品）的冲击，有水货的品牌已是司空见惯。灰色市场扰乱了价格，为了防止这种灰色市场的出现，企业或对批发商规定若干政策，或提高价格，或改变在不同国家的产品特性，加强对价格的控制和有效管理，建立有效管制分销渠道的控制系统。

复习题

1. 影响企业国际定价的因素有哪些？
2. 国际市场定价的方法有哪些？
3. 举例说明撇脂定价和渗透定价分别是什么做法？它们各自的优缺点和适用的条件是什么？
4. 什么是统一定价策略和多元定价策略？其优劣势分别是什么？
5. 何谓国际转移定价？国际转移定价的动机和方法有哪些？
6. 你如何看待灰色市场？

思考与实践题

互联网技术使消费者得以从“价格的接受者”转变成“价格的制定者”

Priceline是美国一家基于C2B商业模式的旅游服务网站。打开Priceline网站，最直观的可选项目就是“机票”、“酒店”、“租车”、“旅游保险”。Priceline属于典型的网络经纪，它为买卖双方提供一个信息平台，以便交易，同时提取一定佣金。对于希望按照某一种住宿条件或者某一指定Priceline品牌入住的客人，Priceline也提供传统的酒店预订服务。消费者可以根据图片、说明、地图和客户评论来选择他们想要的酒店，并且按照公布的价格付款。但是Priceline所创立的“Name Your Own Price”(客户自我定价系统)十几年来一直是独树一帜，被认为是网络时代营销模式的一场变革，而Priceline公司则在发明并运用这一模式的过程中迅速成长

查找相关资料，访问Priceline公司的网站，尝试分析“Name Your Own Price”(客户自我定价系统)是何种类型的定价方式？其优势何在？它针对什么样的目标人群设计出了这种定价系统？你能找出国内旅游网站中与其相似的定价策略吗？

案例分析一

三星电子的“生鱼片”理论

在竞争激烈而残酷的“数字时代”，电子产品的生命周期已大大缩短，今日高价热卖的宠儿，很可能在短短数月内就沦落为低价售卖的过时黄花，这是谁也无法改变的市场法则。

谈及三星公司如何维持高利润时，三星公司的首席执行官尹钟龙作了一个生动的比喻：新产品就像生鱼片一样，要趁着新鲜赶快卖出去，不然等到它变成“干鱼片”，就难以脱手了。

所谓的“生鱼片”理论指的是，一旦抓到了鱼，在第一时间内就要将其以高价出售给第一流的豪华餐馆，如果不幸难以脱手的话，就只能在第2天以半价卖给二流餐馆了，到了第3天，这样的鱼就只能卖到原来1/4的价钱。而此后，就是不值钱的“干鱼片”了。鲜鱼一旦捕获后，每天跌一半的价，而电子产品的开发与推向市场，也是同样的道理，在把热销产品推入市场之前，就要先将产品变成“生鱼片”，这样才能售上高价。

在全球高端电子市场上，三星公司不断率先推出各种优势产品，如高端手机、宽屏背投式彩电、记忆芯片、数码摄录机、数码相机，每次都打了竞争对手一个措手不及，并凭借自身的时间优势赚取最高昂的利润。

三星公司在电子市场上的生存法则就是在市场竞争展开之前把最先进的产品推向市场，放到零售架上。这样，就能赚取由额外的时间差带来的高价格。只要能缩短产品研发和推向市场的周期，就一定有利可图。尹钟龙说：“在我们生意领域里，只要你

能缩短订货和交货时间，就有机会赚钱。如果能缩短一周，那么情况将大不一样。相反，如果你迟了两个月，那机会将不复存在。”

兵贵神速，三星公司的产品永远是市场上的新鲜生鱼片。在这方面，没有哪家电子厂商做得比三星公司更好。历史上，三星电子曾经在短短5年时间里从负债170亿美元转变成为全球最大的内存芯片、显示器和彩电制造商，以及第一大码分多址（CDMA）手机制造商。

如何在电子市场中胜出，“生鱼片”理论是一个制胜的法宝。在零售领域，获得最为先进的产品，永远处于竞争的最前沿。只有这样，才能使自身的产品在价格和利润获取上保持主动地位，届时其他的竞争者即使赶上步伐，产品的“新鲜度”却已消失殆尽。

在三星公司看来，“生鱼片”理论是三星从三流品牌发展为一流品牌，经历多年厮杀所形成的独门秘诀。这个秘诀的核心在于，尹钟龙深信生于忧患的三星电子要想避免死于安乐，一定要在保持高度危机意识的同时，实行“速度经营”，快速飞奔。

但是，很多人误读了其中的真正含义，只是把“速度经营”当做领先一步的另一种说法。在尹钟龙的眼里，“速度经营”不只是领先一步那么简单，而代表着一种新的游戏规则。在一次接受《Business 2.0》采访时，尹钟龙表示，在数字时代，可以无限地扩张产品线，但关键是如何在体积变大的同时，保持敏捷的身手。在模拟的时代，知识和技术的积累以及勤勉才是制胜之道；而在数字时代，最重要的是创新和速度。在执行层面，基于“速度经营”的战略被细化为营销策略的“四先原则”，即发现先机、率先获得技术标准产品、抢先投放市场以及在全球市场占据领先地位，最终把这种“速度”转化为更低的生产成本和更高的商业利润。

可以断言，没有一家电子企业像三星公司这样对产品的更新换代保持持久的警觉，使得公司的“生鱼片”永远鲜活。三星公司已经在全球手机领域取得了令人刮目相看的骄人战绩，另外在宽屏电视、存储芯片和视频相机方面也都处于领先地位，在业界取得了价位控制的主动权。

资料来源：《商业周刊》：三星电子的“生鱼片理论”［J/OL］. tech.sina.com.cn/it/m/2003-06-14/1005198257.shtml.

讨论题

1. “生鱼片”理论阐述的是新产品上市采取的何种定价策略的生动化描述？

2. 三星电子为何能将“生鱼片”理论运用得淋漓尽致？它体现了三星公司的何种营销战略思想？对企业的产品提出了哪些更高的要求？以此来保证在新产品导入期能“以最高的价格卖给一流的餐馆”。

案例分析二

时髦的价值定价

从20世纪90年代以来，营销人员又多了一个新的营销术语——价值（Value）。在此之前，营销人员对从冰淇淋到小汽车的每一件商商品都想象到奢侈、显赫和铺张，但是在经济开始衰退之后（主要指美国），他们开始重新设计、重新包装、重新定位和重新营销产品，从而强调“价值”。现在，价值定价——强调产品的质量，同时以价格为特色，以较多的价值换取较少的价值——已经在全球获得了广泛的运用。

价值定价对营销人员来说有多重意义。对某些营销人员来说，它指减价；对另外一些人来说，它指特殊交易，如以相同的价格提供更多的产品价值；对还有一些人来说，它指一种新形象——使消费者相信他们正在得到一笔好交易。但是，不管怎么说，价值定价已成为吸引消费者的一项基本战略。

营销人员发现，不断变化的经济（尤其指经济不景气）和人口状况已造就了一个老谋深算、讨价还价的新顾客群体，他们很关心买什么、在哪儿买以及怎么买。在过去，炫耀富贵和铺张浪费是一种时髦；在今天，获得一笔好的交易才是时尚。为了使消费者相信他们获得的价值大于他们为此支付的成本，各公司（从快餐连锁店到证券经纪业）纷纷调整了它们的营销战略。

美孚（Mobil）的黑弗蒂（Hefty）分公司将垃圾袋的价格减掉20%，并且每盒多装20%的塑料垃圾袋。已有20多年营销经验的黑弗蒂公司还就增强垃圾袋的结实程度提出了一个口号——“我们的结实就是价值”。一位美孚公司的经理说：“20世纪90年代以后人们寻求的是价值，甚至对垃圾袋也不例外。”

百事可乐公司的塔科·贝尔连锁店采用了一种成功得令人难以置信的“价值菜单”：59美分的塔科和15种其他商品价格分别是59美分、79美分或99美分。麦当劳紧跟其后，采用“超额价值餐”，在广告中强调“好食品、好价值”。很快，温迪、汉堡王和其他竞争者也纷纷加入角逐的行列，采用了它们自己的价值定价方法。

证券行业的西尔森—莱曼·哈顿公司（Shearson-Lehman Hutton）在20世纪90年代发起了一场新的广告运动来帮助它抵补折扣经纪人的低价要求。西尔森的一位营销高级管理人员说：“人们在问：‘我能得到我所支付的吗？这里边的价值是多少？’企业面临的挑战是，相对于其设定的价格，它们能提供的价值是多少。”新的广告运动将集中介绍西尔森的服务，如投资建议和金融计划等，这些服务会使西尔森的整个服务系统具有更好的价值，甚至是在提高价值之后。

20世纪90年代中期，在一次世界旅行中，通用电器公司的董事长杰克·韦尔奇（Jack Welch）注意到全球的顾客正越来越多地对价值而不是技术感兴趣。他说：“我们正面临讲究价值的十年。如果不能以全球最低价销售高质量的产品，你就会被挤出竞争。”其结果是，从冰箱到扫描器和喷气发动机的所有产品中，通用电器公司都设定了难以打败的价格，努力地提供基本的、可靠的产品。

别克汽车将它的产品系列“公园大道”汽车作为“美国最高价值的汽车”，价格是2.58万美元。别克汽车的这一“夸口”是有根据的。一家叫英特尔利选择（Intelli Choice）的独立调研公司发现，“公园大道”汽车在维修成本、燃料节省库和车子的折旧程度几个方面都位居第一。别克汽车的全国广告经理说：“我们可以说你们没必要用买一辆经济型车来实现物有所值。你们没必要为了得到大的价值来放弃豪华、性能或规格。”

价值定价不仅仅是减价，还包括许多内容。它意味着在价格和质量之间找到一个平衡点，使产品能给消费者带去他们所需要的价值——对消费者来说，“价值”不等于“便宜”。价值定价要求企业在有利润可赚的同时适当减价以及找到维持甚至改善质量的方法。20世纪80年代喜欢高质量品牌产品的消费者现在仍然需要高质量的产品，但是他们要求价格应该更低一些。因此，价值定价经常包括重新设计产品和生产流程，以降低成本和维持价格降低之后的利润总额。例如，在采用价值“菜单”之前，塔科·贝尔（美国一家著名餐饮企业）重新设计了它的餐馆以便增加顾客流量和降低成本，它缩小了厨房的面积，扩大了座位空间，还采用了新的菜单食品——这些食品是为了能在缩小的新厨房里简单备菜而特别设计的。

尽管价值定价的趋势是随着经济衰退开始的，但涉及的实质内容却是更深层次的。这一趋势表现了营销人员对消费者观点基本改变的反应，而消费者观点的改变是因为在生育高峰期出生的人逐渐变老（美国如此，中国也面临着人口老龄化的趋势），以及他们所受到的不断增加的经济压力。现在，对美国消费者而言，当今“被挤出来的消费者”肩负着20世纪80年代不加节制消费所带来的债务、日益增长的孩子培养费、购房费以及照顾年老父母的预备费用和自己保健和退休的预备费用。因此，在经济状况改善之后的很长时间里他们仍会要求得到更多的价值。甚至在经济衰退之前，购买者就已经开始考虑价格和质量之间的相等关系。因此，在现在及可预见的将来，价值定价仍然会是一个极为重要的战略。为了赢得明天更加精明的消费者，营销人员需要不断寻找新的方法，以更低的价格向顾客提供更多的价值。

资料来源：菲利普·科特勒，芮新国. 时髦的价值定价 [J]. 中外管理，2002 (12).

讨论题

1. 你如何理解案例资料中的价值定价中的“价值”？

2. 请运用市场营销的核心概念和理论基础分析成功的价值定价的基础是什么？在企业的经营战略、营销战略和营销策略三个层次上如何实现和体现？

第八章　国际市场营销的渠道策略

引例

童车品牌"好孩子"正式进入欧美主流市场

中国童车著名品牌"好孩子"由集团董事长宋郑还带队来北京宣布：在童车销售领域连续10年保持国内第一的好孩子集团已正式打入欧美主流市场，目前"好孩子"童车在美国的年销售量达到160多万辆，其中婴儿车连续5年保持销量第一，占据了包括童车在内的整个美国童用市场50%以上市场份额。

好孩子集团在经历了国内的创业和发展阶段之后，依靠国内童车市场龙头的优势开始开拓国际市场。1994年，好孩子集团专门成立了进出口部负责产品的出口销售工作，先后派人考察中国香港、日本、美国、欧洲等市场，广泛接触外商寻找商机。从1995年起，好孩子集团参加了意大利米兰、德国科隆、美国达拉斯、阿联酋迪拜等国际著名展销会，与国外商家积极建立商务关系，扩大"好孩子"产品的出口。

地处美国达拉斯的在加拿大和美国上市的公司——科斯科公司（COSCO）与好孩子集团走到了一起。在好孩子集团保护品牌资源理念的坚持下，双方结成了战略联盟，双方最后商定以OBM（制造企业做自有品牌）模式互相合作。由科斯科公司做好孩子集团在美国童车市场的总代理，好孩子童车以双方联名的COSCO-GEOBY的品牌名称在美国市场上由科斯科公司销售。这种强强联手的战略联盟运作十分成功，虽然这种联盟形式很松散，但为双方带来了丰厚的回报，为好孩子集团的海外发展积累了丰富的经验。好孩子集团以OBM模式进军美国市场的运作十分成功，市场需求逐步增加，海外业务不断扩大，好孩子集团决定有必要在美国建立自己的产品销售子公司。于是，好孩子集团抓住机遇于1995年在美国的加利福尼亚州注册了自己的美国分公司，自此拉开了"好孩子"童车产品全面进军美国市场的序幕。"好孩子"童车产品迅速进入全球最大的零售商业集团沃尔玛超市的2800多家连锁店。并且很快进入凯玛特、反斗城等主流销售渠道。好孩子集团在美国取得了出色的销售业绩，连续两年被沃尔玛、凯玛特评为全球范围内的最佳童车供应商，同时也使"好孩子"成为了享有国际美誉的品牌。

好孩子集团在美国一系列商业运作的成功增强了其开拓海外市场的信心。继美国之后，好孩子集团又开始在欧洲开拓市场。利用在美国经营的成功经验，好孩子集团在欧洲的一些国家也设立了销售分公司。同时，好孩子在近30个国家和地区拥有代理商并建有相应的营销渠道，并且在南美洲建立了海外工厂，使其国际化步伐逐步加快。截至2001年，好孩子国际市场销售份额已占企业总销售额的50%以上，而美国市场份额又占主要地位。

在占领海外市场的同时，构筑强大营销网络成为好孩子集团的又一“野心”。目前好孩子集团已与全球多家品牌签署合作协议，为其全面代理在中国市场的销售。其中，包括耐克儿童系列、美国迪斯尼童车、欧洲高档童装 CAKEWALK 等。宋郑还表示，“好孩子”不仅要做世界著名儿童品牌的中国第一代理商，还要在服务、设计等多个领域不断进取，力争成为中国儿童用品的一艘航母。

资料来源：根据《我国童车品牌“好孩子”正式进入欧美主流市场》（《北京商报》2005 年 5 月 16 日）及其他相关资料编写。

国际营销渠道（International Distribution Channel）是指将产品实体及其所有权从一国的生产者转移到国外消费者或最终用户手中所经过的各种通道和中间机构的总和，是产品从一个国家的生产者流向国外最终消费者和用户所经历的路径。通道以生产者为起点，以消费者或最终用户为终点。中间环节包括出口商、进口商、代理商、批发商和零售商。

国际营销渠道承担着商品的两种转移：一种是通过交换而发生的产品所有权在国际市场上的转移，称之为商流；另一种是伴随着商流，还有在适当的时间通过适当的运输工具和运输方式，将产品运送到适当地点的产品实体的空间移动，称之为物流。商流与物流相结合，使产品从生产者最终到达消费者手中。

分销渠道策略是企业对产品进入目标市场的路径选择，它关系到企业在什么时间、什么地点、由什么组织向消费者提供产品和服务。分销渠道的决策包括渠道长短与宽窄的决策以及中间商选择的决策。

第一节　国际市场营销渠道模式

一、国际营销渠道模式

与国内营销相比，国际营销渠道的层次更加复杂、选择更加多样、决策更加复杂。要实现产品的国际流通和转移，至少要经过出口国和进口国两个市场的销售渠道，而每个国家的分销结构及分销渠道中中间商的职能和角色都因其经济发展水平、传统、市场特点和竞争状况的差异而不同。国际市场的分销渠道有以下 10 种模式，如图 8.1 所示。

图 8.1 中的出口中间商、进口中间商、批发商和零售商统称渠道中间商。渠道中间商的层级数量决定了渠道的层次，从没有中间商介入到一个中间商、两个中间商再到多个中间商的介入，渠道层次分别为零级渠道、一级渠道、二级渠道和多级渠道。

图 8.1 中，前 5 种渠道均需要通过企业所在国国内的中间商环节实现产品的国际转移，我们将这五种渠道称作间接渠道。其中，第 5 种渠道所经历的中间环节最多，包括出口中间商、进口中间商、批发商和零售商，是 10 种渠道中最长的渠道。在后 5 种

渠道中，企业省去了国内的中间商环节，直接将产品销往国外市场。其中，在第 10 种渠道模式中，产品直接由制造企业销售给终端消费者，销售层次最少，渠道最短。

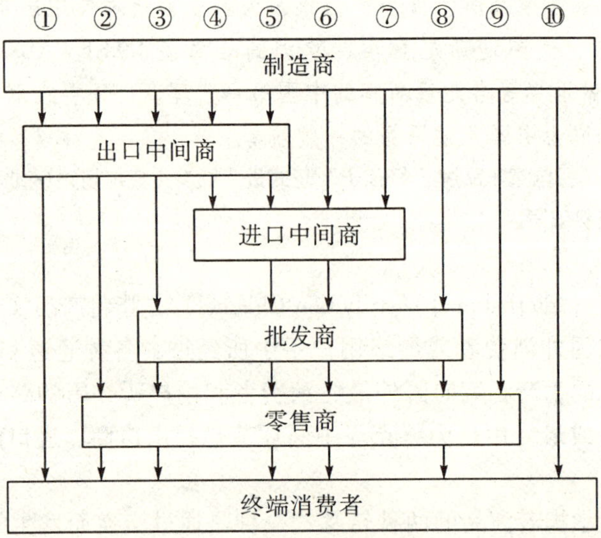

图 8.1　国际营销渠道模式

在第 2、3、8、9 种渠道中，批发商和零售商也兼营了进口业务。

二、国际营销渠道成员

国际营销渠道的中间商（Intermediary）是指渠道的中间环节，包括所有参与分销活动的个人和组织。中间商在国际贸易中承担着企业与终端用户之间中介和桥梁的作用。国际市场营销中对中间商的划分有以下几种：

第一，依据中间商所在地分为进口国中间商和出口国中间商；

第二，依据中间商从事贸易的类型分为出口中间商、进口中间商和国外经销商；

第三，依据中间商是否获得产品的所有权分为经销商和代理商；

第四，依据经销商的业务性质分为批发商和零售商。

（一）经销商

经销商又称商人中间商（Merchant Middleman），是指先买断商品的所有权，然后再将商品转售出去的中间商。经销商通常具有较大的营销自主权，也承担着一定的经营风险。国际市场营销中的经销商主要包括进出口公司、国外经销商。

（二）代理商（Agent）

代理商是指接受委托人的委托，寻找客户，同顾客谈判，从中赚取代理费的中间商。与经销商不同，代理商并不取得商品所有权，如经纪人、制造商代理人和销售代理人等。

（三）批发商（Wholesaler）

批发商是指从事批发活动的中间商。批发商的职能包括买卖、运输、储存、融资、信息收集、生产计划、风险管理等。

（四）零售商

零售商是指从事零售业务的中间商。零售商位于国际分销渠道的最终环节，从所有其他中间商手中购买产品，再将产品转卖给消费者或工业用户。

近年来，随着全球零售业的迅猛发展和零售模式的不断创新，全球零售业呈现经营规模化和国际化的趋势，全球零售企业也越来越多地履行和分担了批发商的职能和任务。零售商的类型包括百货商店（Department Store）、专业商店（Specialty Store）、超级市场（Supermarket）、便利商店（Convenience Store）、折扣商店（Discount Store）、仓储大卖场（Warehouse Market）以及连锁商店（Chain Stores）等。

营销透视

双向借道：鞋业国际化天堑变通途

在中国制鞋企业走向国际化的实际案例中，很多企业选择单一的为国外品牌做代工这一路径，其弊端是无法打造出自己的品牌。也有很多企业选择到国外市场去开专卖店，但高额的成本让企业如同抱着一根鸡肋，弃之可惜，食之无味。

无论是到国外设厂开店还是简单的代工，都无法尽善尽美，于是王振滔结合奥康公司的实际情况，选择了“双向借道”，一种全新的国际化模式应运而生，这种模式被上海交通大学教授阎峰称为“中外合作的第三类模式”。

早在2002年10月，奥康公司与健乐市公司（GEOX）就已牵手，作为GEOX总裁的迪亚戈第一次中国之行，就选定了奥康作为他们的合作伙伴。在合作之前的一年多时间里，GEOX总裁亲率公司骨干赴中国及周边国家进行商务考察，寻求亚洲合作伙伴。经过深入细致的“明察暗访”后，GEOX认为奥康公司具有较强的生产、设计和销售能力，企业决策层视野开阔，创新意识强，是理想的合作伙伴。

据资料显示，截至目前，GEOX在中国共有100多个销售网点，销售额近1亿元，增幅高达500%。这一增长速度远远超过了GEOX在全球的平均增速。GEOX网站数据显示：2001年GEOX的收入达到15亿欧元，2004年则为34亿欧元，年增幅为70%。GEOX在中国的发展简直就是几何级裂变增长，坐在迪亚戈身边，王振滔显然十分自信。

两强合作成为近几年中外鞋企合作的经典案例，尤其是“双向借道”的合作模式更是备受业界推崇。这种模式是：奥康公司不仅为GEOX加工全球市场产品，更将参与其在亚洲市场销售产品的设计开发。而且，借助奥康公司在国内强大的网络优势，帮助GEOX品牌在国内生根。“可以这样说，从生产到销售，奥康公司是GEOX在国内的全权代理。”王振滔这样概括。

而在国际市场上，GEOX则通过其全球的网络帮助奥康公司推荐奥康品牌，销售奥康公司的产品。“我们争取来的何止是销售代理权，更重要的是国际顶级名牌的管理、技术和最新的信息。”从王振滔的话中，人们不难发现他的真正意图：找一艘大船，借船出海，通过这艘大船尽快实现自身企业的国际化。

资料来源：奥康嬗变：国际化启示录［J/OL］. finance.qq.com/a/20060904/000491.htm.

三、国际分销渠道的功能

分销渠道除具有向使用者或消费者输送产品的功能外，还具有其他的功能，主要如下：

（一）调研功能

国际企业利用自己在国内及国际上的分销网络系统，开展各种类型的调研活动，以了解目标市场需求的发展趋势、中间商的经营能力状况、竞争对手的营销策略的变化等。

（二）促销功能

分销渠道的选择和建立都是达到促进产品销售的目的。国际企业应充分利用中间商与最终使用者或消费者直接接触的条件，通过中间商做好说服、示范、提供各种服务及便于购买的条件来加快商品在渠道上的转移。

（三）沟通功能

国际企业可利用分销渠道来发现潜在的需求者，利用分销渠道建立与用户或消费者联系的各种网络，畅通产、销、用户之间的沟通，更好地树立企业的形象。

（四）适销功能

国际企业受生产条件的制约，一般品种相对少而批量大，这与使用者或消费者消费多样性及一次使用或消费的数量很少发生矛盾。通过分销渠道各环节按不同需求、消费特征对产品进行分类分级、分组包装的调整，使企业能最大限度地满足用户的要求。

（五）协调功能

利用分销渠道系统内部成员之间的已存在的关系，可就各种有关产品转移的问题，如价格、供货时间、付款方式等达成协议，从而促使渠道发挥最大的整体效率。

（六）实体分配功能

分销渠道的建成使渠道成员可根据自身的地位和特征，在渠道内承担相应的职能，完成产品在渠道中生产制造、运输贮存、销售等工作。

（七）筹措资金功能

开展渠道活动需占用大量资金、消耗大量的资金，分销渠道本身可以保证这种资金的来源和支用。

（八）共担风险功能

渠道全体成员在共享渠道成果的同时，共同承担从事渠道活动将可能产生的各种风险。

营销透视

在迪拜市场如何做中国生意

迪拜有为数不少的专业产品批发市场，如汽车配件、服装、纺织品、鞋类箱包、手机配件、建材五金等，而建材五金批发市场无疑是众多市场中最为活跃的市场之一。不同于国内的专业市场，迪拜所有的市场都是自发形成的，在沿迪拜湾的一片狭小空间里，每条街面都可以成为连接亚非大陆的货物场，每个店面都可以成为中转交易平台。

思诺博迪拜中国贸易促进中心驻迪拜负责人沈一强表示，在经营方式上，印巴人喜欢代理制，在市场里转悠，随处都可以看到英国的涂料、意大利的锁具、德国的工具、日本的电机等，这些国际品牌都是有各自独立的经销商运作，有些品牌可能还不止一个经销商。

中国商人喜欢自销形式，以现货对现金。很多企业抛开中间商环节，直接来到迪拜设立门面或办事处。这种方式极大地刺激了整个市场的神经，厂商自销所具备的价格优势，直接影响了整个市场价格的稳定性。当然中国商人中运用代理制的也不乏其人。但是这种代理仅为一般代理或者是形式上的代理，受代理条款约束程度很低，更多的仅为松散型合作方式。一旦产品为普通常规产品或技术含量较低产品，代理的生存空间就比较脆弱，任何自销形式都会对其造成正面冲击。

如何平衡这两者之间的关系，还要看企业的具体目标而定。国内曾有一家锁具工厂，在众多地区有一般代理，但价格一直被压得很低。参加迪拜展览后发现市场利润空间比想象中大，最后决定直接入驻设点。这样一来，原代理的部分客户放弃代理而主动向该工厂门面进货，门面与代理形成一种竞争关系，最后致使代理转向其他国内供应商。最后该工厂只得适时调整政策，在价格上区别对待，才挽回了一些主要的代理客户。

宁波一家灯具工厂为更好地利用代理的销售网络，尽管已经进驻迪拜，但主动避开正面冲突，以办事处方式经营，取得代理的信任并开始推广其产品。该企业花费相对较少的时间将产品打入这个市场。

资料来源：刘明娜. 在迪拜市场如何做中国生意 [N]. 中国经营报，2005-06-10.

第二节 国际营销渠道的决策

一、影响国际营销渠道选择的因素

在国际市场营销中，可供选择的分销渠道通常很多。为了找出直达企业目标市场的最佳途径，企业通常要考虑 6 个具体因素，它们分别是成本（Cost）、资本（Capital）、控制（Control）、市场覆盖面（Coverage）、特点（Character）及连续性（Continuity），这 6 个具体决策因素被称为渠道决策的 6 个“C”。

（一）成本（Cost）

成本是指渠道成本，即开拓渠道的投资成本和保持渠道的维持成本。通常，开发渠道的投资成本是一次性支出，而维持渠道的成本是长期的、主要的、经常的支出。后者包括本企业推销人员的一切费用、各中间商的佣金、商品流转过程中的储运装卸费用、各种单据和书面工作费用、广告宣传费用和洽谈买卖等各种业务行为费用。

渠道费用构成了企业的销售成本。渠道费用过大，会严重影响企业开拓国际营销渠道的能力和效益。但是取消中间商，则需要企业承担中间商的全部职能。评价渠道成本可以借助渠道效率（Channel Efficiency）这一指标，即在完成渠道必备职能的前提下，减少成本同时更好地发挥渠道作用的能力。衡量渠道成本的第二个指标是这一渠道费用是否能最大限度地扩展其他5个“C”的利益。

（二）资本（Capital）

这里的资本是指建立渠道的资本要求。自建渠道，企业能够拥有自己的营销队伍和营销力量，但是需要大量的现金投入；如果使用中间商，则可以大大减少企业一次性的现金投资。因此，除了财力雄厚的企业有能力投入大量现金，建立自己的营销渠道之外，一般中小企业由于企业资源的限制，更适宜通过中间商间接出口。

（三）控制（Control）

对于分销渠道的控制力度是国际营销渠道选择时的重要考量。不同的渠道安排，对应着不同的营销控制程度。通常，企业通过自建渠道，可以实现对分销的较强控制。在市场变化和消费者需求变动的时候，可以及时感知，并迅速做出相应的策略调整——产品的调整、价格的调整以及促销策略的调整；反之，如果采用中间商进行分销，企业对渠道的控制力度相对较弱，为了达到有效分销的目的，企业就必须投入资本以激励和控制中间商。此外，大量中间商的采用还会导致企业对于市场变化的反应迟缓，以致错失良机。渠道的长短也影响渠道的控制力，渠道越长，企业对于售价、销售量、推销方式等的控制能力越弱。

（四）市场覆盖面（Coverage）

市场覆盖面是指企业在国外销售产品的市场区域。市场覆盖面的选择，以取得最大经济效益为前提，并不是越大越好。许多国家的主要购买力常常集中在某几个人口密集、购买力强的中心区域或者城市，如将产品成功打入这几个区域，就可以以相对较少的分销成本获取较大的销售收益。例如，一些国际奢侈品品牌在进入中国市场的时候，最先锁定中国的东部沿海地区，如广东、上海等地，而不是经济、文化发展水平相对落后的西部地区，就是看中了东部发达地区的较高经济收入和较强的消费能力。与此同时，为了达到足够的市场覆盖面，在中间商的选择上，企业应尽可能与大批发商（大代理商、大经销商）合作，配合各种适当的促销手段，推动企业产品销售，树立企业形象和产品形象。

（五）特点（Character）

选择和开拓国际市场营销渠道，既要考虑本企业的资源状况、产品特点，还要考虑目标市场国的市场特点和环境特点。

1. 企业的资源状况

如果企业具备足够的财力、销售资源和管理经验，而销售规模又比较大的话，就可以自建渠道或自派销售人员开展销售工作；如果企业实力较弱，则宜采用间接分销渠道，借助中间商实现分销。另外，如果企业能够与中间商进行良好的合作，或者能够对中间商实施有效的管理和控制，也可以选择间接分销渠道；反之，若不能与中间商很好的合作或者中间商不可靠，不利于产品的市场开拓和经济效益的实现，则企业不如选择直接销售渠道。

2. 产品特点

产品自身的特点也影响营销渠道的选择。通常来说，标准产品、低价产品宜选用长渠道；单价高的产品，应注意减少流通环节，否则会造成销售价格的提高；过重或体积过大的产品，以及不易多次搬运的产品，应尽可能选择最短的分销渠道，以减少运输和储存等销售费用；技术要求高，需要安装和经常维修服务的产品，如计算机，最好由企业直接销售给终端用户或选择尽量少的中间商，从而提供及时良好的销售技术服务；鲜活、易腐、市场寿命短的产品和时尚产品，宜选用较短的渠道；原料、初级产品宜直接销售给进口国的生产企业。在新产品销售中，为尽快地将新产品投入市场，扩大销路，生产企业一般组织自己的营销队伍，直接销售给消费者，当然也可以考虑采用有良好合作关系的中间商分销。

3. 市场特点

市场特点包括渠道结构和消费者特征。

每个国家的市场都有其固有的或传统的渠道结构。在渠道结构中，各式各样的中间商及其职能、活动和服务反映着各个国家的文化社会传统、经济发展水平、市场特点和竞争状况。例如，日本拥有世界上最复杂的多层次分销渠道，美国的分销渠道相对来说比其他国家短，德国的分销渠道多种多样，而中东国家的分销渠道简单。世界上许多国家都拥有大量的小规模的批发商，由于批发的利益来源于规模经济，因此对生产者来说，与较小的批发商打交道即意味着得到较少的服务和更重的负担。在进入不同国家市场的时候，应考虑当地的特点而选用相应的渠道。

消费者的购买习惯也影响渠道的选择。沃尔玛公司发现“中国是一个以市中心为居住和消费主体的国家”，“便利消费”是人们的“首要选择”，而且“中国消费者对会员店及其他的超市业态的接受程度不高”。于是，在新店选择上，沃尔玛公司以在市中心开设购物广场作为中国业务发展的重点，而不是传统的美式折扣店。

总体来说，如果市场范围广、潜在顾客数量大、消费需求多，需要通过中间商提供服务来满足消费者需求的时候，企业宜选择间接分销渠道。若市场范围小、潜在需求少，企业则可以抛开中间商，选择直接销售。

（六）连续性（Continuity）

渠道的连续性是保证企业国际营销渠道顺畅的前提条件。这里的连续性包含两层意思，即稳定性和灵活性。稳定性是指渠道中的中间商，只要符合本企业营销目标的要求，就不宜轻易变更，因为他们已经具有了经营本企业产品的经验。灵活性是指随着竞争的需要和营销环境的变化，一个企业的国际营销渠道是可以改变的，灵活的渠道要比僵化的渠道更有效益。

在企业进行营销渠道选择的时候，只有全面、均衡地考虑以上的6个“C”，才能建立起符合企业长期营销目标和渠道方针的分销渠道。但是，需要注意的是，在国际市场营销实践中，由于各种分销渠道各有利弊，很多企业采取复合型的分销模式，即几种分销模式混合使用，联想集团就针对不同的用户使用了不同的分销模式。

二、新建渠道与利用原有渠道的决策

（一）新建渠道

新建渠道又称自建渠道，是指企业在进入国际市场后，为本企业的产品营销建立自己专门的网络或通路。自建渠道的优势非常明显：保证企业对分销渠道的有效控制，从而提高企业的服务质量；根据及时的消费者信息反馈，迅速调整产品线，适应市场需求。从长远发展角度来看，自建渠道为跨国企业进一步开拓国际市场积累了丰富的国际市场营销经验。

新建渠道的投入资金大、耗费时间长、风险高，通常只适用于规模大、实力强的跨国企业，且企业在目标市场有长期的发展计划和长远的发展目标。自建渠道在刚刚进入目标市场时，由于对当地市场的不熟悉和渠道的经验积累很少，开拓起来相对较难。而利用原有渠道则因为投资小、见效快、渠道的变革和调整比较容易等优势，为更多的企业所选择。

（二）利用原有渠道

利用原有渠道是指企业在目标市场上委托该国原有的中间商经营产品。在国际市场营销中，企业选择与原有渠道中间商合作的原因在于：首先，利用原有渠道不需要一次性的大量资金投入；其次，原有渠道对目标市场非常熟悉，消费者对于渠道的认同度很高，发挥原有营销渠道的作用，可以帮助企业迅速进入目标市场；再次，渠道的调整相对灵活；最后，选择与国内原有渠道合作，可以有效绕开目标市场的进入壁垒。例如，在TCL集团进入欧洲市场时，选择与在欧洲和北美市场已经建立了相对完善营销网络的汤姆逊公司合作；海尔集团则借助当时的家电生产商——三洋的销售网络进入日本市场；“好孩子”童车利用沃尔玛、希尔斯和凯马特等美国主流商业渠道迅速占领美国市场；谷歌公司通过签约3家授权代理商（相当于在中国市场增加近10 000人的销售队伍），加快其向中国本土企业，特别是中小企业渗透的速度，提高竞争力。

利用原有渠道的劣势在于：企业对分销渠道的控制差，不利于国际化企业的长期发展；终端零售商可能对产品的专注程度不如自有渠道，造成企业产品在分销中与其他产品竞争有限的渠道资源，甚至发生冲突。

（三）新建渠道和利用原有渠道的衡量与选择的标准

新建渠道和利用原有渠道各有利弊，衡量和选择的标准如下：

1. 目标市场的政治和社会文化因素

对于政局不稳、社会冲突、骚乱频发的地区，由于新建渠道需要大量的投资和长时间的运作积累，为了最大限度地降低风险，利用原有渠道是最好的选择。另外，如果政府对某种商品的分销商有相应的规定和限制，企业也不可能建立自己的渠道。2007年1月1日起在中国市场施行的《成品油市场管理办法》和《原油市场管理办法》，首次对外开放了中国国内原油、成品油批发经营权，而在此之前我国原油资源一直是由国家统一配置，成品油也只能由中石油、中石化两大集团集中批发。

2. 目标市场的竞争状况

产品具有独特性，市场竞争较弱时，可以采用与原有渠道合作的模式；如果竞争激烈，且现有渠道大多被竞争者所占据，企业就不得不建立自己的渠道。

3. 企业对渠道的控制力度的要求

当希望对分销渠道有很强的控制力时，企业应选择自建渠道；反之，则可以选择与原有渠道合作的模式。

4. 企业的因素，包括企业的目标和企业的资源状况

致力于长期国际市场营销的企业或实力强的企业，有必要、有资金实力建立自己的渠道。同时，企业在分销方面的经验、人力资源也是支持企业自建渠道的因素之一。

三、国际营销渠道的长度决策

在某一特定市场中，企业渠道决策的主要内容是渠道设计决策，即渠道的长度和宽度决策。

渠道的长度决策涉及是否使用中间商、使用那些类型的中间商以及不同类型的中间商的数量问题。依据渠道中间商的层级多少，分销渠道分为直接渠道和间接渠道，其中间接渠道又涉及长渠道与短渠道。

（一）直接渠道策略与间接渠道策略

直接渠道是产品从生产企业到国外消费者转移中不经过任何中间商。其具体形式有：生产企业直接接受国外用户订货；生产企业在本国设立经销部门或在国外设立分支机构，经营自己的产品；生产企业通过电视、电话、电报、邮购等，将产品直接售给国外最终用户。

选择直接渠道，由生产者直接销售，可以加强推销，提供中间商难以提供的技术服务，控制价格，了解市场变化。其不利之处是会增加生产企业用于经销的投资支出。

间接渠道是利用中间商将产品售给国外消费者手中。中间商有出口国的外贸公司、进出口双方的代理商、进口方的经销商、批发商、零售商等。间接渠道在目前国际市场营销中被广泛采用，它可以节约生产企业用于产品流通的人、财、物和时间，发挥各中间商的条件、经验及市场渠道关系的良好作用。大众性商品或中小生产企业更需要使用该方式扩大产品出口。

（二）长渠道策略与短渠道策略

分销渠道的长短是相对而言的，由是否选用中间商，以及选用多少中间商构成几个中间环节来决定。没有中间环节的分销渠道是最短的，而包括所有中间环节（代理商、批发商、零售商、出口商、进口商）的分销渠道是最长的。

商品在从生产者流向最终消费者的过程中，经过的环节越多，分销渠道就越长；反之则越短。采用长渠道可发挥各层次中间商的辐射、宣传作用，扩大产品市场，但其环节多、费用高，影响最终零售价格，会增加消费者负担，且不利于信息的及时反馈。长渠道一般对低价的日用百货商品使用较多。采用短渠道，产品专营性强、市场影响面窄，但对中间商的约束较高、易控制。短渠道一般对高价商品如电器、汽车、高技术产品使用短渠道较多。

从加快产品流通速度、减少损耗、降低费用角度考虑，应采用短渠道策略。但是从产品生产与消费或使用在时间和空间上的不一致、生产单一化与消费多样性等方面存在的矛盾上考虑，如果用中间环节过少的短渠道策略，建立的分销渠道会使商品难以顺利通过，从而造成渠道受阻，使费用增大。因此，选择长短不同的分销渠道不仅要从取得最大经济效益角度出发，还要从解决生产、消费的矛盾上多加考虑。

四、国际营销渠道的宽度决策

国际营销渠道的宽度是指渠道每个环节所使用的同类型中间商数目的多少，中间商数目愈多则渠道愈宽。选择分销渠道的宽窄一般有密集型分销、独家分销、选择性分销三种策略为企业经常使用。

（一）密集型分销（Intensive Distribution）

密集型分销又被称为广泛性或普遍性分销。采用这种策略的具体表现是国际企业选用尽可能多的中间商经销自己的产品，使产品在目标市场有铺天盖地而来之势，达到使自己产品品牌充分显露和随处可买，最广泛地占领目标市场的目的。

决心采用密集型分销策略的企业必须充分预计到其所面临的每个中间商可能同时经销几个厂家、多种品牌的产品，使得其不可能为每一产品的促销提供如广告宣传、人员促销等手段过程中发生的费用。这就要求企业在经济上向其提供一定的支持，使企业的渠道费用增加。从经济角度看，密集型分销所产生的费用较大。同时，由于中间商数目众多，企业无法控制渠道行为，这些都是采用密集型分销策略将会给企业带来的不利之处。

（二）独家分销（Exclusive Distribution）

由于产品本身技术性强，使用复杂而独特，所以需要一系列的售后服务和特殊的推销措施相配套，使国际企业在一个目标市场只选择一个中间商来经销或代销它的产品。国际市场如汽车、家用电器、计算机和办公设备、照相器材等产品的许多生产企业都采用这种策略在世界许多国家或地区建立分销网络。采用这一策略的生产企业必须与被选中的独家经销商签订协议，协议保证作为独家经销商只能经销生产企业的产品，不得同时经销其他厂家的同类产品，而生产企业必须常常在产品供应、运输和管理技术等方面给经销商以特殊的便利条件或支持。采用独家分销策略可使国际企业十分容易地控制渠道行为。但是由于采用这种策略后使国际企业与独家经销之间的互相依赖性大大增强了，这样由于经销商经营失误，会使国际企业失去一条分销渠道，甚至失去一个目标市场。

（三）选择性分销（Selective Distribution）

选择性分销是介于密集型分销与独家分销两种渠道之间的一种宽度渠道策略。国际企业从愿意合作的众多企业中选择一些条件好的批发、零售企业作为自己的中间商，这样与密集型分销相比，可以集中地使用企业的资源，相对节省费用并能较好地控制渠道行为。企业可以获得比采用密集型分销或独家分销两种策略更多的利益。但是，这一策略也不是尽善尽美的。起码有两点使企业决定采用该策略时有所顾忌：第一，中间商是否能提供良好的合作服务，愿意参与渠道协作的中间商数目的多少，国际企业能为中间商提供多少市场畅销的产品，在供货方式、价格上给多大优惠，在诸如采用广告宣传等措施所需用的费用上给予多大的支持等，国际企业能做出多大承诺；第二，国际企业与中间商之间的联系以履行合同来维系，无论哪方的行为有损于合同的履行，必将使产品在该渠道上的流通受阻，使采用这一策略预定应实现的目的落空。

分销渠道策略要求生产企业在选择分销渠道时，要针对生产企业的条件、产品特点、出口规模、市场特性及其各中间商的能力、经验、信誉、市场影响等合理决策，并注意搞好与经销商、代理商的关系，以发挥其在国际市场营销中的渠道作用。在激烈的竞争环境之下，企业不单单采用传统的销售模式，而是采用传统营销渠道战略与新兴营销渠道战略相结合的国际销售渠道，这种渠道联合化趋势日益增强。

营销透视

固特异轮胎的分销变革

固特异轮胎橡胶公司（以下简称固特异公司）通过其强大的固特异独立经销商网络独家销售备用轮胎已有60多年的历史，固特异公司和它的2500家经销商都受益，经销商们拥有享有盛誉的固特异轮胎产品独家销售权。但是，在1992年，固特异公司开始打破传统，宣布它将通过西尔斯公司的汽车中心销售固特异轮胎。无疑，这是对固特异公司原有经销商们的一次沉重打击，因为这使这些经销商处于和零售商巨人西尔斯公司直接竞争的地位。这是对原先神圣不可动摇的经销商网络的背弃，使许多经销商感到震惊和愤怒。一位固特异公司的经销商说："就像是结婚35年之后，你的'爱人'在做不忠于你的事。"另一位经销商则说："我感觉就像他们在我背后捅了一刀。"

有好几个因素导致了固特异轮船销售系统的变化。20世纪80年代末期，大规模的国际合并浪潮重组了轮胎行业，最后只剩下了5个竞争者。例如，日本的桥石公司（Bridgestone）兼并了凡士通公司（Firestone），德国的大陆公司（Continental）收购了通用轮胎公司（General Tire），意大利的派利公司（Pivelli）吞并了阿姆斯特朗公司（Armstrong），还有法国的米其林公司（Michelin）兼并了UG公司（Uniroyal Goodrich）。60年来一直位居世界轮胎制造业老大的固特异公司已经落在米其林公司之后而屈居第二。作为唯一幸存者的美国轮胎公司，固特异公司发现它在与强大的、新近补充了能量的国际竞争者争夺美国市场份额时已不能再像对付国内较小的竞争者那样随心所欲。

除了在西尔斯公司销售固特异轮胎外，固特异公司还在沃尔玛连锁店销售自己的产品。市场调查表明，4个沃尔玛连锁店顾客中有一个是潜在固特异轮胎购买者，并且这些购买者来自独立经销商不可能进入的细分市场。固特异公司还开始大张旗鼓地经营新的私营品牌业务。它的凯利—斯普林菲尔德部门很快便签署了一笔通过沃尔玛连锁店销售私营品牌轮胎的协议，并且和凯马特连锁店、MW公司（Montgomery Ward）达成了协议，它甚至和仓库俱乐部似乎也签署了协议。除此之外，固特异公司还积极探索其他新的销售方式。例如，固特异公司曾经用一种直接、快速服务的折扣店概念“公平轮胎”来抵挡低价竞争者的进攻。固特异公司还向选中的几个美国城市中的零售商出售轮胎。

资料来源：菲利普·科特勒. 固特异轮胎的分销变革［J/OL］. www.emkt.com.cn/article/80/8049.html.

第三节　国际分销渠道的管理

在国际企业确定其分销渠道采用的组织形式后，就要对这一分销渠道进行管理，使渠道达到最大的运行效率。分销渠道管理的主要内容包括：中间商的选择、对中间商的激励、对中间商的评估、对分销渠道的评估四个方面。

一、中间商的选择

国际企业的分销渠道有哪些中间商参与，这实际上是一个“双向选择”的问题。中间商必须拥有畅销产品，才能立足于市场。这决定中间商们要寻找制造这些畅销产品的生产企业，渴望成为其分销渠道的成员。国际企业要更好地将产品送至用户手中就必须建立相应的分销渠道，渠道的效率与中间商素质有很大关系，必须认真选取。选取前国际企业必须吸引众多中间商前来“候选”，吸引的条件是国际企业是否具有很高的声誉、是否拥有优质畅销产品。中间商的选择是一项艰难的工作，一旦误选其后果很难预料。国际企业必须先确定各种中间商应具备的条件，然后从符合这些条件的企业中逐一选出所有中间商。选择中间商的标准主要有：中间商的营销历史长短、声誉状况、经营范围、销售能力、协作精神、从业人员的素质、企业开设地点、面对顾客的类型等。

二、对中间商的激励

中间商选走后，分销渠道也随之建立，企业必须采用各种措施来充分调动它们经销企业的产品的积极性。由于中间商与国际企业之间的关系，随国际企业在选择渠道的组织形式不同而有很大区别。统一垂直分销系统中，国际企业与各中间商的基本利益一致，只要明确各自的地位、作用即可为达到最大分销渠道整体效益而努力。而其他形式的分销系统中，中间商是一个独立经营者，有自己的营销目标，因此企业要随时克服自己利益与中间商利益不一致而产生的矛盾，更应采取各种措施来调整相互关系。例如，给中间商取得较高利润的机会、提供优惠的供货条件，同时还可以考虑给中间商各种人员培训及给予其广告等促销活动费用上的经济支持。不少国际企业对中间商采取“胡萝卜加大棒”的赏罚策略，以此来不断地激励它们。

三、对中间商的评估

要使渠道中的所有中间商明确了解到中间商也处于一个优胜劣汰的竞争状态之中。

国际企业应经常性地对分销渠道成员加以考查和评估，评估内容有：平均库存、运输时间、仓储质量、促销上的合作程度、分销配额的完成情况、为顾客提供服务的质量等。根据已确定的标准进行评估，目的是随时对中间商加以必要的调整。对达不到规定标准的中间商应采取各种措施调动其积极性，或者将其从渠道中排除。

四、对分销渠道的评估

对分销渠道的评估内容主要有三项：分销渠道已取得的经济效益是否达到渠道设计时的预计经济效益；企业对渠道的控制力是否与设计时企业应用的对渠道的控制力相符；分销渠道的应变能力。企业对分销渠道进行评估的目的是为营销决策者在制定继续利用现在分销渠道或重新设计并建立新的分销渠道决策提供准确依据。当然，有时企业发现竞争对手建立起一个全新的分销系统来与自己展开竞争，而自己这时又处于明显的不利地位，企业也会做出废弃旧渠道，重建新渠道的决策。无论从何种角度来讲，完全废弃原有渠道的现象比较少见，更多的是改造和建立新的分销渠道。随着国际市场环境的变化，企业会更积极地寻找各种适合自己发展的分销渠道及渠道的组织形式，发现开辟新的分销渠道机会显得越来越重要，这也慢慢地成为国际企业分销管理的一项重要内容。

第四节 电子商务

进入网络时代之后，国际互联网络的投入与使用，克服了以往各国在时间和空间上的差异，形成了一个真正意义上的全球市场。各国经济之间相互依存、相互依赖的程度不断加深，全球已经变成了一个不可分割的整体。

与此同时，得益于中国经济的快速增长和科技的迅猛发展，中国互联网用户数量急剧增加。根据中国国务院新闻办公室、国家互联网信息办2011年9月底的数据披露，中国互联网用户已突破5亿，互联网普及率接近40%。另据易观智库（EnfoDesk）的研究显示，2011全年中国移动互联网用户规模已经达到4.3亿人，市场规模达到851亿元。互联网的普及和应用，推动了电子商务市场的繁荣和发展。

营销透视

亚马逊在哪儿

就在几乎谁都没有搞清亚马逊的店面在哪里的时候，亚马逊由最初的一家通过互联网售卖图书的网上书店，经过短短的两年时间的发展，一举超过无数成名已久的百年老店而成为世界上销量最大的书店。

2007年，亚马逊已经可以提供310万册图书目录，比全球任何一家书店的存书要多15倍以上，亚马逊书店的1600名员工人均销售额37.5万美元，比全球最大的拥有2.7万名员工的巴诺图书公司要高3倍以上。亚马逊的市值更是远远超过了售书业务本身。通过亚马逊的网站，用户通过检索功能，只需点击几下鼠标，就可以在数百万种图书中，找到自己想要的那本书，而且很快就会有人把想要的书送到家里了。亚马逊另一个吸引人的地方，是它提供了很多的增值服务，包括对书籍的评论和介绍。而在传统销售方式下，这些增值服务会变得非常昂贵。在成功地将直接发展成为超越传统书店的世界最大规模书店之后，亚马逊的业务已扩展到音像制品、软件、各类日用消费品等多个领域，成为美国、也是全世界最大的电子商务网站公司。

电子商务（Electronic Commerce）是利用计算机技术、网络技术和远程通信技术，实现整个商务过程中的电子化、数字化和网络化。电子商务是通过网络，通过网上琳琅满目的商品信息、完善的物流配送系统和方便安全的资金结算系统进行交易。

电子商务借助于国际互联网完成一系列营销环节，从而达到营销目标的过程。基于电子商务的交易主体，即企业（Business）和消费者（Consumer），我们通常将电子商务分为 4 种类型：企业对企业（B2B）、企业对消费者（B2C）、消费者对企业（C2B）和消费者对消费者（C2C）。

企业对消费者（也称商家对个人客户或商业机构对消费者），也就是电子商务商业机构对消费者的电子商务，其基本等同于电子零售商业。B2C 的最大优点是使得购物更方便快捷，因为它不仅能够提供更多的商品和选择，而且能够提供更加优惠的价格。

营销透视

2012 年 B2C 市场规模将达到 4500 亿元

易观智库近期发布的行业预测报告显示，2012 年中国 B2C 市场将保持稳定的增长，但同比速度持续下滑。

预计 2011 年中国 B2C 市场交易规模将达到 2380 亿元，同比增长预计达 128%。2010 年中国 B2C 的同比增长速度为 300%以上。

易观智库研究认为，B2C 市场增长的放缓会和营销成本的压缩控制有关。优质营销资源的匮乏导致营销成本在 2011 年快速提升，让电子商务企业全年的运营成本大幅提升。与此同时，各种网络营销外包服务模式的营销模式以及微博媒体开始引起关注。此趋势在 2012 年仍然值得关注。

2012—2014年中国B2C市场规模预测

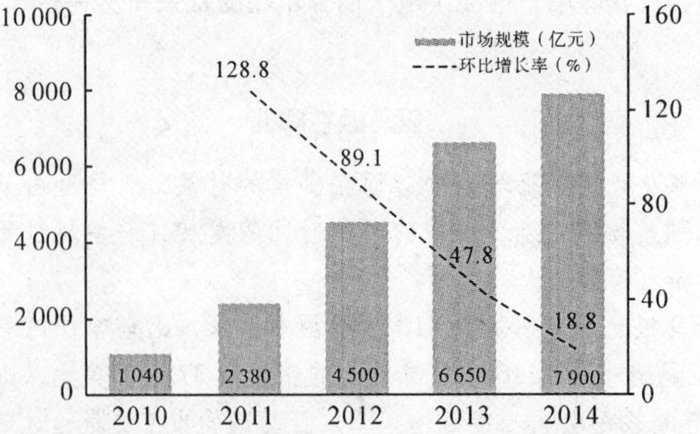

首先，2012 年物流环节依然是 B2C 市场痛点。阿里系物流的建设还未有所体现，而电子商务自建物流的门槛也在快速提升，除京东、亚马逊等核心 B2C 外的企业很难再集中资源大兴土木。自建物流的争议也宣告结束。整体市场的物流还是需要依靠第三方物流的能量。另外值得关注的是腾讯 QQ 网购在物流端的表现。

另外电子商务最关注的问题还是营销问题。为了满足交易规模的快速增长，电子商务营销战已经从线上到线下实现了全面覆盖。尽管在投入产出指标上已经持续下滑，但是资源的争夺才是市场竞争的核心。随着资本市场的冷却，电子商务企业需要寻找新的订单入口。由于资源分配的过于集中，2012 年网络营销外包服务等精准广告的价位有可能还会提升。除了缩减投放费用之外，中小电商的推广需求爆发点将分布在社会化媒体营销平台、社交网站（SNS）、微博等新媒体平台。从整体的运营节奏上，大部分电子商务企业都会在 2012 年调整节奏，控制户外、搜索引擎优化等传统营销的成本。因此，易观智库研究认为 2012 年电子商务企业整体的营销成本会出现下滑，而精准广告的整体规模依然保持增长。

资料来源：陈寿送. 2012 年 B2C 市场规模将达到 4500 亿元［J/OL］. www.eguan.cn/edm/info/?aid=124131.

电子商务的成功主要基于 4 个因素：第一，要给消费者以实惠。这种实惠既包括金钱价格上的实惠（由于渠道环节的减少而导致的成本因素的降低），也包括精力与体力价格的实惠，消费者可以足不出户，遍览众多商家的商品信息和价格信息。第二，需要一个具有吸引力的网站，从而激发消费者的购买欲望。第三，要提供安全可信的交易环境和及时准确的送达系统。第四，要确保电子商务的诚信，具体包括质量的诚信、送达的诚信、售后服务的诚信等。

第五节　国际物流

物流（Logistics）是物品从供应地向接收地的实体流动，是保证正确的商品在正确的时间、以良好的状态和合理的成本转移到正确的地点的企业活动。从供应链角度来界定，物流是供应链活动的一部分，是为了满足客户需要而对商品、服务以及相关信息从产地到消费地的高效、低成本流动和存储进行的规划、实施与控制的过程。物流的职能包括订单处理（Order Processing）、仓储（Warehousing）、运输（Transportation）和库存管理（Inventory Management）。

国际上有多种对于物流概念的界定。其中，美国物流管理协会的定义是最具影响力和代表性的。

2003 年，美国物流管理协会重新修订了物流的定义，明确地将物流改成了物流管理。物流管理是供应链管理的一部分，是对货物、服务及相关信息从起源地到消费地的有效率、有效益的正向和反向流动和储存进行计划、执行和控制，以满足顾客的要求。

欧洲物流协会1994年对于物流的定义为：物流是在一个系统内对人员或商品的运输、安排及与此相关的支持活动的计划、执行与控制，以达到特定的目的。

我国2001年颁布的《物流术语国家标准》中对物流的定义是：物流是物品从供应地向接收地的实体流动中，根据实际需要，将运输、储存、装卸、搬运、包装、流通加工、配送、信息处理等功能有机结合来实现用户要求的过程。物流产业属于广义的服务业范畴。根据三次产业分类法，可以将物流产业归入第三产业范围。

在我国，现代物流业的真正快速发展始于21世纪，特别是在我国加入世界贸易组织以后，其发展经历了知识普及、实践起步和全面发展3个阶段。目前我国物流产业呈现“三高一低”的特征。“三高”是指物流总费用与国内生产总值的比率高、库存水平高和管理费用高。“一低”是指物流总体水平偏低，我国物流业与发达国家之间存在较大差距。

国际物流是产品实体在不同国家之间的转移，是国内物流的延伸和进一步扩展。有效的国际物流管理，适时、适地、保质、按量、低成本地将国际市场需要的产品运送到目的地，是企业不断开拓国际市场的重要保证，是国际市场营销得以成功的重要支撑。

20世纪90年代以来，国际物流的概念和重要性已经被各国政府和全球跨国企业普遍接受，国际贸易和跨国经营的发展，实物和信息在世界范围的大量流动和广泛交换，促使物流国际化成为国际贸易和世界经济发展的必然趋势。物流国际化的要求已经拓展到物流设施的国际化、物流技术的国际化、物流服务的国际化、货物运输的国际化、包装的国际化和流通加工的国际化。只有广泛的国际物流合作，才能促进世界经济共同繁荣已经成为业界的共识。

复习题

1. 什么是营销渠道？国际营销渠道的功能有哪些？
2. 国际市场营销渠道的基本模式有哪些？
3. 国际营销渠道有哪些中间商类型？其中现代零售商有哪些主要类型？
4. 简述国际分销渠道选择的影响因素。
5. 如何对分销渠道的长度和宽度进行决策？
6. 什么是密集型分销、独家分销和选择性分销？它们分别适用的条件是什么？
7. 国际分销渠道的管理包括哪些活动？

思考与实践题

不同国家分销渠道的比较

一、美欧的分销渠道

美国是市场经济高度发达的国家，基本上形成了有秩序的市场。进入美国的产品，一般要经过本国进口商，再转卖给批发商，有的还要经过代理商，由批发商或代理商转卖给零售商，零售商再将产品卖给最终使用者。

西欧国家进口商的业务通常限定一定的产品类别，代理商规模通常也比较小，但是西欧国家的零售商主体，如百货公司、连锁商店、超级市场的规模都很大，而且经常从国外直接进口。大型零售商的销售网络遍布全国，我国企业若把产品销往西欧各国，可直接将产品出售给这些大型零售商，节省许多中间商费用，并可以利用这些大型零售商的销售网络扩大市场占有率。

二、日本的分销渠道

日本也是高度发达的市场经济国家，但其渠道结构却不同于欧美各国。日本的销售渠道被称为是世界上最长、最复杂的销售渠道。其基本模式如下图所示：

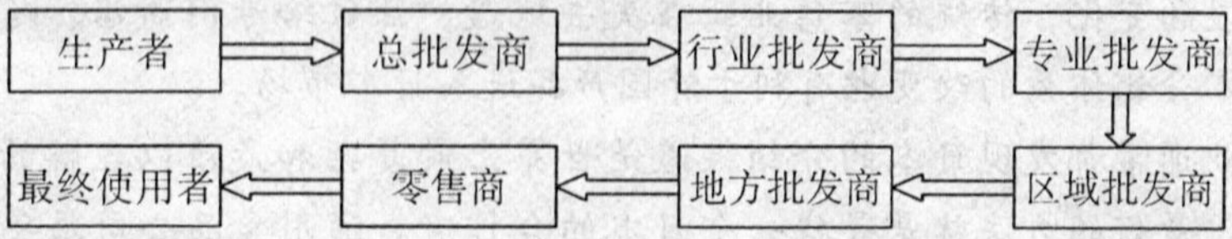

日本的分销系统一直被看成阻止外国商品进入日本市场的最有效的非关税壁垒。任何想要进入日本市场的企业都必须仔细研究其市场分销渠道。日本的分销体系有以下几个显著特点：

1. 中间商的密度很高

日本国内市场的中间商密度远远高于其他西方发达国家。由于日本消费者习惯于到附近的小商店去购买东西，量少且购买频率高，因此日本小商店密度高且存货量小，其结果就是需要同样密度的批发商来支持高密度且存货不多的小商店。

2. 生产商对分销渠道进行控制

生产商控制分销渠道的措施主要如下：

（1）为中间商解决存活资金；

（2）提供折扣，生产者每年为中间商提供折扣的名目繁多，如大宗购买、迅速付款、提供服务、参与促销、维持规定的库存水平、坚持生产者的价格政策等都会获得生产者的折扣；

（3）退货，中间商所有没销售完的商品都可以退还给生产者；

（4）促销支持，生产者为中间商提供一系列的商品展览、销售广告设计等支持，以加强生产者与中间商的联系。

3. 独特的经营哲学

贸易习惯和日本较长的分销渠道产生了生产者与中间商之间紧密的经济联系和相互依赖性，从而形成了日本独特的经营哲学，即强调忠诚、和谐和友谊。这种价值体系维系着销售商和供应商之间长期的关系，只要双方觉得有利可图，这种关系就难以改变。

4. 大规模零售商店对小零售商进行保护

为了保护小零售商不受大商场竞争的侵害，日本制定了《大规模零售商店法》。该法规定营业面积超过5382平方英尺（约500平方米）的大型商店，只有经过市一级政府批准，才可建造、扩大、延长开门时间或改变歇业日期。所有建立“大”商场的计划必须首先经过国际贸易工业省的审批和零售商的一致同意，如果得不到市一级的批准及当地小零售商的全体同意，计划就会被发回重新修改，几年甚至10年以后再报批。该法限制了日本国内公司与外国公司在日本的发展。除了《大规模零售商店法》以外，还有许多许可证条例也对零售商店的开设进行限制，日本和美国的商人都把日本的分销体系看成非关税壁垒。

5. 日本分销体系的改变

20世纪60年代以来，在美日结构性障碍倡议谈判中，美日两国达成的协议对日本的分销系统产生了深远的影响，最终导致日本撤销对零售业的管制，强化有关垄断商业惯例的法规。《大规模零售商店法》对零售店的设立条件有所放宽，如允许不经事先批准建立1000平方米的新零售店，对开业时间和日期的限制也被取消。日本的分销系统发生了明显的变化，传统的零售业正在失去地盘，让位给专门商店、超级市场和廉价商店。日本分销体系的改变也有利于外国产品进入日本市场。

许多企业通常都发现日本的分销渠道是世界上最复杂和最难以理解的，因此对外国企业来说，最好的方法就是寻找一个日本的合作者。通用食品公司每年在美国的业务量高达几十亿美元，在这一市场上，其分销渠道直接而又宽广。通用食品公司也在另一个大市场——日本开展经营，但该公司那里的生意很少，该公司在日本市场上的份额只是其在咖啡和食品加工上的竞争对手——雀巢公司的一个零头。这两家公司都实行从工厂直接达到零售商手中的分销形式，但通用食品公司的业务规模太小，因此这种分销无利可图。为了达到支持这种分销形式所必需的规模，通用食品公司最终同一个规模是其日本分公司20倍的日本食品公司达成了协议，进行合资经营。通过日本合作者的广泛的分销网络，通用食品公司的成本降低了，其市场份额和利润都有了一定的增长。

阅读以上内容，查找相关资料，尝试进行以下分析：

1. 查找相关资料，举例说明某一国际企业的产品是如何进入日本市场的？

2. 查找相关资料，了解中国市场的消费品分销渠道有哪些特征？

案例分析一

国际营销渠道选择的主要影响因素研究

一、海尔集团的国际渠道战略选择

海尔集团的国际渠道与格力公司、美的公司的对比分析如下表所示：

指标因素	海尔模式	格力模式	美的模式
模式特点	零售商为主的渠道	厂商股份合作制	批发商带动零售商
企业自身特点	企业规模大，管理能力强，资金雄厚，知名度高	企业规模较大，管理能力较强，资金雄厚，知名度高	企业规模较大，管理能力较强，资金雄厚，知名度高
满足顾客服务需求能力	强	强	强

续表

指标因素	海尔模式	格力模式	美的模式
渠道类型	直接销售	间接销售	间接销售
渠道长度	短渠道	较长渠道	长渠道
渠道宽度	密集型渠道	选择性渠道	专业选择性渠道
渠道系统结构	垂直分销渠道系统	水平渠道系统	传统渠道系统
渠道控制度	强	较强	较强
市场覆盖率	高	高	高
经济性目标	营销成本高	营销成本较高	营销成本较高

分析海尔集团现在所采取的国际营销渠道选择方式以及渠道选择的优势，可以发现海尔集团的产品在国际化进程中，其最大的成功与国际营销中的渠道选择是分不开的。

二、海尔集团的国际营销渠道选择的因素分析

（一）基于产品组合的国际营销渠道选择

海尔集团的经营属于多品种的产品组合模式，并且有其独特的优势产品。在国际市场上的海尔集团采取了零售商为主的渠道模式，对于消费者有很大的渠道忠诚度，可知海尔集团选择密集型的渠道组合优先战略是合适的。

（二）基于渠道成本效益因素的国际营销渠道选择

根据罗兰德·T.莫利亚蒂（Rowland T. Moriary）博士的研究报告基于对海尔集团的认识，可以总结出海尔集团的大多产品都处于成熟期，并且海尔集团具有优越的资金优势，根据销售渠道的成本效益模型和客户关系模型分析海尔集团选择商业伙伴的直接销售渠道为主是正确的。但是这是一种高成本、高附加值的渠道模式。同时，海尔集团还采取了零售商、分销商的间接模式也是有据可依的。

三、海尔集团的国际营销渠道选择的改进

1. 多渠道营销模式

海尔集团是一个多产品的经营模式，有自己的优势产品，并且很多产品处于成熟期阶段，基于这一点，根据多品种营销组合模型分析海尔集团也应采取选择性的营销渠道。这样，海尔集团适合采取多渠道销售模式，不但是密集型的营销渠道，还要有选择性的营销渠道，构成了新的销售渠道模式——多渠道营销渠道模式。

2. 网络营销渠道选择方式

当今的家电行业面临着激烈的竞争，价格和质量成为了家电企业主要的竞争趋向。海尔集团在渠道方面必须具有成本优势，这样才能处于不败之地。网络营销渠道是一种新兴的直接营销渠道，并且是成本低、附加值高的一种营销渠道模式，基于这一点，海尔集团应利用自身的资金优势，建立自己的网络平台，利用先进的企业资源计划（ERP）系统将营销渠道建成对自己有利的竞争优势。

3. 战略联盟的营销渠道选择方式

海尔集团的目标是实现海尔全球化，在当今国际化的阶段，海尔集团同样应参与全球家电行业的合作，开发更多的市场，利用自身的技术优势和创新优势使得海尔集团处于优势地位。建立全球的战略联盟的营销渠道是必然的。

资料来源：王敏. 国际营销渠道选择的主要影响因素研究——以海尔的国际营销选择为例［J］. 现代商贸工业，2009（7）.

讨论题

1. 结合案例资料，查找相关资料，举例分析海尔集团在一国市场上采用的是何种分销渠道策略？

2. 对于中国家电企业在国际市场的渠道策略，你认为有哪些选择和对策？需要注意哪些问题？

案例分析二

TCL 集团与飞利浦渠道联姻

事件：TCL 集团牵手飞利浦公司

2002 年 8 月 22 日，飞利浦公司与 TCL 集团在上海共同宣布：两公司即日起在中国五地的市场进行彩电销售渠道的合作。根据双方协议，TCL 集团将利用其销售渠道及网络优势在国内五地的市场独家销售飞利浦彩电。

这是继海尔集团与三洋公司、TCL 集团与松下公司、海信公司与住友公司之后，国内家电企业又一次与跨国公司达成销售渠道上的合作。一方面，跨国公司对中国市场日益重视，开始借助中国家电企业的渠道优势进一步渗透；另一方面，中国企业已经进入需要加速向国际市场扩张、以稳固自身竞争力的阶段。飞利浦电子中国集团总裁用“两厢情愿的婚姻”来形容与 TCL 集团的合作。

飞利浦公司表示，由于对中国二级市场的渗透力不从心，与 TCL 集团的最初合作将限于广西、贵州、江西、安徽和山西五地。此前，飞利浦公司一直把主要精力投放在一级市场。TCL 集团则在此前就一直未曾放弃与飞利浦合作的努力。早在 2001 年夏天，TCL 集团总裁李东生就曾亲率人马赴飞利浦公司总部，许诺放开渠道，为跨国公司提供在中国的分销服务。在李东生看来，国内彩电、手机业的兼并是一两年内的趋势。与跨国公司合作，就有了使用其技术研发、生产制造、国际分销渠道、元器件采购方面的优势，即引进了 TCL 集团国际化操作的外部动力。

飞利浦公司与 TCL 集团在中国的彩电市场都是重要品牌，双方认为，在现今全球经济一体化的大形势下，合作将更有利于联手对外竞争，双方之间正在进行的渠道合作新尝试，将有助于互相取得在中国市场上的共同增长。

TCL 集团牵手飞利浦公司意味着什么？

TCL 集团牵手飞利浦公司标志着 TCL 集团正在由传统的工厂型企业向渠道型企业转变；TCL 集团的渠道正在蜕变为专业的渠道运营商和独立的利润中心；制造商的渠道完全可以当作产品来做，将自己的强势网络资源包装上市，去截获其他制造商的渠道利润；相对国美、苏宁等超级终端，另一股能够与之抗衡的强大的渠道力量可能将会在制造商中诞生。

当然，TCL 集团的渠道并不是要变成传统意义上的终端卖场，它追求的是一种新型的渠道组织和管理运作商。也就是说，未来的 TCL 渠道型企业的渠道，可能包括连锁专卖等卖场，也会包括上游的分销体系等。

此次合作背后又隐藏着些什么？

飞利浦公司之所以会在原有的销售体系之外另起炉灶，是和飞利浦公司 10%的市场份额已滑落到 6%的市场境遇等原因有着直接关联的。可飞利浦公司为什么会找一个制造商来行使传统销售商的职责呢？

就目前市场来看，除了国美等卖场型渠道商之外，还找不到几家具有 TCL 集团、海尔集团、长虹集团等制造商般的广域市场能力；制造商与制造商之间的企业文化、盈利理念更具有兼容性和趋同性；借制造商的“网”进行合作，还可以方便地以此为纽带和基础，在资本、技术等领域进行更多的交往。

飞利浦公司为什么找 TCL 集团？

显然，这是和 TCL 集团的自有渠道优势相关的。

说到 TCL 集团的渠道，这还得追溯到 20 世纪的 90 年代中期。在 1996 年，TCL 集团率先推进了自有渠道的建设，在短短的两三年当中，TCL 集团就在全国设立了 5 个区域管理中心，27 个分公司，170 个经营部，2 万多个销售网点，建立起了一个触角广及二三线市场的庞大营销网络（而这二三线市场的渗透、分销能力正是飞利浦公司的软肋）。这也为 TCL 集团带来了机构臃肿、人员众多、渠道效益低下等不堪重负的后遗症。

为此，TCL 集团从 1999 年开始，开展了一系列的渠道整改运动：打开各产品事业部的研、产、销通道，进行渠道资源整合，在电视通道上实施销售多元化产品的“航空港”构想；2000 年的大规模渠道“瘦身”；2001 年年底构筑包括物流运作通道、资金流通道、综合信息通道和服务管理平台、客户资源管理平台在内的“三通道两平台”的计划。

这些渠道变革上的努力，使 TCL 集团电器销售公司的员工减少了一半，使单次资金周转加快了 7 天，使其能在 24 小时内能掌握全国所有区域市场进、销、存的变化，直接促成 TCL 集团在 2001 年成了国内彩电销量的老大，还使 TCL 家电在 2002 年彩电业全线亏损的情况下，成为了拥有 3 亿多元利润的盈利“独狼”。

渠道资源不停优化中的骄人业绩，最能说明 TCL 集团渠道健全和高效的优势。这为 TCL 集团的销售网络向专业的渠道运营商转变赚足了资本，最终促使飞利浦公司将自家的“女儿”嫁给了 TCL 集团。

TCL 集团牵手飞利浦公司，为国内正迫于集约贸易压力而苦于新一轮渠道变革的制造商带来了许多值得深思的东西。从以上方面来看，TCL 集团与飞利浦公司的渠道合作，为国内制造商指明了一些渠道变革的方向。

资料来源：TCL 与飞利浦渠道联姻 [J/OL]. finance.sina.com.cn/jygl/20030129/1309307750.shtml.

讨论题

1. 飞利浦公司和 TCL 集团的渠道合作，双方各自利用了什么机会？期望获得什么？
2. 制造商之间的渠道合作有什么好处？
3. TCL 集团从传统家电制造企业扩展至渠道企业，你如何评价这种变化？

第九章　国际市场营销的促销策略

引例

西门子家电在中国市场的文化促销

文化作为一种习惯，规定着人们，尤其是深受某种文化浸蕴的人的取舍、好恶、趋同。在地球越来越小成为一个“村落”的今天，作为一个国际化的跨国公司，西门子家电向消费者传递诉求信息时，将文化作为一个要素加以运用。

案例1：“智慧锦囊”活动

6~8月，家电市场已经升温至白热化，“降价”、“打折”、“买赠”如风卷残云般几乎横扫了所有国内外家电品牌。西门子家电却顶住压力，另辟蹊径，从文化的角度打了一个漂亮而惊险的“擦边球”——向消费者赠送一个内装有冰箱产品知识及选购要点手册的“智慧锦囊”，取得了不俗的效果。

一提到锦囊，熟谙中国传统文化的人可能立刻就会想到《三国演义》中诸葛亮的锦囊妙计，可谓神机妙算。西门子家电在锦囊上写着“如何选冰箱，绝招囊中藏”，更以其外观造型古香古色，给人以物虽轻而意义重的感觉，不可不引起重视。

在营销宣传中突出“赠品受益一时，知识受用一生”的主题。这一点上，又与中国人强调“受人以鱼，不如授人以渔”暗合。面对市场上众多的广告炒作，不玩弄概念、不兜圈子，将产品知识和盘托出，打破了存在于生产者和消费者之间的“信息不对称”，不能不说给国人以雪中送炭之感。

案例2：“世纪上新品，老外发红包”

新年伊始，西门子家电文化营销出了个奇招，制作“红包贺卡”向消费者拜年。巧妙的是，在红包里面还有一枚一元硬币，寓意“一元复始，万象更新”。可谓尽得中国传统文化之真谛。试想，哪个中国人没有收到过“压岁钱”呢？哪个中国人没有过对春节的企盼呢？这里既有美好温馨的祝愿，又有对一种文化的认同，老外拜年发红包，图的就是个新年新意。

又以广告为例，新版的超薄洗衣机广告片大气而充满诗情画意的景观变化，宛如一幅幅泼墨山水写意画；旧版冰箱广告片诉求“持久锁住营养”，配之以赏心悦目的红苹果，从意境到色调再到直观诉求，都很合乎中国人的文化欣赏口味。相较之下，一些品牌在文化的运用上就生疏了许多。

案例3：《西门子传》、西门子书签相互辉映

随着中国加入世界贸易组织，国内企业学习世界500强的热潮一浪高过一浪。西门子作为一个有着国际影响力和150余年历史的品牌，其成功的经营理念、管理模式，已受到越来越多的人的重视。在此背景下，西门子家电趁势推出了“西门子书签”，介绍西门子家电的辉煌历史，阐释西门子家电的公司哲学和经营理念，受到了广大消费者的青睐。

西门子家电通过挖掘品牌的历史文化内涵，向世人表达了一种观念，即悠久的历史并不代表成功和实力，拥有150余年历史而又长盛不衰的西门子家电则是成功和实力的象征。《西门子传》和“西门子书签”，交相辉映，大大提升了西门子品牌的品质感，并且成功地实现了和消费者的沟通。这就是，“一个半世纪以来，西门子精神不断感染和激励着人们，希望和所有努力探索新知，开创创新的求知者共同成长”。

21世纪的竞争将是文化的竞争，文化的冲突和整合令每一个身处其中的营销者不可等闲视之。因为营销的本质是沟通，而沟通必须置于同一的文化背景之下，这是对于国际化试图本土化或本土化力争国际化的企业所面对的前提。

资料来源：胡志刚. 西门子家电：文化营销［J/OL］. www.emkt.com.cn/article/95/9582.html.

在市场经济中，社会化的商品生产和商品流通决定了生产者、经营者与消费者之间存在着信息上的分离。企业生产和经营的商品和服务信息常常不为消费者所了解和熟悉，或者尽管消费者获取了商品的有关信息，但是缺乏购买的激情和冲动。这就需要企业通过对商品信息的专门设计，再通过一定的媒体形式传递给顾客，以增进顾客对商品的注意和了解，并激发起购买欲望，最终实施购买行为。

促销（Promotion）是促进销售的简称，是指企业通过人员推销或非人员推销的方式向目标顾客传递商品或服务的存在及其特性、特征等信息，帮助消费者认识商品或服务带给购买者的利益，从而引起消费者兴趣，激发消费者的购买欲望和购买行为，实现企业销售的活动。因此，促销从本质上讲是一种信息的传播和沟通活动。

在市场营销学中，人员推销、广告、销售促进和公共关系四种形式的组合运用称为促销组合（Promotion Mix）。正确制定并合理运用促销组合策略是企业在市场竞争中获取竞争优势并最终盈利的必要保证。

人员推销（Personal Selling）能直接和目标对象沟通信息、建立感情、及时反馈，并可当面促成交易。但是人员推销占用人员多、费用大，而且接触面比较窄。

广告（Advertising）的传播面广、形象生动、比较节省资源，但是广告只能对一般消费者进行促销，针对性不足，而且也难以立即促成交易。

销售促进（Sales Promotion）又称营业推广，销售促进的吸引力大，容易激发消费者的购买欲望，并能促成立即购买，但是销售促进的效果短暂，不利于树立品牌。

公共关系（Public Relations）的影响面广、信任度高，对提高企业的知名度和美誉度具有重要作用，但是公共关系花费力量较大，效果难以控制。

国际市场营销与国内市场营销最大的区别在于，企业从事的是跨越国界的市场营销活动，面临的是陌生的市场环境，服务的是具有不同文化背景和消费需求的顾客，而这些差异往往成为企业产品进入国际市场的最大障碍。企业企图通过自己的力量来消除不同国家之间在政治、法律、社会、文化以及消费者需求方面的差异是不可能的，但是企业可以通过跨国界、跨文化的商务沟通，使企业营销活动与国际市场营销环境相适应，通过宣传、说服、引导，促进国外买主对企业产品的了解和接纳，从而促进企业产品顺利进入国际市场。这种在国际市场上展开的商业沟通活动，称为国际促销。

第一节　国际促销与整合营销

促销是企业通过人员和非人员的方式，沟通企业与消费者之间的信息，引发、刺激消费者的消费欲望和兴趣，使其产生购买行为的活动。

每种促销手段各具特点和功能，相互补充、相互联系。广告是让别人知道你，公共关系是让别人喜欢你，销售促进是让知道你和喜欢你的消费者购买你，人员推销则推动了最终的购买活动。在国际市场营销活动中，为了实现目标，企业往往整合多种促销手段，搭配和协调使用促销组合。

国际促销（International Promotion）是企业与国际客户之间的一种信息沟通行为，手段包括国际人员推销、国际广告、国际公共关系和国际营业推广。与普通市场营销一样，广告和销售促进是国际促销活动的重要手段。同时需要注意的是，在国际市场营销中，国际公共关系的作用格外重要，尤其当企业的国际营销活动牵涉了政治因素、经济安全、文化意识、宗教信仰、情绪情感和价值观冲突等敏感问题时，其重要性更加凸显。

整合营销传播（Integrated Marketing Communication，IMC）是以整合企业内外部所有资源为手段，重组再造企业的生产行为与市场行为，充分调动一切积极因素，以实现企业目标的全面化、一致化的营销。整合营销的基本主张是要将所有的沟通工具，如商标、广告、公关、直复营销（DM）、活动行销（EM）、企业识别（CI）等——综合起来，使目标消费者处在多元化且目标一致的信息包围之中，即“多种工具，一个声音”，从而帮助消费者更好地识别和接受品牌和公司。整合式营销传播不但突出了沟通（Communication）在整个营销活动中的重要地位，而且强调通过促销手段和多元取向的促销工具的结合来整合和强化沟通攻势。

整合营销传播不是将广告、公关、促销、直销、活动等方式的简单叠加运用，而是在了解目标消费者的需求，并反映到企业经营战略中，持续、一贯地提出合适的对策。为此，应首先决定符合企业实情的各种传播手段和方法的优先次序，通过计划、调整、控制等管理过程，有效地、阶段性地整合诸多企业传播活动，然后将这种传播活动持续运用。

在当今竞争激烈的市场环境下，只有流通和传播才能产生差异化的竞争优势，传播能创造较高利益关系的品牌忠诚度，使组织利润持续成长。由此可见，整合营销传播理论修正了传统的4P和4C营销理论，能够产生协同的效果。

营销透视

整合营销传播理论的发展

整合营销传播的开展是20世纪90年代市场营销界最为重要的发展，整合营销传播理论也得到了企业界和营销理论界的广泛认同。整合营销传播理论作为一种实战性极强的操作性理论，兴起于商品经济最发达的美国。在经济全球化的形势下，近几年来，整合营销传播理论也在中国得到了广泛的传播，并一度出现“整合营销热”。

整合营销传播理论是随着营销实践的发展而产生的一种概念，因此其概念的内涵也随着实践的发展不断丰富和完善。在过去几年内，整合营销传播在世界范围内吸引了营销人员、传播从业者和专家学者的广泛注意。一直以来，整合营销传播实践者、营销资源提供者和营销效果评价者以各种方式，从不同的角度来给整合营销传播进行定义和研究。

整合营销传播理论的先驱、全球第一本整合营销传播专著的第一作者唐·E.舒尔茨教授根据对组织应当如何展开整合营销传播的研究，并考虑到营销传播不断变动的管理环境，给整合营销传播下一个新的定义，并认为它将包含整合营销传播当前及可以预见的将来的发展范围。“整合营销传播是一个业务战略过程，它是指制订、优化、执行并评价协调的、可测度的、有说服力的品牌传播计划，这些活动的受众包括消费者、顾客、潜在顾客、内部和外部受众及其他目标。”

唐·E.舒尔茨分别对内容整合与资源整合进行了表述。他认为内容整合包括如下方面：

第一，精确区隔消费者，即根据消费者的行为及对产品的需求来区分；

第二，提供一个具有竞争力的利益点，即根据消费者的购买诱因；

第三，确认目前消费者如何在心中进行品牌定位；

第四，建立一个突出的、整体的品牌个性，以便消费者能够区别本品牌与竞争品牌之不同，关键是“用一个声音来说话”。

唐·E.舒尔茨教授认为资源整合应该发掘关键“接触点”，了解如何才能更有效地接触消费者。传播手段包括广告、直销、公关、包装、商品展示、店面促销等，关键是“在什么时候使用什么传播手段”。

资料来源：整合营销传播理论［J/OL］. wiki.mbalib.com/wiki/整合营销传播理论.

第二节　国际广告

广告作为促销方式或促销手段，是一门带有浓郁商业性的综合艺术。虽说广告并不一定能使产品成为世界名牌，但若没有广告，产品肯定不会成为世界名牌。成功的广告可使默默无闻的企业和产品名声大振、家喻户晓，广为传播。

一、广告的概念

广告（Advertising）一词源于拉丁语（Adverture），有“注意”、“诱导”、“大喊大叫”和“广而告之”之意。广告作为一种传递信息的活动，是企业在促销中普遍重视且应用最广的促销方式。市场营销学中，广告是指广告主以付费的方式，通过一定的媒体有计划地向公众传递有关商品、劳务和其他信息，借以影响受众的态度，进而诱发或说服受众采取购买行动的一种大众传播活动。

从以上定义可以看出，广告主要具有以下特点：

第一，广告是一种有计划、有目的的活动；

第二，广告的主体是广告主，客体是消费者或用户；

第三，广告的内容是商品或劳务的有关信息；

第四，广告的手段是借助广告媒体直接或间接传递信息；

第五，广告目的是促进产品销售或树立良好的企业形象。

广告具有树立企业形象、沟通市场和商品信息、创造消费者需求以及文化传播等职能。广告以其市场覆盖面广、渗透性强的特点，成为当今企业营销的主要促销手段之一。

国际广告（International Advertising）是以国际消费者为目标受众，在国际环境下开展的广告活动。广告担负着传播和沟通信息的职能，广告本身又是一种文化行为。因此，在国际市场营销中，除了宏观环境的差异、消费者的复杂多样性以外，社会文化因素对广告的设计、推广和广告策略的制定和实施也有着非常重要的影响。这也注定了国际广告决策远比国内市场营销中的广告决策更加复杂和艰难。

营销透视

世界经典广告语

好的广告语就是品牌的眼睛，对于人们理解品牌内涵和建立品牌忠诚有不同寻常的意义。下面我们来看看这些耳熟能详的世界经典广告语是如何造就世界级的品牌的。

雀巢咖啡：味道好极了

这是人们最熟悉的一句广告语，也是人们最喜欢的广告语。简单而又意味深远，朗朗上口，因为发自内心的感受可以脱口而出，正是其经典之所在。以至于雀巢公司以重金在全球征集新广告语时，发现没有一句话比这句话更经典，因此就永久地保留了它。

M&M 巧克力：只溶在口，不溶在手

这是著名广告大师伯恩巴克的灵感之作，堪称经典，流传至今。它既反映了 M&M 巧克力糖衣包装的独特设计，又暗示 M&M 巧克力口味好，以至于我们不愿意使巧克力在手上停留片刻。

百事可乐：新一代的选择

在与可口可乐的竞争中，百事可乐终于找到突破口，即从年轻人身上发现市场，把自己定位为新生代的可乐，邀请新生代喜欢的超级歌星作为自己的品牌代言人，终于获得青年人的青睐。一句广告语明确地传达了品牌的定位，创造了一个市场，这句广告语居功至伟。

大众甲壳虫汽车：想想还是小的

20 世纪 60 年代的美国汽车市场是大型车的天下，大众的甲壳虫汽车刚进入美国时根本就没有市场，伯恩巴克再次拯救了大众的甲壳虫汽车，提出“Think Small”的主张，运用广告的力量，改变了美国人的观念，使美国人认识到小型车的优点。从此，大众的小型汽车就稳执美国汽车市场之牛耳，直到日本汽车进入美国市场。

二、国际广告目标的确定

根据产品生命周期不同阶段中广告的作用和目标的不同，一般可以把广告的目标大致分为告知、劝说和提示三大类。

（一）告知性广告（Information Advertising）

告知性广告主要用于向市场推销新产品，介绍产品的新用途和新功能，宣传产品的价格变动，推广企业新增的服务，以及新企业开张等。告知性广告的主要目标是为了促使消费者产生初始需求（Primary Demand）。

（二）劝说性广告（Persuasive Advertising）

在产品进入成长期、市场竞争比较激烈的时候，消费者的需求是选择性需求（Selective Demand）。此时企业广告的主要目标是促使消费者对本企业的产品产生“偏好”。具体包括劝说顾客购买自己的产品、鼓励竞争对手的顾客转向自己、改变消费者对产品属性的认识以及使顾客有心理准备乐于接受人员推销等。劝说性广告一般通过现身说法、权威证明、比较等手法说服消费者。

（三）提示性广告（Reminder Advertising）

在产品的成熟期和衰退期使用的主要广告形式，其目的是提示顾客购买。例如，提醒消费者购买本产品的地点，提醒人们在淡季时不要忘记该产品，提醒人们在面对众多新产品时不要忘了继续购买本产品等。

三、国际市场营销的广告策略

面对错综复杂的国际市场，企业的广告决策面临的第一个难题就是广告的信息和媒体选择的标准化与否的问题。或采取全球范围内的统一广告策略，抑或采取针对不同国家或地区市场的差异化广告策略。据此，国际市场营销中的广告策略分为标准化广告策略和差异化广告策略。

（一）标准化广告策略

标准化广告策略（Standardization Advertising Strategy）或称全球广告策略，是指在不同的国家或地区，对同一产品采用相同广告主题的广告策略。“全球广告”，即一种“行遍天下”式的全球广告策划，是基于全球各国或各地区市场具有共性这一前提而实施的广告策略。标准化广告策略尤其适用于致力于塑造企业统一形象的国际性企业，例如 IBM、奔驰、万宝路、可口可乐等。体现在广告用语上，如耐克的“Just do it”，飞利浦的“让我们做得更好”，吉列的“男人最好的选择”。

标准化广告策略突出了国际市场基本需求的一致性，既有利于企业建立全球统一的品牌形象，又节省了企业的广告费用。但是由于标准化广告忽略了市场之间的差异性，所以广告的针对性不强，往往不能满足目标市场的特殊需求。因此，一些跨国企业放弃标准化广告策略，转而采用差异化广告策略。

（二）差异化广告策略

差异化广告策略（Adaptation Advertising Strategy）或称本土化广告策略、定制广告策略，是强调国家或地区的差异性，针对特定目标市场，开展适合其顾客需求的广告活动的策略。例如，荷兰的海尼根（Heineken）啤酒行销世界许多市场，海尼根公司认为啤酒有显著的文化特征，因此在全球推出的广告必须符合各地的文化传统及消费习惯，其设计采用差异化的模式。在意大利，海尼根公司的电视广告表现海尼根啤酒适合在任何场合饮用，包括瑞士山顶滑雪场中浪漫的小木屋；在法国，海尼根公司的杂志广告中，一个著名的演员举着一杯海尼根啤酒，在阳光照耀下，很像一杯葡萄酒；在日本，海尼根公司的电视广告表现的是穿晚礼服的绅士和优雅的夫人在“东方快车”上悠然自在地呷着海尼根啤酒；在美国，海尼根公司的广告则塑造一种高贵的象征——称之为啤酒中的罗尔斯·罗伊斯（名贵豪华轿车）。又如，秉承“思路全球化、行动本土化”的海尔集团在广告上采用了本土化策略。在美国的广告语是“What the world comes home to”，在欧洲则用“Haier and higher”。

标准化广告策略和差异化广告策略各具特点，也有各自的适用范围。通常来说，消费类的产品或具有较多社会文化属性的产品，宜选用差异化广告策略。全球品牌、科技含量高的产品、工业产品多选用标准化广告策略。

国际广告差异化策略的主要优点如下：

第一，适应不同文化背景的消费需求。例如，宝洁公司在巴西推销汰渍洗衣粉时，广告宣传中没有强调洗衣粉的“增白”这一主题，因为巴西人较少穿白色服装。

第二，针对性较强。不同国家的消费者对同一种产品可能有相同的需求，但是对这种产品的看法是不尽相同的，因此广告宣传就要有不同的侧重点。

国际广告差异化策略的缺点是广告企业总部对各国市场的广告宣传较难控制，甚至出现相互矛盾，从而影响企业形象。例如，西方某航空公司采用国际广告差异化策略后，在一国的广告中宣传该公司服务的高级和内部设施豪华，而在另一国的广告中则宣传该公司机票的实惠，结果损害了公司的整体形象。

四、国际广告的媒体选择

国际广告的媒体选择很多，包括印刷品广告（报纸、杂志）、电子媒体广告（电视、广播）、户外广告、邮寄广告、售点广告（POP 广告）、互联网广告和其他广告。

1998 年 5 月，联合国新闻委员会举行年会，正式提出“第四媒体”概念。时任联合国秘书长安南在会议上指出，互联网已成为继报刊、广播、电视之后的“第四媒体”。自此，“第四媒体”的概念正式得到使用。“第四媒体”区别于以纸为媒介的传统报纸、杂志，以电波为媒介的广播和基于电视图像传播的电视，后三者分别被称为第一媒体、第二媒体和第三媒体。

（一）印刷品广告

印刷品广告包括报纸广告、杂志广告、电话簿广告、画册广告等。报纸广告覆盖面广、读者稳定，具有较强的新闻性、可读性、知识性，传递灵活迅速，制作成本低廉。缺点是广告有效时间短、传阅者少。

杂志广告是指利用杂志的封面、封底、内页、插页为媒体刊登的广告。杂志广告内容专业性较强，有独特的、固定的读者群，有利于有的放矢地刊登相应的商品广告，阅读有效时间长，便于长期保存。

（二）电子媒体广告

电子媒体广告包括电视广告、电影广告、电台广播广告、电子显示屏广告等。

电视广告是利用电视为媒体传播放映的广告。电视广告虽然起源较晚，但发展迅速。在全球范围的广告媒体中，电视广告占广告总收入的36%以上。著名的广告人大卫·欧格威不无自豪地说："如果给我1小时的时间做电视广告，我可以卖掉世界上所有的商品。"可见电视广告的效果之显著。电视广告的收视率高，且常常插播于精彩节目的中间，带有一定的收看强制性。抽样调查显示，新闻联播的收视率为50.6%，之后观众继续收看天气预报。因此，新闻联播后至天气预报前的1分钟时段内打开广告，其受众人数为4亿，5秒钟广告告知了4亿人，该时间段广告标王的投标金额高达6666万元之巨。电视广告综合视觉、听觉和动作进行表达，富于感染力，能引起高度注意，且到达率高。与此同时，电视广告的局限性也很明显，制作成本高，电视播放收费高，而且瞬间消失。电视广告的费用高昂，使得许多中小型企业无力问津。

广播广告是指以无线电或有线广播为媒体播送传到的广告。由于广播广告传收同步，听众容易收听到最快最新的商品信息，而且它每天重播频率高，收播对象层次广泛、速度快、空间大、广告成本低。广播广告的局限性是只有信息的听觉刺激，没有视觉刺激，因而不如电视广告那样引人注意。

（三）户外广告

户外广告指在城市道路、公路、铁路两侧、城市轨道交通线路的地面部分、广场、建筑物、构筑物上，以灯箱、霓虹灯、电子显示装置、展示牌等为载体形式和在交通工具上设置的商业广告。不同的户外媒体，有不同的表现风格和特点，应该创造性地加以利用，整合各种媒体的优势。户外广告到达率高、视觉冲击力强、发布时间长、成本低、竞争少。

营销透视

中国企业蜂拥美国时代广场 豪掷千金打广告

纽约时代广场——百老汇街与第七大道切割出来的"三角地"，它还有另一个响亮的名字——"世界的十字路口"。曾有人统计，时代广场户外广告牌集中的地区，南北向从第41大街延伸到第53大街，东西向从第6大道延伸到第8大道，为广告市场创造了近30万个就业机会，高密度的广告牌挤满了几座大厦，几乎成为全球商业世界的缩影。

现在，人们发现越来越多的中国公司登上了这个顶级公司云集的竞技场。

2011年美国东部时间8月1日上午，五粮液集团的形象宣传片在纽约亮相。最近，格力电器又在这里掀起了一轮更猛烈的广告攻势，每天160次的最高播出频率，连续5年的播出时间，使其成为迄今在纽约时代广场投放力度最大、形象片播出时间最长的中国企业。巨人网络斥资在纽约时代广场购入多块广告屏，从美国东部时间4月9日开始播放其新网络游戏的广告片。巨人网络总裁刘伟对《北京晨报》的记者表示："有统计数据显示，纽约时代广场每年吸引着4000万来自世界各地的游客，很多企业甚至国家都在利用这个特殊世界舞台来树立形象。《征途2S》在启动全球化营销之前，圈定了全球多个知名城市，最终评估纽约是最好的，能在很短时间内成为世界焦点，特别是在互联网行业。虽然我们的主要目标用户群在国内，但需要在全球范围建立更大影响力。加上巨人网络在纽交所上市，也可以树立上市公司品牌。"

除了"眼球效应"，对于制造企业而言，时代广场的广告牌则有更加现实的意义。珠海格力集团此次的形象片以介绍企业理念和空调产品为主，主题是"中国的格力，世界的格力"，时长30秒，播出频率最高时为每天160次，最低时也达到了每天40次，初定连续播出5年。

按照惯例，时代广场一块普通的液晶屏，一个月租金达30万~40万美元，根据投放时段、具体位置、不同载体，价格会有差异。广告牌是否直接对着人流如织的地铁出口、在新年庆典上是否能作为背景等，都将决定广告位的"身价"。一般来说，广告主在电视和纸媒上投放广告的周期为一两个月，然而时代广场户外广告的广告主们一般都会长达数年租下某个广告位。"这么长的时间摊薄下来，价格是合理的。"格力电器的工作人员表示，如果考虑到其巨大的辐射效果，这就更是一笔"合算的买卖"。

有统计称，时代广场每年吸引的游客相当于14%的美国人口，而在最繁忙的季节，每小时经过时代广场的人数少说也有1.5万人，而这些人会用他们的手机、摄像机等把时代广场上的新鲜事拍下来，通过各种渠道传播到了全球的各个角落，让这里的广告迅速增值，人们一眼就能看出这是时代广场，效果已经不局限在当地。

资料来源：中国企业蜂拥美国时代广场 豪掷千金打广告［N］. 北京晨报，2012-05-07.

（四）邮寄广告

邮寄广告包括商品目录、商品说明书、宣传小册子、明信片、挂历广告以及样本、通知函、征订单、订货卡、定期或不定期的业务通信等。邮寄广告是广告媒体中最灵活的一种，受众选择性高，但是也是最不稳定的一种，很容易导致"垃圾邮件"的形象。

（五）POP广告

POP是英文Point of Purchasing Advertising的大写字母缩写，即售货点和购物场所的广告，简称售点广告。POP广告是一切购物场所内外（百货公司、购物中心、商场、超市、便利店）所做的现场广告的总称。有效的POP广告，能激发顾客的随机购买（或称冲动购买）行为，也能有效地促使计划性购买的顾客果断决策，实现即时即地购买。POP广告对消费者、零售商、厂家都有重要的促销作用。POP广告是在一般广告形式的基础上发展起来的一种新型的商业广告形式。与一般的广告相比，其特点主要体现在广告展示和陈列的方式、地点和时间等方面。

（六）新媒体

新媒体是针对传统媒体而言的，广义上的新媒体是指“互动式数字化复合媒体”，包括手机媒体、交互网络电视（IPTV）、数字电视、移动电视、博客、播客等。而狭义的新媒体则是指基于互联网这个传输平台来传播新闻和信息的网络。新媒体分为两部分：一是传统媒体的数字化，如报纸、期刊的电子版；二是因网络提供的便利条件而诞生的“新型媒体”，如百度网、淘宝网。

借助于网络技术的发展而诞生的新兴媒体形式，最大的优点在于快速、及时、覆盖面广以及互动性和大众参与性强。但是，新媒体的广泛覆盖面和其无所不在的信息展示，往往令消费者面对大量信息的包围而感到疲倦，甚至产生厌烦和抵触情绪。尽管关于新媒体的界定和研究不一，但是不可忽视的是，新媒体在广告中的作用将会越来越重要。

营销透视

新媒体广告的发展

据报道，2007 年全球互联网广告收入同比增长 28.2%，并将于 2008 年超过广播广告收入，成为仅次于电视和报纸的第三大广告媒体。央视市场研究（CTR）的报告显示，楼宇电视和互联网已成为广告主最为倚重和认可的两大新媒体平台。而中国市场与媒体研究（CMMS）发布的《中国消费者媒体接触习惯调查》表明，2006 年楼宇液晶电视的媒体接触率已达到 51%，超过了广播、杂志等媒体形态。

互联网对于电视媒体的冲击最为严重。易观国际研究表明，过去四年间，中国网络广告市场规模保持了 66%的年均复合增长率。伴随着中国互联网规模的迅速扩大和宽带网络普及，今后五年网络广告市场规模仍将保持高速增长，预计到 2011 年，网络广告收入将达到 270 亿元左右，保持 39.52%的年均复合增长率。届时，其广告收入的数额将大于杂志、户外和广播广告收入的总和。

分析人士认为，全球互联网广告的迅猛增长主要拜其自身四大优势所赐：一是精准定位式的广告，二是广告向视频化方向发展，三是广告交换、广告联盟和按照行动效果付费（CPA）相结合，四是网络游戏中的植入式广告。

目前互联网的广告形式主要有固定位置广告、关键字搜索广告和其他多媒体广告（包括富媒体广告、固定文字链接、分类广告、电子邮件广告、视频广告等）三类。其中，固定位置广告主要针对大中型公司的品牌和企业形象营销，所占比重最高在 45%左右；关键字搜索广告主要针对中小型企业市场，最近几年增长最为快速，目前所占比重在 30%左右，预计今后几年可能赶超固定位置广告；其他多媒体广告所占比重在 10%左右，其中未来最有前景的是社区、博客、视频广告。

资料来源：周政华. 电视广告产业已经趋于没落了吗？[J/OL]. brand.icxo.com/htmlnews/2008/03/06/1260174_0.htm.

五、影响国际广告策略的因素

（一）政治法律环境

政治法律环境主要是指各个国家对外贸易政策和其他相关的政策法令以及国家政局变化对国际广告的影响。这种影响主要包括以下方面：

1. 对于广告内容的限制

例如，在德国，与竞争者产品比较的广告是被禁止的；在美国和英国，不能在电视上做香烟广告；在泰国，禁止做药品广告。同时，广告内容不能损害当地的民族尊严和违反当地的民族习惯。

2. 对于广告媒介的限制

例如，在北欧的丹麦和挪威等国，没有商业性广播和电视；在荷兰，每周只许可有127分钟的广告节目；在法国，每天只允许有几分钟的广告时间。户外广告的设置、张贴要遵守当地城市管理机构的规定，不能妨碍交通或影响观瞻。霓虹灯广告的大小和设置地点要按当地的有关规定。

3. 对于广告费支出的限制

例如，印度政府规定企业的广告费用不得超过销售额的4%。

4. 对于广告支出的课税

例如，意大利政府规定对报纸广告征4%的税，对广播和电视广告则要征15%的税；在奥地利，对电视和印刷广告征10%的税，对广播及影院广告则征10%~30%不等的税。

（二）社会环境

社会环境包括东道国的风俗习惯、宗教信仰、价值观、审美观及心理因素等。要重视对社会环境的研究，认识和适应目标市场的社会环境，这是广告宣传成败的重要环节。不同的国家和地区有不同的风俗习惯，形成对广告表现不同的心理要求。例如，法国人喜欢素洁的白色，认为白色象征纯洁；中国人喜爱红色，认为红色是吉祥之兆；有的国家则禁止红色，如统一前的联邦德国不喜欢红色；非洲有些国家忌讳黄色；东南亚国家喜爱明快的浅色。因此，广告在运用色彩时，要特别注意当地人的好恶。

不同的国家和地区，消费者有不同的消费观念。而且随着时代潮流的变化，旧的消费观念被淘汰，新的消费观念形成。有的消费者希望购买价格低廉的商品，讲究实惠；有的消费者却以购买高价商品来显示其地位与威望。有的国家和民族喜欢新奇，如日本消费者追求新奇商品已形成社会风气，私人汽车平均使用二三年后，便要购买新的；而德国和法国的消费者比较保守，接受新产品比较慢。对有些国家，广告图案和商标设计要特别注意其宗教信仰和习俗。例如，在罗马尼亚，三角形和环形的图案更能吸引消费者；在柏林，方形比圆形效果更佳。

（三）文化环境

文化教育程度不同，对广告的欣赏与理解水平也不同。如果不按照广告地区的实际情况设计广告，广告制作再好，也不能引起共鸣。例如，在文化教育程度高的国家可以多用报纸、杂志做广告，而在文化水平低的国家则不行。文化教育程度较高的国家，他们对广告的创意要求也较高，而对不够水准的广告是不会重视的，当然也会影响购买行为。广告语言的翻译要得当，要了解双方的习惯语言和方言。否则不但不能有效地表达原意，甚至还可能会闹出笑话。在某个国家是赞扬的语言，在另一个国家则可能是一种讽刺。尤其是习惯语、成语、暗示语、俚语、笑话、双关语，在翻译时更应特别注意，尽可能符合当地的民情风俗。例如，“芳芳”化妆品商标，拼音是“Fang”。英文的意思是“毒蛇的牙齿”、“狼牙”、“狗牙”等。外国记者写文章说：“这种商标用在小儿爽身粉上，使人感到恐怖。”我国港澳地区出售一种“双参补酒”，这种酒虽然在内地深受广大群众喜爱，但在当地却售不出去，原来“双参”与粤语中的“伤心”是同音。因此，对外广告的用语一定要谨慎，要尊重别人的语言和习惯用语。也有一些国家和地区是几种文字和语言并存，我们应该选择最通用且占人口比例大的文字和语言做广告。例如，在我国香港、澳门地区，粤语比普通话更能赢得听众和观众。

第三节 国际公共关系

公共关系（Public Relations，PR）是一个企业或组织为了搞好与公众的关系，增进公众对企业的信任和支持，树立企业良好的声誉和形象而采取的各种活动和策略。公共关系也被称为“塑造企业形象的艺术”。其实质一种促销手段，其最终目的是促进和提高企业的产品销售。因为良好的公众关系可以保证企业经营的稳定性和较强的凝聚力，同时也会受到消费者的青睐，提高企业的销售业绩。

企业在跨国经营中，随时可能出现一些例外情况，和企业的目标或利益产生冲突。遇到这种情况，企业就要善用公共关系，加强与东道国政府的联系，了解他们的意图，懂得他们的法律，处理好突发的事件，协调好和东道国以及目标市场消费者的关系，以求得企业经营活动的长期发展。

一、公共关系的特征

作为一种促销手段，公共关系与前述其他手段相比，具有以下特点：

（一）注重长期效应

公共关系是企业通过公关活动树立良好的社会形象，从而创造良好的社会环境。这是一个长期的过程。良好的企业形象也能为企业的经营和发展带来长期的促进效应。

（二）注重双向沟通

在公关活动中，企业一方面要把本身的信息向公众进行传播和解释，同时也要把公众的信息向企业进行传播和解释，使企业和公众在双向传播中形成和谐的关系。

（三）可信度较高

相对而言，大多数人认为公关报道比较客观，比企业的广告更加可信。

（四）具有戏剧性

经过特别策划的公关事件，容易成为公众关注的焦点，可使企业和产品戏剧化，引人入胜。

二、国际公共关系的功能与作用

企业的公共关系部门执行以下职能：

第一，发展新闻界关系或新闻代理。创造有新闻价值的信息并将其刊登于新闻媒体上，以引起大众对某些人物、产品或服务的注意。

第二，产品宣传：宣传某些特定的产品。

第三，国际公共事务：建立和维持国际、国内和当地的社区关系。

第四，游说：建立和维持与国际、国内和当地的社区立法者及政府官员的良好关系，对立法者施加影响，以制定出有利于公司的立法和规章。

第五，维持国际投资者关系：维持与股东和其他金融界人物的关系。

第六，国际发展：发展与国际、国内和当地的社区捐款人或非盈利组织会员的公共关系以获得财务上的支持或志愿者的支持。

现代公共关系起源于美国，其本意是工商企业必须与其相关的各种内部、外部公众建立良好的关系。

公共关系的促销作用主要体现在提供企业的知名度和在国际公众中建立良好的信誉。只有在公共关系状态良好、形象优秀的情况下，企业的产品才能畅销不衰。通过公共关系树立和宣传企业形象，本身就是一种销售行为。

公共关系对企业进行国际化经营有十分重要的作用。企业跨越国界进行营销活动，当地政府和公众对企业的接纳程度在一定意义上决定了企业产品的出路。企业要想顺利地进入国际市场，优质的产品固然重要，但是更为重要的是要让国际社会了解、承认、接受企业自身及其产品。企业的公关活动就是企业树立良好形象，争取中间商和目标市场上广大公众的了解、信任和支持的有效手段。有效的公共关系配合其他促销方式，及时克服国际经营中的文化及其他障碍，才能最终实现占领国际市场的目的。

公共关系能以比广告更低的成本对公众的认知产生强烈的影响。企业对媒体提供的空间或时间不付费，它只对开发传播信息和处理事件的人付费。如果企业能设想出一个有趣的故事，它可能被多家媒体选中报道，其效果与花了几百万美元的广告一样，但是可信度会超过广告。越来越多的公司开始重视以市场为导向和以促销为导向的公关活动，并在公关部门内设置专门的“营销公关”机构。事实也证明，设计独到的公关活动能直接促进产品销售和新产品上市。

营销透视

博迪商店的公共关系活动

组织的任务是确定目标市场的需求、欲望和兴趣，比竞争者更有效地提供满足顾客的商品，提供商品的方式应对消费者和社会福利双重有益。企业因而更加注意对环境中各种因素的分析与预测，特别地，企业更相信企业组织与环境的相互影响与相互制约的作用关系，因而企业会更有意识、有目的地展开各种与环境相关的营销活动。正因为企业注重社会效益，因而企业也更关注企业自身的社会形象与整体理念。这些企业通过采取和实践以企业、顾客、社会三方共同利益为导向的营销理念而获利颇丰。在这方面，美国的博迪商店（Body Shop）做得尤为突出。

博迪商店制造和销售以纯天然原料成分为主的化妆品，其产品包装简单，但是富有吸引力，而且可以再回收。其主要成分都来自于发展中国家的植物，以此来促进这些国家的经济发展。另外，该公司每年都向社会捐助一定比例的利润，如向动物保护协会、流浪者之家、雨林保护组织捐赠等。在印度，该公司赞助了一个为孤儿设立的"儿童城"工程；在新加坡，该公司为改善老人的生活发起了一项社区活动。许多消费者都愿意购买博迪商店的产品，因为以上的一系列活动很好地树立了该公司的形象，表明了博迪商店为顾客、为社会利益着想的决心。

资料来源：功利聚焦——整合营销的内在动力［J/OL］. www.wangxiao.cn/wxy/zd/2827225610.html.

三、公共关系的主要工具

公共关系的主要工具如下：

第一，新闻报道。公关人员的一个主要任务是善于发现或创造对公司和产品有利的新闻，以吸引新闻界和公众的注意，增加新闻报道的频率，从而扩大影响，提高知名度。

第二，赞助公益和社会活动，以提高公司声誉与形象。例如，某著名大公司赞助残疾人奥运会。

第三，安排一些特殊活动来吸引公众对公司及其产品的注意。例如，召开新闻发布会、研讨会、展览会，举办周年庆祝活动，开展有奖比赛等。

第四，撰写文字材料，如公司年度报告、小册子、文章、刊物等，广为散发，通过这些书面材料向目标顾客传递各种有关公司及产品的信息。

第五，编制音像材料。随着传播手段的进步，公司开始越来越多地利用音视频技术来传递信息，视听材料比文字材料更为生动形象，效果自然更优。

第六，公司识别系统（CI），即通过统一的视觉符号达到创造和强化公司形象的目的。公司将代表其形象的这种视觉符号，包括色彩、字体、图案、符号，印刷在公司的建筑物、车辆、制服、办公用品、产品包装、文件、小册子、招牌等上面，力图给人以深刻强烈的印象。

第七，电话咨询服务。电话是一种快捷、便宜的信息沟通手段，通过电话，顾客可以方便地得到所需的信息和服务，化解烦恼和不满。

四、国际公共关系的任务

企业在国际营销中进行公共关系活动的最主要目的就是树立企业良好的社会形象和声誉。为达到这一目的，公共关系部门应完成以下任务：

（一）加强与传播媒介的关系

大众传播媒介承担着传播信息、引导舆论等社会职能，传播媒介对企业的报道对公众具有极强的引导作用，因而也在很大程度上影响企业的公众形象。企业必须充分利用传播媒介来为其服务，与之建立良好的合作关系，及时提供信息，使媒介了解企业。同时，积极创造具有新闻价值的事件，争取媒介的主动报道。

（二）改善和消费者的关系

与消费者的关系是国际企业的生命线，国际上任何一家享有信誉的公司几乎都把改善与消费者的关系列为头等重要的问题来处理。运用公共关系同社会沟通思想、增进了解，使消费者对企业形象和企业的产品产生良好感情，对企业的意义十分重大。

（三）调整与政府的关系

与国内经营企业不同，国际企业面临来自各个国家和政府的各种不同的要求或是压力。企业一方面必须随时调整自己的行为以适应政府政策的变化，另一方面又要左右逢源，以协调可能发生的冲突和利益矛盾。这也是企业公共关系的一项重要任务。公共关系部门必须加强与东道国政府官员的联系，了解他们的意图，了解所在国的法律，争取相互之间的谅解，以求得企业的生存和发展。

（四）不同时期和阶段采取不同的公共关系活动

首先，进入东道国的初期阶段，面临问题多，公关任务繁重，工作的重点是争取被东道国的政府与国民接纳。其次，进入营运阶段以后，就要关注东道国政局与政策动向，以及公司利润汇回母国的风险问题等，工作的重点是扩大企业在东道国社会上的影响，影响良好的声誉。最后，即使是在撤出阶段，也仍然要注意保持与东道国的良好关系以维护其他方面的利益。

营销透视

政府公关——跨国企业的中国式营销之舞

1998 年，中国政府下达传销禁令，对于中国境内所有以传销方式进行销售的公司全部进行停业整顿，禁止传销。消息一出，以直销作为企业主营模式的美国安利公司受到严重的打击，每月的亏损额惊人。在这种情况下，安利公司高层迅速启动政府公关以挽救企业危机。在安利公司的游说安排下，美国贸易谈判代表巴尔舍夫斯基借约见中国国务委员吴仪的机会，提出有关 3 家美资的直销公司在中国的出路问题。同时，安利公司借美国总统克林顿即将访华的机会，再次就直销转型问题与中国相关部门进行磋商。

在安利公司的努力下，中国相关政府部门迅速成立专项小组，协助安利公司等外资直销公司进行转型。不久，安利（中国）公司以“店铺销售加雇佣推销员”的方式完成转型经营，出色的政府公关使安利公司在中国化解了一场灭顶之灾。

与安利公司一样，摩托罗拉公司、微软公司等跨国巨头自进入中国以来，最重要企业战略之一就是构筑良好的政府关系。摩托罗拉公司在其 5 年发展战略中公布，其核心内容就是双赢、扎根中国和做社会好公民——所有战略的每一项都体现了摩托罗拉公司对中国市场的长期承诺以及希望与中国政府建立稳定良好互动关系的意愿。同时，摩托罗拉公司积极游说美国国会给予中国经济最优惠国待遇。通过此项行动，摩托罗拉公司向中国政府表达了彼此利益相通的意愿。

微软公司董事长比尔·盖茨先后 9 次访华，并出席了系列政府活动。同时，微软公司加大在中国的投资，向中国政府表示出为中国谋求利益的诚意。“我们在任何国家公共事务的角色都是向当地政府说明：‘我们的立场为什么最符合你们的公众利益’。”美国联邦快递（UPS）公司在政府公关准则手册中这样写道。这一条原则可以说是所有跨国企业的政府公关的核心原则之一。与柯达公司、联邦快递公司一样，跨国企业在中国进行政府公关，主要遵循与政府部门进行主动沟通、多主动与政府部门接触和联系、了解政府相关政策法规的变化三项原则，使企业能够及时对政府政策的变化进行相应的调整。

跨国企业将政府公关提升到企业战略的层面予以重视。同时，在了解中国政府的需求基础上，结合企业实际情况，积极采取多种措施去构建良好的政府关系，而良好的政府关系的建立对于企业进行危机处理和企业发展都有着重要的促进作用。

资料来源：林景新. 政府公关——跨国企业的中国式营销之舞［J/OL］. www.emkt.com.cn/article/236/23661-2.html.

第四节　国际市场人员推销

一、人员推销的概念

根据美国市场营销协会的定义，人员推销（Personal Selling）是指企业通过派出销售人员与一个或一个以上的潜在消费者通过交谈，进行口头陈述，以推销商品，促进和扩大销售的活动。推销主体、推销客体和推销对象构成推销活动的三个基本要素。商品的推销过程，就是推销员运用各种推销术，说服推销对象接受推销客体的过程。

推销人员要出色地完成推销任务，必须实现下列推销：

（一）推销自己

让消费者接受推销人员、认可推销人员，对推销人员产生良好的印象，发生兴趣，进而产生信任感，愿意同推销人员进一步交往。

（二）推销价值观念

通过与消费者的双向交流与沟通，改变、强化消费者的价值观和认识事物的思维方式，使消费者接受新的观念。

（三）推销知识

广泛介绍与产品相关的生活、生产知识，加强消费者的认识能力，是最好的推销产品。

（四）推销公司

对公司的了解，特别是在消费者的印象中树立起企业的良好印象，是促成消费者购买的重要条件。

二、人员推销的特点

相对于其他促销形式，人员推销具有以下特点：

(一) 信息传递的双向性

在推销过程中，销售人员一方面把企业的信息及时、准确地传递给目标顾客，另一方面把市场信息与顾客的要求、意见、建议反馈给企业，为企业调整营销方针和政策提供依据。

(二) 较强的灵活性

推销员可以根据各类顾客的特殊需求，设计有针对性的推销策略，容易诱发顾客的购买欲望，促成购买。

(三) 及时促成购买

人员推销在推销员推销产品和劳务时，可以及时观察潜在顾客对产品和劳务的态度，并及时予以反馈，从而迎合潜在消费者的需要，及时促成购买。

(四) 营销功能的多样性

推销员在推销商品过程中，承担着寻找客户、传递信息、销售产品、提供服务、收集信息、分配货源等多重功能，这是其他促销手段所没有的。

(五) 长期协作性

销售人员与顾客直接打交道，交往中会逐渐产生信任和理解，加深双方感情，建立起良好的关系，在此基础上开展推销活动，容易培育出忠诚顾客，稳定企业的销售业务。

三、推销人员的选择

在选择国际市场推销人员时，企业必须选择那些喜欢具有挑战性的工作，有较强的文化和生活适应能力，能对可能的风险和机会做出果断决策，并且身体健康，对企业和产品比较熟悉的人员。

国际市场推销人员通常有以下几种：

(一) 旅行推销人员

旅行推销人员包括两种类型：一种是企业派出的外销人员，他们在国外专门从事推销和贸易的谈判业务，或定期进行国际市场调研，或借考察和访问之机进行推销活动；另一种是负有特殊任务的，专为某批商品或为开发某一个新市场而派出的推销小组，也可能是某一市场出现一些特殊的问题时，由企业专门派出的人员。

(二) 国外常设的推销人员

企业的派驻国外的办事处、固定展示中心、销售分公司等一般都有自己的推销人员，专门负责本公司产品在有关地区的推销工作。这些推销人员不仅有本国人，也有当地人员或熟悉当地市场的第三国人员。

(四) 国际市场代理商和经销商

有时企业并不是自己派员推销，而是选择中间商进行人员推销，以利于降低促销成本。中间商了解当地的消费习惯和商业习惯，并与当地政府及工商界有着联系，推销效果往往比较好。企业如果采用这种方式，应注意对中间商进行监督与控制，以保证完成促销计划。

四、国际市场人员推销的组织模式

国际市场人员推销一般采用以下三种组织形式：

（一）地区结构型

这一组织形式是指每个推销员负责一两个地区内本企业各种产品的推销业务。这种结构较为常用，也比较简单，因为划定国际市场销售地区，目标明确，容易考核推销人员的工作成绩，发挥推销人员的综合能力，也有利于企业节约推销费用。但是当产品或市场差异性较大时，推销人员不易了解众多的产品和顾客，会直接影响推销效果。

（二）产品结构型

这一组织形式是指每个推销人员专门推销一种或几种产品，而不受国家和地区的限制。如果企业的出口产品种类多、分布范围广、差异性大、技术性能和技术结构复杂，采用这种形式效果较好，因为对产品的技术特征具有深刻了解的推销人员，有利于集中推销某种产品，专门服务于有关产品的顾客。但是这种结构的最大缺点是不同产品的推销员可能同时到一个地区（甚至一个单位）推销，这既不利于节约推销费用，也不利于制定国际市场促销策略。

（三）顾客结构型

这一组织形式是指按不同的顾客类型来组织推销人员结构。由于国际市场顾客类型众多，因而国际市场顾客结构形式也有多种。例如，按服务的产业区分，可以对机电系统、纺织系统、手工业系统等派出不同的推销员；按服务的企业区分，可以让甲推销员负责对 A、B、C 企业推销的任务，而让乙推销员负责对 D、E、F 企业销售产品；按销售渠道区分，批发商、零售商、代理商等由不同的推销人员包干；按客户的经营规模及其与企业关系区分，可以对大客户和小客户、主要客户和次要客户、现有客户和潜在客户等分配不同比例的推销员。采用这种形式的突出优点是企业与顾客之间的关系密切而又牢固，因而有着良好的公共关系。但是若顾客分布地区较分散或销售路线过长时，往往使推销费用过大。

五、国际市场推销人员的管理

国际市场推销人员的管理主要包括招聘、培训、激励、评估各环节。

（一）国际市场推销人员的招聘

国际市场推销人员的招聘多数是在目标市场所在国进行。因为当地人对本国的风俗习惯、消费行为和商业惯例更加了解，并与当地政府及工商界人士，或者与消费者和潜在客户有着各种各样的联系。但是在海外市场招聘当地推销员会受到当地市场人才结构和推销人员的社会地位的限制，在某些国家或地区要寻找合格的推销人选并非易事。

企业也可以从国内选派人员出国负责推销工作。企业选派的外销人员最主要的是要能适应海外目标市场的社会文化环境。

（二）推销人员的培训

1. 培训地点与培训内容

推销人员的培训既可在目标市场国进行，也可安排在企业所在地或者企业地区培训中心进行。跨国公司的推销人员培训多数是安排在目标市场所在国，培训内容主要包括产品知识、企业情况、市场知识和推销技巧等方面。若在当地招聘推销人员，培训的重点应是产品知识、企业概况与推销技巧。若从企业现有职员中选派推销人员，培训重点应为派驻国市场营销环境和当地商业习惯等。

2. 对推销高科技产品推销人员的培训

对于高科技产品，可以把推销人员集中起来，在企业培训中心或者地区培训中心进行培训。因为高科技产品市场在各国具有更高的相似性，培训的任务与技术要求也更加复杂，需要聘请有关专家或富有经验的业务人员任教。

3. 对推销人员的短期培训

对于这类性质的培训，企业既可采取组织巡回培训组到各地现场培训的方法，也可将推销人员集中到地区培训中心进行短期集训。

4. 对海外经销商推销员的培训

为海外经销商培训推销人员，也是工业用品生产厂家常常要承担的任务。对海外经销商推销人员的培训通常是免费的，因为经销商推销人员素质与技能的提高必然会带来海外市场销量的增加，生产厂家与经销商均可从中受益。

（三）推销人员的激励

对海外推销人员的激励可分为物质奖励与精神鼓励两个方面。物质奖励通常指薪金、佣金或者奖金等直接报酬形式，精神鼓励有进修培训、晋级提升或特权授予等多种方式。企业对推销人员的激励，应综合运用物质奖励和精神鼓励等手段，调动海外推销人员的积极性，提高他们的推销业绩。

对海外推销人员的激励，更要考虑到不同社会文化因素的影响。海外推销人员可能来自不同的国家和地区，有着不同的社会文化背景、行为准则与价值观念，因而对同样的激励措施可能会做出不同的反应。

（四）推销人员业绩的评估

对于海外推销人员的激励建立在对他们推销成绩进行考核与评估的基础上。但是企业对海外推销人员的考核与评估，不仅是为了表彰先进，而且还要发现推销效果不佳的市场与人员，分析原因，找出问题，加以改进。

人员推销效果的考核评估指标可分为两个方面：一方面是直接的推销效果，如所推销的产品数量与价值、推销的成本费用、新客户销量比率等；另一方面是间接的推销效果，如访问的顾客人数与频率、产品与企业知名度的增加程度、顾客服务与市场调研任务的完成情况等。

企业在对人员推销效果进行考核与评估时，还应考虑到当地市场的特点以及不同社会文化因素的影响。例如，产品在某些地区可能难以销售，则要相应地降低推销限额或者提高酬金。若企业同时在多个海外市场上进行推销，可按市场特征进行分组，规定小组考核指标，从而更好地分析比较不同市场条件下推销员的推销成绩。

营销透视

美国市场营销协会的道德规范

美国市场营销协会（AMA）的成员承诺遵守职业道德规范。所有的成员共同遵守以下的道德规范。

市场营销人员的责任：

市场营销人员必须对其行为造成的后果负责，同时不遗余力地保证其决策、建议和行为是为了识别、服务和满足所有相关的公众（客户、组织和社会）。

市场营销人员的专业行为应遵循：

1. 职业道德规范的基本准则是不故意地损害。
2. 坚持所有适用的法律和规章。
3. 准确地介绍自己受过的教育、培训和经历。
4. 积极支持、实践和宣传这部道德规范法典。

诚实与公正：

市场营销人员应通过以下行为来维护和推进市场营销职业的完整、荣誉和尊严：

1. 诚实地为消费者、客户、雇员、供应商、分销商和公众服务。
2. 未事先告知所有当事人前，不故意地参与利益冲突。
3. 建立公正的收支费用价目表，包括日常的、惯例上的和（或）合法的营销交易报酬或收费。

市场营销交易过程当事人的权利与义务

市场营销交易的当事人应有权要求：

1. 提供安全的产品和服务，且符合其预期的用途。
2. 提供的产品和服务的信息不具欺骗性。
3. 所有各方在打算撤除其义务时应是善意的，无论是财务上的还是其他方面的。
4. 存在恰当的内部措施来公正地调整和（或）重新修正购买方面的异议。

拥有上述权利的同时意味着市场营销人员还存在下述责任，但并非仅限于此。

产品开发和管理方面：

1. 公开与产品或服务使用有关所有潜在危险。
2. 确认任何可能引起产品实质性改变或影响客户购买决策的产品零部件的替代品。
3. 确认需额外收费的附加特性。

促销方面：

1. 避免错误和误导性的广告。
2. 拒绝高压操纵或误导性销售策略。
3. 避免利用欺骗或操纵手段进行产品促销。

分销方面：

1. 不为谋取私利而操纵产品的供应。
2. 在市场营销渠道中不使用高压手段。
3. 不对转售者选择经营的产品进行过多的干涉。

定价方面：

1. 不参与限价。

2. 不执行掠夺性定价。

3. 公开在任何交易中达成的价格。

市场营销调查方面：

1. 禁止以市场调查为名推销或集资。

2. 避免歪曲事实和省略相关调查数据，要保持市场调查的完整。

3. 公正地对待外部客户和供应商。

组织关系：

市场营销人员应该清楚他们的行为可能怎样影响组织关系中其他人的行为。在与其他人的关系上，如雇员、供应商或客户的关系上，他们不应该要求、鼓励或采用强制手段以达到不道德目的。

1. 在职业关系中涉及特惠待遇信息时，采用保密和匿名机制。

2. 及时地履行合同和双方协议中的义务与责任。

3. 未经给予报酬或未经原创者或所有者的同意，不得将他人成果全部或部分地占为己有，或直接从中获益。

4. 避免不公正地剥夺或损害其他团体，利用工作为自己谋取最大利益。

任何 AMA 成员倘若被发现违背了此道德规范法典的任何条款，其会员资格将被暂停或取消。

资料来源：美国市场营销协会的道德规范［J/OL］. www.china-imsc.com/yanjiu_yj_info_376_951.html.

第五节　国际市场营业推广

营业推广又称销售促进（Sales Promotion）。在国际促销活动中，营业推广包括多种能在短期内迅速刺激需求，促成消费者或中间商大量购买某一特定产品的促销活动，是企业加强产品与消费者沟通、扩大市场份额、压制竞争对手的重要方式，是使销售量在短期内达到最大化的有力工具。

一、营业推广的发展

在国际市场上，营业推广曾一度被看成仅仅是广告和人员推销的补充，进入 20 世纪 90 年代以来，营业推广的使用范围有扩大的趋势。许多国际企业都十分重视运用营业推广手段，如可口可乐公司在发展中国家推销芬达饮料时，就是运用赠送圆珠笔、铅笔等营业推广手段，再加上广告宣传，吸引了大批消费者，促使中间商大量进货，从而打入和占领了这些国家的市场。

营业推广之所以发展迅速，其原因如下：

第一，市场竞争激烈，互相竞争的品牌增多但差异不大。竞争者越来越多地使用各种促销手段，而消费者也变得越来越精打细算起来，消费者十分看重交易中得到的实惠。

第二，由于成本上涨、媒体干扰和法律的管制，广告的吸引力和效果日益减弱。

第三，公司经常处于要在短期内迅速增加销售的压力之下。

第四，零售商要求制造商创造更多的交易机会。

营业推广的增长也不是无限的，过多过滥的促销活动可能会使消费者变得麻木，以致失去效果。营业推广只能在短期内迅速扩大企业销售，无法达到长期提高市场占有率的目的。弱小的公司负担不起与市场领先者相匹配的大笔广告费，利用营业推广可促其销售增长，而对领先公司来说，则效果有限。无论什么公司，长期运用营业推广，都可能损害其产品和公司形象。

二、营业推广的方式

（一）针对中间商的推广方式

针对中间商的营业推广的目的是鼓励批发商大量购买，吸引零售商扩大经营，积极购存或推销某些产品。其方式包括批发回扣、推广津贴、销售竞赛、交易会或博览会。在中国的汽车销售中，汽车制造商常常采用销售返点和销售竞赛方式鼓励销售商的销售行为。国际商品博览会也是国际市场营销常采纳的方法，一般是指在一定地点定期举行的，由一国或多国联合举办、邀请各国商人参加交易的国际营销形式。在国际博览会上，展出产品的同时进行交易。国际博览会分为两类，一类是综合性国际博览会，又称“水平型博览会”，另一类是专业性国际博览会，又称“垂直型博览会”。由于博览会参展商集中，且集展示与交易于一体，所以能够提供较多的商业机会。

营销透视

鼓舞人心的交易数据表明经济恢复可持续性增长

春季中国进出口商品交易会（简称广交会）于5月5日落幕，其传来的相关数据表明中国最知名的交易会超出市场预期。第113届春季广交会接待了20多万名海外采购商，较上期增长7%。广交会每年举行两次，此次交易额达到355亿美元，较上期增长近9%。

专家认为良好的统计数据预示着今年的交易形势实现了稳定的提升。中国2013年第一季度对外贸易同比增长13.4%，出口增长18.4%。

广交会发言人兼中国对外贸易中心副主任刘建军表示：“去年是中国出口商最为困难的一年。”

“随着中国经济的回升，出口商普遍认为2013年的形势将会更好，这表现在海外订单有所增长。”

这次最新举行的广交会突出发展中市场的重要性，以保持交易有所增长。相比第112届广交会，参加该会的非洲采购商数量增长近30%，而大洋洲采购商数量则增长15%。与“金砖四国”(BRICs)、欧盟(EU)、美国和日本达成的交易额普遍有所增长。

众多中国出口商参加这次广交会，在数量上有所增加。广州超凡皮具有限公司总经理郑忆称，该公司今年第一季度海外市场销量同比增长 20% 以上。

郑忆评论时表示："我们目前忙于为上一期广交会的海外订单生产相关产品。实现可持续性增长的原因是我们关注于迎合各种品牌，以充分满足国外市场的需求。"

在强调品牌质量与竞争力的同时，这次广交会还推动创新。相比之前，这次最新举办的交易会亮点之一是产品设计展区增加 73%。

随着全球期待一个更加积极发展的交易年，广交会将继续成为实现可持续性增长的推动力。举办方、采购商和相关公司对即将到来的秋季广交会充满期待。

资料来源：第 113 届广交会落幕 [J/OL]. http://finance.ifeng.com/roll/20130517/8044690.shtml.

（二）针对消费者的推广方式

对国际市场消费者的营业推广，其主要目的在于：吸引新顾客，留住老顾客；动员现有顾客购买新产品或更新设备；引导顾客改变购买习惯或培养顾客对本企业的偏爱行为等。营业推广的方式包括赠品、样品试用、优惠券、促销包装、摸奖、抽奖、现场示范和展销等。其中，赠送样品或试用样品是介绍一种新商品最有效的方法，比如蝶翠诗（DHC）上海公司在中国长期提供免费试用品以吸引消费者尝试产品；立顿公司通过赠送 Q 果趣奶茶杯吸引消费者购买一定数量的奶茶；可口可乐公司则常年鼓励消费者收集瓶盖或易拉罐的拉环参与网络上的抽奖活动，从而鼓励消费者购买，刺激销售量增加。

在国际市场营销中，在不同的市场，企业应根据市场的环境特征和消费者特征，设计有针对性的促销活动。

很多国家对于销售促进的形式和规模以及审批程序有一定的限制。对销售促进活动实施严格限制的国家有奥地利、比利时、丹麦、德国、意大利、日本、韩国、墨西哥、荷兰、瑞士和委内瑞拉等。法国则规定赠送礼品的金额不得超过促销商品价值的一定百分比，且礼品必须与促销的商品有关。

2007 年 11 月 10 日，重庆市沙坪坝区家乐福超市举行"10 周年店庆"促销活动。由于人多拥挤，发生踩踏事故，造成 3 人死亡，31 人受伤，其中有 7 人重伤。针对频繁的促销活动所引发的安全事件，商务部叫停了限时限量促销活动，国家工商总局也下令禁止家电商家以低于成本价促销商品。

除此以外，长期的促销还容易引起消费者对促销的过分依赖。一旦失去促销的刺激，比如降价或赠品，消费者就可能对产品再无兴趣，进而转向购买其他同类产品。有这样一种说法：一个品牌为了提升销售量所投入的促销费用如果高于广告投入，就会非常危险。久而久之，促销会使积累起来的品牌资产在消费者的心目中渐渐变得模糊甚至消失。

复习题

1. 国际市场营销中促销的含义和意义是什么？
2. 什么是促销组合？什么是整合营销传播？国际市场营销促销组合和国际整合营

销传播如何结合运用？

3. 国际广告决策有哪几种类型？如何正确处理和协调国际市场营销中广告的标准化与差异化的关系？

4. 在进行国际广告决策时，企业应该考虑哪些因素？

5. 请结合实例谈谈企业在国际市场营销中是如何运用公共关系策略的？

6. 国际市场的人员推销通常有哪几种组织结构形式？

7. 请结合实例谈谈针对消费者的销售促进的类型和每一种推广模式的优缺点。

思考与实践题

哪种促销方式可行？

22 岁的 Seth 从一所常春藤大学拿到了工商管理硕士学位后，来到宝洁公司（P&G）的包装肥皂和洗涤剂部门的 Cheer 品牌组上班。从部门厚厚册子中了解到 Cheer 牌的洗涤剂是专门为开顶式洗衣机设计的一种白色并有蓝色和绿色微粒的洗涤产品。

在以百亿美元计算的美国洗涤品市场上，宝洁公司的汰渍（Tide）独占鳌头，远远领先其他产品，排名第二的 Cheer 虽然比不上老大哥，却也排名第二。而在全球范围内，美国的宝洁公司（P&G）、高露洁—棕榄公司（Colgate-Palmolive），欧洲的联合利华公司（Unilever）“三巨头”瓜分了大部分市场。研究表明，大多数顾客在走进商店时，要买什么牌子的洗涤品心中早就想好了。因此，它们都创造了几十个令人眼花缭乱的品牌来占据客户内心首要的位置。为此，各式各样的折扣、优惠券、小礼品是它们进行激烈却司空见惯的厮杀的惯常工具。

这天，公司促销部的 Sonya，想和 Seth 谈谈 Cheer 新促销方案的事。

在促销部里，Seth 被琳琅满目的小礼品惊呆了：“这么多五花八门的玩意儿，怎么知道哪个适合 Cheer 啊？Cheer 也不常采用小礼品来促销的，我不知道部门的同事会怎么想。Cheer 适不适合礼品促销，什么礼品适合它？”

“完全正确！”Sonya 回答：“但是至少值得一试吧，我们这儿有完善的测试手续，每个产品都有它独特的地方，我请你来就是希望你能选择几个你觉得适合 Cheer 的小礼品，也许能够促进 Cheer 的销售呢？”Seth 坐下来，仔细察看每个小礼品，它们从毛巾、烹饪书到小玩具，什么都有。越看 Seth 越觉得 Cheer 不适合这样的促销手段，Sonya 也有些灰心了。

正当 Seth 要离开的时候，某个蓝绿色交织有红斑纹长腿的小玩意儿吸引了 Seth 的注意：“这是什么？”“噢，这是新来的样品，一种橡胶玩具，给很小的小孩的，它们无毒，又足够大让小孩子无法吃下去，安全经用。”Seth 把它抓在手里：“我带这个回去给大伙儿看看。”

面对这个小玩意儿，部门的同事有不同的看法。Skip 看了一眼，就说：“纯粹浪费时间。”然后扬长而去。Lorinda 是三个小孩的母亲，她说：“我带回去给我的孩子们看看有什么反应。”经理 Tom 觉得这么做是个好主意。

第二天Lorinda很兴奋地跑来说她的孩子们爱不释手，这让Seth觉得很鼓舞，如果能够成功，他就可以成为公司引人注目的人物了，晋升也是十拿九稳的事情。Seth赶紧和Sonya联系，她答应用这个产品以及另外4个参照做一系列测试。一个月后，就在Seth觉得这事可能没戏了时，Sonya打来电话告诉他令人震惊的结果：不仅这个玩具很受欢迎，而且是整个公司历史上最畅销的三个促销礼品之一。Seth简直手舞足蹈了，他将这个礼品命名为Cheery怪物，并仔细考虑各种促销选择。

根据采购部门的估计，这个玩具的成本大约为每个6美分。这包括制造成本和从亚洲的产地运到辛辛那提的运费。Seth的设想是每个大包装的Cheer放三个Cheery怪物来促销。那么，一盒就要增加18美分的成本，如果增加销售的效果好的话，抵消这部分损失绰绰有余。

Seth分析了所有能想到的促销方式：

第一，邮寄促销：让顾客把洗涤剂包装盒上的UPC寄到公司换取礼品。这样的方式对生产毫无影响，但无疑会减少礼品的吸引力，邮寄和等上两三个礼拜来收取小玩意儿实在是一件繁琐的事情。预计增加销量：200 000盒。成本增加：每3个礼品的包装邮寄处理费用是75美分。

第二，放在包装内：礼品放在包装内，那么包装外面就必须有醒目的提示。包装过程不受影响，但是包装盒制造要修改一下，况且设计吸引顾客的提示也是个问题，另一个消极因素是顾客不能直接看到可爱的小怪物。预计增加销量：500 000盒。成本增加：改变包装的额外花费不会高于1.30美元。

第三，放在包装外面，和产品捆在一起：用真空包装膜将礼品和Cheer洗涤剂捆在一起，这要看工厂有没有专门的设备了。但是爱占便宜的客户可能会将礼品扯下偷走，而不买产品。不过放在外面的直观性要强多了。预计增加销量：至少750 000盒。成本增加：外包其他包装厂将礼品捆绑在产品外要1.75美元，由于增加体积导致每大包装内盒数减少产生的费用为45美分。

第四，随产品派送，在购买点即时奉送：这要求零售商安排额外人员，而且也许某些小的零售店就干脆“贪污”了这些小礼品或者拿出来卖。预计增加销量：600 000盒。成本增加：每300个Cheery怪物运费是25美元，全国有超过8 000家零售商。

第五，互联网上促销：Seth没能马上想到如何用互联网来促销，但是他觉得这也许是条路子。无论如何，不能不考虑互联网的潜在作用。

资料来源：哪种促销方式可行？[J/OL]. www.ceconlinebbs.com/FORUM_BESTCOM_90001_900005_858785_0.HTM.

思考题

在向上司Tom做出详尽汇报之前，Seth需要做出选择和决定。Seth的促销计划应该怎样做？这些方案各有什么利弊？你会如何选择？

案例分析一

安利（中国）公司的公共关系营销

安利公司是蜚声海内外的大型日用消费品生产及销售商，1959 年诞生于美国密歇根州的一个小镇——亚达城。时至今日，安利公司已发展成为世界知名的大型日用消费品生产及销售商，业务遍布 80 多个国家和地区，公司产品发展为五大系列 450 多种，涵盖了纽崔莱营养保健食品、雅姿美容化妆品、个人护理用品、家居护理用品和家居耐用品等系列，全方位满足消费者日常生活的需要。安利公司通过遍布全球的营销人员把公司的优质产品和服务推广到世界的各个角落。目前，安利公司在全球拥有 6000 多名正式员工以及 350 多万名直销员为主的营销队伍。

1. 安利（中国）公司的历史

1992 年 9 月，美国安利公司看到中国蓬勃发展的市场机会，进军中国内地市场，在广州投资设厂，成立了安利（中国）公司，经过长达 3 年时间的市场调研，安利（中国）公司于 1995 年正式投入运营。

20 世纪 80 年代末，以欺诈为目的、以金字塔式或多层次式结构为组织手段的传销（含直销业）进入中国，并于 20 世纪 90 年代中期风靡全国，严重扰乱社会治安和社会经济秩序。1998 年 4 月 21 日，国务院发布紧急通知，重拳出击，全面禁止传销（包括直销）经营活动。以直销为营销渠道的安利（中国）公司不可避免地受到政策的全面打压和封杀，安利（中国）公司的业务不得不陷入停顿，损失（经济和品牌形象）惨重。安利（中国）公司这个在中国的婴儿可谓生不逢时。

在其他国际直销企业纷纷撤离中国市场后的短短两三个月时间，安利（中国）公司却在 1998 年 7 月，经国家有关部门批准允许其采用“店铺销售加雇佣推销员”方式转型经营，取得了合法的经营许可，其规模、业绩迅速放大。目前，安利（中国）公司产品线达四大类别 160 款产品（目前在国内销售），累计投资 2.2 亿元人民币在全国开设了 140 多家店铺，培育了 18 万名活跃营销人员。中国已发展成为安利公司全球最大的市场，安利公司名列 2004 年“中国日用化学品行业 20 强”第 2 位，并再度被《财富》（中文版）评为 2004 年“最受赞赏的公司”第 23 位。2004 年，安利（中国）公司销售额达 170 亿元人民币，缴纳税款 37 亿元人民币。安利公司在这一刻实现了产品销售和品牌美誉度的双赢。安利（中国）公司凭什么能够在短短的两三个月之内获取市场准入证，并能够在不到 10 年的时间取得如此骄傲的业绩呢？

相对于国内许多企业靠广告轰炸的品牌推广而言，安利（中国）公司开展的一切营销活动基本都属于公共关系主导型的品牌营销策略。安利（中国）公司懂得更多地通过公关策略来树立企业形象，提升品牌知名度和美誉度。除了更多地与政府打交道、与政府主动而且不遗余力地沟通外，安利（中国）公司还倾情公益事业，紧紧围绕“儿童、环保、健康”三大公益主题，通过赞助、捐赠来回馈社会，树立了一个有社会责任感的企业好公民形象。安利（中国）公司还积极和新闻媒体打交道，全国各大媒体几乎都有对安利公司的新闻报道或专访，如专题片《探访营养的奥秘》，由安利（中国）公司与中央电视台《科学历程》栏目合作制作；以“纽崔莱”70周年特别制作的纪录片《营养探索之旅》在中央电视台第10套节目（CCTV-10）播出。除此之外，安利（中国）公司还开展以社区、员工、消费者、国际社会等为对象的公共关系活动。以公共关系为主导的品牌战略被安利（中国）公司成功发挥到极致，强力提升了安利（中国）公司的知名度和影响力。

2. 抓住政治机会，双向政府公关，获取市场准入证

20世纪90年代中期，中国正处于加入世界贸易组织的关键时期，而美国国会许多议员及财团的“防华”倾向严重，对中国加入世界贸易组织设置了许多障碍和限制性条件。在此关键时期，安利公司董事长史迪夫·温安洛果断出击，极力游说国会及其他财团，为中国加入世界贸易组织创造机会和条件。史迪夫·温安洛曾先后两次在美国国会发表演说，支持中国加入世界贸易组织，并要求给予中国“永久性最惠国待遇地位”。“投桃报李”，如果有妥善解决安利（中国）公司的问题的办法，中国政府岂能置身度外?

1998年，美国总统克林顿就中国加入世界贸易组织访华，安利公司借此机会，进一步向中国政府说明安利公司的实际情况及解决有关直销问题的变通新思路，以求得“合理合法”的生存空间，即“直销加店铺”的经营模式。

就在中国政府“斩立决”令下达后的3个月之际，安利（中国）公司成为第一家获得国务院有关部门正式批准的以“店铺销售加雇佣推销员销售”模式经营的公司。安利（中国）公司通过变通的方式，终于取得了市场“准入证”，使安利公司直销大大方方地走到前台，走进老百姓的生活。

为进一步巩固公共关系，加强与中国政府的沟通，2001年，时任美国商会主席的安利公司董事长史迪夫·温安洛五次组织美国工商界人士访华，并亲率首批由美国中小企业组成的美国商会投资贸易考察团来华考察。2003年6月26日，在中国“SARS”危机后，史迪夫·温安洛是第一个携带巨资回到中国投资的世界级商人，为安利（中国）公司增加投资1.2亿美元，并新增注册资本4010万美元，大大刺激了国外投资者投资中国的信心和热情。

3. 公益活动营销，树立良好公民形象

安利公司围绕“营养、运动、健康”，有健康才有将来的品牌理念，坚持“回馈社会、关怀民生”的企业理念，开展各类公益活动，以实际行动反哺社会。

2002年，安利（中国）公司面对公众郑重承诺：在未来的五年内，安利（中国）公司要植树100万株，让有安利店铺的地方就有一片安利人培植的树林或认养的绿地。

安利（中国）公司言出必行，凡有其店铺的地方，都增加了一丛新绿，也带动了一大批关注环保的热心人士。安利（中国）公司基本提前2年实现了植树100万株的公众承诺。如今，“哪里有安利哪里就有绿色”的“安利林”多数已是枝繁叶茂，郁郁葱葱。从“安利林”来看，这个创意并不新鲜，但是长期坚持下去，形成了规模，见到了成效，再辅之以正面宣传，就形成了营销传播的“聚合效应”。

安利公司围绕“儿童、环保、健康”三大公益主题，实施“关怀民生”的社会公

益活动。这些年，安利（中国）公司累计助残捐赠金额达1.2亿元人民币，参与实施或独自实施的1100多项公益活动，都从不同侧面、不同角度培育并塑造了其对社会负责的良好公众企业形象、良好的公民形象，并受到了国家、社团及市民的高度认可。安利（中国）公司这种“新闻式”、“热点式”的无形软性公益活动广告被发挥得淋漓尽致，不仅仅是抢了市民的眼球，塑造了形象，更带来了销量的快速增长。

4. 文化营销：诠释品牌内涵，确立权威品牌形象

安利公司旗下高档化妆品品牌——雅姿，与艺术结有不解之缘，其英文名称即“Artistry”，英文本意即“艺术性”。艺术性、时尚美，就是雅姿品牌一直倡导的理念，同时“艺术与美丽”天生就是一对孪生姐妹。雅姿品牌行销50多个国家和地区，并连续荣获全球最畅销的高档面部美容化妆品五强之列。为强力推崇其品牌形象，2004年岁末，安利（中国）公司以“雅姿”独家冠名赞助的《剧院魅影》在上海成功上演，轰动了整个艺术界。这部音乐剧由天才作曲家韦伯谱写，被誉为世界四大音乐剧之首（其余三部为《悲惨世界》《猫》《西贡小姐》），其中不少唱段已成为全球传唱的经典名段。《剧院魅影》的演出品位也正好与“雅姿——美丽呈现”的高贵、典雅、美丽、魅力相吻合。安利（中国）公司以这种高品位的文艺营销嫁接，提升了雅姿品牌的美誉度，注入了品牌的文化内涵，确立了安利（中国）公司在化妆品市场的权威品牌形象。

5. 服务营销：维系品牌美誉度、忠诚度

安利（中国）公司利用一对一的直销方式，将客户与安利人捆在一起，直销人员要将产品推销出去，并形成忠诚客户，除了安利（中国）公司的公众形象、广告宣传外，还必须取得“客户”对直销人员的信任。因此，诚信是其服务营销的基础。安利（中国）公司不仅高举社会责任的大旗，并从内部入手，上至董事长，下至部门主管皆亲力亲为，营造个人的良好公民形象，教育全体安利人作为社会人，要勇于担当社会责任。仅2004年，安利（中国）公司约有4万人次热情地参与到各项社会公益活动中，这些公益活动大至企业行为，小至员工自发的社区公益活动，哪里有安利，哪里就有安利人的良好形象，这些活动无疑提升了人们对安利人（包括直销人员）的信任感和对安利（中国）公司的忠诚度。

多年来，安利（中国）公司一直实行售出商品的“保退”政策，在中国市场上是“30天保退”。安利产品在全球的平均退货率约为5%，而在中国市场上，因部分消费者的不规范行为，这一比例曾一度达到32%。但是安利（中国）公司坚持实行这一政策不动摇。即使是消费者自身的行为不符合退货政策，但是安利（中国）公司都无条件退赔。这种聪明的“无形广告”、口碑传播不仅提升和巩固了顾客的忠诚度，更为安利（中国）公司带来了大批的新客户，提升了其销售业绩。

资料来源：安利（中国）的公共关系营销［J/OL］. blog.sina.com.cn/s/blog_4ed39b/ao1008pxm.html.

讨论题

1. 安利公司针对中国市场开展了哪些类型的公共关系活动，作用和效果如何？
2. 你如何看待企业的公益活动营销？你认为这是承担社会责任还是作秀？

案例分析二

喜力品牌形象的建立和传播

荷兰喜力啤酒公司由杰勒德·海内肯于1864年创建。1971年，弗雷迪·海内肯出任喜力公司总裁。在他的带领下，喜力公司由一个家族企业发展成为一个由家族控股的股份制公司集团。喜力啤酒进入欧洲其他国家，而且远涉重洋登陆北美、亚洲、非洲和拉丁美洲。2002年，香伦·德卡瓦略·海内肯继任喜力公司总裁后，喜力公司在全球进行了多项并购交易。目前，喜力啤酒在50多个国家和地区与110多个啤酒企业联营，产品在超过170个国家和地区销售。这个拥有100多年历史的啤酒酿造商已经成为最具国际知名度的啤酒集团之一。喜力公司的第四代传人香伦·德卡瓦略·海内肯在2004年《福布斯》全球富豪排行榜上以46亿美元列第94位。有效的整合营销传播是这位全球啤酒业巨人长盛不衰的法宝。

1999年，喜力公司在全球市场营销上所投入的费用高达公司年收入的14%，约为8.15亿美元。喜力公司巧妙地把啤酒与娱乐、体育有机结合起来，频繁地在各种国际体育赛事和音乐节上露面。在许多大型网球公开赛、音乐会及电影节中，人们都能看到喜力啤酒的绿色标识。喜力啤酒和它纯净晶亮而又充满活力的绿色体验正伴随着一次次赞助的音乐盛典、体育大赛而为全世界追求个性、追求新潮的生命所共享。

高收入人士是喜力公司关注的主要目标顾客群。与目标市场的选择相对应，喜力公司对网球这一传统的贵族运动情有独钟。喜力公司赞助了澳洲网球公开赛、美国网球公开赛和戴维斯杯赛等赛事，在中国更是从1998年开始创办上海喜力网球公开赛。喜力网球公开赛是中国首次举办的国际级网球锦标赛，云集了诺曼、张德培等国际一流选手，赛事的宣传使喜力品牌知名度大大提升。有统计数据显示，1998年喜力网球公开赛后，喜力啤酒的销量增加了30%。

喜力品牌已经拥有100多年的历史，为了防止品牌的老化，新任首席执行官安东尼·鲁伊斯对市场营销策略进行了调整。他意识到年轻一代的啤酒消费能力在提高，因此年轻人市场成为喜力公司现在的主攻战场。

喜力公司现阶段的主要任务在于：既要贴近年轻顾客，又不能疏远爱喝啤酒的中年人，因为后者是喜力公司的核心顾客。鲁伊斯经常带着公司的资深主管奔波于世界各地，与年轻消费者频繁接触，争取年轻消费群的偏好和支持。喜力啤酒的广告和包装也变得更加大胆，比如推出银色和绿色相间的铝制酒瓶，这种瓶装啤酒在欧洲和美国的新潮俱乐部销售，其售价相当于玻璃瓶装喜力啤酒的3倍。喜力公司配合年轻人喜爱的高投入电影如《黑客帝国2》等组织了搭配销售活动。喜力公司还资助赌马之类的活动，获胜者可以参加喜力公司在牙买加举行的聚会。

鲁伊斯认为，策略是正确的，用长久以来的成功作为后盾，可以更加前卫。“音乐秀”也是喜力公司贴近年轻群体，进行品牌宣传的阵地之一。例如，在中国，喜力公司举办了“1999年北京喜力节拍夏季音乐节”、“喜力节拍2000年夏季音乐节”等。在音乐节之前，喜力公司大造声势，瞄准了求新、求变的青年人做宣传，使喜力品牌年轻、活力、激情的形象深入人心。经过2年的营销努力，喜力啤酒的消费群产生明显年轻化的迹象。在美国，爱喝喜力啤酒的顾客的平均年龄已从20世纪90年代中期的40岁上下降到现在的30岁出头。鲁伊斯的目标是在未来几年里将平均年龄降低到30岁以下。

喜力啤酒的广告总是充满了轻松和幽默。举例如下：

一名年轻男子将手臂伸进一个装满冰块和瓶装啤酒的大桶，他在里面四处乱摸，却一无所获，结果冻得浑身发抖。最后，他终于从里面捞出了一瓶喜力啤酒，将它打开，加入到一帮朋友中去，而这帮朋友也都在喝喜力啤酒并冻得全身发抖。

一群男子在玩多米诺骨牌，当其中一人表演如何将啤酒倒入杯中而不产生太多泡沫时，其他人都停了下来，此时画外音响起：“喜力是专业人士的啤酒”。

一个高个子的年轻男子在超级市场的零食部选择商品，他见到附近一个美貌的年轻女子伸手欲取顶层的商品，可是够不到。男子于是走到她身边，为她把顶层两罐喜力啤酒（最后两罐）取下。取得啤酒后他突然念头一转，决定将啤酒自己留下，拿不到喜力啤酒的女子一脸无奈。

在拥挤的回转寿司店内，男女主角的座位相隔很远，男子先向女子举酒示意，然后倒酒杯中，把酒杯放在面前的输送带上，希望送到女子面前，可是中途被别人取走。男子无奈再倒一杯，同样被别人在中途取走。画面出现：“就此罢休?”镜头一转，男女主角相视而笑，原来全条输送带上都排满了喜力啤酒，直送到女子面前。画面出现产品和口号：“不断追求，无限精彩（Never Settle for Less）”。

《广告时代》的评论员鲍勃·加费尔德认为：“喜力的广告做得很好，没有给人高高在上的感觉，而是使用了让人容易接受的玩笑和形象。”

2002年夏季，喜力啤酒在我国台湾的销售业绩激增，达上年同期的3倍。作为一个拥有30%市场份额的品牌，在没有大幅降价的情况下，是如何实现如此业绩的呢?啤酒的市场基本上分为两类——非即饮市场和即饮市场。非即饮市场包括百货店、超市、便利店、大卖场等；酒吧、餐馆、舞厅、夜市和歌厅等则属于即饮市场。在非即饮市场上，各大啤酒厂商的竞争已经到达白热化，因此喜力公司将注意力转向了即饮市场之一——KTV。KTV是朋友欢聚，纵酒狂歌，舒缓工作压力的场所。啤酒既能让人解渴兴奋，又不会让人很快大醉，正是KTV中最适合的饮料。在客人进入KTV消费的每一个环节，喜力啤酒都会恰到好处地出现。在等候大厅的电视里，全日轮播喜力啤酒的卡通广告片：圣诞老人看到别人拿走了自己的喜力啤酒，停下分发礼物的工作去找啤酒。当客人等待乘电梯去楼上包间时，会在电梯门上看到：一杯清冽的喜力啤酒即将倒满，上面写着“抱歉，再等一下!”店内的POP广告提示客人：买“人来疯”拼盘+99台币便可得到3罐喜力啤酒。运用独辟蹊径的营销方案，喜力公司到达了又一个销售新高峰。

资料来源：喜力品牌形象的建立和传播［J/OL］. www.docin.com/p-344006421.html.

讨论题

1. 分析喜力啤酒针对其目标顾客群体的特点在广告、促销和公共关系方面分别采取了哪些行之有效的策略?

2. 喜力啤酒在塑造和传播其品牌形象的过程中，是如何成功地执行了整合营销传播的“多种工具，一个声音”的核心思想的?

综合案例一：星巴克在中国如何作秀

只用了短短几年时间，星巴克在中国就成了一个时尚的代名词。星巴克标志的已经不只是一杯咖啡，而是一个品牌和一种文化。1971 年 4 月，位于美国西雅图的星巴克创始店开业。

1987 年 3 月，星巴克的主人鲍德温和波克决定卖掉星巴克咖啡公司在西雅图的店面及烘焙厂，霍华·舒兹则决定买下星巴克，同自己创立于 1985 年的每日咖啡公司合并改造为星巴克企业。

现在，星巴克已经在北美、欧洲和南太平洋等地开出了 6000 多家店，近几年的增长速度每年超过 500 家，平均每周超过 1 亿人在店内消费。目前，星巴克是唯一一个把店面开遍四大洲的世界性咖啡品牌。

1998 年 3 月，星巴克进入我国台湾；1999 年 1 月，星巴克进入我国北京；2000 年 5 月星巴克进入我国上海，目前星巴克已成为了国内咖啡行业的第一品牌。

2003 年 7 月，美国著名的咖啡连锁企业星巴克集团对外宣布：集团大幅提高其在中国台湾与上海合资公司中的股份，持股比例从原来的 5%增至 50%。由此，星巴克集团的子公司将从授权关系转为事业合作伙伴。美方增持 10 倍股份的主要原因是看好市场前景，愿意进一步投资未来。

作为一个市场跟进者，进入的又是一个充满竞争的完全成熟的市场，星巴克靠什么从一间小咖啡屋发展成为国际最著名的咖啡连锁店品牌呢?

根据世界各地不同的市场情况采取灵活的投资与合作模式

同麦当劳的全球扩张一样，星巴克很早就开始了跨国经营，在全球普遍推行三种商业组织结构：合资公司、许可协议、独资自营。星巴克的策略比较灵活，它会根据各国各地的市场情况而采取相应的合作模式。以美国星巴克总部在世界各地星巴克公司中所持股份的比例为依据，星巴克与世界各地的合作模式主要有以下四种情况：

第一，星巴克占 100%股权，比如在英国、泰国和澳大利亚等地；

第二，星巴克占 50%股权，比如在日本、韩国等地；

第三，星巴克占股权较少，一般在 5%左右，比如在中国的台湾、香港，美国的夏威夷和增资之前的中国上海等地；

第四，星巴克不占股份，只是纯粹授权经营，比如在菲律宾、新加坡、马来西亚和中国的北京等地。

星巴克在世界各地的合作伙伴不同，但是经营的品牌都是一样的。上海统一星巴克有限公司总经理徐光宇表示，这样做的好处是：“它可以借别人的力量来帮它做很多事情，而且是同一个时间一起做。”

一般而言，美国星巴克在某一个地区所持的股权比例越大，就意味着这个地方的市场对它越加重要。另外，星巴克制定了严格的选择合作者的标准，如合作者的声誉、质量控制能力和是否以星巴克的标准来培训员工。

目前，星巴克在中国有三家合作伙伴：北京美大咖啡有限公司行使其在中国北方的代理权，台湾一家公司行使其在上海、杭州和苏州等地区的代理权，南方地区（香港、深圳等）的代理权则交给了香港的一家公司。

正是出于这种灵活的投资策略和合作模式，使得美国星巴克集团在看好中国市场时，看好这个市场上的合作伙伴，加大投资，将持股比例增加到50%。这表明了美国对这个地区的更加重视，今后会有更多的投入。之前是授权关系，今后将从授权关系转变为合作伙伴，共同发展咖啡市场。正如徐光宇所说，股权的改变是更深的合作而不是对抗，这对于双方来说都是一个很好的机会。

多以直营经营为主

30多年来，星巴克对外宣称其整个政策都是坚持走公司直营店，在全世界都不要加盟店。

但是，也有质疑观点认为，在星巴克与世界各地企业的这几种合作模式中，星巴克不占股份而只是纯粹授权经营的模式在本质上就是一种加盟的经营模式。对此，徐光宇表示，星巴克在某一个国家或某一个地区，比如新加坡、北京（授权经营星巴克在中国华北地区的市场）等，寻找一个比较有实力的大公司进行授权合作，双方是合作的关系，这种方式不属于平常所说的加盟连锁。

事实上，星巴克的直营更多地体现在另外一个层面，即星巴克合资或授权的公司在当地发展星巴克咖啡店的时候，“顽固”地拒绝个人加盟，当地的所有星巴克咖啡店一定是星巴克合资或授权的当地公司的直营店。

业内人士分析说，如果星巴克像国内多数“盟主”那样采用“贩卖加盟权”的加盟方式来扩张，它的发展速度肯定会比现在要快得多。当然，也不一定比现在好得多。

星巴克为自己的直营给出的理由是：品牌背后是人在经营，星巴克严格要求自己的经营者认同公司的理念，认同品牌，强调动作、纪律、品质的一致性；加盟者都是投资客，他们只把加盟品牌看成赚钱的途径，可以说，他们唯一的目的就是为了赚钱而非经营品牌。

直营与加盟店的不同之处还在于：直营店的所有权力均由母公司所掌握；加盟店的老板有部分的权利，母公司只是提供技术或相关资源。星巴克之所以不开放加盟，是因为星巴克要在品质上做最好的控制。例如，星巴克决不会吝啬报废物料，而只为了提供顾客最好的咖啡。但是如果开放加盟权，很难说每个加盟店的老板都会舍得一直增加成本报废，只为了提供给客人一杯好咖啡。同时，推行加盟连锁的企业必须具备很强的法律事务处理能力，以应对与加盟商产生的各种法律问题。因此，为了让品牌不受到不必要的干扰，星巴克决定不开放加盟权。

不花一分钱做广告

星巴克给品牌市场营销的传统理念带来的冲击同星巴克的高速扩张一样引人注目。在各种产品与服务风起云涌的时代，星巴克公司却把一种世界上最古老的商品发展成为与众不同、持久的、高附加值的品牌。然而，星巴克并没有使用其他品牌市场战略中的传统手段，如铺天盖地的广告宣传和巨额的促销预算。

“我们的店就是最好的广告。”星巴克的经营者们这样对记者说。据了解，星巴克从未在大众媒体上花过一分钱的广告费。但是，他们仍然非常善于营销。

徐光宇表示，星巴克除了利用一些策略联盟帮助宣传新品外，几乎从来不做广告。因为根据经验，大众媒体泛滥后，其广告也逐渐失去公信力，为了避免资源的浪费，星巴克故意不打广告。这种启发也是来自欧洲那些名店名品的推广策略，它们并不依靠在大众媒体上做广告，而每一家好的门店就是最好的广告。

星巴克认为，在服务业，最重要的行销管道是分店本身，而不是广告。如果店里的产品与服务不够好，做再多的广告吸引客人来，也只是让他们看到负面的形象。徐光宇表示，星巴克不愿花费庞大的资金做广告与促销，但坚持每一位员工都拥有最专业的知识与服务热忱。“我们的员工犹如咖啡迷一般，可以对顾客详细解说每一种咖啡产品的特性。透过一对一的方式，赢得信任与口碑。这是既经济又实惠的做法，也是星巴克的独到之处！”

另外，星巴克的创始人霍华·舒尔茨意识到员工在品牌传播中的重要性，他另辟蹊径开创了自己的品牌管理方法，将本来用于广告的支出用于员工的福利和培训，使员工的流动性很小。这对星巴克“口口相传”的品牌经营起到了重要作用。

充分运用“体验”

星巴克认为他们的产品不单是咖啡，而且是咖啡店的体验。研究表明：2/3 成功企业的首要目标就是满足客户的需求和保持长久的客户关系。相比之下，那些业绩较差的公司，这方面做得就很不够，他们更多的精力是放在降低成本和剥离不良资产上。

星巴克一个主要的竞争战略就是在咖啡店中同客户进行交流，特别重视同客户之间的沟通。每一个服务员都要接受一系列培训，如基本销售技巧、咖啡基本知识、咖啡的制作技巧等。要求每一位服务员都能够预感客户的需求。

另外，星巴克更擅长咖啡之外的“体验”，如气氛管理、个性化的店内设计、暖色灯光、柔和音乐等。就像麦当劳一直倡导售卖欢乐一样，星巴克把美式文化逐步分解成可以体验的东西。

“认真对待每一位顾客，一次只烹调顾客那一杯咖啡。”这句取材自意大利老咖啡馆工艺精神的企业理念，贯穿了星巴克快速崛起的秘诀。注重“当下体验”的观念，强调在每天工作、生活及休闲娱乐中，用心经营“当下”这一次的生活体验。

星巴克还极力强调美国式的消费文化，顾客可以随意谈笑，甚至挪动桌椅，随意组合。这样的体验也是星巴克营销风格的一部分。

推广教育消费者

在一个习惯喝茶的国度里推广和普及喝咖啡，首先遇到的是消费者情绪上的抵触。星巴克为此首先着力推广“教育消费”。通过自己的店面以及到一些公司去开“咖啡教室”，并通过自己的网站，星巴克成立了一个咖啡俱乐部。

顾客在星巴克消费的时候，收银员除了品名、价格以外，还要在收银机键入顾客的性别和年龄段，否则收银机就打不开。因此，公司可以很快知道消费的时间、消费了什么、金额多少、顾客的性别和年龄段等。除此之外，公司每年还会请专业公司做市场调查。

星巴克的“熟客俱乐部”除了固定通过电子邮件发新闻信，还可以通过手机传简信，或是在网络上下载游戏，一旦过关可以获得优惠券。很多消费者就将这样的信息，转寄给其他朋友，造成一传十、十传百的效应。

异同的企业视觉设计（VI 设计）及店内设计

星巴克在上海的每一家店面的设计都是由美国方面完成的。据了解，在星巴克的美国总部，有一个专门的设计室，拥有一批专业的设计师和艺术家，专门设计全世界所开出来的星巴克店铺。他们在设计每个门市的时候，都会依据当地的那个商圈的特色，然后去思考如何把星巴克融入其中。因此，星巴克的每一家店，在品牌统一的基础上，又尽量发挥了个性特色。这与麦当劳等连锁品牌强调所有门店的企业视觉设计高度统一截然不同。

在设计上，星巴克强调每栋建筑物都有自己的风格，而让星巴克融合到原来的建筑物中去，而不去破坏建筑物原来的设计。每次增加一家新店，他们就用数码相机把店址内景和周围环境拍下来，照片传到美国总部，请他们帮助设计，再发回去找施工队。这样下来，星巴克的设计才能做到原汁原味。

上海星巴克设定以年轻消费者为主，因此在拓展新店时，他们费尽心思去找寻具有特色的店址，并结合当地景观进行设计。例如，位于城隍庙商场的星巴克，外观就像座现代化的庙；濒临黄浦江的滨江分店，则表现花园玻璃帷幕和宫殿般的华丽，夜晚时分可以悠闲地坐在江边，边欣赏外滩夜景，边品尝香浓的咖啡。

急剧扩张后的潜在风险

开设新店的投资压力巨大。据介绍，星巴克在上海每开一家新店，投资都在人民币 300 万元左右。这些投资主要包括从美国进口设备、报关费用、场地租金、人员招募、培训费用等。星巴克 2000 年 5 月进入上海以来，到现在开店 26 家，年底将达到 30 家，将近每月开一家新店的速度。以此计算，星巴克在上海一年用在开店上的投资就要人民币 3000 万元以上。

同时，由于星巴克不允许加盟，所以经营者不能像其他咖啡店那样靠加盟金坐收渔翁之利。而为了吸引客流和打造精品品牌，星巴克的每家店几乎都开在了租金极高的昂贵地段，租金压力也是经营中的一大风险。例如，星巴克在北京主要分布在国贸、中粮广场、东方广场、嘉里中心、丰联广场、百盛商场、赛特大厦、贵友大厦、友谊商店、当代商城、新东安商场、建威大厦等地，在上海则主要分布在人民广场、淮海路、南京路、徐家汇、新天地等上海最繁华的商圈。

星巴克选择在黄金地段开店被有些人看成是在“圈地”。从上海淮海中路“东方美莎”到“中环广场”，短短1000米的距离，星巴克就圈了四家店。业内人士估计，这个地段每平方米每天的租金应在2美元左右，再加上每家店固定30万美元的装潢费用，星巴克简直是在“烧钱”。这种做法是星巴克刻意推行的，也延续了统一星巴克集团一贯的大兵团作战方法，它同时成为了星巴克潜在的风险所在。

现实和潜在的竞争者众多。中国市场已有的中国台湾上岛咖啡、日本真锅咖啡以及后来进入的加拿大百诒咖啡等无不把星巴克作为其最大的竞争对手，“咖啡大战”的上演已经不可避免。而综合分析认为，星巴克面临的竞争对手不止这些，大致可分为四大类。

第一，咖啡同业的竞争：连锁或加盟店，如西雅图咖啡、伊是咖啡、罗多伦咖啡及陆续进入市场的咖啡店及独立开店咖啡店。

第二，便利商店的竞争：便利商店随手可得的铁罐咖啡、铝罐包装咖啡、方便式随手包冲泡咖啡。

第三，快餐店卖咖啡的竞争：麦当劳快餐店、肯德基快餐店等以便利为主咖啡机冲泡的咖啡。

第四，定点咖啡机的竞争：驻立于机场、休息站以便利为主，随手一杯咖啡机冲泡的咖啡，或铁罐咖啡、铝铂包装咖啡。

让习惯喝茶的中国人来普遍地喝咖啡还有很长的路要走。有统计数据表明，目前国内咖啡的年人均消耗量只有0.01千克，咖啡市场正在以每年30%的速度增长。从理论上来说，中国的咖啡市场还有巨大的增值空间。星巴克在以茶为主要饮料的国家的初步成功，也说明它的理念可以被不同文化背景所接受。

但是，要将非本土的咖啡文化融入国人的生活并非容易的事情。无论是星巴克还是真锅，大家的产品都很简单，就是咖啡，而生产过程不外乎就是将咖啡豆变成咖啡，没有所谓的核心技术问题，一切完全由市场来决定，顾客喜欢，经常光顾，企业就活下去，否则就死掉。国内的咖啡市场毕竟还刚刚起步，因此不管星巴克与其他的咖啡店之间有多少的竞争，其实还是做一件共同的事情，那就是培育市场。

适应市场和“雅皮”体验

星巴克能够盈利并且迅速推广的真正理由是什么？从产品角度看，它并不是产品制胜，替代性产品和竞争性产品比比皆是；从服务角度看，也不是服务制胜，自助式的服务顶多让消费者感到“平等”，个性化服务根本谈不上；另外，很多专业搞企业视觉设计的人还曾质疑它的凌乱，除了星巴克的招牌统一之外，其他很多东西是违反企业视觉设计理论的；在特许加盟方面，星巴克也是一个“怪胎”，在北京很多人以为它是“美大”的买卖，在上海很多人以为它是“统一”的企业，星巴克自己则说：“我们主要的经营模式还是直营。”

其实，星巴克的成功主要在于它是“市场下的蛋”，星巴克的一切都是在市场这只“无形的手”中雕塑完成的。如果上升到理论高度来评判星巴克，则可以说星巴克充分运用了目前最热门的“体验”来作为其制胜的营销工具。在“体验经济”运用巧妙的情况下，其他问题迎刃而解。

在星巴克，产品并非完全是产品，它更多成分是“体验一种感觉”。试想，透过巨大的玻璃窗，看着人潮汹涌的街头，轻轻啜饮一口香浓的咖啡，这非常符合“雅皮”的感觉体验。由此，产品的超值利润自然得到实现。

凌乱可以理解为“自然舒适”，据说这是美国文化的一部分。很多星巴克的主流消费群目前已经习惯多元文化的重叠感觉，坚持视觉统一的观点似乎又有些“老土”了。

关于是直营还是合作的争论，其实意义不大，如果能赚钱还能保持“核心竞争力”，星巴克自然考虑加盟。如今加盟市场太乱，星巴克和肯德基、麦当劳一样，都不敢轻易开放加盟市场。

资料来源：星巴克在中国如何作秀［N］. 中国经营报，2003-08-18.

综合案例二：五大行业领导者的全球化之路

好孩子：世界婴童大王，全球妈妈最爱

好孩子集团“教父级”人物宋郑还获得 Walter L. Hurd 基金会及亚太质量组织（APQO）颁发的“2013 年 Walter L.Hurd 执行官奖章”。他是该奖项设立 20 多年来获此殊荣的第一位中国企业家。

好孩子集团成功并购了成立于 1920 年，占据美国最高市场份额的百年儿童用品品牌 Evenflo 公司；好孩子集团还收购了德国知名儿童安全和生活品牌 Cybex，一举成为国际婴童用品的领导品牌。从 1988 年一家濒临倒闭的校办小厂，到如今被誉为“世界婴童大王”的跨国企业，好孩子集团实现了从制造商、供应商向拥有自主品牌服务商的战略转型，好孩子集团走出了一条独具特色的全球化之路。

与其他全球化取得成功的中国企业相比，好孩子集团并非置身于信息技术、能源、金融、机械制造等“强势”行业，而是处在门槛较低、变化迅速、竞争激烈、直接为消费者提供服务的消费品领域。因此，好孩子集团全球化的成功也显得殊为不易。

秉承“抓住微笑曲线两端”的理念和发展战略，好孩子集团一手抓创新和研发，一手抓市场和品牌。通过创新研发，好孩子集团占据了世界婴童行业的技术制高点。好孩子集团在奥地利维也纳、美国波士顿、德国纽伦堡、法国巴黎、荷兰乌特勒支、日本东京、中国香港与中国昆山设立了八大研发中心，来自世界各地的顶尖设计师和研发人员每年推出 500 多款新产品，连获四届德国“红点设计大奖”，累计专利达 6205 项，比世界婴童行业排名第二名到第五名的企业的总和还多。

实施市场拓展和自主品牌战略，好孩子集团在全球范围内建立了集研发、制造、销售、营销和服务供应链为一体的全新产业链，拥有好孩子、Cybex、GB、Goodbaby、小龙哈彼、Urbini、Geoby 等多个自有品牌。特别是并购 Evenflo 和 Cybex，使好孩子集团成为欧美市场的领导品牌。同时，通过营销模式的不断创新，好孩子集团整合全球资源，在全球建立了好孩子专卖店、Mothercare、妈妈好孩子、好孩子星站等自营零售终端。

据统计，好孩子集团在全球占有遥遥领先地位的市场份额。截至目前，好孩子集团在中国、北美和欧洲的市场占有率已经分别达到 42%、55.1% 和 24.1%，全球市场份额遥遥领先。其全品类母婴产品，是 78 个国家和地区的妈妈和宝宝的最爱。

华为：超级电信巨头，横扫世界如卷席

华为集团的产品和解决方案应用于全球170多个国家和地区，服务全球运营商50强中的45家及全球1/3的人口，是世界第一大电信基础设施供应商。2013年，华为集团总销售额为390亿美元，共拥有近4万项专利，大量专利都涉及最新的4G网络技术。此外，华为集团还资助了英国萨里大学的5G网络技术研发工作。

华为集团在海外设立了22个地区部，100多个分支机构，这使其可以更加贴近客户，倾听客户需求并快速响应。同时，华为集团在美国、印度、瑞典、俄罗斯以及中国等地设立了17个研究所，采用国际化的全球同步研发体系，聚集全球的技术、经验和人才来进行产品研究开发，产品一上市就与全球最先进的技术同步。华为集团还在全球设立了36个培训中心，为当地培养技术人员，并大力推行员工的本地化。

截至2012年年底，华为集团共拥有来自156个国家和地区的超过15万名员工，其中研发人员占总员工人数的45.36%，外籍员工人数接近3万人。海外中高层管理人员本地化比例达22%，全部管理岗位管理者本地化比例达29%。

华为集团2012年全球员工保障投入达人民币58.1亿元。

联想：个人电脑之王，IT航空母舰

"人类没有失去联想，世界却已大不一样。"自从2004年收购IBM的个人电脑业务以来，联想品牌在全球的认知度和地位一直不断提高。用数年的努力，联想集团打造了一个世界级的"电脑王国"，就出货量而言，联想集团已经赶超惠普公司，成为全球最大的个人电脑厂商。

联想集团宣布斥巨资收购IBM低端服务器业务和谷歌旗下摩托罗拉移动智能手机业务。通过收购摩托罗拉移动，联想集团智能全球手机市场份额总计达到6%，成功跻身为第三大智能手机厂商，仅次于三星公司和苹果公司。

美国《商业周刊》的一篇深度报道曾将联想集团描述成科技界的"清道夫"，称其总是敢于将别的企业避之不及的业务纳入麾下。联想集团负责人表示，对于联想集团而言，竞争对手已经从惠普公司等个人电脑厂商转为三星公司、苹果公司等智能手机厂商，"联想要打造的，是千亿级美元的企业"。

联想集团在国外设有欧洲区、美洲区，包括美国、英国、荷兰、法国、德国、西班牙、奥地利七间子公司，销售网络遍及全世界，在全球有27 000多名员工。研发中心分布在中国的北京、深圳、厦门、成都和上海，日本的东京及美国北卡罗来纳州的罗利。

海尔：白色家电帝国，真诚到永远

从一家资不抵债、濒临倒闭的集体小厂，30年打拼发展成为全球白色家电第一品牌，海尔集团已成了不朽的传奇。

在从国际化品牌战略发展到全球化品牌战略的过程中，依托"走出去、走进去、走上去"的"三步走"战略，以"先难后易"的思路，海尔集团首先进入发达国家创名牌，再以高屋建瓴之势进入发展中国家，逐渐在海外建立起设计、制造、营销的三位一体本土化模式，然后以创新的“人单合一双赢”模式，开启了“以用户为中心卖服务”，即用户驱动的“即需即供”模式。

2013 年，海尔集团全球营业额达 1803 亿元，在全球 17 个国家和地区拥有 7 万多名员工，海尔集团的用户遍布世界 100 多个国家和地区。

2013 年 12 月 22 日，世界权威市场调查机构欧睿国际（Euromonitor）发布最新的全球家电市场调查结果显示，海尔集团在世界白色家电品牌中排名第一，海尔集团大型家用电器 2013 年品牌零售量占全球市场的 9.7%，第五次蝉联全球第一。按制造商排名，海尔集团大型家用电器 2013 年零售量以占全球 11.6% 的份额首次跃居全球第一。同时，在冰箱、洗衣机、酒柜、冷柜分产品线市场，海尔集团全球市场占有率继续保持第一。至此，海尔集团同时拥有全球大型家用电器第一品牌、全球冰箱第一品牌与第一制造商、全球洗衣机第一品牌与第一制造商、全球酒柜第一品牌与第一制造商、全球冷柜第一品牌与第一制造商共 9 项殊荣。

中联重科：“挖掘”全球市场，“举起”中国制造

2013 年 9 月 28 日，世界品牌实验室主办的第八届“亚洲品牌 500 强”发布最新“亚洲品牌 500 强”排行榜，中联重科品牌价值为 232.68 亿元，排名第 210 位，成为中国工程机械行业唯一上榜企业。

中联重科集团生产具有完全自主知识产权的 13 大类别、86 个产品系列，近 800 多个品种的主导产品，是全球产品链最齐备的工程机械企业，公司的两大业务板块混凝土机械和起重机械均位居全球前两位。

仅在 2011 年，中联重科集团就推出了全球最长碳纤维臂架泵车、全球最大履带式起重机、全球最大塔式起重机以及全球最大吨位单钢轮振动压路机等世界领先产品。

依靠“融入当地人文，做本土化企业，打造总部在中国的全球化企业”战略，中联重科集团充分利用国内国际两大融资平台，用“两条腿走路”：一是海外并购，在全球范围内进一步整合资源；二是自建海外研发平台、装配基地、合资工厂、市场渠道、构建跨国运营体系。

中联重科集团成功并购世界第三大混凝土机械制造商意大利 CIFA 案例入选哈佛大学案例库。中联重科集团成为中国工程机械全球化的先行者和领导者。目前，中联重科集团的海外市场已拓展到全球 70 多个国家和地区，出口实现了产品的全系列覆盖。中联重科集团在阿联酋、澳大利亚、俄罗斯、印度、越南等 10 余个国家成立子公司，在阿尔及利亚、南非、沙特、智利、乌克兰等 20 余个国家设立常驻机构，并以阿联酋、比利时等为中心，逐步建立全球物流网络和零配件供应体系。同时，中联重科集团还积极推进海外融资租赁业务，帮助客户解决资金问题，获得更高的客户忠诚度。

中国企业已经走向世界，各家企业的全球化路径虽然不尽相同，但创新、市场、品牌三位一体，却是所有成功实现全球化企业的共性。在这个共性的基础上，全球化的中国企业也正在成为国际管理和技术精英心目中的“名牌”。

资料来源：剖析好孩子、华为、联想等五大行业领导者的全球化之路［J/OL］. www.bianews.com/news/63/n-435863.html.

参考文献

1. 菲利普·科特勒. 营销管理——分析、计划、执行和控制［M］. 梅汝和，等，译. 上海：上海人民出版社，1999.

2. 菲利普·R.凯特奥拉，约翰·L.格雷厄姆. 国际市场营销学［M］. 周组成，等，译. 北京：机械工业出版社，2007.

3. 苏比哈什·C.贾殷. 国际市场营销［M］. 6版. 吕一林，雷丽华，译. 北京：中国人民大学出版社，2004.

4. V.库马尔. 国际营销调研［M］. 陈宝明，译. 北京：中国人民大学出版社，2005.

5. 弗兰克·拉德利. 国际营销战略［M］. 王高，王霞，译. 北京：中国人民大学出版社，2004.

6. 迈克尔·波特. 竞争战略［M］. 陈小悦，译. 北京：华夏出版社，1997.

7. 罗杰·贝内特，吉姆·布莱斯. 国际营销［M］. 3版. 刘勃，译. 北京：华夏出版社，2005.

8. 史蒂夫·卡特. 国际营销战略［M］. 姚雯，译. 北京：经济管理出版社，2004.

9. 马萨基·科塔比，等. 全球营销管理［M］. 3版. 刘宝成，译. 北京：中国人民大学出版社，2005.

10. 伯特·罗森布罗姆. 营销渠道［M］. 7版. 宋华，译. 北京：中国人民大学出版社，2006.

11. 乔尼·约翰逊. 全球营销［M］. 江林，译. 北京：中国财政经济出版社，2004.

12. 保罗斯·图伯特. 品牌的力量［M］. 尹英，译. 北京：中信出版社，2000.

13. 梅汝和. 国际市场营销学［M］. 北京：中国对外经济贸易出版社，1992.

14. 金润圭. 国际市场营销［M］. 北京：高等教育出版社，2006.

15. 吴晓云. 全球营销管理［M］. 北京：高等教育出版社，2008.

16. 梁能. 跨国经营概论［M］. 上海：上海人民出版社，1995.

17. 聂元昆. 商务谈判学［M］. 北京：高等教育出版社，2009.

18. 甘碧群. 国际市场营销学［M］. 北京：高等教育出版社，2006.

19. 涂永式，李青. 国际市场营销［M］. 广州：广东高等教育出版社，2008.

20. 吴健安. 市场营销学［M］. 北京：高等教育出版社，2011.

21. 汤定娜. 国际市场营销学［M］. 北京：高等教育出版社，2006.

22. 刘志超. 国际市场营销［M］. 广州：华南理工大学出版社，2003.

23. 陈启杰. 现代国际市场营销学［M］. 上海：上海财经大学出版社，2000.

24. 闫国庆. 国际市场营销学［M］. 北京：清华大学出版社，2007.

25. 吴景胜. 国际行销［M］. 厦门：厦门大学出版社，2004.

26. 黄静. 产品管理［M］. 北京：高等教育出版社，2001.

27. 夏正荣. 跨国市场营销实务［M］. 北京：中国海关出版社，2002.

28. 徐子健，朱明侠. 国际市场营销学［M］. 北京：对外经济贸易大学出版社，1999.

29. 刘苍劲，罗国民. 国际市场营销［M］. 大连：东北财经大学出版社，2007.

30. 郭国庆，等. 国际市场营销［M］. 北京：中国人民大学出版社，2008.